TensorFlow
Machine Learning Cookbook

TensorFlow
Machine Learning Cookbook

다양한 텐서플로 예제를 실행해 보면서
빠르게 익히는 머신 러닝

닉 맥클루어 지음

황정동 옮김

Packt>
에이콘

| 지은이 소개 |

닉 맥클루어 Nick McClure

워싱턴 주의 시애틀에 있는 페이스케일 사PayScale, Inc의 선임 데이터 과학자다. 이전에는 Zillow and Caesar's Entertainment에서 일했다. 몬타나대학교University of Montana, 세인트 베네딕트대학College of Saint Benedict, 세인트 존스대학교Saint John's University에서 응용 수학 학위를 받았다.

해석학, 머신 러닝, 인공 지능 분야를 학습하고 옹호하는 데 열정을 다하고 있다. 생각과 사색의 결과물을 블로그(http://fromdata.org/)나 트위터(@nfmcclure)에 종종 남기곤 한다.

항상 응원해주시는 부모님께 감사한다. 이 책의 주제에 대한 긴 독백을 늘 참고 들어주며 격려해주는 친구들과 동료들에게도 감사를 전한다. 이 책은 오픈소스 공동체의 놀라운 노력과 텐서플로 관련 프로젝트의 훌륭한 문서들 덕분에 좀 더 쉽게 쓸 수 있었다.

구글의 텐서플로 개발자들에게 특별한 감사를 전한다. 문서 및 학습 자료, 예제를 갖추고 있는 그들의 제품과 기술 자체가 스스로 훌륭함을 말해준다.

| 기술 감수자 소개 |

체탄 카트리 Chetan Khatri

데이터 과학 분야의 연구 개발 경력이 5년에 이르는 연구자다. 현재 테크놀로지 악시온랩 인디아Technology Accionlabs India를 이끌고 있다. 이전에는 게임과 통신 사업을 하는 나자라 게임즈Nazara Games에서 빅데이터 엔지니어를 총괄하는 데이터 과학자로 일했다. 데이터 선도 기업 및 4대 기업에서 일한 바 있으며, 데이터 과학 학습 플랫폼 및 4대 기업 중 한 곳의 리소스 팀을 관리하기도 했다.

KSKV 카치치Kachchh 대학에서 데이터 과학 학사와 컴퓨터 과학 석사를 마쳤고, 대학 수석 성적으로 구자라트Gujarat 주지사로부터 금메달을 수상하기도 했다.

대학 신입생과의 대화, 대학 및 다양한 컨퍼런스에서 데이터 과학, 머신 러닝, 인공지능, IoT 여러 분야를 주제로 강연하는 등의 다양한 방식으로 사회 공헌 활동을 하고 있다. 학문적 연구와 산업적 모범 사례를 연결시킬 수 있는 훌륭한 지식을 갖추고 있다. 그래서 상당한 성과를 이루고 있는 대학과 실제 산업 분야와의 차이를 줄이는 데 항상 앞장서고 있다. 카치치 대학 학부/대학원 커리큘럼을 구성하는 데이터 과학, IoT, 머신 러닝/인공 지능, 분산 데이터베이스 등 여러 강좌의 공저자다. 그 결과 카치치 대학은 구자라트 국립대학 중 최초로 커리큘럼에 파이썬을 주 프로그래밍 언어로 추가했고, 인도 국립대학 중 최초로 데이터 과학, 인공지능, IoT 강좌를 커리큘럼에 도입했다. 이 전체적인 과정이 Pycon 인도 컨퍼런스에서 성공 사례로 소개되기도 했다. 파이썬 커뮤니티 PyKutch의 설립 멤버 중 한 명이기도 하다.

현재 딥러닝을 통한 지능형 IoT 장치, 강화 학습, 여러 최신 구조를 이용한 분산 컴퓨팅 등을 연구 중이다.

나를 올바른 길로 이끌어주고, 데이터 과학 분야 연구에 소중한 지도를 해주신 카치치 대학의 컴퓨터 과학 학과장이신 Devji Chhanga 교수님께 감사드린다.

유전 알고리즘과 신경망을 처음 소개해준 Shweta Gorania 교수님께도 감사를 전한다.

마지막으로 앞의 분들 못지않게 나를 성원해주는 사랑하는 가족들에게 감사를 전한다.

| 옮긴이 소개 |

황정동(jeongdong.hwang@gmail.com)

서울대학교에서 전산학과 물리학을 전공하고, 졸업 후 네오위즈에서 시스템 프로그래밍, 시스템 및 네트워크 운영 등의 업무를 맡아 대규모 리눅스 시스템과 네트워크를 관리하고 설계했다. 검색 전문 회사 첫눈에서 웹로봇을 개발했으며, NHN 검색센터에서는 언어 처리 관련 라이브러리 개발에 참여했다. Cauly 등의 모바일 광고 플랫폼 개발 경험도 있으며, LINE+에서 대규모 메시징 플랫폼 개발 및 운영에도 참여했다. 현재는 프리랜서 엔지니어로 활동 중이다.

| 옮긴이의 말 |

바야흐로 머신 러닝의 시대입니다. 머신 러닝에 기반을 둔 알파고가 바둑으로 '인간' 이세돌을 이긴 시점을 즈음해서 머신 러닝이 여러 분야의 전면에 등장해 우리 생활 속으로 파고들고 있습니다. 컴퓨터가 말을 알아듣고, 외국어를 번역해 주고, 운전을 대신 해주는 것이 그다지 신기한 일이 아닌 세상이 되어가고 있습니다. 인간의 학습 과정을 모방한 머신 러닝을 이용하는 인공지능이 거의 모든 분야에서 인간을 따라잡는 순간이 머지않았는지도 모르겠습니다. 아니, 데이터의 생성 속도와 그 양이 한 인간이 수용할 수 없을 정도로 커져가는 요즘이라면 머신 러닝이 인간의 직관을 넘어서는 특이점을 곧 마주할지 모르겠다는 생각도 듭니다.

머신 러닝은 본질적으로 인간의 귀납적 학습과 추론 과정을 모방하는 것입니다. 실제 머신 러닝을 구현할 때는 데이터 준비, 모델 평가, 모니터링, 시각화 등의 작업이 학습 알고리즘 구현만큼이나 중요합니다. 텐서플로는 이런 머신 러닝의 전 과정을 쉽게 구현할 수 있게 해주는 라이브러리입니다. 텐서플로는 학습 과정을 계산 그래프로 표현해서 학습을 위한 계산을 병렬 처리할 수 있게 해줍니다. 텐서플로를 이용하면 여러 GPU, 여러 장비를 활용해 학습 속도를 높이는 작업도 간단히 수행할 수 있습니다.

이 책은 개별적으로 실행 가능한 다양한 예제를 이용해서 텐서플로 사용법을 살펴봅니다. 머신 러닝에 익숙한 사람이라면 예제를 통해 텐서플로의 머신 러닝 구현 방식을 쉽게 파악하고 활용할 수 있습니다. 텐서플로를 이용하면 중요하지만 번거로운 학습 알고리즘 구현보다 더 중요한, 원하는 답을 찾아가는 학습 구조 설계에 집중할 수 있습니다. 머신 러닝에 익숙하지 않은 사람이라도 예제를 따라가다 보면 머신 러닝이 활용되는 방식, 머신 러닝의 전체적인 구조, 목표와 한계를 빠르게 파악할 수 있습니다. 텐서플로를 이용하면 이렇게 학습한 내용만으로도 다양한 머신 러닝 모델을 구현해볼 수 있으며, 머신 러닝에 대한 좀 더 깊이 있는 학습의 출발점으로 삼을 수도 있습니다.

제임스 와트가 발명한 증기 기관은 여러 기계 장치에 활용되면서 산업 혁명을 이끌어냈습니다. 운송 수단에 증기 기관을 활용하려는 시도는 내연 기관을 비롯한 다양한 기관의 개발로 이어져 인류의 활동 범위를 혁명적으로 넓혔습니다. 어쩌면 지금 우리도 머신 러닝이 이끌어낼지 모르는 어떤 혁명적 시기의 초입에 있는 것일지도 모르겠습니다. 텐서플로와 같은 라이브러리로 대중화된 머신 러닝이 어떤 세상을 만들어낼지 궁금해집니다.

책을 준비하는 짧지 않은 기간 동안 신세를 진 많은 분들께 이 자리를 빌려 감사 인사를 전합니다. 먼저 언제나 저를 지지하고 응원해주는 아내와 윤정, 현웅 우리 가족에게 감사를 전합니다. 주은석 박사님을 비롯해 책과 관련해 도움을 주신 모든 분께 감사를 표합니다. 부족한 저에게 항상 좋은 기회를 마련해주시는 에이콘 출판사 식구들께도 감사의 마음을 전합니다. 마지막으로 인연을 이끌어 주신 양석호 님께 늘 감사드립니다.

| 차례 |

| 들어가며 |

2015년 11월, 구글이 텐서플로를 오픈소스로 공개한 이후 텐서플로는 깃허브에서 가장 각광 받는 머신 러닝 프로젝트가 됐다. 텐서플로는 계산 그래프 생성 방식, 자동 미분 처리, 원하는 방식으로의 용이한 적용 등의 장점으로 인해 인기를 끌게 됐다. 이런 특성들로 인해 텐서플로는 다양한 머신 러닝 문제 해결에 사용할 수 있는 아주 강력한 도구가 됐다.

이 책은 많은 머신 러닝 알고리즘을 소개하며, 이들을 실제 데이터에 적용해보고, 그 결과를 어떻게 해석하는지 살펴본다.

▌ 이 책의 구성

1장, 텐서플로 시작에서는 텐서플로의 주요 객체와 개념들에 대해 알아본다. 텐서, 변수, 플레이스홀더를 소개한다. 텐서플로의 행렬 처리 방식을 비롯한 다양한 수학적 연산 처리 방법도 알아본다. 마지막 부분에서는 책에서 사용하는 데이터의 출처와 데이터 구하는 방법도 알아본다.

2장, 텐서플로 동작 방식에서는 1장의 알고리즘 구성 요소들을 연결해 단일 분류기 역할을 하는 다양한 계산 그래프를 만드는 방법을 알아본다. 그 과정에서 계산 그래프, 비용 함수, 역전파, 데이터를 이용한 학습 등을 살펴본다.

3장, 선형 회귀에서는 데밍 회귀, 라소 회귀, 리지 회귀, 일래스틱 넷 회귀, 로지스틱 회귀 등의 다양한 선형 회귀를 텐서플로로 처리하는 방법을 알아본다. 각 방법들을 텐서플로 계산 그래프로 구현하는 방법을 살펴본다.

4장, 서포트 벡터 머신에서는 서포트 벡터 머신을 소개하고, 텐서플로를 이용해 선형 SVM, 비선형 SVM, 다중 분류 SVM 등을 구현하는 방법을 알아본다.

5장, 최근접 이웃 알고리즘에서는 수치 거리 함수, 문자 거리 함수, 혼합 거리 함수를 이용해 최근접 이웃 알고리즘을 구현하는 방법을 알아본다. 최근접 이웃 알고리즘을 이용해 주소 레코드 매칭, MNIST 데이터베이스 필기 숫자 분류 작업을 처리해본다.

6장, 신경망에서는 연산 게이트와 활성화 함수부터 시작해서 텐서플로의 신경망 구현 방법을 알아본다. 그다음 단층 신경망을 살펴보고 다양한 계층 구현 방법을 살펴본다. 마지막으로 신경망을 이용해 텐서플로에 틱택토 게임 방법을 학습시켜본다.

7장, 자연어 처리에서는 텐서플로를 이용해 문서를 처리하는 다양한 방법을 알아본다. 단어 꾸러미 기법과 TF-IDF 구현을 살펴본다. 그다음 신경망을 이용해 문서를 표현할 때 사용하는 CBOW, 스킵-그램 임베딩을 소개하고, 이 기법을 Word2vec, Doc2vec 방식에 적용해 실제 예측 작업을 처리해본다.

8장, 합성곱 신경망에서는 신경망 지식을 확장해서 합성곱 신경망^{CNN}을 이미지에 적용하는 방법을 살펴본다. MNIST 숫자를 인식하는 단순 CNN 구현 방법을 알아보고, 이를 확장해 CIFAR-10 칼라 이미지를 처리해본다. 사전 학습된 이미지 인식 모델을 필요에 맞게 확장하는 방법도 알아본다. 마지막으로 텐서플로를 이용한 스타일넷/뉴럴-스타일 적용 방법, 딥드림$^{Deep\ Dream}$ 알고리즘 구현 방법을 알아본다.

9장, 순환 신경망에서는 텐서플로의 순환 신경망^{RNN} 구현 방법을 알아본다. 문자의 스팸 여부를 예측하는 방법, RNN 모델을 확장해 셰익스피어 말투의 문장을 생성하는 방법을 살펴본다. 영어를 독일어로 번역하는 시퀀스-투-시퀀스 모델도 학습해본다. 마지막으로 샴 RNN 망을 이용한 주소 매칭 작업을 살펴본다.

10장, 텐서플로 실무 적용에서는 텐서플로를 실무 환경에서 사용할 때의 팁과 사례들을 살펴보고, (GPU 등의) 다양한 프로세서를 활용하는 방법, 텐서플로를 여러 머신에서 분산 실행하는 방법 등을 알아본다.

11장, 텐서플로 추가 학습에서는 텐서플로에서 k-평균 군집화, 유전 알고리즘, 상미분방정식^{ODE} 풀이 등을 구현하는 방법을 살펴봄으로써 텐서플로의 유연함에 대해 알아본다. 텐서보드 사용법과 계산 그래프 지표들을 확인하는 방법도 살펴본다.

▌ 준비 사항

이 책의 예제들은 https://www.tensorflow.org/에서 얻을 수 있는 텐서플로[1]와 https://www.python.org/download/에서 얻을 수 있는 파이썬3를 사용한다. 대부분의 예제는 필요한 데이터를 다운로드해야 하기 때문에, 인터넷 연결이 필요하다.

▌ 이 책의 대상 독자

머신 러닝과 파이썬 프로그램에 어느 정도 경험이 있는 독자를 대상으로 한다. 머신 러닝에 대해 상당한 지식을 갖춘 독자라면 이 책을 통해 텐서플로 코드를 이해할 수 있게 될 것이고, 파이썬에 대해 상당한 지식을 갖춘 독자라면 설명부분에서 머신 러닝에 대한 많은 지식을 얻을 수 있을 것이다.

---

1. 한국어판은 텐서플로 1.10 정식 버전과의 호환성을 검토했다. - 옮긴이

▌ 절의 구성

이 책에서는 준비, 예제 구현, 예제 분석, 부연 설명, 참고 사항과 같은 제목이 자주 나온다. 예제를 잘 따라갈 수 있게 각 부분을 다음과 같이 사용한다.

준비

이번 예제에서 해야 할 것을 알아보고, 예제에 필요한 소프트웨어와 기타 기본 설정들을 살펴본다.

예제 구현

예제를 따라 하는 데 필요한 각 단계들이 들어 있다.

예제 분석

보통 앞 절에서 진행된 작업에 대한 자세한 설명이 들어 있다.

부연 설명

독자들이 예제를 통해 더 많은 지식을 얻을 수 있게 예제와 관련된 부가 정보들이 들어 있다.

참고 사항

예제와 관련된 유용한 정보가 있는 링크를 제공한다.

▌ 편집 규약

이 책에서는 다양한 종류의 정보를 구별하기 위해 여러 가지 편집 규약을 활용한다.

코드 부분을 본문 내에서 언급할 때는 다음과 같이 표기한다.

"그다음 batch_size 변수를 설정한다."

코드 블록은 다음과 같이 표기한다.

```
embedding_mat = tf.Variable(tf.random_uniform([vocab_size,
        embedding_size], -1.0, 1.0))
embedding_output = tf.nn.embedding_lookup(embedding_mat, x_data_ph)
```

코드 중에 다음과 같은 형태의 출력 코드가 들어 있을 수 있다.

```
print('Training Accuracy: {}'.format(accuracy))
```

이 코드로 다음과 같은 결과가 출력된다.

```
Training Accuracy: 0.878171
```

중요한 단어는 굵은 폰트로 표시한다.

 경고나 중요한 내용은 이와 같이 나타낸다.

 팁이나 요령은 이와 같이 나타낸다.

▌독자 의견

독자로부터의 피드백은 항상 환영한다. 이 책에 대해 무엇이 좋았는지 또는 좋지 않았는지 소감을 알려주길 바란다. 독자 피드백은 앞으로 더 좋은 책을 발행하는 데 매우 중요하다.

일반적인 피드백을 우리에게 보낼 때는 간단하게 feedback@packtpub.com으로 이메일을 보내면 되고, 메시지의 제목에 책 이름을 적으면 된다.

여러분이 전문 지식을 가진 주제가 있고, 책을 내거나 책을 만드는 데 기여하고 싶다면 www.packtpub.com/authors에서 저자 가이드를 참고하길 바란다.

▌고객 지원

팩트출판사의 구매자가 된 독자에게 도움이 되는 몇 가지를 제공하고자 한다.

예제 코드 다운로드

이 책에 사용된 예제 코드는 http://www.packtpub.com의 계정을 통해 다운로드할 수 있다. 다른 곳에서 구매한 경우에는 http://www.packtpub.com/support를 방문해 등록하면 파일을 이메일로 직접 받을 수 있다.

코드를 다운로드하려면 다음과 같이 한다.

1. 팩트출판사 웹사이트(http://www.packtpub.com)에서 이메일 주소와 암호를 이용해 로그인하거나 계정을 등록한다.
2. 맨 위에 있는 SUPPORT 탭으로 마우스 포인터를 이동한다.
3. Code Downloads & Errata 항목을 클릭한다.

4. Search 입력란에 책 이름을 입력한다.

5. 코드 파일을 다운로드하려는 책을 선택한다.

6. 드롭다운 메뉴에서 이 책을 구매한 위치를 선택한다.

7. Code Download 항목을 클릭한다.

파일을 다운로드한 후에는 다음과 같은 압축 프로그램의 최신 버전을 이용해 파일의 압축을 해제한다.

- **윈도우** WinRAR, 7-Zip
- **맥**   Zipeg, iZip, UnRarX
- **리눅스** 7-Zip, PeaZip

다음 주소에서 팩트출판사의 다른 책과 동영상 강좌의 코드도 다운로드할 수 있다.

https://github.com/PacktPublishing/

또한 에이콘출판사의 도서정보 페이지인 http://www.acornpub.co.kr/book/tensor-machine-learning-cook에서도 예제 코드를 다운로드할 수 있다.

정오표

내용을 정확하게 전달하기 위해 최선을 다했지만, 실수가 있을 수 있다. 팩트출판사의 도서에서 문장이든 코드든 간에 문제를 발견해서 알려준다면 매우 감사하게 생각할 것이다. 그런 참여를 통해 그 밖의 독자에게 도움을 주고, 다음 버전의 도서를 더 완성도 높게 만들 수 있다. 오탈자를 발견한다면 http://www.packtpub.com/submiterrata를 방문해 책을 선택하고, 구체적인 내용을 입력해 주길 바란다. 보내준 오류 내용이 확인되면 웹사이트에 그 내용이 올라가거나 해당 서적의 정오표 부분에 그 내용이 추가될 것이다. http://www.packtpub.com/support에서 해당 도서명을 선택하면 기존 정오표를 확인할 수 있다.

한국어판은 에이콘출판사 도서정보 페이지 http://www.acornpub.co.kr/book/tensor-machine-learning-cook에서 찾아볼 수 있다.

저작권 침해

인터넷에서의 저작권 침해는 모든 매체에서 벌어지고 있는 심각한 문제다. 팩트출판사에서는 저작권과 사용권 문제를 매우 심각하게 인식한다. 어떤 형태로든 팩트출판사 서적의 불법 복제물을 인터넷에서 발견한다면 적절한 조치를 취할 수 있도록 해당주소나 사이트명을 알려주길 부탁한다.

의심되는 불법 복제물의 링크는 copyright@packtpub.com으로 보내주길 바란다. 저자와 더 좋은 책을 위한 팩트출판사의 노력을 배려하는 마음에 깊은 감사의 뜻을 전한다.

질문

이 책과 관련해 질문이 있다면 questions@packtpub.com으로 문의하길 바란다. 최선을 다해 질문에 답하겠다. 한국어판에 관한 질문은 이 책의 옮긴이나 에이콘출판사 편집 팀(editor@acornpub.co.kr)으로 문의해주길 바란다.

1장에서는 텐서플로^{TensorFlow}의 동작 방식과 이 책에서 사용하는 데이터와 자료들에 접근 하는 방법을 이해하기 위한 기본 예제들을 살펴본다. 1장에서 다루는 내용은 다음과 같다.

- 텐서플로 동작 방식
- 변수 및 텐서 선언
- 플레이스홀더 및 변수 사용
- 행렬 다루기
- 연산 선언
- 활성화 함수 구현
- 데이터 출처 사용
- 추가 자료

▌ 소개

구글 텐서플로 엔진은 독창적인 방식으로 문제를 해결한다. 이 독창적인 방식을 사용하면 머신 러닝 문제를 아주 효과적으로 해결할 수 있다. 머신 러닝은 거의 모든 생활 및 업무 분야, 특히 영상 처리, 음성 인식, 언어 번역, 건강관리 등의 다양한 분야에서 사용되고 있다. 이 책은 텐서플로의 동작 방식을 이해하는 기본 단계부터 시작해, 나중에는 실무적 코드 기법까지 다룬다. 이 책의 나머지 예제들을 이해하기 위해서는 1장의 기본 사항들을 잘 알아둘 필요가 있다.

▌ 텐서플로 동작 방식

처음에는 텐서플로의 계산 방식이 지나치게 복잡해보일 수 있다. 그러나 이런 복잡함에는 이유가 있다. 텐서플로의 복잡한 계산 방식 덕분에 더 복잡한 알고리즘을 비교적 쉽게 개발할 수 있다. 이번 예제를 통해 텐서플로 알고리즘의 의사코드^{pseudo code}를 살펴보자.

준비

텐서플로는 현재 리눅스, 맥, 윈도우를 지원한다. 이 책의 코드는 리눅스에서 작성하고 실행했지만, 다른 시스템에서도 잘 동작할 것이다. 책의 코드는 다음 깃허브^{GitHub} 주소에서 구할 수 있다.

https://github.com/nfmcclure/tensorflow_cookbook

텐서플로의 핵심 코드는 대부분 C++로 작성돼 있지만, 이 책에서는 텐서플로의 파이썬 라이브러리만을 다룬다. 이 책은 파이썬 3.4 이상(https://www.python.org), 텐서플로 0.12(https://www.tensorflow.org)를 기준으로 작성했다. 이 책을 쓰는 시점에 텐서플로 1.0.0 알파 버전이 공식 사이트에 이미 공개돼 있었으며, 최신 버전 및 예제 코드와의 호환성을 검토했다(현재 1.10 정식 버전이 공개된 상태며, 한국어판은 텐서플로 1.10 정식 버전과의 호환성을 검토했다. - 옮긴이). CPU를 이용해 텐서플로를 실행할 수도 있지만, 대부분 텐서플로 알고리즘은 Nvidia Compute Capability v4.0+(v5.1을 권장)를 갖춘 그래픽 카드의 GPU를 이용하면 더 빨리 처리할 수 있다. 텐서플로용으로 인기 있는 GPU로는 4GB 이상의 비디오 메모리를 갖춘 NVidia 테슬라 아키텍처, 파스칼 아키텍처가 있다. GPU를 이용해 텐서플로를 실행하려면 v5.x 버전 이상의 NVidia CUDA 라이브러리의 다운로드 및 설치가 필요하다(https://developer.nvidia.com/cuda-download). 일부 예제에는 Anaconda 패키지에 포함된 scipy, numpy, scikit-learn 파이썬 패키지가 필요하다(https://www.continuum.io/downloads).

(자세한 내용은 깃허브 저장소의 최상위 디렉토리에 있는 requirements.txt 파일을 참고하면 된다. pip install -r requirements.txt 명령으로 필요한 모든 라이브러리를 설치할 수 있다. - 옮긴이)

예제 구현

일반적인 텐서플로 알고리즘의 흐름은 다음과 같다. 대부분 예제는 다음 형태를 따른다.

1. **데이터셋 가져오기 또는 생성하기** 모든 머신 러닝 알고리즘에는 데이터 셋이 필요하다. 이 책에서는 데이터를 생성하거나 외부 데이터셋을 가져와 사용한다. 기대한 결과가 나오는지만 확인할 때에는 데이터를 생성해 사용하는 것이 간편하다. 대개 예제에 맞는 공개된 데이터셋을 활용할 것이며, 1장의 뒷부분에서 데이터셋에 접근하는 자세한 방법을 설명한다.

2. 데이터 변환 및 정규화 텐서플로가 기대하는 형태로 입력 데이터셋이 주어지지 않는 경우가 보통이기 때문에 텐서플로가 수용할 수 있는 형태로 변환할 필요가 있다. 알고리즘이 기대하는 차원이나 형식에 맞지 않는 데이터가 주어지는 경우가 많다. 따라서 사용하기 전에 데이터를 변환해야 한다. 또한 정규화된 데이터를 기대하는 알고리즘이 대부분이기 때문에 정규화도 이 단계에서 진행한다. 텐서플로에는 데이터 정규화에 사용할 수 있는 다음과 같은 내장 함수가 들어 있다.

```
data = tf.nn.batch_norm_with_global_normalization(...)
```

3. 데이터셋을 학습셋, 테스트셋, 검증셋으로 분할 알고리즘을 테스트할 때는 학습에 사용한 데이터와 다른 데이터를 사용하는 것이 일반적이다. 또한 많은 알고리즘에서 초매개변수(알고리즘 매개변수) 조절이 필요하므로, 초매개변수의 최적 값을 정하는 데 사용할 검증셋을 구분해 둔다.

4. 알고리즘 매개변수(초매개변수) 설정 보통 알고리즘에는 진행 과정 중에 값이 일정하게 유지되는 매개변수가 있다. 반복 횟수, 학습률 등의 선택 값이 유지되는 매개변수가 그 예다. 사용자나 독자가 이런 매개변수들을 쉽게 확인할 수 있게 한곳에 모아 초기화하는 형태가 바람직하다.

```
learning_rate = 0.01
batch_size = 100
iterations = 1000
```

5. 변수 및 플레이스홀더 초기화 텐서플로는 수정할 수 있는 값과 수정할 수 없는 값을 알아야 한다. 텐서플로는 비용 함수를 최소화하는 최적화 과정에서 변수 값, 가중치 및 편향 값을 조정한다. 데이터를 플레이스홀더 자리에 투입해 최적화를 진행한다. 변수 및 플레이스홀더의 크기와

타입을 모두 초기화 시점에 지정해, 처리 대상에 대한 정보를 텐서플로에 알려주어야 한다. 텐서플로가 처리할 데이터 타입도 알려주어야 한다. 이 책에서는 대부분 float32 타입을 사용한다. 텐서플로는 float64, float16 타입도 지원한다. 정확도를 높이기 위해 더 많은 바이트를 사용하면 알고리즘이 더 느려지고, 더 적은 바이트를 사용하면 정확도가 떨어진다는 점을 알아두자. 다음 코드를 보자.

```
a_var = tf.constant(42)
x_input = tf.placeholder(tf.float32, [None, input_size])
y_input = tf.placeholder(tf.fload32, [None, num_classes])
```

6. **모델 구조 정의** 데이터를 준비하고 변수 및 플레이스홀더를 초기화한 후 모델을 정의해야 한다. 모델 정의는 계산 그래프 생성을 통해 이뤄진다. 텐서플로는 모델의 결과를 얻기 위해 특정 연산과 값을 변수 및 플레이스홀더에 지정해야 한다. 계산 그래프에 대해서는 2장의 '텐서플로 계산 그래프의 연산' 예제에서 좀 더 자세히 알아본다. 이번 예제에서는 선형 모델을 사용하기로 한다.

```
y_pred = tf.add(tf.mul(x_input, weight_matrix), b_matrix)
```

7. **비용 함수(loss function) 선언** 모델을 정의한 후 모델 결과를 평가할 수 있어야 한다. 이를 위해 비용 함수를 선언한다. 비용 함수는 현재 예측 값이 실제 값에서 얼마나 멀리 떨어져 있는지를 알려주는 아주 중요한 함수다. 2장의 '역전파 구현' 예제에서 여러 종류의 비용 함수에 대해 자세히 알아본다.

```
loss = tf.reduce_mean(tf.square(y_actual - y_pred))
```

8. **모델 초기화 및 학습** 이제 모두 준비됐으니, 그래프 인스턴스를 생성하고 플레이스홀더에 데이터를 투입해 학습 데이터에 대한 예측을 개선하기 위해 텐서플로가 변수 조정 작업을 진행하게 한다. 다음과 같이 계산 그래프를 초기화할 수 있다.

```
with tf.Session(graph=graph) as session:
    ...
    session.run(...)
    ...
```

다음과 같은 방식으로도 계산 그래프를 초기화할 수 있다.

```
session = tf.Session(graph=graph)
session.run(…)
```

9. **모델 평가** 모델을 생성하고 학습시킨 다음, 모델이 새로운 데이터를 얼마나 잘 다루는지 알아보기 위해 특정 기준에 따라 모델을 평가해야 한다. 학습셋과 테스트셋에 대한 평가 결과를 통해 모델의 과다 최적화, 과소 최적화 여부를 알 수 있다. 이 과정에 대해서는 나중 예제에서 설명할 것이다.

10. **초매개변수 조정** 많은 경우 모델 성능을 분석해 이전으로 돌아가 초매개변수를 조정하고 싶을 수 있다. 조절한 초매개변수로 이전 단계를 반복하고, 검증셋으로 모델을 평가한다.

11. **적용 및 새로운 결과 예측** 새로운 미지의 데이터에 대해 어떻게 예측을 하는 지 확인하는 것도 중요하다. 학습시킨 모든 모델에 대해 이 작업을 진행할 수 있다.

예측을 개선하기 위해 텐서플로 프로그램이 변수 학습 및 변경을 하기 전에 먼저 데이터, 변수, 플레이스홀더, 모델을 준비해야 한다. 텐서플로는 계산 그래프를 통해 이런 준비 작업을 진행한다. 계산 그래프는 병렬 계산이 가능한 비순환 방향성 그래프다. 텐서플로가 최소화해야 하는 비용 함수를 생성한다. 텐서플로는 계산 그래프의 변수를 수정해 비용 함수 최소화를 시도한다. 텐서플로는 모든 변수의 경사도를 자동으로 계산하고, 모델의 계산 과정을 기록해두기 때문에 계산 그래프의 변수를 어떻게 수정해야 하는지 알 수 있다. 따라서 여러 출처의 데이터를 시도해보고 변경하는 작업을 쉽게 할 수 있다.

참고 사항

- 텐서플로 공식 문서의 파이썬 API 부분을 살펴보며 시작하면 좋다.

  https://www.tensorflow.org/api_docs/python/

- 다음 주소에서 텐서플로 길라잡이도 살펴볼 수 있다.

  https://www.tensorflow.org/tutorials/

▌ 텐서 정의

계산 그래프를 구동하기 위해 텐서플로가 사용하는 주 자료 구조가 텐서^{tensor}다. 텐서는 변수로 선언할 수도 있고, 데이터 투입 대상인 플레이스홀더로 선언할 수도 있다. 먼저 텐서 생성 방법을 알아야 한다.

텐서를 생성하고 텐서를 변수로 선언할 때 텐서플로는 계산 그래프에 그래프 구조 몇 가지를 생성한다. 텐서플로는 텐서를 생성하는 시점에는 계산 그래프에 아무것도 추가하지 않는다는 점도 알아둘 필요가 있다. 텐서플로는 텐서를 사용할 수 있을 때 필요한 작업을 진행한다. 변수와 플레이스홀더에 대해서는 다음 절에서 더 자세히 살펴본다.

예제 구현

텐서플로에서 텐서를 생성하는 주요 방법 몇 가지를 살펴본다.

1. 고정 텐서

- 0 값으로 채워진 텐서는 다음과 같이 생성한다.

```
zero_tsr = tf.zeros([row_dim, col_dim])
```

- 1 값으로 채워진 텐서는 다음과 같이 생성한다.

```
ones_tsr = tf.ones([row_dim, col_dim])
```

- 동일한 상수 값으로 채워진 텐서는 다음과 같이 생성한다.

```
filled_tsr = tf.fill([row_dim, col_dim], 42)
```

- 기존 상수를 이용해 텐서를 생성할 때는 다음 방식을 사용한다.

```
constant_tsr = tf.constant([1,2,3])
```

tf.constant() 함수는 tf.constant(42, [row_dim, col_dim])와 같은 형태로 사용하면 tf.fill() 함수의 동작과 유사하게 값을 배열에 펼쳐 넣는 방법으로 사용할 수 있다.

2. 형태가 비슷한 텐서

◦ 다음과 같이 기존 텐서의 형태를 바탕으로 텐서 변수를 초기화하는 것도 가능하다.

```
zeros_similar = tf.zeros_like(constant_tsr)
ones_similar = tf.ones_like(constant_tsr)
```

이렇게 텐서를 초기화하려면 이전 텐서가 정의돼 있어야 하므로, 순서대로 초기화해야 한다. 동시에 모든 텐서를 초기화하려고 하면 오류가 발생할 것이다. 변수와 플레이스홀더에 대한 2장의 끝에 있는 '부연 설명' 절을 참고하자.

3. 순열 텐서

◦ 텐서플로는 구간을 지정하는 방식으로 텐서를 선언할 수 있다. 다음 함수는 range() 함수나 numpy의 linspace() 함수와 비슷하게 동작한다.

```
linear_tsr = tf.linspace(start=0, stop=1, num=3)
```

◦ 결과로 순열 텐서 [0.0, 0.5, 1.0]을 얻게 된다. 이 결과에는 마지막 경계 값이 포함돼 있다. 다음 함수를 보자.

```
integer_seq_tsr = tf.range(start=6, limit=15, delta=3)
```

- 결과로 순열 텐서 [6, 9, 12]를 얻게 된다. 이 결과에는 마지막 경계 값이 포함되지 않는다.

4. 랜덤 텐서

- 다음 함수는 균등 분포를 따르는 난수^{random number}를 생성한다.

```
randunif_tsr = tf.random_uniform([row_dim, col_dim],
    minval=0, maxval=1)
```

- 이 균등 분포 임의 함수에서 minval은 지정한 구간에 들어가지만, maxval은 들어가지 않는다(minval <= x < maxval).
- 다음과 같이 하면 정규 분포를 따르는 임의 숫자들로 텐서를 만들 수 있다.

```
randnorm_tsr = tf.random_normal([row_dim, col_dim], mean=0.0,
    stddev=1.0)
```

- 특정 범위에 속하는 정규 분포 임의의 값을 생성하고 싶은 경우가 있다. truncated_normal() 함수는 지정한 평균에서 항상 표준편차 2배 이내의 값을 뽑아준다. 다음과 같이 사용한다.

```
runcnorm_tsr = tf.truncated_normal([row_dim, col_dim],
    mean=0.0, stddev=1.0)
```

- 배열 항목을 임의로 뒤섞을 필요가 있을 수도 있다. 이 경우 random_suffle(), random_crop() 두 함수를 사용할 수 있다. 다음과 같이 사용한다.

```
shuffled_output = tf.random_shuffle(input_tensor)
cropped_output = tf.random_crop(input_tensor, crop_size)
```

○ 이 책 뒷부분에서 세 가지 스펙트럼을 가진 이미지를 임의로 특정 크기(height, width, 3)로 잘라내는 작업을 하게 된다. 결과물인 **cropped_output**의 차원을 정하기 위해 해당 차원의 최댓값을 지정해야 한다.

```
cropped_image = tf.random_crop(my_image, [int(height/2),
        int(width/2), 3])
```

예제 분석

텐서 생성 방법을 정하고 나면 **Variable( )** 함수를 이용해 텐서를 담을 변수도 함께 생성해야 한다. 변수 생성에 대해서는 다음 절에서 자세히 알아본다.

```
my_var = tf.Variable(tf.zeros([row_dim, col_dim]))
```

부연 설명

여기서 제시한 내장 함수만 사용해야 하는 것은 아니다. **convert_to_tensor( )** 함수를 이용하면 어떤 numpy 배열이든 파이썬 리스트로 변환해 상수를 텐서로 바꿀 수 있다. 함수 동작을 일반화할 수 있도록 이 함수는 텐서도 입력으로 받는다는 점을 알아두자.

▌ 플레이스홀더 및 변수 사용

플레이스홀더와 변수는 텐서플로의 계산 그래프를 사용하기 위한 핵심 도구다.
둘의 차이점과 언제 어느 것을 사용해야 좋을지를 잘 이해해야 한다.

준비

데이터를 다룰 때 구분해야 할 가장 중요한 사항은, 데이터가 플레이스홀더에
속하는지 변수에 속하는지를 파악하는 것이다. 변수는 알고리즘에 속한 매개변
수로, 텐서플로는 알고리즘을 최적화하기 위해 이 값을 어떻게 변경해야 할지
추적하게 된다. 플레이스홀더는 특정 타입과 형태의 데이터를 투입하게 될 객체
로, 예상되는 계산 결과처럼 계산 그래프 구성에 따라 정해진다.

예제 구현

변수는 텐서를 입력받아 변수를 출력하는 Variable( ) 함수를 이용해 주로 생성
한다. 이 함수는 변수 선언만 하기 때문에 변수 초기화를 별도로 해줘야 한다.
초기화란 변수에 계산 그래프의 해당 메소드를 지정하는 것이다. 다음은 변수
생성 및 초기화 예제다.

```
my_var = tf.Variable(tf.zeros([2,3]))
sess = tf.Session()
initialize_op = tf.global_variables_initializer ()
sess.run(initialize_op)
```

이번 예제의 다음 부분을 통해 변수 생성 및 초기화 이후의 계산 그래프를 살펴
보자.

플레이스홀더는 계산 그래프에 데이터가 투입되는 위치를 나타내는 것이다. 세

션의 feed_dict 인자를 통해 플레이스홀더에 데이터를 투입한다. 계산 그래프에 플레이스홀더를 넣기 위해서는 플레이스홀더에 대해 하나 이상의 연산을 수행해야 한다. 예제에서는 그래프를 초기화한 다음, 플레이스홀더 x와 x를 그대로 반환하는 x에 대한 항등 연산 y를 정의한다. 그런 다음 플레이스홀더 x에 투입할 데이터를 생성하고, 항등 연산을 실행한다. 텐서플로는 feed_dict에 들어 있는 플레이스홀더를 그대로 자체 참조로 반환하지는 않는다는 점을 알아둘 필요가 있다. 설명한 코드는 다음과 같으며, 이 코드에 해당하는 계산 그래프는 다음 절에서 볼 수 있다.

```
sess = tf.Session()
x = tf.placeholder(tf.float32, shape=[2,2])
y = tf.identity(x)
x_vals = np.random.rand(2,2)
sess.run(y, feed_dict={x: x_vals})
# sess.run(x, feed_dict={x: x_vals})라고 하면 자체 참조 오류가 발생한다.
```

예제 분석

다음 그림은 0으로 초기화된 텐서 변수의 계산 그래프를 나타낸 것이다.

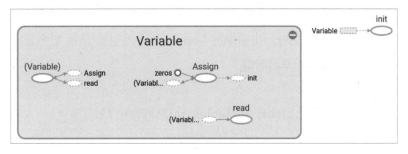

그림 1 변수

그림 1에서 0으로 초기화된 하나의 변수만 있는 계산 그래프를 자세히 볼 수 있다. 회색 그림자 영역은 관련 상수와 연산을 자세히 표시한 것이다. 주 계산 그래프는 회색 영역 바깥의 오른쪽 윗부분에 작은 그래프로 간략히 표시돼 있다. 그래프 생성 및 시각화에 대한 자세한 내용은 10장의 첫 번째 예제를 참고하자.

마찬가지로 플레이스홀더에 numpy 배열을 투입하는 계산 그래프는 다음 그림과 나타낼 수 있다.

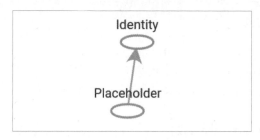

그림 2 초기화된 플레이스홀더의 계산 그래프. 회색 그림자 영역에 관련 상수와 연산이 자세히 표시돼 있다. 주 계산 그래프는 회색 영역 바깥, 오른쪽 윗부분에 간략히 표시돼 있다.

부연 설명

계산 그래프를 실행할 때 텐서플로에 생성한 변수의 초기화 시점을 알려줘야 한다. 텐서플로는 변수 초기화 가능 시점에 대한 정보를 갖고 있어야 한다. 변수에 initializer 메소드가 있지만, 일반적으로는 helper 함수 global_variables_initializer()를 사용한다. 이 함수는 다음과 같이 생성한 모든 변수를 초기화하는 연산을 그래프에 추가한다.

```
initializer_op = tf.global_variables_initializer ()
```

그러나 다른 변수의 초기화 결과를 이용해 변수를 초기화하고자 한다면 다음과 같이 원하는 순서에 따라 변수를 초기화해야 한다.

```
sess = tf.Session()
first_var = tf.Variable(tf.zeros([2,3]))
sess.run(first_var.initializer)
second_var = tf.Variable(tf.zeros_like(first_var))
# first_var를 사용
sess.run(second_var.initializer)
```

▌ 행렬 다루기

계산 그래프를 통해 데이터가 어떻게 흘러가는지 이해하기 위해서는 텐서플로의
행렬 처리 방식을 이해하는 것이 아주 중요하다.

준비

많은 알고리즘에서 행렬 연산을 사용한다. 텐서플로에는 행렬 계산을 편하게
할 수 있는 연산들이 있다. 이 절의 예제들을 실행하는 데 필요한 그래프 세션은
다음 코드를 실행해 만들 수 있다.

```
import tensorflow as tf
sess = tf.Session()
```

예제 구현

1. **행렬 생성** 앞 절에서 텐서에 대해 설명했던 내용에 따라 numpy 배열이나
   중첩 리스트로 2차원 행렬을 만들 수 있다. zeros(), ones(), truncated_
   normal() 같은 텐서 생성 함수에 2차원 형태를 지정해 행렬을 만들 수도
   있다. 텐서플로는 1차원 배열이나 리스트를 대각 행렬로 만드는 diag()

함수도 지원한다.

```
identity_matrix = tf.diag([1.0, 1.0, 1.0])
A = tf.truncated_normal([2, 3])
B = tf.fill([2,3], 5.0)
C = tf.random_uniform([3,2])
D = tf.convert_to_tensor(np.array([[1., 2., 3.],[-3., -7.,
      -1.],[0., 5., -2.]]))
print(sess.run(identity_matrix))
[[ 1.  0.  0.]
 [ 0. 1. 0.]
 [ 0.  0.  1.]]
print(sess.run(A))
[[ 0.96751703  0.11397751 -0.3438891 ]
 [-0.10132604 -0.8432678 0.29810596]]
print(sess.run(B))
[[ 5.  5.  5.]
  [ 5.  5.  5.]]
print(sess.run(C))
[[ 0.33184157  0.08907614]
 [ 0.53189191  0.67605299]
 [ 0.95889051  0.67061249]]
print(sess.run(D))
[[ 1.  2.  3.]
 [-3. -7. -1.]
 [ 0.  5. -2.]]
```

 sess.run(C)를 다시 실행한다면 랜덤 변수가 다시 초기화되므로, 다른 값이 나올 것이다.

2. 더하기, 빼기는 다음 함수를 사용한다.

```
print(sess.run(A+B))
[[ 4.61596632  5.39771316  4.4325695 ]
 [ 3.26702736  5.14477345  4.98265553]]
print(sess.run(B-B))
[[ 0.  0.  0.]
 [ 0.  0.  0.]]
```

곱하기는 다음 함수를 사용한다.

```
print(sess.run(tf.matmul(B, identity_matrix)))
[[ 5.  5.  5.]
 [ 5.  5.  5.]]
```

3. matmul() 함수는 곱하기 전에 행렬을 전치할 것이지, 행렬이 희소 행렬인지를 인자를 통해 지정할 수 있다.

4. 행렬 인자를 다음과 같이 전치할 수 있다.

```
print(sess.run(tf.transpose(C)))
[[ 0.67124544  0.26766731  0.99068872]
 [ 0.25006068  0.86560275  0.58411312]]
```

5. 앞서 설명했듯이 다시 초기화하면 전과 다른 값이 나올 것이다.

6. 행렬식은 다음과 같이 계산한다.

```
print(sess.run(tf.matrix_determinant(D)))
-38.0
```

○ 역행렬

```
print(sess.run(tf.matrix_inverse(D)))
[[-0.5        -0.5        -0.5       ]
 [ 0.15789474  0.05263158  0.21052632]
 [ 0.39473684  0.13157895  0.02631579]]
```

 정부호 정방 행렬은 숄레스키 분해(Cholesky decomposition)를 이용해 역행렬을 구하고, 그 외의 경우에는 LU 분해를 이용해 역행렬을 구한다.

7. 분해

○ 숄레스키 분해는 다음과 같이 사용한다.

```
print(sess.run(tf.cholesky(identity_matrix)))
[[ 1.  0.  0.]
 [ 0.  1.  0.]
 [ 0.  0.  1.]]
```

8. 행렬 고윳값과 고유 벡터는 다음과 같이 구한다.

```
print(sess.run(tf.self_adjoint_eig(D))
[[-10.65907521  -0.22750691   2.88658212]
 [  0.21749542   0.63250104  -0.74339638]
 [  0.84526515   0.2587998    0.46749277]
 [ -0.4880805    0.73004459   0.47834331]]
```

self_adjoint_eig() 함수 출력의 첫 행은 고윳값을 표시한 것이고, 그 뒤의 내용은 고유 벡터를 나타낸다. 수학적으로는 이 결과를 행렬의 고유 분해라고 한다.

텐서플로는 수치 계산에 필요한 모든 도구와 이런 계산을 그래프에 추가하기 위한 도구들을 제공한다. 간단한 행렬 계산에 대한 표기법이 지나치게 복잡해보일지도 모르겠다. 하지만 그래프에 추가된 연산이 무엇인지, 해당 연산은 어떤 텐서를 대상으로 하는 것인지 텐서플로에 알려줘야 한다. 당장은 이 과정이 상당히 번잡해보이지만, 과정을 알아두면 이런 방식의 계산으로 목표를 더 쉽게 달성하는 이후 장들의 표기법을 이해하는 데 도움이 될 것이다.

▌연산 정의

이제 텐서플로 그래프에 추가할 수 있는 다른 연산에 대해서도 알아보자.

준비

텐서플로에는 기본 산술 연산 외에도 알아둬야 할 다양한 연산이 있다. 더 나아가기 전에 다양한 연산의 사용법을 알아두자. 그래프 세션은 다음 코드를 이용해 생성할 수 있다.

```
import tensorflow as tf
sess = tf.Session( )
```

예제 구현

텐서플로에는 텐서에 대한 표준 연산으로 add( ), sub( ), mul( ), div( )가 있다. 이 절에서 설명할 연산들은 따로 언급하지 않는 한 텐서 원소 단위로 연산을 적용한다.

1. 텐서플로에는 div( ) 함수 및 연관된 몇 가지 변형 함수가 있다.

2. div( ) 함수의 반환 값 타입은 입력 값과 같다는 것을 알아두자. 이 말은 (파이썬 2처럼) 입력 타입이 정수이면 나눗셈의 몫만 반환한다는 뜻이다. 파이썬 3처럼 정수를 나누기 전에 소수로 변환해 항상 소수인 계산 결과를 반환하는 텐서플로 함수로는 truediv( )가 있다.

```
print(sess.run(tf.div(3,4)))
0
print(sess.run(tf.truediv(3,4)))
0.75
```

3. 소수를 대상으로 정수 나눗셈을 하고 싶을 때는 floordiv( ) 함수를 사용하면 된다. 이 함수의 반환 값은 소수 타입이지만, 정수로 반올림한 값이다. 다음과 같이 사용한다.

```
print(sess.run(tf.floordiv(3.0,4.0)))
0.0
```

4. 또 하나 중요한 함수로 mod( )가 있다. 이 함수는 나눗셈의 나머지를 반환한다. 다음과 같이 사용한다.

```
print(sess.run(tf.mod(22.0, 5.0)))
2.0
```

5. 두 텐서의 외적은 cross( ) 함수로 구한다. 외적은 두 3차원 벡터만을 대상으로 정의하므로, 입력 값이 두 3차원 벡터이어야 한다는 점을 알아두자. 다음과 같이 사용한다.

```
print(sess.run(tf.cross([1., 0., 0.], [0., 1., 0.])))
[ 0.  0.  1.0]
```

6. 다음은 자주 사용하는 기타 수학 함수를 간단히 표시한 목록이다. 이 함수들은 모두 텐서 원소 단위로 연산이 적용된다.

abs()	입력 텐서의 절댓값
ceil()	입력 텐서의 상한 값
cos()	입력 텐서의 cos 값
exp()	입력 텐서의 밑이 e인 지수 값
floor()	입력 텐서의 하한 값
inv()	입력 텐서의 역수 값
log()	입력 텐서의 자연 로그 값
maximum()	두 텐서에 대한 원소 단위 최댓값
minimum()	두 텐서에 대한 원소 단위 최솟값
neg()	입력 텐서의 부호 반전 값
pow()	첫 번째 텐서의 원소를 두번째 텐서의 해당 원소 값만큼 거듭제곱한 값
round()	입력 텐서의 반올림 값
rsqrt()	입력 텐서의 제곱근의 역수 값
sign()	입력 텐서의 부호에 따라, -1, 0, 1 값을 반환
sin()	입력 텐서의 sin값
sqrt()	입력 텐서의 제곱근 값
square()	입력 텐서의 제곱 값

7. **특수한 수학 함수** 머신 러닝에서 사용하는 특별한 수학 함수 몇 가지를 알아둘 필요가 있는데, 텐서플로도 이 함수들을 내장하고 있다. 별도 설

명이 없는 한 이 함수들도 원소 단위로 적용된다.

digamma( )	lgamma( ) 함수의 도함수인 프사이(Psi) 함수
erf( )	원소 단위, 텐서의 가우스 오차 함수
erfc( )	텐서의 여오차 함수(complimentary error function)
igamma( )	하부 정규화 불완전 감마 함수
igammac( )	상부 정규화 불완전 감마 함수
lbeta( )	베타 함수 절댓값의 자연로그 값
lgamma( )	감마 함수 절댓값의 자연로그 값
squared_difference( )	두 텐서 차의 제곱 값

예제 분석

계산 그래프에 어떤 함수를 추가할 수 있는지 알아두는 것은 중요하다. 대개의 경우 앞에서 살펴본 함수들을 사용하게 될 것이다. 물론 다음과 같이 이 함수들을 조합해 필요한 함수를 만들어 쓸 수도 있다.

```
# 탄젠트 함수(tan(pi/4)=1)
print(sess.run(tf.div(tf.sin(3.1416/4.), tf.cos(3.1416/4.))))
1.0
```

부연 설명

여기서 언급하지 않은 연산을 그래프에 추가하려면 함수들을 조합해 원하는 함수를 만들어야 한다. 다음은 앞에서 다루지 않은 연산을 그래프에 추가하는 예제다. 다항 함수 $3x^2 - x + 10$을 추가하고자 한다.

```
def custom_polynomial(value):
    return(tf.sub(3 * tf.square(value), value) + 10)
print(sess.run(custom_polynomial(11)))
362
```

▍활성화 함수 구현

준비

활성화 함수는 신경망의 필수 요소이기 때문에 신경망을 사용할 때는 활성화 함수를 자주 접하게 된다. 활성화 함수의 목표는 가중치와 편향치를 조절하는 것이다. 텐서플로에서 활성화 함수는 텐서에 적용되는 비선형 연산이다. 활성화 함수도 앞에서 살펴본 수학 연산과 유사한 방식으로 동작한다. 활성화 함수의 역할은 다양하지만, 출력 값 정규화를 통해 그래프에 비선형성을 도입하는 것을 주된 개념으로 볼 수 있다. 다음과 같이 텐서플로 그래프를 시작해보자.

```
import tensorflow as tf
sess = tf.Session()
```

예제 구현

활성화 함수는 텐서플로의 신경망(nn) 라이브러리에 들어 있다. 내장 활성화 함수를 사용할 수도 있고, 텐서플로 연산들을 이용해 별도의 활성화 함수를 만들 수도 있다. 사전에 정의된 활성화 함수를 불러두고 사용해도 되고(import tensorflow.nn as nn), 함수를 호출할 때마다 명시적으로 .nn을 지정해도 된다. 이 예제에서는 명시적 호출을 사용한다.

1. 신경망에 비선형성을 도입하는 가장 일반적이고 기본적인 방식으로 수정된 선형 유닛^{ReLU, Rectified Linear Unit} 함수가 있다. 이 함수는 간단히 max(0, x)로 표기할 수 있다. 이 함수는 연속이지만 매끄럽지 않다(미분 가능하지 않다). 함수의 동작은 다음과 같다.

```
print(sess.run(tf.nn.relu([-3., 3., 10.])))
[ 0.  3.  10.]
```

2. ReLU 활성화 함수의 선형 증가량에 상한을 설정하고 싶을 때가 있다. max(0, x) 함수를 min() 함수로 감싸서 구현할 수 있다. 텐서플로에는 ReLU6 함수가 구현돼 있다. 이 함수는 min(max(0, x), 6)로 정의돼 있다. 이 함수는 매끄럽지 않은 각진 모양의 시그모이드 함수로 생각할 수 있으며, 빠른 계산이 가능하고, (0에 가까운 극솟값이 돼) 값이 사라지거나 값이 무한정 커지는 문제가 없다. 이런 특성들은 8장과 9장에서 심층 신경망을 다룰 때 도움이 된다. 함수의 동작은 다음과 같다.

```
print(sess.run(tf.nn.relu6([-3., 3., 10.])))
[ 0.  3.  6.]
```

3. 시그모이드 함수는 연속이고 매끄러운(미분 가능한) 가장 일반적인 활성화 함수다. 로지스틱 함수라고도 하며, 수식으로는 1/(1+exp(-x))로 표현한다. 시그모이드 함수는 학습 과정에서 역전파 항을 0으로 만들어버리는 경향이 있기 때문에 자주 사용하지는 않는다. 이 함수의 동작은 다음과 같다.

```
print(sess.run(tf.nn.sigmoid([-1., 0., 1.])))
[ 0.26894143  0.5         0.7310586 ]
```

 활성화 함수 중에는 시그모이드 함수처럼 중심이 0이 아닌 경우가 있다. 대부분의 계산 그래프 알고리즘은 이런 경우 데이터의 평균값을 조정하고 사용해야 한다.

4. 또 다른 매끄러운 활성화 함수로 하이퍼볼릭 탄젠트 함수가 있다. 하이퍼볼릭 탄젠트 함수는 시그모이드 함수와 아주 비슷하지만, 함수 값의 범위가 0에서 1이 아닌 −1에서 1이다. 하이퍼볼릭 사인 나누기 하이퍼볼릭 코사인으로 이 함수를 정의할 수 있고, 식을 정리하면 (exp(x)-exp(-x))/(exp(x)+exp(-x))로 쓸 수 있다. 이 함수의 동작은 다음과 같다.

```
print(sess.run(tf.nn.tanh([-1., 0., 1.])))
[-0.76159418  0.          0.76159418 ]
```

5. softsign 함수도 활성화 함수로 사용할 수 있다. 이 함수의 식은 x/(abs(x) + 1)이다. softsign 함수는 부호[sign] 함수를 연속 함수로 근사한 것이다. 이 함수의 동작은 다음과 같다.

```
print(sess.run(tf.nn.softsign([-1., 0., -1.])))
[-0.5 0. 0.5]
```

6. softplus 함수는 매끄럽게 만든 ReLU 함수라고 할 수 있다. 이 함수의 식은 log(exp(x)+1)이다. 이 함수의 동작은 다음과 같다.

```
print(sess.run(tf.nn.softplus([-1., 0., -1.])))
[ 0.31326166  0.69314718  1.31326163]
```

 입력 값이 커지면 softplus 함수 값은 무한대로 가고, softsign 함수 값은 1에 수렴한다. 반대로 입력 값이 작아지면 softplus 함수 값은 0에 수렴하고, softsign 함수 값은 −1에 수렴한다.

7. 지수 선형 유닛ELU, Exponential Linear Unit 함수는 softplus 함수와 아주 비슷한 함수지만, 하부 점근선이 0이 아니라 −1이라는 점이 다르다. 함수식은 x<0 일 때는 (exp(x)+1)이고, 그 외에는 x다. 이 함수의 동작은 다음과 같다.

```
print(sess.run(tf.nn.elu([-1., 0., -1.])))
[-0.63212055  0.          1.        ]
```

예제 분석

활성화 함수는 신경망을 비롯한 앞으로 등장할 계산 그래프에 비선형성을 도입하는 역할을 한다. 망의 어느 위치에서 활성화 함수가 사용되는지 알아둘 필요가 있다. 활성화 함수가 (시그모이드 함수처럼) 0과 1 사이의 값을 가진다면 계산 그래프의 출력 값도 0과 1 사이의 값이 된다.

활성화 함수가 은닉 노드 사이에 있다면 해당 함수 값 범위에 노드 사이를 흘러가는 텐서가 영향을 받는다는 점을 주의해야 한다. 텐서 값의 평균이 0으로 조절돼 있다면 0 근처의 변이를 최대한 보존하는 활성화 함수를 사용하는 것이 좋다. 즉, 하이퍼볼릭 탄젠트(tanh), softsign 같은 활성화 함수를 선택하는 것이 좋다는 뜻이다. 텐서의 모든 값이 양수가 되도록 조절돼 있다면 양수 영역의 변이를 보존하는 활성화 함수를 사용하는 것이 이상적이다.

48

다음 두 그래프는 다양한 활성화 함수의 모습을 보여준다. 다음 그림에서 ReLU, ReLU6, softplus, ELU, 시그모이드, softsign, 하이퍼볼릭 탄젠트 함수를 볼 수 있다.

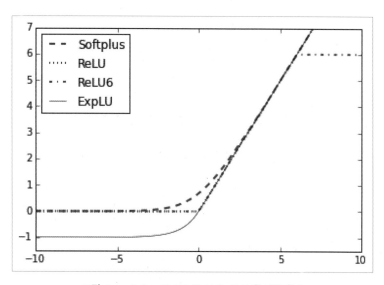

그림 3 softplus, ReLU, ReLU6, ELU 활성화 함수

그림 3에서 softplus, ReLU, ReLU6, ELU 활성화 함수를 볼 수 있다. 이 함수들은 0의 왼쪽 부분이 평평하고, 0의 오른쪽으로 갈수록 선형적으로 증가하는 모습을 보이고, ReLU6 함수는 최댓값이 6으로 제한돼 있다.

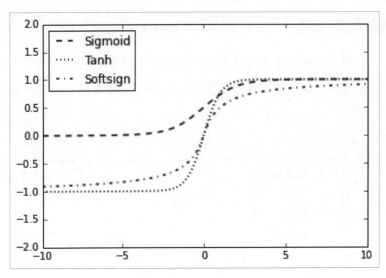

그림 4 시그모이드, 하이퍼볼릭 탄젠트(tanh), softsign 활성화 함수

그림 4에서 시그모이드, 하이퍼볼릭 탄젠트(tanh), softsign 활성화 함수를 볼 수 있다. 이 활성화 함수들은 모두 매끄러운 함수며, S자 형태를 갖고 있다. 이 함수들에는 두 개의 수평 점근선이 있다.

▌데이터 출처 사용

이 책에서 머신 러닝 알고리즘을 적용할 때는 대부분 데이터셋을 사용한다. 이 절에서는 텐서플로와 파이썬을 사용해 다양한 데이터셋에 접근하는 방법들을 소개한다.

준비

이 책에서 사용할 데이터셋 중에는 파이썬 라이브러리에 내장돼 있는 것도 있고, 파이썬 스크립트를 통해서, 또는 인터넷으로 직접 다운로드해야 하는 데이터셋도 있다. 데이터셋을 얻기 위해서는 대부분 인터넷 연결이 필요하다.

1. **붓꽃 데이터** 이 데이터셋은 머신 러닝 및 통계학의 전 분야에서 사용하는 가장 전통적인 데이터셋이다. 이 데이터셋에는 세 종류의 붓꽃(setosa, virginica, vesicolor)에 대한 꽃받침 길이, 꽃받침 폭, 꽃잎 길이, 꽃잎 폭 측정치가 들어 있다. 각 종류마다 50개, 총 150개의 측정치가 들어 있다. 다음과 같이 파이썬 Scikit Learn 패키지의 데이터셋 함수를 사용해 데이터셋을 로드할 수 있다.

```
from sklearn import datasets
iris = datasets.load_iris()
print(len(iris.data))
150
print(len(iris.target))
150
print(iris.data[0]) # 꽃받침 길이, 꽃받침 폭, 꽃잎 길이, 꽃잎 폭
[ 5.1 3.5 1.4 0.2]
print(set(iris.target)) # 종류 setosa, virginica, versicolor
{0, 1, 2}
```

2. **신생아 체중 데이터** 매사추세츠 대학교 애머스트 칼리지는 다양한 관심사에 대한 통계 데이터를 모아두고 있었다. 그중 하나로 산모의 의료 기록, 가족력, 인구학적 정보가 포함된 신생아 체중 데이터셋이 있다. 여기에는 11가지 속성에 대한 189개의 관찰 사례가 들어 있다. 다음 파이썬 코드로 이 데이터를 얻을 수 있다.

```
import requests
birthdata_url = 'https://github.com/nfmcclure/tensorflow_
  cookbook/raw/master/01_Introduction/07_Working_with_Data_
  Sources/birthweight_data/birthweight.dat'
birth_file = requests.get(birthdata_url)
birth_data = birth_file.text.split('\r\n')
birth_header = birth_data[0].split('\t')
birth_data = [[float(x) for x in y.split('\t') if len(x)>=1] for
  y in birth_data[1:] if len(y)>=1]
print(len(birth_data))
189
print(len(birth_data[0]))
9
```

3. **보스턴 주택 데이터** Statlib 라이브러리에 포함된 데이터셋 라이브러리
는 카네기 멜론 대학에서 관리하고 있다. 캘리포니아 대학교 어바인 캠
퍼스의 머신 러닝 자료실을 통해 이 데이터에 접근할 수 있다. 이 데이터
셋에는 주택 특성과 다양한 인구학적 특성(14개 속성)이 포함된 506개
주택 사례가 들어 있다. 다음 파이썬 코드로 이 데이터를 얻을 수 있다.

```
import requests
housing_url = 'https://archive.ics.uci.edu/ml/machine-learning-
  databases/housing/housing.data'
housing_header = ['CRIM', 'ZN', 'INDUS', 'CHAS', 'NOX', 'RM',
  'AGE', 'DIS', 'RAD', 'TAX', 'PTRATIO', 'B', 'LSTAT', 'MEDV']
housing_file = requests.get(housing_url)
housing_data = [[float(x) for x in y.split(' ') if len(x)>=1]
  for y in housing_file.text.split('\n') if len(y)>=1]
print(len(housing_data))
506
print(len(housing_data[0]))
14
```

4. MNIST 필기 데이터 MNIST[Mixed National Institude of Standards and Technology]는 대규모 NIST 필기 데이터베이스의 일부분이다. MNIST 필기 데이터셋은 Yann LeCun의 웹사이트(https://yann.lecun.com/exdb/mnist/)에서 제공하고 있다. 이 데이터베이스는 한 자리 숫자(0-9) 이미지 7만 개가 있고, 답이 표시돼 있는 학습셋 6만 개, 테스트셋 1만 개로 구성돼 있다. 이미지 인식 분야에서 정말 많이 사용하는 데이터셋이기 때문에 텐서플로는 이 데이터에 접근하기 위한 모듈이 준비돼 있다.[1] 머신 러닝에서는 (대상값 유출로 인한) 과다 최적화를 막기 위한 검증 데이터 준비도 중요하다. 이 때문에 텐서플로는 학습셋 중 5천 개를 검증셋으로 유보시켜둔다. 다음 파이썬 코드로 이 데이터를 얻을 수 있다.

```
from tensorflow.examples.tutorials.mnist import input_data
mnist = input_data.read_data_sets("MNIST_data/", one_hot=True)
print(len(mnist.train.images))
55000
print(len(mnist.test.images))
10000
print(len(mnist.validation.images))
5000
print(mnist.train.labels[1,:]) # 첫 번째 이미지 정답은 3'''
[ 0.  0.  0.  1.  0.  0.  0.  0.  0.  0.]
```

5. 스팸-비스팸 문자 데이터 캘리포니아 대학교 어바인 캠퍼스의 머신 러닝 데이터셋 라이브러리에는 스팸-비스팸 문자 메시지 데이터셋도 들어 있다. 다음과 같이 zip 압축 파일을 받아 스팸-비스팸 문자 데이터를 얻을 수 있다.

---

1. 단, 현재 tensorflow 라이브러리에 내장돼 있는 contrib.learn.python.learn.datasets.mnist 모듈은 지원이 중지돼 향후 라이브러리에서 제거될 예정이다. 모듈을 사용할 수 없다면 별도로 배포되는 tensorflow.models에 들어 있는 models.official.mnist.datasets 모듈을 활용하거나, 데이터 다운로드에 필요한 코드를 복사해 사용하면 된다. — 옮긴이

```
import requests
import io
from zipfile import ZipFile
zip_url = 'http://archive.ics.uci.edu/ml/machine-learning-
    databases/00228/smsspamcollection.zip'
r = requests.get(zip_url)
z = ZipFile(io.BytesIO(r.content))
file = z.read('SMSSpamCollection')
text_data = file.decode()
text_data = text_data.encode('ascii',errors='ignore')
text_data = text_data.decode().split('\n')
text_data = [x.split('\t') for x in text_data if len(x)>=1]
[text_data_target, text_data_train] = [list(x) for x in
    zip(*text_data)]
print(len(text_data_train))
5574
print(set(text_data_target))
{'ham', 'spam'}
print(text_data_train[1])
Ok lar... Joking wif u oni...
```

6. **영화 리뷰 데이터** 코넬 대학의 보 팽$^{Bo\ Pang}$은 긍정적 또는 부정적으로 분류한 영화 리뷰 데이터셋을 공개했다. 웹사이트 http://www.cs.cornell.edu/people/pabo/movie-review-data/에서 이 데이터를 구할 수 있다. 다음 코드를 데이터 다운로드, 추출 및 변환에 사용할 수 있다.

```
import requests
import io
import tarfile
movie_data_url = 'http://www.cs.cornell.edu/people/pabo/movie-
    review-data/rt-polaritydata.tar.gz'
r = requests.get(movie_data_url)
```

```python
# 데이터를 임시 객체로 스트리밍
stream_data = io.BytesIO(r.content)
tmp = io.BytesIO()
while True:
    s = stream_data.read(16384)
    if not s:
        break
    tmp.write(s)
stream_data.close()
tmp.seek(0)
# tar 파일 풀기
tar_file = tarfile.open(fileobj=tmp, mode="r:gz")
pos = tar_file.extractfile('rt-polaritydata/rt-polarity.pos')
neg = tar_file.extractfile('rt-polaritydata/rt-polarity.neg')
# 긍정/부정 리뷰 저장(인코딩도 함께 처리)
pos_data = []
for line in pos:
    pos_data.append(line.decode('ISO-8859-1').
            encode('ascii',errors='ignore').decode())
neg_data = []
for line in neg:
    neg_data.append(line.decode('ISO-8859-1').
            encode('ascii',errors='ignore').decode())
tar_file.close()
print(len(pos_data))
5331
print(len(neg_data))
5331
# 첫 번째 부정 리뷰 출력
print(neg_data[0])
simplistic, silly and tedious.
```

7. **CIFAR-10 이미지 데이터** 캐나다 고등연구소^{Canadian Institute For Advanced} Research는 대상이 표기된 8천만 개의 컬러 이미지(각 이미지의 픽셀 크기는 32×32)가 들어있는 이미지셋을 공개했다. 이 데이터에는 (비행기, 자동차, 새 등) 10가지 분류 대상이 들어 있다. CIFAR-10 데이터는 이 데이터 중 6만 개의 이미지를 추려낸 것이다. 5만 개의 학습셋 이미지와 1만 개의 테스트셋 이미지로 구성돼 있다. 데이터셋의 크기가 크고 다양한 방식으로 이 데이터셋을 이용할 것이기 때문에 필요할 때마다 다운로드 스크립트를 실행하지는 않을 것이다. http://www.cs.toronto.edu/~kriz/cifar. html 주소에 가서 이 데이터셋을 다운로드해두자. 데이터셋 사용법에 대해서는 해당 장에서 설명할 것이다.

8. **셰익스피어 작품 데이터** 구텐베르그 프로젝트('참고 사항' 절의 다섯 번째 항목)는 저작권이 없는 도서의 전자책을 공개하는 프로젝트다. 셰익스피어의 모든 작품에 대해 이 프로젝트가 진행됐으며, 다음 파이썬 코드를 이용해 데이터를 구할 수 있다.

```python
import requests
shakespeare_url = 'http://www.gutenberg.org/cache/epub/100/pg100.
    txt'
# 셰익스피어 작품 받기
response = requests.get(shakespeare_url)
shakespeare_file = response.content
# 이진 데이터를 문자열로 변환
shakespeare_text = shakespeare_file.decode('utf-8')
# 첫 몇 단락을 잘라내기.
shakespeare_text = shakespeare_text[7675:]
print(len(shakespeare_text)) # 문자 개수 출력
5582212
```

9. 영어-독일어 문장 번역 데이터 타토에바 프로젝트(http://tatoeba.org)는 다양한 언어로 번역된 문장을 모으고 있다. 이 데이터는 크리에이티브 커먼즈 라이선스에 따라 공개돼 있다. ManyThings.org(http://www.manythings.org)는 이 데이터를 이용해 문장 단위 번역을 모아 문서 파일로 다운로드할 수 있게 정리해뒀다. 다음은 영어-독일어 문장 번역 파일 데이터를 받는 코드지만, 원하는 언어로 URL을 변경해 사용할 수 있다.

```python
import requests
import io
from zipfile import ZipFile
sentence_url = 'http://www.manythings.org/anki/deu-eng.zip'
r = requests.get(sentence_url)
z = ZipFile(io.BytesIO(r.content))
file = z.read('deu.txt')

# 데이터 정리
eng_ger_data = file.decode()
eng_ger_data = eng_ger_data.encode('ascii',errors='ignore')
eng_ger_data = eng_ger_data.decode().split('\n')
eng_ger_data = [x.split('\t') for x in eng_ger_data if len(x)>=1]
[english_sentence, german_sentence] = [list(x) for x in
    zip(*eng_ger_data)]
print(len(english_sentence))
153868
print(len(german_sentence))
153868
print(eng_ger_data[10])
['Hello!', 'Hallo!']
```

여기서 설명한 데이터셋을 실제 예제에서 사용할 때에는 해당 데이터가 이 절의
내용을 참조해서 여기서 설명한 방식으로 로드된 상태라고 가정할 것이다. 여기
서 설명하지 않은 데이터 변환이나 전처리가 필요한 경우 그에 대한 코드는 해당
예제에서 제공한다.

- Hosmer, D.W., Lemeshow, S., and Sturdivant, R. X. (2013). Applied Logistic Regression: 3rd Edition.
- Lichman, M. (2013). UCI Machine Learning Repository. http://archive.ics.uci.edu/ml. Irvine, CA: University of California, School of Information and Computer Science.
- Bo Pang, Lillian Lee, and Shivakumar Vaithyanathan, Thumbs up? Sentiment Classification using Machine Learning Techniques, Proceedings of EMNLP 2002. http://www.cs.cornell.edu/people/pabo/movie-review-data/
- Krizhevsky. (2009). Learning Multiple Layers of Features from Tiny Images. http://www.cs.toronto.edu/~kriz/cifar.html
- Project Gutenberg. Accessed April 2016. http://www.gutenberg.org/.

▌ 추가 자료

텐서플로를 배우고 사용하는 데 크게 도움이 되는 추가 링크, 문서 자료, 길라잡
이 등을 추가로 소개한다.

준비

텐서플로 사용법을 배울 때 무엇을 통해 도움이나 지침을 구할 수 있을지 알아두면 좋다. 이 절에서는 텐서플로 실행 및 문제 해결에 도움이 되는 자료들을 소개한다.

예제 구현

다음은 텐서플로와 관련된 자료 목록이다.

1. 이 책에 나온 코드는 다음 사이트에서 얻을 수 있다.

   https://github.com/nfmcclure/tensorflow_cookbook

2. 텐서플로 파이썬 API 공식 문서는 https://www.tensorflow.org/api_docs/python에서 확인할 수 있다. 여기에는 텐서플로의 모든 함수, 객체, 메소드에 대한 설명과 예제가 있다. 사이트 화면에 (r1.2 같은) 버전이 표시돼 있으므로, 텐서플로 최신 버전이 몇인지 확인할 수 있다.

3. 텐서플로 공식 길라잡이는 내용이 충실하고, 아주 상세하다. 길라잡이 문서는 https://www.tensorflow.org/tutorials/index.html에서 확인할 수 있다. 이 길라잡이는 이미지 인식 모델을 시작으로 Word2Vec, RNN 모델, 시퀀스 변환 모델 등을 다룬다. 프랙탈 생성 및 편미분 방정식 풀이 방법도 소개하고 있다. 더 다양한 내용과 예제가 계속 추가될 것이다.

4. 텐서플로의 공식 깃허브^{GitHub} 저장소는 https://github.com/tensorflow/tensorflow다. 이곳에서 공개된 텐서플로 소스코드를 확인할 수 있고, 필요하다면 가장 최근 버전의 코드를 복제할 수도 있다. 이슈 항목을 통해 최근 등록된 이슈들을 확인할 수도 있다.

5. 텐서플로에서 관리하고 있는 공개 Docker 컨테이너는 다음 Dockerhub 에서 구할 수 있다.

   https://hub.docker.com/r/tensorflow/tensorflow/

6. 텐서플로가 설치된 우분투 16.04 운영체제 가상 머신도 구할 수 있다. 윈도우 PC에서 유닉스 버전 텐서플로를 실행하고 싶을 때 이를 활용할 수 있다. 가상 머신을 다운로드할 수 있는 사이트로 https://medium. com/@ageitgey/try-deep-learning-in-python-now-with-a-fully- pre-configured-vm-1d97d4c3e9b가 있다. 가상 머신을 실행하려면 VMWare 플레이어가 필요하다. VMWare 플레이어는 VMWare 사의 제 품으로, 개인은 무료로 사용 가능하며, 다음 사이트에서 구할 수 있다.

   https://www.vmware.com/go/downloadplayer/

7. 도움을 구할 수 있는 훌륭한 공동체로 StackOverflow가 있다. 텐서플로 를 위한 태그도 있다. 텐서플로의 인기가 올라가면서 해당 태그에 대한 관심도 늘어나고 있다. 텐서플로 태그의 활동 내역을 보려면 다음 주소 를 방문하면 된다.

   http://stackoverflow.com/questions/tagged/Tensorflow

8. 텐서플로가 아주 유연하고, 다재다능하긴 하지만, 가장 일반적인 사용처 는 딥러닝이다. 딥러닝의 기본 사항 및 수학적 배경을 이해하고, 딥러닝 에 대한 직관을 키울 수 있도록 구글은 Udacity에 온라인 강좌를 개설했 다. 다음 사이트를 통해 강좌에 등록하고 수강할 수 있다.

   https://www.udacity.com/course/deep-learning--ud730

9. 텐서플로도 매개변수의 변화와 데이터셋 흐름에 따라 신경망이 학습되 는 과정을 시각적으로 탐색할 수 있는 사이트를 만들었다. http:// playground.tensorflow.org 사이트를 통해 여러 설정이 신경망 학습에

어떤 영향을 미치는지 살펴볼 수 있다.

10. Geoffrey Hinton은 Coursera를 통해 '머신 러닝을 위한 신경망' 온라인 강의를 진행하고 있다.

    https://www.coursera.org/learn/neural-networks

11. 스탠포드 대학은 '시각 인식을 위한 합성곱 신경망' 온라인 강의 및 관련 자료를 제공하고 있다. http://cs231n.stanford.edu/

텐서플로 동작 방식

2장에서는 텐서플로 동작과 관련된 핵심 구성 요소들을 소개한다. 그런 후 구성 요소들을 조합해 단순 분류기를 만들어보고, 결과를 평가해본다. 2장에서 다루는 내용은 다음과 같다.

- 계산 그래프의 연산
- 다중 연산 중첩
- 다층 처리
- 비용 함수 구현
- 역전파 구현
- 일괄 학습과 확률적 학습
- 모든 요소 조합
- 모델 평가

▌ 소개

텐서플로에서 텐서를 만드는 방법, 변수 및 플레이스홀더의 사용법을 알아봤으므로, 이제 이 객체들이 계산 그래프에서 어떻게 동작하는지 알아본다. 지금부터 간단한 분류기를 만들고, 이 분류기의 작동 성능을 살펴본다.

 이 책에 나온 모든 코드는 다음 깃허브 온라인 사이트에서 구할 수 있다.

https://github.com/nfmcclure/tensorflow_cookbook

▌ 계산 그래프의 연산

계산 그래프에 객체를 넣었으므로, 이제 이 객체에 연산을 적용해보자.

준비

그래프를 시작하기 위해 다음과 같이 텐서플로를 로드하고, 세션을 생성한다.

```
import tensorflow as tf
sess = tf.Session()
```

예제 구현

지금까지 배운 것을 조합해 리스트의 숫자를 투입하고, 그 결과를 출력하는 그래프 연산을 이번 예제에서 만들어본다.

1. 먼저 텐서와 플레이스홀더를 선언한다. numpy 배열을 생성해 연산에 투입한다.

```
import numpy as np
x_vals = np.array([1., 3., 5., 7., 9.])
x_data = tf.placeholder(tf.float32)
m_const = tf.constant(3.)
my_product = tf.mul(x_data, m_const)
for x_val in x_vals:
  print(sess.run(my_product, feed_dict={x_data: x_val}))
3.0
9.0
15.0
21.0
27.0
```

예제 분석

1단계와 2단계에서 계산 그래프의 데이터와 연산을 생성한다. 그런 다음, 3단계에서 그래프에 데이터를 투입하고 결과를 출력한다. 계산 그래프는 다음과 같은 형태가 된다.

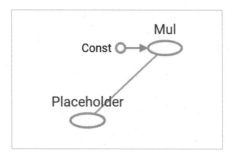

그림 1 x_data가 투입되는 그래프의 플레이스홀더, 그리고 이와 함께 곱하기 연산에 투입되는 상수를 볼 수 있다.

▌다중 연산 중첩

이번 예제에서는 같은 연산 그래프에 여러 연산을 넣는 방법을 알아본다.

준비

연산이 서로 이어지는 방식을 알아둬야 한다. 이를 통해 계산 그래프에 다중 연산을 구성할 수 있다. 플레이스홀더에 두 행렬을 곱한 후 덧셈을 하는 경우를 예로 살펴보자. 두 행렬을 3차원 numpy 배열 형태로 투입할 것이다.

```
import tensorflow as tf
sess = tf.Session()
```

예제 구현

데이터가 흘러감에 따라 형태가 어떻게 바뀌는지도 주목할 필요가 있다. 처음에 두 개의 3×5 크기 numpy 배열을 투입한다. 각 행렬에 5×1 크기의 상수를 곱하면 3×1 크기 행렬이 나온다. 이 행렬에 1×1 행렬을 곱하면 다시 3×1 크기 행렬이 나온다. 마지막으로 3×1 행렬을 더한다.

1. 먼저 투입할 데이터와 플레이스홀더를 생성한다.

```
my_array = np.array([[1., 3., 5., 7., 9.],
                     [-2., 0., 2., 4., 6.],
                     [-6., -3., 0., 3., 6.]])
x_vals = np.array([my_array, my_array + 1])
x_data = tf.placeholder(tf.float32, shape=(3, 5))
```

2. 다음으로 행렬 곱셈과 덧셈에 사용할 상수를 만든다.

```
m1 = tf.constant([[1.],[0.],[-1.],[2.],[4.]])
m2 = tf.constant([[2.]])
a1 = tf.constant([[10.]])
```

3. 이제 연산을 선언해 그래프에 추가한다.

```
prod1 = tf.matmul(x_data, m1)
prod2 = tf.matmul(prod1, m2)
add1 = tf.add(prod2, a1)
```

4. 마지막으로 그래프에 데이터를 투입한다.

```
for x_val in x_vals:
    print(sess.run(add1, feed_dict={x_data: x_val}))
[[ 102.]
 [  66.]
 [  58.]]
[[ 114.]
 [  78.]
 [  70.]]
```

예제 분석

방금 만든 계산 그래프를 텐서보드로 시각화할 수 있다. 텐서보드는 계산 그래프와 관련 값들을 시각화해주는 텐서플로의 기능이다. 여타 머신 러닝 프레임워크와 달리 텐서플로에는 이런 기능이 기본으로 내장돼 있다. 11장의 텐서보드를 이용한 그래프 시각화 예제에서 텐서보드 시각화 방식을 알아본다. 이번 예제에서 만든 그래프의 형태는 다음과 같다.

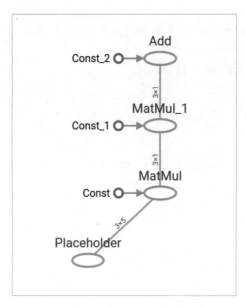

그림 2 계산 그래프의 데이터가 그래프 위쪽으로 흘러가면서 데이터 크기가 어떻게 바뀌는지 확인할 수 있다.

부연 설명

데이터를 그래프에 투입하기 전에 투입할 데이터의 형태를 선언해야 하고, 그래프의 연산 결과가 어떤 형태인지 알아야 한다. 하지만 이것이 항상 가능하지는 않다. 하나 이상의 차원을 미리 알 수 없는 경우도 있고, 다양한 차원이 가능한 경우도 있다. 차원이 다양하거나 알 수 없는 경우를 처리하기 위해서는 값을 none으로 지정한다. 예를 들어 데이터가 투입될 플레이스홀더의 열 크기를 미리 알 수 없다면 다음과 같은 코드를 사용한다.

```
x_data = tf.placeholder(tf.float32, shape=(3,None))
```

이렇게 하면 행렬의 곱셈 가능 조건이 깨질 수 있지만, 상수를 곱할 때 행의 개수가 동일해야 한다는 조건은 아직 만족한다. 데이터를 동적으로 조건에 맞게 생성할 수도 있고, 데이터를 그래프에 투입할 때 x_data의 형태를 조절할 수도 있다. 일괄 작업을 여러 번 실행해 데이터를 투입하는 2장의 뒷부분에서는 이처럼 가변 차원을 이용하는 것이 편리하다.

▌ 다층 처리

다중 연산에 대해 알아봤으니 이제 데이터가 여러 층에 걸쳐 흘러가게 연결하는 방법을 알아보자.

준비

이번 예제에서는 사용자 정의 계층을 비롯한 다양한 계층의 최적 연결 방법을 알아본다. 이 예제에서는 작은 이미지를 임의로 생성해 데이터로 사용한다. 이 간단한 예제에 적용할 연산을 파악하고, 텐서플로에 내장된 계층들을 이용해 계산을 처리하는 방법을 알아보자. 2차원 이미지를 대상으로 작은 창을 이동시키면서 평균을 계산하고, 그 결과를 사용자 정의 연산 계층으로 전달할 것이다.

이번 절을 통해 계산 그래프가 한눈에 보기 어려울 정도로 커질 수 있다는 것을 알게 될 것이다. 이 때문에 연산에 이름을 붙이고 계층 스코프를 설정하는 방법을 사용하게 된다. 예제를 시작하기 위해 다음과 같이 numpy, tensorflow를 로드하고 그래프를 생성한다.

```
import tensorflow as tf
import numpy as np
sess = tf.Session()
```

1. 먼저 numpy를 이용해 2D 예제 이미지를 만든다. 이 이미지의 크기는 4×4
   가 된다. 이 이미지를 첫 번째와 마지막 차원의 크기를 1로 지정한 4차원
   형태로 만들 것이다. 텐서플로의 이미지 함수 중에는 이미지 데이터가
   4차원 형태로 정의돼야 동작하는 경우가 있다. 4차원 형태로 사용할 경
   우 각 차원의 의미는 이미지 개수, 이미지 높이, 이미지 폭, 채널이 된다.
   지금은 채널이 하나인 이미지 한 개에 대한 데이터이므로, 두 개의 차원
   은 다음과 같이 1로 지정한다.

   ```
   x_shape = [1, 4, 4, 1]
   x_val = np.random.uniform(size=x_shape)
   ```

2. 이제 이미지 데이터를 그래프에 투입하기 위한 플레이스홀더를 다음과
   같이 생성한다.

   ```
   x_data = tf.placeholder(tf.float32, shape=x_shape)
   ```

3. 4×4 이미지에 대한 이동 구간 평균을 계산하기 위해 2×2 크기의 창을
   대상으로 상수를 합성곱하는 내장 함수를 사용할 것이다. 사용할 함수는
   텐서플로에서 이미지 처리를 위해 많이 사용하는 conv2d() 함수다. 이
   함수는 이미지를 분할한 창 각각에 대해 지정한 필터의 곱을 계산한다.
   창을 상하좌우 얼마 간격으로 이용시킬 것인지를 의미하는 보폭도 지정
   해야 한다. 이 예제에서는 좌상, 우상, 좌하, 우하에 있는 네 픽셀의 평균
   을 계산하려고 한다. 이를 위해 2×2 크기의 창을 만들고, 상하좌우 2의
   보폭으로 창을 이동시킨다. 평균을 계산하기 위해 상수 0.25에 대한 2×2
   창의 합성곱을 계산한다.

```
my_filter = tf.constant(0.25, shape=[2, 2, 1, 1])
my_strides = [1, 2, 2, 1]
mov_avg_layer= tf.nn.conv2d(x_data, my_filter, my_strides,
                  padding='SAME', name='Moving_Avg_Window')
```

 합성곱 계층의 결과 값 크기(개수)는 다음 식을 사용해 구할 수 있다.

결과=(W−F+2P)/S+1

여기서 W는 입력의 크기, F는 필터 크기, P는 0 채운 개수, S는 보폭을 뜻한다.

4. 함수 인자를 이용해 계층 이름을 Moving_Avg_Window로 지정했음을 알 수 있다.

5. 이제 이동 창의 2×2 결과 값을 사용할 사용자 정의 계층을 만든다. 사용자 정의 함수는 입력에 다른 2×2 행렬 텐서를 곱하고, 각 항에 1을 더한다. 행렬 곱셈은 2차원 행렬을 대상으로만 계산할 수 있기 때문에 이미지 데이터에 포함된 크기 1인 차원들을 제거해야 한다. 텐서플로의 내장 함수 squeeze()를 이용해 불필요한 차원을 정리할 수 있다. 다음과 같이 사용자 정의 계층을 선언한다.

```
def custom_layer(input_matrix):
    input_matrix_sqeezed = tf.squeeze(input_matrix)
    A = tf.constant([[1., 2.], [-1., 3.]])
    b = tf.constant(1., shape=[2, 2])
    temp1 = tf.matmul(A, input_matrix_sqeezed)
    temp = tf.add(temp1, b) # Ax + b
    return(tf.sigmoid(temp))
```

6. 이제 이 새 계층을 그래프에 추가해야 한다. 다음과 같이 스코프 이름을 지정하면 계산 그래프에서 계층을 쉽게 식별할 수 있고, 계층 단위로 접 거나 확장할 수 있다.

```
with tf.name_scope('Custom_Layer') as scope:
    custom_layer1 = custom_layer(mov_avg_layer)
```

7. 이제 다음과 같이 플레이스홀더에 4×4 이미지를 투입하고, 텐서플로가 그래프를 실행하게 하면 된다.

```
print(sess.run(custom_layer1, feed_dict={x_data: x_val}))
[[ 0.91914582  0.96025133]
 [ 0.87262219  0.9469803 ]]
```

예제 분석

그래프를 시각화해보면 연산 이름과 계층 스코프를 자세히 살펴볼 수 있다. 사용 자 정의 계층에 스코프 이름을 지정했기 때문에 계층을 접어두거나 확장해 볼 수 있다. 다음 그림의 왼쪽은 계층이 접힌 상태, 오른쪽은 펼친 상태를 보여준다.

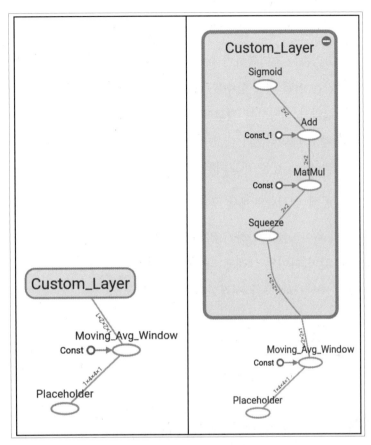

그림 3 두 계층이 들어 있는 계산 그래프. 첫 번째 계층의 이름은 Moving_Avg_Window이고, 두 번째 계층은 사용자 정의 연산을 처리하는 계층으로 Custom_Layer라는 이름이 지정돼 있다. 왼쪽 그림은 사용자 정의 계층이 접힌 상태, 오른쪽은 펼친 상태를 보여준다.

▌ 비용 함수(손실 함수) 구현

비용(Loss) 함수는 머신 러닝 알고리즘에서 아주 중요한 부분이다. 이 함수를 이용해 모델의 결과 값과 (실제의) 대상 값 사이의 거리를 측정하게 된다. 이 예제에서는 텐서플로에 구현된 다양한 비용 함수들을 살펴본다.

머신 러닝 알고리즘을 최적화하기 위해서는 모델 결과를 평가해야 한다. 텐서플로의 평가 결과는 어떤 비용 함수를 사용하느냐에 달려 있다. 비용 함수는 텐서플로의 예측 결과가 희망하는 결과에 비해 얼마나 좋은지, 나쁜지에 대해 알려준다. 대개의 경우 데이터셋과 대상 값을 갖고 알고리즘을 학습시킨다. 비용 함수는 예측 값과 대상 값을 비교해서 둘 사이의 차이를 수치적으로 표현한다.

이번 예제를 통해 텐서플로에서 구현 가능한 주요 비용 함수들을 설명한다.

비용 함수들의 차이점을 확인하기 위해 이 예제에서는 비용 함수 그래프를 그려본다. 다음과 같이 파이썬 그래프 라이브러리 matplotlib을 비롯한 라이브러리를 로드하고, 계산 그래프를 시작한다.

```
import matplotlib.pyplot as plt
import tensorflow as tf
```

예제 구현

먼저 연속 종속 변수를 예측하는 회귀에 대한 비용 함수를 알아본다. 시작하기 위해 일련의 예측 값과 대상 값을 텐서 형태로 만든다. −1과 1 사이의 값 500개를 x 값으로 출력할 것이다. 다음 절의 그래프에서 이 결과를 볼 수 있다. 다음과 같은 코드를 사용한다.

```
x_vals = tf.linspace(-1., 1., 500)
target = tf.constant(0.)
```

1. L2 노름[norm] 비용 함수는 유클리드 비용 함수라고도 한다. 이 함수는 대상 값과의 거리 제곱 값이다. 이번 예제에서는 대상 값을 0으로 보고 비용 함수를 계산할 것이다. L2 노름은 대상 값 근처에서 기울기가 커지므로 좋은 비용 함수가 될 수 있다. 이 사실을 이용하면 다음과 같이 대상 값에 다가갈수록 알고리즘의 수렴 속도를 늦출 수 있다.

```
l2_y_vals = tf.square(target - x_vals)
l2_y_out = sess.run(l2_y_vals)
```

 텐서플로는 nn.l2_loss()라는 L2 노름 함수를 내장하고 있다. 사실 이 함수의 값은 앞에서 말한 L2 노름 값의 절반이다. 즉, 앞에서 말한 L2 노름을 2로 나눈 값이다.

거리 개념을 일반화한 거리 함수처럼 노름은 벡터 크기를 일반화한 개념이다. – 옮긴이

벡터 $(a_1, \ldots, a_n)$의 L^p 노름 $= \left(\sum_i |a_i|^p \right)^{\frac{1}{p}}$

2. L1 노름 비용 함수는 절대 비용 함수라고도 한다. 대상 값과의 차이를 제곱하는 대신 절댓값을 취한다. 값 차이의 크기에 반응하는 정도가 L2 노름보다 적기 때문에 이상치는 L1 노름이 더 잘 처리한다. L1 노름 함수는 대상 값 지점에서 꺾이는 형태를 갖고 있기 때문에 알고리즘 수렴이 잘 안 될 수 있다는 점을 주의해야 한다. 다음과 같이 사용할 수 있다.

```
l1_y_vals = tf.abs(target - x_vals)
l1_y_out = sess.run(l1_y_vals)
```

3. 의사–후버^{pseudo-Huber} 비용 함수는 후버 비용 함수를 연속적인 매끄러운 함수로 근사한 것이다. 이 함수는 대상 값 근처에서 볼록하고, 대상 값에서 먼 곳에서는 (기울기가 급하지 않은) 덜 날카로운 형태를 갖고 있어서 L1 노름과 L2 노름의 장점만을 취한 함수라 할 수 있다. 함수 형태는 경사도를 결정하는 매개변수 델타^{delta}에 따라 결정된다. 델타에 따른 차이를 확인하기 위해 다음과 같이 delta1=0.25, delta2=5라는 두 가지 함수를 만들어본다.

```
delta1 = tf.constant(0.25)
phuber1_y_vals = tf.multiply(tf.square(delta1), tf.sqrt(1. +
                      tf.square((target - x_vals)/delta1)) - 1.)
phuber1_y_out = sess.run(phuber1_y_vals)
delta2 = tf.constant(5.)
phuber2_y_vals = tf.multiply(tf.square(delta2), tf.sqrt(1. +
                      tf.square((target - x_vals)/delta2)) - 1.)
phuber2_y_out = sess.run(phuber2_y_vals)
```

4. 분류 예측 결과에 대한 비용을 평가할 때는 분류 비용 함수를 사용한다.

5. 예측 값(x_vals)과 대상 값을 다시 정의할 필요가 있다. 결과를 다음과 같이 저장하고, 다음 절에서 그래프를 그려본다.

```
x_vals = tf.linspace(-3., 5., 500)
target = tf.constant(1.)
targets = tf.fill([500,], 1.)
```

6. 힌지^{Hinge} 비용 함수는 서포트 벡터 머신에서 주로 사용하지만, 신경망에서도 사용할 수 있다. 이 함수는 두 분류 대상인 1과 –1에 대한 비용을 계산한다. 다음 코드와 같이 대상 값이 1인 경우라면 예측 값이 1에 가까울수록 비용 함수 값이 작아진다.

```
hinge_y_vals = tf.maximum(0., 1. - tf.multiply(target, x_vals))
hinge_y_out = sess.run(hinge_y_vals)
```

7. 이진 분류를 위한 교차 엔트로피^{cross-entropy} 비용 함수는 로지스틱 비용
   함수라고도 한다. 0과 1 두 분류를 예측할 때 이 함수를 사용한다. 보통
   0과 1 사이의 실수 값으로 주어지는 예측 결과와 실제 분류 값(0 또는
   1) 사이의 거리를 측정해야 한다. 다음과 같이 정보 이론의 교차 엔트로
   피 공식을 이용해 이 거리를 측정할 수 있다.

```
xentropy_y_vals = - tf.multiply(target, tf.log(x_vals)) -
              tf.multiply((1. - target), tf.log(1. - x_vals))
xentropy_y_out = sess.run(xentropy_y_vals)
```

8. 시그모이드 교차 엔트로피^{sigmoid cross entropy} 비용 함수는 x 값을 교차 엔트
   로피 비용 함수에 넣기 전에 시그모이드 함수로 변환한다는 점을 제외하
   면 앞의 교차 엔트로피 비용 함수와 매우 유사하다.

```
x_val_input = tf.expand_dims(x_vals, 1)
target_input = tf.expand_dims(targets, 1)
xentropy_sigmoid_y_vals =
tf.nn.sigmoid_cross_entropy_with_logits(labels=target_
     input, logits=x_val_input)
xentropy_sigmoid_y_out = sess.run(xentropy_sigmoid_y_vals)
```

9. 가중 교차 엔트로피^{weighted cross entropy} 비용 함수는 시그모이드 교차 엔트
   로피 비용 함수에 가중치를 더한 것이다. 이 함수는 양수 대상 값에 가중
   치를 부여한다. 다음과 같이 양수 대상 값에 0.5의 가중치를 더할 수
   있다.

```
weight = tf.constant(0.5)
xentropy_weighted_y_vals = tf.nn.weighted_cross_entropy_
    with_logits(targets, x_vals, weight)
xentropy_weighted_y_out = sess.run(xentropy_weighted_y_vals)
```

10. 소프트맥스 교차 엔트로피softmax cross entropy 비용 함수는 정규화되지 않은
출력 값을 대상으로 한다. 이 함수는 여럿이 아닌 하나의 분류 대상에
대한 비용을 측정할 때 사용한다. 이 때문에 이 함수는 softmax 함수를
이용해 결과 값을 확률 분포로 변환하고, 실제 확률 분포와 비교하는 방
식으로 비용을 계산한다.

```
unscaled_logits = tf.constant([[1., -3., 10.]])
target_dist = tf.constant([[0.1, 0.02, 0.88]])
softmax_xentropy = tf.nn.softmax_cross_entropy_with_
    logits(logits=unscaled_logits, labels=target_dist)
print(sess.run(softmax_xentropy))
[ 1.16012561]
```

11. 희소sparse 소프트맥스 교차 엔트로피 비용 함수는 앞의 소프트맥스 교차
엔트로피 함수가 확률 분포를 대상으로 하는 것과 달리 실제 속한 분류
가 어디인지를 표시한 지표를 대상으로 한다. 모든 원소 값이 0이고 한
원소만 1인 대상 값 벡터를 사용하는 대신, 다음과 같이 어떤 분류가 실
제 값인지를 나타내는 지표만 전달한다.

```
unscaled_logits = tf.constant([[1., -3., 10.]])
sparse_target_dist = tf.constant([2])
sparse_xentropy = tf.nn.sparse_softmax_cross_entropy_with_
    logits(logits=unscaled_logits,
    labels=sparse_target_dist)
```

```
print(sess.run(sparse_xentropy))
[ 0.00012564]
```

예제 분석

다음은 matplotlib을 이용해 회귀 비용 함수를 그리는 코드다.

```
x_array = sess.run(x_vals)
plt.plot(x_array, l2_y_out, 'b-', label='L2 Loss')
plt.plot(x_array, l1_y_out, 'r--', label='L1 Loss')
plt.plot(x_array, phuber1_y_out, 'k-.', label='P-Huber Loss (0.25)')
plt.plot(x_array, phuber2_y_out, 'g:', label='P-Huber Loss (5.0)')
plt.ylim(-0.2, 0.4)
plt.legend(loc='lower right', prop={'size': 11})
plt.show()
```

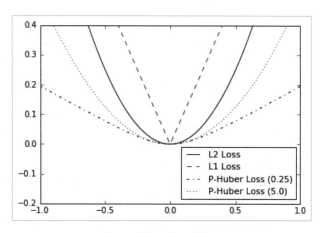

그림 4 다양한 회귀 비용 함수

그리고 다음은 다양한 분류 비용 함수를 그리는 코드다.

```
x_array = sess.run(x_vals)
plt.plot(x_array, hinge_y_out, 'b-', label='Hinge Loss')
plt.plot(x_array, xentropy_y_out, 'r--', label='Cross Entropy Loss')
plt.plot(x_array, xentropy_sigmoid_y_out, 'k-.', label='Cross Entropy
        Sigmoid Loss')
plt.plot(x_array, xentropy_weighted_y_out, 'g:', label='Weighted Cross
        Entropy Loss (x0.5)')
plt.ylim(-1.5, 3)
plt.legend(loc='lower right', prop={'size': 11})
plt.show()
```

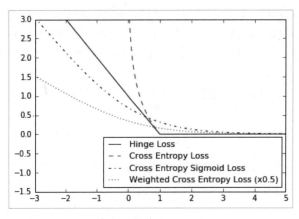

그림 5 분류 비용 함수 그래프

부연 설명

다음은 지금까지 살펴본 다양한 비용 함수의 차이점을 표로 정리한 것이다.

비용 함수	사용	장점	단점
L2	회귀	좀 더 안정적	덜 견고함
L1	회귀	좀 더 견고함	덜 안정적

(이어짐)

80

비용 함수	사용	장점	단점
의사-후버	회귀	좀 더 견고하고 안정적	매개변수가 하나 추가됨
힌지	분류	SVM에서 사용할 최대 여백을 생성	이상치가 비용에 무제한적으로 영향을 줄 수 있음
교차-엔트로피	분류	좀 더 안정적	비용이 무제한적으로 영향을 받음, 덜 견고함

나머지 분류 비용 함수는 모두 교차 엔트로피 비용 함수의 특별한 형태다. 시그모이드 교차 엔트로피 함수는 비조절 로지트 함수용[1]으로 사용하며, 텐서플로의 내장 함수에 경계 조건 처리가 들어있기 때문에 직접 시그모이드를 계산하고, 교차 엔트로피를 계산하는 것보다는 내장 함수를 사용하는 편이 좋다. 소프트맥스 교차 엔트로피와 희소 소프트맥스 교차 엔트로피 함수의 경우도 마찬가지다.

 여기서 설명한 분류 비용 함수 대부분은 두 가지 분류 예측을 대상으로 한다. 각 예측 값과 대상 값의 교차 엔트로피를 합하는 방식을 이용해서 이 모델을 다중 분류로 확장할 수 있다.

모델을 평가할 때는 다른 지표들도 살펴봐야 한다. 다음 목록은 고려할 만한 몇 가지 지표를 표시한 것이다.

---

1. 베르누이 시도에서 1이 나올 확률을 p라고 하면 0이 나올 확률은 1-p가 된다. 두 확률의 비 $\frac{p}{1-p}$ 를 승산비(odds ratio)라고 한다. 승산비에 로그를 취한 것이 로지트(logit) 함수다. $\log\frac{p}{1-p}$. 로지트 함수의 역함수가 로지스틱(logistic) 함수다. $\frac{1}{1+e^{-x}}$

모델 지표	설명
R-제곱(행렬식의 계수)	선형 모델에서 독립 데이터에 의한 종속 변수의 변이 비율을 나타내는 값이다.
RMSE(평균 제곱근 오차)	연속량 예측 모델에서 평균 오차 제곱 총합의 제곱근 값으로 예측 값과 실제 값 사이의 차이를 측정한다.
혼동 행렬	분류 예측 모델에서 예측된 분류 결과와 실제 분류를 행렬 형태로 비교 정리한 것이다. 완벽한 모델이라면 분류 개수가 모두 행렬의 대각 원소로 존재한다.
재현율	분류 예측 모델에서, 양성으로 예측된 값 중에서 실제 값도 양성인 비율을 나타내는 값이다.
정확도	분류 예측 모델에서, 실제 값이 양성인 경우 중에서 예측된 값도 양성인 비율을 나타내는 값이다.
F 점수	분류 예측 모델에서, 정확도와 재현율의 조화 평균값이다.

▌역전파 구현

텐서플로 사용의 장점 중 하나는 역전파를 기반으로 연산을 기록하고, 모델 변수를 자동 갱신하는 것이 가능하다는 점이다. 이 장점을 활용해 머신 러닝 모델을 학습하는 과정을 이번 예제에서 살펴본다.

준비

이제 비용 함수 값을 최소화하는 방식으로 모델 변수를 변경하는 방법을 알아본다. 객체 및 연산 사용법, 예측 값과 대상 값 사이의 거리를 측정하는 비용 함수 생성 방법은 이미 알아봤다. 이제 계산 그래프를 통해 오차를 역전파해서 변수 값을 갱신하고 비용 함수 값을 최소화하는 방법을 텐서플로에 알려주기만 하면 된다. 최적화 함수 선언을 통해 이 작업을 진행한다. 최적화 함수를 선언하면 텐서플로는 이에 따라 그래프의 모든 계산 과정에서 역전파 항을 계산한다. 데이터를 투입하면 텐서플로는 비용 함수를 최소화하게 그래프 변수를 적절히 변경한다.

이번 예제에서는 아주 단순한 회귀 알고리즘을 사용한다. 평균이 1이고 표준편차가 0.1인 정규 분포를 따르는 난수 표본을 추출한다. 이 숫자들에 변수 A를 곱하는 연산 하나를 적용한다. 항상 10인 대상 값과 출력 값 사이의 L2 노름 값을 비용 함수로 사용한다. 데이터의 평균이 1이므로 이론상 A의 최적 값은 10이 된다.

두 번째로 아주 간단한 이진 분류 알고리즘 예제를 살펴본다. 이번에는 두 정규 분포 N(-1, 1), N(3, 1)에서 100개의 숫자를 생성한다. N(-1, 1)에서 나온 숫자의 분류 대상 값은 0이고, N(3, 1)에서 나온 숫자의 분류 대상 값은 1이다. 평행 이동한 시그모이드 함수 모델로 이 숫자들을 구별할 수 있다. 즉, 모델은 sigmoid(x+A) 형태가 되고, 적절한 변수 A의 값을 찾아야 한다. A의 이론적 최적 값은 -1이다. 두 정규 함수의 평균이 m1, m2일 때 0을 중심으로 같은 거리에 있도록 두 분포를 평행 이동시키려면 -(m1+m2)/2 값을 더해야 하기 때문이다. 텐서플로가 두 번째 예제에서 어떻게 이 숫자에 도달하는지 살펴보자.

알고리즘 수렴을 위해서는 적절한 학습률 지정뿐 아니라 최적화 방식 지정도 필요하다. 이번 두 예제에서는 표준 경사 하강법을 사용한다. 텐서플로 함수 GradientDescentOptimizer()에 이 방식이 구현돼 있다.

예제 구현

다음은 회귀 예제의 동작 과정이다.

1. 파이썬 수치 연산 패키지 numpy와 tensorflow를 로드하면서 시작한다.

```
import numpy as np
import tensorflow as tf
```

2. 이제 그래프 세션을 시작한다.

```
sess = tf.Session()
```

3. 그 다음, 데이터 및 플레이스홀더, 변수 A를 생성한다.

```
x_vals = np.random.normal(1, 0.1, 100)
y_vals = np.repeat(10., 100)
x_data = tf.placeholder(shape=[1], dtype=tf.float32)
y_target = tf.placeholder(shape=[1], dtype=tf.float32)
A = tf.Variable(tf.random_normal(shape=[1]))
```

4. 그래프에 곱하기 연산을 추가한다.

```
my_output = tf.multiply(x_data, A)
```

5. 그런 다음에 곱하기 출력 값과 데이터 대상 값에 대한 L2 비용 함수를 추가한다.

```
loss = tf.square(my_output - y_target)
```

6. 무엇이든 실행하기 전에 변수들을 초기화해야 한다.

```
init = tf.global_variables_initializer()
sess.run(init)
```

7. 이제 그래프 변수 최적화 방식을 선언해야 한다. 즉, 최적화 알고리즘을 지정해야 한다. 대부분의 최적화 알고리즘에는 매 반복마다 진행하는 정도를 나타내는 거리 개념이 있다. 학습률로 이 거리를 조절하게 된다. 학습률이 너무 크면 알고리즘이 최솟값을 지나칠 가능성이 있으며, 학습률이 너무 작으면 알고리즘 수렴이 너무 오래 걸릴 수 있다. 각 현상은 기울기 소실 및 기울기 발산 문제^{vanishing and exploding gradient problem}에 해당한다. 학습률이 수렴에 미치는 영향은 매우 크며, 이에 대해서는 이 절의 마지막에서 더 알아본다. 이 예제에서는 표준 경사 하강 알고리즘을 사용하지만, 문제에 따른 장단점이 있는 다양한 최적화 알고리즘이 존재한다. 다양한 알고리즘을 소개하는 좋은 자료로 참고 사항의 Sebastian Ruder의 논문을 참고하자.

```
my_opt = tf.train.GradientDescentOptimizer(0.02)
train_step = my_opt.minimize(loss)
```

 어떤 학습률이 최적인지에 대해서는 다양한 이론이 있다. 이 주제는 머신 러닝 알고리즘에서 풀기 어려운 문제 중 하나다. 학습률이 특정 최적화 알고리즘에 미치는 영향에 대한 정보는 이번 예제의 마지막 부분에 있는 '부연 설명' 절의 논문들을 읽어 보면 얻을 수 있다.

8. 마지막 단계는 학습 알고리즘 루프를 돌리는 것으로, 텐서플로에 학습 횟수를 알려줘야 한다. 이번 예제에서는 101번 루프를 반복하고, 매 25번째마다 결과 값을 출력할 것이다. 학습을 위해 x, y에 임의의 값을 대입하고 그래프에 투입한다. 텐서플로는 자동적으로 비용 값을 계산하고, 비용을 최소화하는 방향으로 A 값을 조금씩 변경할 것이다.

```
for i in range(100):
    rand_index = np.random.choice(100)
    rand_x = [x_vals[rand_index]]
    rand_y = [y_vals[rand_index]]
    sess.run(train_step, feed_dict={x_data: rand_x, y_target:
        rand_y})
    if (i+1)%25==0:
        print('Step #' + str(i+1) + ' A = ' + str(sess.run(A)))
        print('Loss = ' + str(sess.run(loss, feed_dict={x_data:
            rand_x, y_target: rand_y})))
```

출력 결과는 다음과 같다.

```
Step #25 A = [ 6.23402166]
Loss = 16.3173
Step #50 A = [ 8.50733757]
Loss = 3.56651
Step #75 A = [ 9.37753201]
Loss = 3.03149
Step #100 A = [ 9.80041122]
Loss = 0.0990248
```

9. 이제 단순 분류에 대한 예제 코드를 소개한다. 그래프를 재설정하면 같
   은 텐서플로 스크립트를 계속 사용할 수 있다. 이번에는 두 분포를 원점
   으로 평행 이동시켜 시그모이드 함수로 둘을 다른 분류로 구분할 수 있
   게 하는 최적의 평행 이동 값 A를 찾아내려고 한다.

10. 먼저 그래프를 재설정하고, 그래프 세션을 다시 초기화한다.

```
ops.reset_default_graph()
sess = tf.Session()
```

11. 다음으로 두 정규 분포 N(-1, 1), N(3,1)에서 데이터를 생성한다. 대상 분류 표시, 데이터를 위한 플레이스홀더, 편향 변수 A도 생성한다.

```
x_vals = np.concatenate((np.random.normal(-1, 1, 50),
        np.random.normal(3, 1, 50)))
y_vals = np.concatenate((np.repeat(0., 50), np.repeat(1., 50)))
x_data = tf.placeholder(shape=[1], dtype=tf.float32)
y_target = tf.placeholder(shape=[1], dtype=tf.float32)
A = tf.Variable(tf.random_normal(mean=10, shape=[1]))
```

 A를 이론적 최적 값 -1에서 멀리 떨어진 10으로 초기화했다. 알고리즘이 10에서 최적 값 -1로 어떻게 수렴하는지를 보기 위해 의도적으로 이렇게 설정한 것이다.

12. 다음으로 그래프에 평행 이동 연산을 추가한다. 비용 함수에 시그모이드 함수가 들어가기 때문에 이 연산을 시그모이드 함수로 감쌀 필요는 없다.

```
my_output = tf.add(x_data, A)
```

13. 실제 비용 함수는 (일괄 작업 번호를 뜻하는) 차원이 추가돼 있는 데이터를 일괄적으로 받기 때문에 expand_dims() 함수를 이용해 결과 값에 차원을 추가로 덧붙일 것이다. 다양한 크기의 일괄 데이터를 사용하는 방법은 다음 절에서 알아본다. 이번에는 임의의 데이터 점을 한 번에 하나씩만 사용한다.

```
my_output_expanded = tf.expand_dims(my_output, 0)
y_target_expanded = tf.expand_dims(y_target, 0)
```

14. 그 다음에는 변수 A를 초기화한다.

```
init = tf.global_variables_initializer()
sess.run(init)
```

15. 이제 비용 함수를 선언한다. 비조절 로지트 함수를 시그모이드 함수로 변환하는 교차 엔트로피를 사용할 것이다. 텐서플로 신경망 패키지의 nn.sigmoid_cross_entropy_with_logits() 함수에 이 모든 기능이 포함 돼 있다. 앞서 설명했듯이 이 함수는 차원을 인자로 받기 때문에 차원이 추가된 출력 값과 대상 값을 사용해야 한다.

```
xentropy = tf.nn.sigmoid_cross_entropy_with_logits(
    logits=my_output_expanded, labels=y_target_expanded)
```

16. 회귀 예제의 경우와 마찬가지로 최적화 함수를 그래프에 추가해서 그래 프의 편향 변수 갱신 방법을 텐서플로에 알려줘야 한다.

```
my_opt = tf.train.GradientDescentOptimizer(0.05)
train_step = my_opt.minimize(xentropy)
```

17. 마지막으로, 임의로 선택한 데이터 점에 대해 수백 번 루프를 돌려 변수 A 값을 갱신한다. 200번 반복할 때마다 A 값과 비용 함수 값을 출력한다.

```
for i in range(1400):
    rand_index = np.random.choice(100)
    rand_x = [x_vals[rand_index]]
    rand_y = [y_vals[rand_index]]

    sess.run(train_step, feed_dict={x_data: rand_x, y_target:
```

```
            rand_y})
    if (i+1)%200==0:
        print('Step #' + str(i+1) + ' A = ' + str(sess.run(A)))
        print('Loss = ' + str(sess.run(xentropy,
            feed_dict={x_data: rand_x, y_target: rand_y})))
Step #200 A = [ 3.59597969]
Loss = [[ 0.00126199]]
Step #400 A = [ 0.50947344]
Loss = [[ 0.01149425]]
Step #600 A = [-0.50994617]
Loss = [[ 0.14271219]]
Step #800 A = [-0.76606178]
Loss = [[ 0.18807337]]
Step #1000 A = [-0.90859312]
Loss = [[ 0.02346182]]
Step #1200 A = [-0.86169094]
Loss = [[ 0.05427232]]
Step #1400 A = [-1.08486211]
Loss = [[ 0.04099189]]
```

예제 분석

정리해보면 두 예제를 통해 다음과 같은 작업을 진행했다.

1. 데이터 생성
2. 플레이스홀더 및 변수 초기화
3. 비용 함수 생성
4. 최적화 알고리즘 정의
5. 마지막으로 임의 표본 데이터를 대상으로 루프를 돌려 변수 값을 반복 갱신

앞에서 최적화 알고리즘이 학습률 선택에 민감하다고 말했었다. 선택의 효과를 명확히 정리해두는 것이 중요하다.

학습률 크기	장점/단점	사용 방법
좀 더 작은 학습률	수렴이 더 느리지만, 결과가 더 정확함	안정적인 답이 나오지 않으면 학습률 낮추는 것을 먼저 시도해본다.
좀 더 큰 학습률	결과가 덜 정확하지만, 더 빨리 수렴됨	경우에 따라 답이 정체에 빠지는 문제를 해결해 줄 수 있다.

간혹 표준 경사 하강 알고리즘이 정체에 빠지거나 상당히 느려지는 경우가 있다. 최적화 알고리즘이 평평한 안장점에 빠졌을 때 이런 일이 발생할 수 있다. 이런 문제를 해결하기 위해 이전 단계의 경사 하강 값을 일정 비율, 운동량 항으로 사용하는 다른 알고리즘도 있다. 텐서플로의 MomentumOptimizer() 함수에 이런 기능이 포함돼 있다.

모델의 각 변수마다 다른 학습률을 사용해 최적화하는 변형 알고리즘도 있다. 변화량이 적은 변수에 대해서는 큰 학습률을 적용하고, 변화량이 큰 변수에 대해서는 작은 학습률을 사용할 수 있다면 이상적일 것이다. 이 방식에 대한 수학적 내용은 다루지 않겠지만, 이런 발상을 일반적으로 구현한 것이 아다그라드[Adagrad, adaptive gradient] 알고리즘이다. 이 알고리즘은 경사도 변수의 과거 이력을 고려해 동작한다. 텐서플로에도 이를 구현한 AdagradOptimizer() 함수가 있다.

아다그라드 알고리즘은 과거 전체 이력을 고려하기 때문에 경사도를 너무 빨리 0으로 만드는 경우가 있다. 이를 해결하기 위해 학습 단계 수를 제한하는 방법을 사용할 수 있다. 이런 방식을 아다델타[Adadelta] 알고리즘이라고 한다. AdadeltaOptimizer() 함수를 이용해 이 알고리즘을 적용할 수 있다.

경사 하강 알고리즘을 다른 식으로 구현하는 알고리즘들이 있다. 이에 대해서는 텐서플로 문서화 페이지(https://www.tensorflow.org/api_docs/python/train/optimizers)를 참고하기 바란다.

참고 사항

최적화 알고리즘 및 학습률에 대한 참고 문헌으로 다음 논문과 자료를 참고하자.

- Kingma, D., Jimmy, L. Adam: A Method for Stochastic Optimization. ICLR 2015. https://arxiv.org/pdf/1412.6980.pdf
- Ruder, S. An Overview of Gradient Descent Optimization Algorithms. 2016. https://arxiv.org/pdf/1609.04747v1.pdf
- Zeiler, M. ADADelta: An Adaptive Learning Rate Method. 2012. http://www.matthewzeiler.com/pubs/googleTR2012/googleTR2012.pdf

▌ 일괄 학습과 확률적 학습

앞서 설명한 역전파에 따라 텐서플로가 모델 변수를 갱신하는 작업은 데이터 하나의 관찰을 대상으로 할 수도 있고, 대규모 데이터를 동시에 관찰한 내용을 대상으로 할 수도 있다. 학습 사례 하나를 대상으로 적용하는 것은 학습 과정의 오류 가능성을 높일 수 있는 반면, 너무 큰 규모의 데이터를 일괄적으로 사용하는 것은 계산양이 너무 많을 수 있다. 적절한 유형의 학습 방식 선택은 머신 러닝 알고리즘의 정답 수렴에 중요한 요소다.

텐서플로의 역전파 동작을 위해 변수 경사도를 계산하려면 하나 이상의 표본을 대상으로 비용을 측정해야 한다. 확률적 학습은 앞서 살펴봤던 예제처럼 한 번에 임의로 하나의 표본과 대상 값을 선택해 투입하는 것이다. 다른 방법으로 한 번에 더 많은 분량의 데이터를 투입하고, 평균 비용으로 경사도를 계산할 수 있다. 일괄 학습 크기로는 다양한 값을 사용할 수 있으며, 전체 데이터셋을 한 번에 투입하는 것도 가능하다. 여기서는 확률적 학습을 사용했던 회귀 예제를 일괄 학습으로 확장하는 방법을 살펴본다.

다음과 같이 numpy, matplotlib, tensorflow 라이브러리를 로딩하고 그래프 세션을 시작한다.

```
import matplotlib.pyplot as plt
import numpy as np
import tensorflow as tf
sess = tf.Session()
```

예제 구현

1. 일괄 작업 크기를 먼저 선언한다. 이 값은 계산 그래프에 얼마나 많은 관찰 데이터를 한 번에 투입할 것인지를 의미한다.

```
batch_size = 20
```

2. 그런 다음에 모델의 데이터, 플레이스홀더, 변수를 선언한다. 바뀐 부분은 플레이스홀더의 형태다. 플레이스홀더가 이제 2차원으로 선언됐는데, 첫 번째 차원은 None으로, 두 번째 차원은 일괄 데이터 하나에 포함된

점의 개수를 지정한다. 명시적으로 일괄 작업 크기 20을 지정할 수도 있지만, 일반화를 위해 None 값을 사용했다. 1장에서 언급했듯이 모델에서 부적절한 행렬 연산이 수행되지 않도록 차원이 제대로 지정돼 있는지 확인해야 한다.

```
x_vals = np.random.normal(1, 0.1, 100)
y_vals = np.repeat(10., 100)
x_data = tf.placeholder(shape=[None, 1], dtype=tf.float32)
y_target = tf.placeholder(shape=[None, 1], dtype=tf.float32)
A = tf.Variable(tf.random_normal(shape=[1,1]))
```

3. 이제 일반적인 곱하기가 아닌 행렬 연산을 그래프에 추가한다. 행렬 곱셈은 교환 법칙이 성립하지 않기 때문에 matmul() 함수에 행렬을 올바른 순서로 넣어야 한다는 점을 알아두자.

```
my_output = tf.matmul(x_data, A)
```

4. 일괄 작업에 포함된 각 데이터 점의 모든 L2 비용 값의 평균을 구해야 하므로 비용 함수도 바꾼다. 이전 비용 함수 결과 값을 텐서플로의 reduce_mean() 함수로 감싸는 방식으로 구현할 수 있다.

```
loss = tf.reduce_mean(tf.square(my_output - y_target))
```

5. 전에 했던 것처럼 최적화 함수를 선언한다.

```
my_opt = tf.train.GradientDescentOptimizer(0.02)
train_step = my_opt.minimize(loss)
```

6. 마지막으로 알고리즘을 최적화하는 학습 루프를 실행한다. 비용 값을 확률적 학습 수렴과 대비해서 시각화하고자 하기 때문에 이 부분이 이전과 달라졌다. 매 다섯 구간의 비용 함수 값을 저장하기 위한 리스트를 초기화한다.

```
loss_batch = []
for i in range(100):
    rand_index = np.random.choice(100, size=batch_size)
    rand_x = np.transpose([x_vals[rand_index]])
    rand_y = np.transpose([y_vals[rand_index]])
    sess.run(train_step, feed_dict={x_data: rand_x, y_target:
            rand_y})
    if (i+1)%5==0:
        print('Step #' + str(i+1) + ' A = ' + str(sess.run(A)))
        temp_loss = sess.run(loss, feed_dict={x_data: rand_x,
                y_target: rand_y})
        print('Loss = ' + str(temp_loss))
        loss_batch.append(temp_loss)
```

7. 다음은 100회 반복 후의 최종 출력 값이다. A가 2차원 행렬이어야 하기 때문에 A 값에 차원이 덧붙어 있는 것을 볼 수 있다.

```
Step #100 A = [[ 9.86720943]]
Loss = 0.
```

예제 분석

일괄 학습과 확률적 학습이 다른 부분은 최적화 방식과 수렴 부분이다. 일괄 작업의 적절한 크기를 찾는 것은 어려운 일이다. 일괄 학습과 확률적 학습의 수렴 양상이 어떻게 다른지 보기 위해 다음 코드로 일괄 비용 함수 값을 그려본다. 이 코드에는 확률적 비용 값을 저장하는 변수도 있지만, 계산 과정은 앞절과 같다. 다음 코드의 학습 루프에서 확률적 비용 값을 기록하고 저장한다. 이전 예제의 코드를 다음과 같이 교체한다.

```python
loss_stochastic = []
for i in range(100):
    rand_index = np.random.choice(100)
    rand_x = [x_vals[rand_index]]
    rand_y = [y_vals[rand_index]]
    sess.run(train_step, feed_dict={x_data: rand_x, y_target: rand_y})
    if (i+1)%5==0:
        print('Step #' + str(i+1) + ' A = ' + str(sess.run(A)))
        temp_loss = sess.run(loss, feed_dict={x_data: rand_x, y_target:
                rand_y})
        print('Loss = ' + str(temp_loss))
        loss_stochastic.append(temp_loss)
```

다음 코드는 동일한 회귀 문제에 대해 확률적 비용 함수, 일괄 비용 함수 그래프를 그린다.

```python
plt.plot(range(0, 100, 5), loss_stochastic, 'b-', label='Stochastic
        Loss')
plt.plot(range(0, 100, 5), loss_batch, 'r--', label='Batch Loss,
        size=20')
plt.legend(loc='upper right', prop={'size': 11})
plt.show()
```

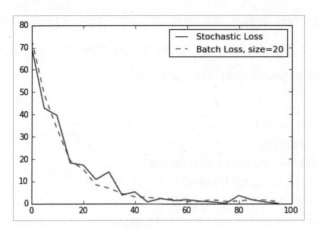

그림 6 100회 반복에 대한 확률적 학습 비용 함수와 일괄 학습 비용 함수(일괄 작업 크기=20). 일괄 비용 함수 형태가 훨씬 부드럽고, 확률적 비용 함수 값의 오차가 더 많아 보인다.

부연 설명

학습 유형	장점	단점
확률적	임의성으로 지역 최솟값에서 탈피할 수 있다.	일반적으로 수렴에 더 많은 반복이 필요하다.
일괄	최솟값을 더 빨리 찾아낸다.	계산을 위한 자원이 더 많이 필요하다.

▌ 모든 요소 조합

이번 절에서는 지금까지 살펴봤던 모든 것을 하나로 결합해 붓꽃 데이터셋 분류기를 만들어본다.

준비

붓꽃 데이터셋은 1장의 '데이터 출처 다루기' 예제에서 자세히 설명했다. 붓꽃 데이터를 로드하고, 어떤 꽃이 setosa 붓꽃인지 아닌지를 예측하는 단순 이진 분류를 진행한다. 이 데이터셋에는 세 종류의 붓꽃 분류가 있지만, 어떤 종류 (setosa)에 속하는지 아닌지를 예측하는 이진 분류를 진행한다. 먼저 라이브러리와 데이터를 로드하고, 대상 값을 적절히 변환한다.

예제 구현

1. 필요한 라이브러리를 먼저 로드하고 계산 그래프를 초기화한다. 나중에 결과로 얻어진 직선을 그려보기 위해 matplotlib 라이브러리도 로드한다.

```
import matplotlib.pyplot as plt
import numpy as np
from sklearn import datasets
import tensorflow as tf
sess = tf.Session()
```

2. 그런 다음에는 붓꽃 데이터를 로드한다. 대상 값의 setosa 여부에 따라 대상 값 데이터를 1과 0으로 변환해야 한다. 붓꽃 데이터셋은 setosa 종을 0으로 표기하고 있으므로 대상 값 0을 모두 1로 바꾸고, 다른 값을 모두 0으로 바꾼다. 또한 꽃잎 길이와 꽃잎 폭이라는 두 가지 속성만 사용한다. 이 두 속성은 x-value의 세 번째, 네 번째 항목에 들어 있다.

```
iris = datasets.load_iris()
binary_target = np.array([1. if x==0 else 0. for x in iris.target])
iris_2d = np.array([[x[2], x[3]] for x in iris.data])
```

3. 일괄 작업 크기, 데이터 플레이스홀더, 모델 변수를 선언한다. 일괄 작업 크기를 가변적으로 사용하려면 플레이스홀더의 첫 번째 차원을 None으

로 지정해야 한다는 점을 알아두자.

```
batch_size = 20
x1_data = tf.placeholder(shape=[None, 1], dtype=tf.float32)
x2_data = tf.placeholder(shape=[None, 1], dtype=tf.float32)
y_target = tf.placeholder(shape=[None, 1], dtype=tf.float32)
A = tf.Variable(tf.random_normal(shape=[1, 1]))
b = tf.Variable(tf.random_normal(shape=[1, 1]))
```

 dtype=tf.float32를 사용해 실수 표현 바이트를 줄여서 알고리즘의 성능(속도)을 개선할 수 있다는 점을 알아두자.

4. 여기서는 선형 모델을 정의한다. 이 모델의 형태는 x1=x2*A+b 꼴이 된다. 어떤 점이 이 선 위에 있는지, 또는 아래에 있는지 알고 싶다면 그 점을 식 x1-x2*A-b에 넣고, 그 값이 0보다 큰지 작은지를 보면 된다. 이 식에 시그모이드 함수를 취하고 해당 식을 이용해 1이나 0을 예측할 수 있다. 텐서플로의 비용 함수에는 시그모이드 함수가 들어 있으므로 시그모이드 전 단계의 모델 출력만 정의하면 된다.

```
my_mult = tf.matmul(x2_data, A)
my_add = tf.add(my_mult, b)
my_output = tf.subtract(x1_data, my_add)
```

5. 이제 텐서플로 내장 함수 sigmoid_cross_entropy_with_logits( )를 이용해 시그모이드 교차 엔트로피 비용 함수를 추가한다.

```
xentropy = tf.nn.sigmoid_cross_entropy_with_logits(
        logits=my_output, labels=y_target)
```

6. 최적화 방식을 선언해 계산 그래프 최적화 방법을 텐서플로에 알려줘야 한다. 교차 엔트로피 비용을 최소화하고자 한다. 학습률은 0.05를 선택한다.

```
my_opt = tf.train.GradientDescentOptimizer(0.05)
train_step = my_opt.minimize(xentropy)
```

7. 변수를 초기화하고, 텐서플로로 그래프를 실행한다.

```
init = tf.global_variables_initializer()
sess.run(init)
```

8. 이제 선형 모델 학습을 1000회 반복한다. 꽃잎 길이, 꽃잎 폭, 대상 값, 세 가지 데이터를 투입해야 한다. 매 200회 반복마다 변수 값을 출력한다.

```
for i in range(1000):
    rand_index = np.random.choice(len(iris_2d), size=batch_size)
    rand_x = iris_2d[rand_index]
    rand_x1 = np.array([[x[0]] for x in rand_x])
    rand_x2 = np.array([[x[1]] for x in rand_x])
    rand_y = np.array([[y] for y in binary_target[rand_index]])
    sess.run(train_step, feed_dict={x1_data: rand_x1, x2_data:
        rand_x2, y_target: rand_y})
    if (i+1)%200==0:
        print('Step #' + str(i+1) + ' A = ' + str(sess.run(A)) + ',
            b = ' + str(sess.run(b)))
Step #200 A = [[ 8.67285347]], b = [[-3.47147632]]
Step #400 A = [[ 10.25393486]], b = [[-4.62928772]]
Step #600 A = [[ 11.152668]], b = [[-5.4077611]]
Step #800 A = [[ 11.81016064]], b = [[-5.96689034]]
Step #1000 A = [[ 12.41202831]], b = [[-6.34769201]]
```

9. 다음 명령어를 이용하면 모델 변수들을 추출해 직선 그래프를 그릴 수 있다. 다음 절에서 해당 그래프를 확인할 수 있다.

```
[[slope]] = sess.run(A)
[[intercept]] = sess.run(b)
x = np.linspace(0, 3, num=50)
ablineValues = []
for i in x:
  ablineValues.append(slope*i+intercept)
setosa_x = [a[1] for i,a in enumerate(iris_2d) if
      binary_target[i]==1]
setosa_y = [a[0] for i,a in enumerate(iris_2d) if
      binary_target[i]==1]
non_setosa_x = [a[1] for i,a in enumerate(iris_2d) if
      binary_target[i]==0]
non_setosa_y = [a[0] for i,a in enumerate(iris_2d) if
      binary_target[i]==0]
plt.plot(setosa_x, setosa_y, 'rx', ms=10, mew=2, label='setosa')
plt.plot(non_setosa_x, non_setosa_y, 'ro', label='Non-setosa')
plt.plot(x, ablineValues, 'b-')
plt.xlim([0.0, 2.7])
plt.ylim([0.0, 7.1])
plt.suptitle('Linear Separator For I.setosa', fontsize=20)
plt.xlabel('Petal Length')
plt.ylabel('Petal Width')
plt.legend(loc='lower right')
plt.show()
```

예제 분석

꽃잎 길이와 꽃잎 폭만을 사용해서 setosa 종과 다른 종 사이를 나누는 직선을 찾는 것이 목적이다. 데이터셋의 점들과 결과로 얻은 직선을 그려보면 다음 그림과 같다.

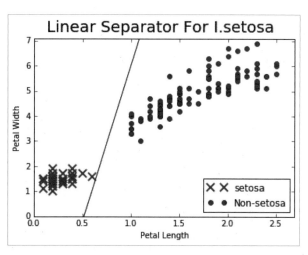

그림 7 꽃잎 폭과 길이를 통해 setosa 종과 기타 종을 구분하는 그래프. 1000회 반복 후 얻는 선형 구분선이 표시돼 있다.

부연 설명

두 종을 구분하는 직선을 구하는 목적은 달성했지만, 여기서 구한 직선이 두 종을 구분하는 최적의 모델이 아닐 수 있다. 두 가지 분류를 구분하는 더 나은 방법인 서포트 벡터 머신에 대해서는 4장에서 알아본다.

참고 사항

붓꽃 데이터셋에 대한 좀 더 자세한 정보는 위키피디아(https://en.wikipedia.org/wiki/Iris_flower_data_set)를 참고하자. 파이썬 scikit-learn 라이브러리의 붓꽃 데이터셋 구현에 대한 자세한 정보는 다음 문서를 참고하자.

http://scikit-learn.org/stable/auto_examples/datasets/plot_iris_dataset.html

모델 평가

텐서플로를 이용한 회귀 알고리즘과 분류 알고리즘 학습 방법을 알아봤다. 학습을 끝내고 나면 모델의 성능을 확인하기 위해 모델의 예측 결과를 평가할 수 있어야 한다.

준비

모델 평가는 아주 중요한 작업으로, 모든 모델은 어떤 형태로든 평가를 해야 한다. 텐서플로를 사용할 때는 계산 그래프에 이 기능을 만들어서 넣어야 하고, 모델을 학습하는 동안, 그리고 학습이 끝난 이후 이 기능을 호출해야 한다.

학습하는 동안 모델 평가를 하면 학습 알고리즘에 대한 통찰을 얻을 수 있을 뿐만 아니라, 모델 디버그 및 전반적인 모델 구조 개선에 대한 힌트를 얻을 수 있다. 학습하는 동안의 평가가 항상 필요한 것은 아니지만, 적용 방법을 회귀 예제, 분류 예제 모두에 대해 알아보자.

학습 이후에는 데이터에 대한 모델의 성능을 정량화할 필요가 있다. 학습셋과 구분된 별도의 테스트셋(또는 검증셋)으로 모델을 평가하는 것이 이상적이다.

모델을 평가할 때는 대량의 데이터에 일괄적으로 평가를 수행하게 된다. 일괄 학습을 구현했다면 해당 모델을 이 일괄 예측 작업에 재사용할 수 있다. 확률적 학습을 구현했다면 일괄 데이터를 처리할 수 있는 별도의 평가 루틴을 만들어야 한다.

 sigmoid_cross_entropy_with_logits() 함수처럼 모델이 비용 함수의 출력 값을 변환하는 과정이 포함돼 있다면 예측 정확도를 계산할 때도 이런 부분을 고려해야 한다. 모델 평가에도 이 과정을 포함하는 것을 잊지 말자.

예제 구현

회귀 모델의 예측 값은 연속적인 숫자 값이다. 대상 값은 특정 분류가 아니라 원하는 어떤 숫자 값이다. 실제 대상 값을 기준으로 회귀 예측 값을 평가하기 위해서는 둘 사이의 거리를 측정하는 기준이 있어야 한다. 대부분의 경우 비용 함수가 이 기준이 될 수 있다. 여기서는 학습 루프에서 비용 값을 출력하도록 단순 회귀 알고리즘을 수정하고, 마지막에 비용 값을 확인하는 방법을 사용한다. 2장의 앞에서 살펴본 '역전파 구현'의 회귀 예제를 다시 살펴보고 수정해본다.

분류 모델은 모델 출력 값을 바탕으로 분류를 예측한다. 실제 대상 값은 1이나 0이고, 모델의 예측이 이 실제 대상 값과 얼마나 가까운지를 측정해야 한다. 분류 모델의 비용 함수는 보통 모델의 성능을 해석하는 데는 별 도움이 되지 않는다. 그보다는 분류를 올바르게 예측한 비율 같은 분류 정확도를 사용한다. 여기서는 2장의 앞에서 살펴본 '역전파 구현'의 분류 예제를 사용할 것이다.

예제 분석

먼저 단순 회귀 모델에 대해 대상 값이 상수 10을 곱한 값이 맞는지 평가하는 과정을 다음과 같이 살펴보자.

1. 먼저 라이브러리를 로딩하고, 그래프, 데이터, 변수, 플레이스홀더를 생성한다. 이 절에서 추가된 부분이 아주 중요하다. 데이터를 생성한 후 임의로 학습셋과 테스트셋을 분할한다. 모델의 예측 성능을 항상 테스트할 것이기 때문에 이 과정이 중요하다. 학습 데이터와 테스트 데이터 모두를 대상으로 모델을 평가해서 모델의 과다 최적화 여부를 확인할 수 있다.

```
import matplotlib.pyplot as plt
import numpy as np
import tensorflow as tf
sess = tf.Session()
x_vals = np.random.normal(1, 0.1, 100)
y_vals = np.repeat(10., 100)
x_data = tf.placeholder(shape=[None, 1], dtype=tf.float32)
y_target = tf.placeholder(shape=[None, 1], dtype=tf.float32)
train_indices = np.random.choice(len(x_vals),
        round(len(x_vals)*0.8), replace=False)
test_indices = np.array(list(set(range(len(x_vals))) -
        set(train_indices)))
x_vals_train = x_vals[train_indices]
x_vals_test = x_vals[test_indices]
y_vals_train = y_vals[train_indices]
y_vals_test = y_vals[test_indices]
A = tf.Variable(tf.random_normal(shape=[1,1]))
```

2. 이제 모델 및 비용 함수, 최적화 알고리즘을 선언한다. 모델 변수 A도
   초기화한다.

```
my_output = tf.matmul(x_data, A)
loss = tf.reduce_mean(tf.square(my_output - y_target))
my_opt = tf.train.GradientDescentOptimizer(0.02)
train_step = my_opt.minimize(loss)
init = tf.global_variables_initializer()
sess.run(init)
```

3. 그런 다음에 전과 마찬가지로 학습 루프를 실행한다.

```
for i in range(100):
    rand_index = np.random.choice(len(x_vals_train),
```

```
            size=batch_size)
    rand_x = np.transpose([x_vals_train[rand_index]])
    rand_y = np.transpose([y_vals_train[rand_index]])
    sess.run(train_step, feed_dict={x_data: rand_x, y_target:
        rand_y})
    if (i+1)%25==0:
        print('Step #' + str(i+1) + ' A = ' + str(sess.run(A)))
        print('Loss = ' + str(sess.run(loss, feed_dict={x_data:
            rand_x, y_target: rand_y})))
Step #25 A = [[ 6.39879179]]
Loss = 13.7903
Step #50 A = [[ 8.64770794]]
Loss = 2.53685
Step #75 A = [[ 9.40029907]]
Loss = 0.818259
Step #100 A = [[ 9.6809473]]
Loss = 1.10908
```

4. 이제 모델을 평가하기 위해 학습 데이터셋과 테스트 데이터셋에 대한
   (비용 함수의) MSE 값을 다음과 같이 출력한다.

```
mse_test = sess.run(loss, feed_dict={x_data:
        np.transpose([x_vals_test]), y_target:
        np.transpose([y_vals_test])})
mse_train = sess.run(loss, feed_dict={x_data:
        np.transpose([x_vals_train]), y_target:
        np.transpose([y_vals_train])})
print('MSE on test:' + str(np.round(mse_test, 2)))
print('MSE on train:' + str(np.round(mse_train, 2)))
MSE on test:1.35
MSE on train:0.88
```

5. 분류 예제에 대해서도 유사한 작업을 한다. 이번에는 마지막에 호출할 정확도 함수를 직접 만들어둬야 한다. 비용 함수 내부에 시그모이드 함수가 들어 있어 분류가 올바른지 확인하기 위해서는 별도로 시그모이드 함수를 호출해야 하기 때문이다.

6. 동일한 스크립트 내에서 그래프, 데이터, 변수, 플레이스홀더를 다시 로드할 수 있다. 학습셋과 테스트셋으로 데이터 및 대상 값을 구분해둬야 한다. 다음 코드를 사용한다.

```
from tensorflow.python.framework import ops
ops.reset_default_graph()
sess = tf.Session()
batch_size = 25
x_vals = np.concatenate((np.random.normal(-1, 1, 50),
        np.random.normal(2, 1, 50)))
y_vals = np.concatenate((np.repeat(0., 50), np.repeat(1., 50)))
x_data = tf.placeholder(shape=[1, None], dtype=tf.float32)
y_target = tf.placeholder(shape=[1, None], dtype=tf.float32)
train_indices = np.random.choice(len(x_vals),
        round(len(x_vals)*0.8), replace=False)
test_indices = np.array(list(set(range(len(x_vals))) -
        set(train_indices)))
x_vals_train = x_vals[train_indices]
x_vals_test = x_vals[test_indices]
y_vals_train = y_vals[train_indices]
y_vals_test = y_vals[test_indices]
A = tf.Variable(tf.random_normal(mean=10, shape=[1]))
```

7. 이제 모델과 비용 함수를 그래프에 추가하고, 변수를 초기화하고, 최적화 절차를 생성한다.

```
my_output = tf.add(x_data, A)
xentropy = tf.reduce_mean(tf.nn.sigmoid_cross_entropy_with_
        logits(logits=my_output, labels=y_target))
my_opt = tf.train.GradientDescentOptimizer(0.05)
train_step = my_opt.minimize(xentropy)
init = tf.global_variables_initializer()
sess.run(init)
```

8. 이제 다음과 같이 학습 루프를 실행한다.

```
for i in range(1800):
    rand_index = np.random.choice(len(x_vals_train),
            size=batch_size)
    rand_x = [x_vals_train[rand_index]]
    rand_y = [y_vals_train[rand_index]]
    sess.run(train_step, feed_dict={x_data: rand_x, y_target:
            rand_y})
    if (i+1)%200==0:
        print('Step #' + str(i+1) + ' A = ' + str(sess.run(A)))
        print('Loss = ' + str(sess.run(xentropy,
                feed_dict={x_data: rand_x, y_target: rand_y})))
Step #200 A = [ 6.64970636]
Loss = 3.39434
Step #400 A = [ 2.2884655]
Loss = 0.456173
Step #600 A = [ 0.29109824]
Loss = 0.312162
Step #800 A = [-0.20045301]
Loss = 0.241349
Step #1000 A = [-0.33634067]
Loss = 0.376786
Step #1200 A = [-0.36866501]
Loss = 0.271654
```

```
Step #1400 A = [-0.3727718]
Loss = 0.294866
Step #1600 A = [-0.39153299]
Loss = 0.202275
Step #1800 A = [-0.36630616]
Loss = 0.358463
```

9. 모델 평가를 위해 별도의 예측 함수를 만든다. 예측 값과 대상 값의 형태
를 맞춰야 하므로, 예측 함수를 squeeze( ) 함수로 감싼다. 그런 다음에
equal( ) 함수를 이용해 값이 동일한지를 확인한다. 그 결과로 참, 거짓
값이 들어 있는 텐서가 만들어지는데, 원소의 자료형을 float32형으로
바꾸고, 평균을 취한다. 그 결과 정확도 값을 얻을 수 있다. 학습셋과
테스트셋 모두에 이 함수를 적용해 평가를 진행한다.

```
y_prediction = tf.squeeze(tf.round(tf.nn.sigmoid(tf.add(x_data,
    A))))
correct_prediction = tf.equal(y_prediction, y_target)
accuracy = tf.reduce_mean(tf.cast(correct_prediction,
    tf.float32))
acc_value_test = sess.run(accuracy, feed_dict={x_data:
    [x_vals_test], y_target: [y_vals_test]})
acc_value_train = sess.run(accuracy, feed_dict={x_data:
    [x_vals_train], y_target: [y_vals_train]})
print('Accuracy on train set: ' + str(acc_value_train))
print('Accuracy on test set: ' + str(acc_value_test))
Accuracy on train set: 0.925
Accuracy on test set: 0.95
```

10. (정확도, MSE 등의) 모델 결과 값을 보면 평가에 도움이 되는 경우가 많다.
이번 예제에서는 데이터가 1차원이기 때문에 모델을 그래프로 쉽게 표현

할 수 있다. 다음 코드를 이용하면 matplotlib을 이용해 모델과 데이터를 두 개의 히스토그램으로 시각화할 수 있다.

```
A_result = -sess.run(A)
bins = np.linspace(-5, 5, 50)
plt.hist(x_vals[0:50], bins, alpha=0.5, label='N(-1,1)',
        color='white')
plt.hist(x_vals[50:100], bins[0:50], alpha=0.5, label='N(2,1)',
        color='red')
plt.plot((A_result, A_result), (0, 8), 'k--', linewidth=3,
        label='A = '+ str(np.round(A_result, 2)))
plt.legend(loc='upper right')
plt.title('Binary Classifier, Accuracy=' +
        str(np.round(acc_value_test, 2)))
plt.show()
```

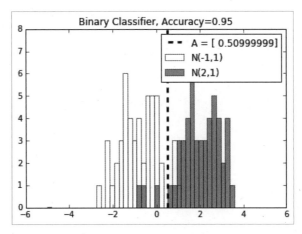

그림 8 데이터 및 최종 모델 A의 시각화. −1과 2를 중심으로 하는 두 정규 분포를 따르는 값이 그려져 있으며, 이론상 최적인 구분선은 0.5다. 모델이 해당 숫자에 가까운 구분선을 잘 찾아낸 것을 볼 수 있다.

3

선형 회귀

3장에서는 텐서플로의 작동 방식 및 책에서 사용할 데이터와 여러 자료들에 접근하는 방법을 이해하기 위한 기본 예제들을 설명한다. 3장에서 다루는 내용은 다음과 같다.

- 역행렬 기법 사용
- 행렬 분해 기법 구현
- 텐서플로의 선형 회귀 방식
- 선형 회귀의 비용 함수
- 데밍 회귀[Deming regression] 구현
- 라소 회귀[Lasso regression] 및 리지 회귀[ridge regression] 구현
- 일래스틱 넷 회귀[elastic net regression] 구현
- 로지스틱 회귀[logistic regression] 구현

소개

통계학, 머신 러닝을 비롯한 과학 일반 분야에서 가장 중요한 알고리즘 중 하나가 선형 회귀다. 선형 회귀는 가장 많이 사용하는 알고리즘 중 하나로, 구현 방법과 특성에 대해 잘 이해해둘 필요가 있다. 다른 알고리즘에 비해 선형 회귀가 갖는 장점 중 하나는 해석이 아주 편하다는 점이다. 각 속성이 대상 값이나 종속 변수에 어떻게 영향을 미치는지를 직접적으로 표현하는 숫자들을 얻게 된다. 3장에서는 선형 회귀의 전통적인 구현 방법을 알아보고, 텐서플로에서 선형 회귀를 구현하는 최적의 방법을 알아본다. 모든 코드는 깃허브 사이트 https://github.com/nfmcclure/tensorflow_cookbook에 공개돼 있다.

역행렬 기법 사용

이 예제에서는 텐서플로를 이용해 역행렬 기법으로 2차원 선형 회귀 문제를 풀어 본다.

준비

선형 회귀는 $Ax = b$와 같은 행렬 방정식으로 표현할 수 있다. 여기서 구하고자 하는 것은 행렬 x의 계수다. 관측 행렬(설계 행렬) A가 정방 행렬이 아니라면 주의가 필요하다. 구하고자 하는 $x = (A^TA)^{-1}A^Tb$로 표현할 수 있다. 2차원 데이터를 생성하고 텐서플로를 이용해 답을 구한 결과를 그래프로 그려서 실제 이 식의 값이 맞는지 확인해보자.

1. 먼저 필요한 라이브러리를 로드하고, 그래프를 초기화하고, 데이터를 생
   성한다.

```
import matplotlib.pyplot as plt
import numpy as np
import tensorflow as tf
sess = tf.Session()
x_vals = np.linspace(0, 10, 100)
y_vals = x_vals + np.random.normal(0, 1, 100)
```

2. 다음에는 역행렬 기법에 사용할 행렬들을 만든다. 먼저 각 열에 x 데이터
   값과 1이 들어 있는 행렬 A를 만든다. 그런 후 y 데이터 값이 들어간
   b 행렬을 만든다. 다음 코드를 이용한다.

```
x_vals_column = np.transpose(np.matrix(x_vals))
ones_column = np.transpose(np.matrix(np.repeat(1, 100)))
A = np.column_stack((x_vals_column, ones_column))
b = np.transpose(np.matrix(y_vals))
```

3. 그런 다음에는 A, b 행렬을 텐서로 변환한다.

```
A_tensor = tf.constant(A)
b_tensor = tf.constant(b)
```

4. 이제 행렬이 준비됐으니 텐서플로를 이용해 역행렬 방식으로 이 문제를
   풀 수 있다.

```
tA_A = tf.matmul(tf.transpose(A_tensor), A_tensor)
tA_A_inv = tf.matrix_inverse(tA_A)
product = tf.matmul(tA_A_inv, tf.transpose(A_tensor))
solution = tf.matmul(product, b_tensor)
solution_eval = sess.run(solution)
```

5. 이제 다음과 같이 해에서 계수들을 추출해 기울기와 y 절편을 구한다.

```
slope = solution_eval[0][0]
y_intercept = solution_eval[1][0]
print('slope: ' + str(slope))
print('y_intercept: ' + str(y_intercept))

slope: 0.955707151739
y_intercept: 0.174366829314

best_fit = []
for i in x_vals:
    best_fit.append(slope*i+y_intercept)
plt.plot(x_vals, y_vals, 'o', label='Data')
plt.plot(x_vals, best_fit, 'r-', label='Best fit line',
        linewidth=3)
plt.legend(loc='upper left')
plt.show()
```

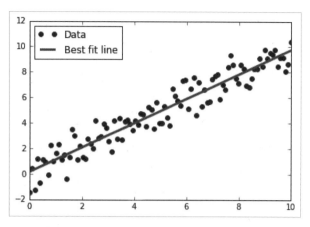

그림 1 역행렬 기법으로 구한 최적 직선 및 데이터 지점

지금까지의 예제나 이 책의 다른 예제들과 달리 이번 예제에서는 행렬 연산으로
바로 답을 구했다. 대부분의 텐서플로 알고리즘은 모델 변수를 자동으로 갱신하
는 역전파의 장점을 이용한 학습 루프로 구현한다. 이번 예제에서는 데이터에
맞는 모델을 직접 구하는 기법을 구현함으로써 텐서플로의 다재다능함을 볼 수
있었다.

▌ 행렬 분해 기법 구현

이번 예제에서는 행렬 분해 기법을 이용한 선형 회귀를 구현할 것이다. 구체적으
로 필요한 함수들이 텐서플로에 포함돼 있는 숄레스키 분해를 사용할 것이다.

준비

앞의 예제에서 구현한 역행렬 기법은 대개의 경우, 특히 행렬이 아주 클 때 계산 과정이 비효율적일 수 있다. 대안으로 A 행렬을 분해하고 분해한 행렬에 대해 행렬 연산을 수행할 수 있다. 이런 기법 중 하나로 텐서플로에 내장된 숄레스키 분해가 있다. 한 행렬을 여러 개로 분해하는 이유는 분해된 행렬의 특징을 이용하면 연산을 더 효율적으로 진행할 수 있는 경우가 있기 때문이다. 숄레스키 분해를 이용하면 행렬을 서로 전치 관계에 있는 상삼각행렬, 하삼각행렬 L, L'으로 분해할 수 있다. 이렇게 분해하는 방법과 분해된 행렬의 특징에 대해서는 많은 자료를 통해 알 수 있다. 이 예제에서는 $Ax = b$ 모델을 $LL'x = b$로 분해하게 된다. 먼저 $Ly = b$를 풀고, 그런 다음 $L'x = y$를 풀어 계수 행렬 x를 구할 수 있다.

예제 구현

1. 이전 예제와 같은 방식으로 모델을 준비한다. 라이브러리를 로드하고, 그래프를 초기화한 다음 데이터를 생성한다. 전과 같은 방식으로 행렬 A와 b를 만든다.

```
import matplotlib.pyplot as plt
import numpy as np
import tensorflow as tf
from tensorflow.python.framework import ops
ops.reset_default_graph()
sess = tf.Session()
x_vals = np.linspace(0, 10, 100)
y_vals = x_vals + np.random.normal(0, 1, 100)
x_vals_column = np.transpose(np.matrix(x_vals))
ones_column = np.transpose(np.matrix(np.repeat(1, 100)))
A = np.column_stack((x_vals_column, ones_column))
b = np.transpose(np.matrix(y_vals))
A_tensor = tf.constant(A)
```

```
b_tensor = tf.constant(b)
```

2. 그런 다음에 정방행렬 $A^T A$를 숄레스키 분해한다.

 텐서플로의 cholesky( ) 함수는 분해 행렬 중 하삼각행렬만 반환한다. 상삼각행렬은 하삼각행렬을 전치해서 구하면 된다.

```
tA_A = tf.matmul(tf.transpose(A_tensor), A_tensor)
L = tf.cholesky(tA_A)
tA_b = tf.matmul(tf.transpose(A_tensor), b)
sol1 = tf.matrix_solve(L, tA_b)
sol2 = tf.matrix_solve(tf.transpose(L), sol1)
```

3. 이제 해를 구했으니, 계수를 추출한다.

```
solution_eval = sess.run(sol2)
slope = solution_eval[0][0]
y_intercept = solution_eval[1][0]
print('slope: ' + str(slope))
print('y_intercept: ' + str(y_intercept))

slope: 0.956117676145
y_intercept: 0.136575513864

best_fit = []
for i in x_vals:
   best_fit.append(slope*i+y_intercept)
plt.plot(x_vals, y_vals, 'o', label='Data')
plt.plot(x_vals, best_fit, 'r-', label='Best fit line',
      linewidth=3)
plt.legend(loc='upper left')
```

```
plt.show()
```

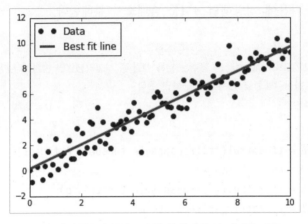

그림 2 숄레스키 분해로 구한 최적 직선 및 데이터 지점

예제 분석

보다시피 앞의 예제와 아주 비슷한 답에 도달했다. 행렬을 분해하고 분해된 행렬을 대상으로 연산하는 이 기법을 사용하면 훨씬 더 효율적이고 안정적으로 수치 계산을 할 수 있다는 점을 기억해두자.

▌텐서플로의 선형 회귀 방식

준비

이번 예제에서는 텐서플로를 통해 일괄적으로 데이터에 대한 루프를 돌면서 기울기와 y 절편을 갱신할 것이다. 이번에는 데이터를 생성하지 않고 scikit-learn 패키지에 내장된 붓꽃 데이터셋을 사용한다. 꽃잎 폭을 x로 꽃받침 길이를 y로

118

하는 데이터를 대상으로 최적 직선을 찾아본다. 선형 관계가 존재하는 것으로 보이는 이 두 값을 선택했고, 마지막에 그래프로 이 관계를 확인해본다. 다음 절에서 다양한 비용 함수의 효과에 대해 알아보겠지만, 이 예제에서는 L2 비용 함수를 사용한다.

예제 구현

1. 필요한 라이브러리를 로드하고, 그래프를 생성한 후 데이터를 로드한다.

```python
import matplotlib.pyplot as plt
import numpy as np
import tensorflow as tf
from sklearn import datasets
from tensorflow.python.framework import ops
ops.reset_default_graph()
sess = tf.Session()
iris = datasets.load_iris()

x_vals = np.array([x[3] for x in iris.data])
y_vals = np.array([y[0] for y in iris.data])
```

2. 그런 다음에 일괄 작업 크기 및 플레이스홀더, 모델 변수를 선언한다.

```python
batch_size = 25
x_data = tf.placeholder(shape=[None, 1], dtype=tf.float32)
y_target = tf.placeholder(shape=[None, 1], dtype=tf.float32)
A = tf.Variable(tf.random_normal(shape=[1,1]))
b = tf.Variable(tf.random_normal(shape=[1,1]))
```

3. 다음에는 선형 모델 공식 $y = Ax + b$를 작성한다.

```
model_output = tf.add(tf.matmul(x_data, A), b)
```

4. 그러고 나서 (일괄 데이터에 대한 평균값을 계산하는) L2 비용 함수를 선언한 다음, 변수를 초기화하고 최적화 함수를 선언한다. 학습률 값으로는 0.05를 선택했다.

```
loss = tf.reduce_mean(tf.square(y_target - model_output))
my_opt = tf.train.GradientDescentOptimizer(0.05)
train_step = my_opt.minimize(loss)
init = tf.global_variables_initializer()
sess.run(init)
```

5. 이제 임의로 선택한 일괄 데이터를 대상으로 루프를 돌려 모델을 학습한다. 루프를 100회 반복하면서 25번마다 변수 및 비용 함수 값을 출력한다. 또한 나중에 활용할 수 있게 매 루프마다 비용 함수 값을 저장해둔다.

```
loss_vec = []
for i in range(100):
    rand_index = np.random.choice(len(x_vals), size=batch_size)
    rand_x = np.transpose([x_vals[rand_index]])
    rand_y = np.transpose([y_vals[rand_index]])
    sess.run(train_step, feed_dict={x_data: rand_x, y_target:
        rand_y})
    temp_loss = sess.run(loss, feed_dict={x_data: rand_x,
        y_target: rand_y})
    loss_vec.append(temp_loss)
    if (i+1)%25==0:
        print('Step #' + str(i+1) + ' A = ' + str(sess.run(A)) + ' b
            = ' + str(sess.run(b)))
        print('Loss = ' + str(temp_loss))
```

```
Step #25 A = [[ 2.17270374]] b = [[ 2.85338426]]
Loss = 1.08116
Step #50 A = [[ 1.70683455]] b = [[ 3.59916329]]
Loss = 0.796941
Step #75 A = [[ 1.32762754]] b = [[ 4.08189011]]
Loss = 0.466912
Step #100 A = [[ 1.15968263]] b = [[ 4.38497639]]
Loss = 0.281003
```

6. 찾아낸 계수를 추출하고, 그래프로 그릴 최적 직선을 생성한다.

```
[slope] = sess.run(A)
[y_intercept] = sess.run(b)
best_fit = []
for i in x_vals:
    best_fit.append(slope*i+y_intercept)
```

7. 그래프 두 개를 그려본다. 첫 번째 그래프는 찾아낸 직선을 데이터 지점들 위에 겹쳐 그린 것이다. 두 번째 그래프는 100번 루프를 도는 동안의 L2 비용 함수 값이다.

```
plt.plot(x_vals, y_vals, 'o', label='Data Points')
plt.plot(x_vals, best_fit, 'r-', label='Best fit line',
        linewidth=3)
plt.legend(loc='upper left')
plt.title('Sepal Length vs Petal Width')
plt.xlabel('Petal Width')
plt.ylabel('Sepal Length')
plt.show()
plt.plot(loss_vec, 'k-')
plt.title('L2 Loss per Generation')
```

```
plt.xlabel('Generation')
plt.ylabel('L2 Loss')
plt.show()
```

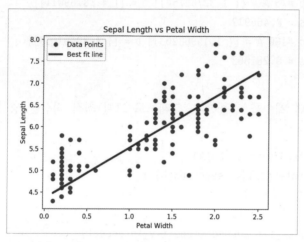

그림 3 텐서플로 알고리즘으로 찾은 최적 직선을 (꽃받침 길이 및 꽃잎 폭의) 붓꽃 데이터셋 지점들에
겹쳐 그린 그래프

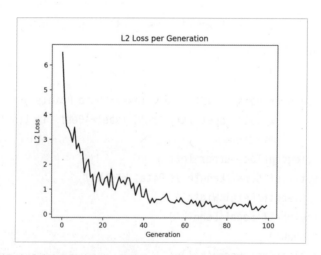

그림 4 알고리즘이 데이터에 최적화되는 동안의 L2 비용 함수 값을 그린 그래프. 그래프에서 불규칙한
톱니 모양을 볼 수 있다. 일괄 작업 크기를 키우면 톱니의 크기가 작아지고, 일괄 작업 크기를 줄이면 톱니
크기가 커지는 경향이 있다.

이 부분은 모델의 과다 최적화, 과소 최적화 여부를 확인할 수 있는 좋은 지점이다. 데이터를 테스트셋과 학습셋으로 분할한 경우 학습셋의 정확도가 더 높은 상태에서 테스트셋의 정확도가 내려간다면 데이터에 과다 최적화된 것으로 볼 수 있다. 테스트셋과 학습셋 정확도가 여전히 모두 올라가고 있다면 모델이 과소 최적화된 상태이므로, 학습을 계속 진행해야 한다.

예제 분석

찾아낸 직선이 가장 적합한 직선이라는 보장은 없다. 최적 직선 수렴 상태는 학습 반복 횟수, 일괄 작업 크기, 학습률, 비용 함수에 영향을 받는다. 문제 해결 및 초매개변수 조정에 도움이 될 수 있기 때문에 지속적으로 비용 함수 값을 관찰하는 것이 좋다.

▌ 선형 회귀의 비용 함수

비용 함수가 알고리즘 수렴에 미치는 영향을 알아두는 것이 좋다. 여기서는 L1, L2 비용 함수가 선형 회귀 수렴에 미치는 영향을 살펴보자.

준비

앞의 예제와 마찬가지로 붓꽃 데이터셋을 사용하되 비용 함수와 학습률 변경이 수렴에 어떤 영향을 미치는지 살펴본다.

1. 프로그램의 처음부터 비용 함수 부분까지는 변경된 부분이 없다. 필요한 라이브러리를 로드하고, 세션을 시작한 후 데이터를 로드하고, 플레이스 홀더를 생성하고, 변수 및 모델을 정의한다. 학습률과 모델 반복 횟수는 빼두었다는 점을 주목하자. 이는 매개변수 변경 효과를 빠르게 확인하기 위한 것이다. 다음 코드를 사용한다.

```
import matplotlib.pyplot as plt
import numpy as np
import tensorflow as tf
from sklearn import datasets
sess = tf.Session()
iris = datasets.load_iris()
x_vals = np.array([x[3] for x in iris.data])
y_vals = np.array([y[0] for y in iris.data])
batch_size = 25
learning_rate = 0.1 # 학습률 0.4에서는 수렴하지 않는다.
iterations = 50
x_data = tf.placeholder(shape=[None, 1], dtype=tf.float32)
y_target = tf.placeholder(shape=[None, 1], dtype=tf.float32)
A = tf.Variable(tf.random_normal(shape=[1,1]))
b = tf.Variable(tf.random_normal(shape=[1,1]))
model_output = tf.add(tf.matmul(x_data, A), b)
```

2. 비용 함수를 다음과 같이 L1 비용 함수로 변경한다.

```
loss_l1 = tf.reduce_mean(tf.abs(y_target - model_output))
```

3. 이제 최적화 함수를 선언하고 변수를 초기화한 후 학습 루프를 실행한다. 수렴 여부를 확인하기 위해 루프를 반복할 때마다 비용 함수 값을 기록해둔다. 다음 코드를 사용한다.

```python
my_opt_l1 = tf.train.GradientDescentOptimizer(learning_rate)
train_step_l1 = my_opt_l1.minimize(loss_l1)
init = tf.global_variables_initializer()
sess.run(init)
loss_vec_l1 = []
for i in range(iterations):
    rand_index = np.random.choice(len(x_vals), size=batch_size)
    rand_x = np.transpose([x_vals[rand_index]])
    rand_y = np.transpose([y_vals[rand_index]])
    sess.run(train_step_l1, feed_dict={x_data: rand_x, y_target:
            rand_y})
    temp_loss_l1 = sess.run(loss_l1, feed_dict={x_data: rand_x,
            y_target: rand_y})
    loss_vec_l1.append(temp_loss_l1)
    if (i+1)%25==0:
        print('Step #' + str(i+1) + ' A = ' + str(sess.run(A)) + ' b
            = ' + str(sess.run(b)))

plt.plot(loss_vec_l1, 'k-', label='L1 Loss')
plt.plot(loss_vec_l2, 'r--', label='L2 Loss')
plt.title('L1 and L2 Loss per Generation')
plt.xlabel('Generation')
plt.ylabel('L1 Loss')
plt.legend(loc='upper right')
plt.show()
```

비용 함수를 선택할 때 문제 해결에 적합한 학습률도 함께 선택해야 한다. 여기서는 L2 함수가 더 나은 경우와 L1 함수가 더 나은 경우 두 가지 상황을 살펴본다.

학습률이 작으면 수렴에 더 많은 시간이 걸린다. 그러나 학습률이 너무 크면 알고리즘이 수렴하지 못하는 문제가 생길 수 있다. 다음은 붓꽃 선형 회귀 문제의 학습률이 0.05일 때 L1, L2 비용 함수 값 그래프다.

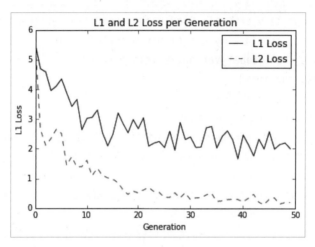

그림 5 학습이 0.05일 때 붓꽃 선형 회귀 문제의 L1, L2 비용 함수 값

학습률이 0.05일 때는 주어진 데이터에 대해 L2 비용 함수가 더 낮은 값으로 수렴하기 때문에 더 좋아 보인다. 다음은 학습률을 0.4로 올렸을 때의 비용 함수 그래프다.

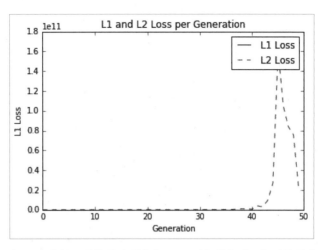

그림 6 학습률이 0.4일 때 붓꽃 선형 회귀 문제의 L1, L2 비용 함수 값. y축 단위 문제로 L1 비용 함수 그래프는 잘 보이지 않는다.

이 그래프를 통해 학습률이 너무 커질 경우 여전히 수렴하는 L1 노름 값과 달리 L2 노름 값은 튀어 오르는 것을 볼 수 있다.

부연 설명

어떤 일이 일어난 것인지 이해하기 위해 큰 학습률과 작은 학습률이 L1, L2 노름 값에 미치는 영향을 알아볼 필요가 있다. 이 영향을 시각적으로 확인할 수 있게 두 1차원 노름 값의 학습 과정에 따른 변화를 다음과 같이 살펴보자.

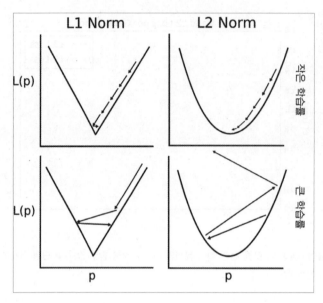

그림 7 큰 학습률, 작은 학습률 각각에 대해 L1, L2 노름 값에 벌어질 수 있는 일을 표현한 그림

▌ 데밍 회귀 구현

이 예제에서는 다른 방식으로 모델 직선과 데이터 지점 사이의 거리를 측정하는 데밍 회귀Deming regression(전 회귀total regression)를 구현한다.

준비

최소 제곱 값 선형 회귀가 직선까지의 수직 거리를 최소화하는 반면, 데밍 회귀는 직선까지의 전체 거리를 최소화한다. 이런 방식의 회귀는 y 값과 x 값의 오차를 같이 최소화한다. 다음 그림으로 비교해보자.

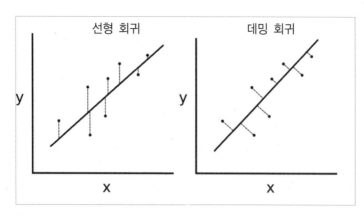

그림 8 일반적인 선형 회귀와 데밍 회귀의 차이점을 볼 수 있다. 왼쪽의 선형 회귀는 직선까지의 수직 거리를 최소화하는 반면, 데밍 회귀는 직선까지의 전체 거리를 최소화한다.

데밍 회귀를 구현하기 위해서는 비용 함수를 수정해야 한다. 일반적인 선형 회귀의 비용 함수는 수직 거리를 최소화한다. 이번에는 전체 거리를 최소화하고자 한다. 직선의 기울기와 y 절편이 주어졌을 때 직선에서 어떤 점까지의 수직 거리를 기하학 식을 통해 알아낼 수 있다. 이 식을 비용 함수에 적용하고, 텐서플로가 그 값을 최소화하게 하면 된다.

예제 구현

1. 비용 함수 부분에 이르기 전까지 모든 것은 그대로 유지한다. 라이브러리를 로드하고, 세션을 시작한 후 데이터를 로드하고, 일괄 작업 크기 선언, 플레이스홀더 및 변수, 모델 출력 값 생성 작업을 진행한다.

```
import matplotlib.pyplot as plt
import numpy as np
import tensorflow as tf
from sklearn import datasets
sess = tf.Session()
```

```
iris = datasets.load_iris()
x_vals = np.array([x[3] for x in iris.data])
y_vals = np.array([y[0] for y in iris.data])
batch_size = 50
x_data = tf.placeholder(shape=[None, 1], dtype=tf.float32)
y_target = tf.placeholder(shape=[None, 1], dtype=tf.float32)
A = tf.Variable(tf.random_normal(shape=[1,1]))
b = tf.Variable(tf.random_normal(shape=[1,1]))
model_output = tf.add(tf.matmul(x_data, A), b)
```

2. 비용 함수는 분자, 분모로 구성된 기하학 공식이다. 확실히 구분하기 위해 분자와 분모를 나눠 처리할 것이다. 직선 $y = mx + b$와 점 (x_0, y_0)가 주어졌을 때 둘 사이의 수직 거리는 다음과 같이 쓸 수 있다.

$$d = \frac{|y_0 - (mx_0 + b)|}{\sqrt{m^2 + 1}}$$

```
demming_numerator = tf.abs(tf.subtract(y_target,
        tf.add(tf.matmul(x_data, A), b)))
demming_denominator = tf.sqrt(tf.add(tf.square(A),1))
loss = tf.reduce_mean(tf.truediv(demming_numerator,
        demming_denominator))
```

3. 이제 변수를 초기화하고, 최적화 함수를 선언한 후 학습셋을 대상으로 루프를 돌려 매개변수를 찾아낸다.

```
my_opt = tf.train.GradientDescentOptimizer(0.1)
train_step = my_opt.minimize(loss)
init = tf.global_variables_initializer()
sess.run(init)
loss_vec = []
```

```python
for i in range(250):
    rand_index = np.random.choice(len(x_vals), size=batch_size)
    rand_x = np.transpose([x_vals[rand_index]])
    rand_y = np.transpose([y_vals[rand_index]])
    sess.run(train_step, feed_dict={x_data: rand_x, y_target:
            rand_y})
    temp_loss = sess.run(loss, feed_dict={x_data: rand_x,
            y_target: rand_y})
    loss_vec.append(temp_loss)
    if (i+1)%50==0:
        print('Step #' + str(i+1) + ' A = ' + str(sess.run(A)) + ' b
            = ' + str(sess.run(b)))
        print('Loss = ' + str(temp_loss))
```

4. 다음 코드를 이용해 출력 결과를 그래프로 그릴 수 있다.

```python
[slope] = sess.run(A)
[y_intercept] = sess.run(b)
best_fit = []
for i in x_vals:
    best_fit.append(slope*i+y_intercept)
plt.plot(x_vals, y_vals, 'o', label='Data Points')
plt.plot(x_vals, best_fit, 'r-', label='Best fit line',
        linewidth=3)
plt.legend(loc='upper left')
plt.title('Sepal Length vs Petal Width')
plt.xlabel('Petal Width')
plt.ylabel('Sepal Length')
plt.show()
```

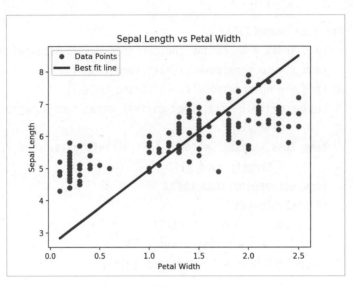

그림 9 붓꽃 데이터셋에 대한 데밍 회귀 결과를 그린 그래프

예제 분석

이번 데밍 회귀 예제의 결과는 일반적인 선형 회귀의 결과와 거의 같다. 둘의
주요한 차이점은 예측 값과 데이터 지점 사이의 거리를 측정하는 방법이다. 수직
비용 대신 x 값과 y 값 모두를 대상으로 하는 수직 비용(전체 비용)을 거리 측정에
사용한다.

 여기서 구현한 데밍 회귀를 전 회귀라고도 한다. 전 회귀는 x 값과 y 값의 오차
수준이 비슷하다고 가정한다. 가정이 성립하도록 오차의 크기를 조절하기 위해
x축과 y축의 단위를 조절할 수도 있다.

라소 회귀 및 리지 회귀 구현

계수가 회귀 출력 값에 미치는 영향을 제한하는 방식도 있다. 이런 방식을 규칙화regularization라고 하는데, 가장 일반적인 규칙화 방법으로 라소 회귀와 리지 회귀가 있다. 이 예제에서는 두 가지 회귀 방식의 구현 방법을 알아본다.

준비

라소 회귀와 리지 회귀는 기울기(또는 기울기의 일부분)를 제한하는 규칙화 항이 식에 추가된다는 점을 제외하면 일반적인 선형 회귀와 아주 비슷하다. 규칙화 항을 두는 이유 중 하나는 한 속성이 종속 변수에 주는 영향에 제한을 두고자 하는 것이다. 기울기 A 값에 의존하는 항을 비용 함수에 추가하면 이런 효과를 얻을 수 있다.

라소 회귀의 경우 기울기 A가 특정 값 이상이 되면 비용을 크게 증가시키는 항을 추가해야 한다. 텐서플로의 논리 연산을 사용할 수도 있지만, 이렇게 하면 경사도를 계산할 수가 없다. 그 대신에 계단 함수를 연속 함수로 근사한 연속 헤비사이드 계단continuous heavyside step 함수를 규칙화 임계점 경계에 맞게 조절해서 사용할 것이다. 라소 회귀 방법에 대해서는 곧 알아볼 것이다.

리지 회귀의 경우 기울기 계수에 따라 조절한 L2 노름 항을 L2 노름에 추가하기만 하면 된다. 이는 아주 간단한 수정 사항으로, 예제 끝부분의 '부연 설명' 절에서 소개한다.

예제 구현

1. 이번에도 붓꽃 데이터셋을 사용할 것이므로, 전과 같은 방식으로 스크립트를 준비한다. 라이브러리를 로드하고, 세션을 시작한 후 데이터를 로

드하고, 일괄 작업 크기를 정하고, 플레이스홀더 및 변수, 모델 출력 값을
생성한다.

```python
import matplotlib.pyplot as plt
import numpy as np
import tensorflow as tf
from sklearn import datasets
from tensorflow.python.framework import ops
ops.reset_default_graph()
sess = tf.Session()
iris = datasets.load_iris()
x_vals = np.array([x[3] for x in iris.data])
y_vals = np.array([y[0] for y in iris.data])
batch_size = 50
x_data = tf.placeholder(shape=[None, 1], dtype=tf.float32)
y_target = tf.placeholder(shape=[None, 1], dtype=tf.float32)
A = tf.Variable(tf.random_normal(shape=[1,1]))
b = tf.Variable(tf.random_normal(shape=[1,1]))
model_output = tf.add(tf.matmul(x_data, A), b)
```

2. 연속 헤비사이드 계단 함수를 수정한 비용 함수를 추가한다. 라소 회귀
   의 임계값은 0.9로 설정한다. 즉, 기울기 계수를 0.9 이하로 제한하겠다
   는 의미다.

```python
lasso_param = tf.constant(0.9)
heavyside_step = tf.truediv(1., tf.add(1.,
        tf.exp(tf.multiply(-50., tf.subtract(A, lasso_param)))))
regularization_param = tf.multiply(heavyside_step, 99.)
loss = tf.add(tf.reduce_mean(tf.square(y_target -
        model_output)), regularization_param)
```

3. 이제 다음과 같이 변수를 초기화하고, 최적화 함수를 선언한다.

```
my_opt = tf.train.GradientDescentOptimizer(0.001)
train_step = my_opt.minimize(loss)
init = tf.global_variables_initializer()
sess.run(init)
```

4. 수렴하는 데 시간이 걸릴 수 있기 때문에 학습 루프를 제법 오랜 동안 실행할 것이다. 기울기 계수 값이 0.9 이하로 유지되는 것을 볼 수 있다.

```
loss_vec = []
for i in range(1500):
    rand_index = np.random.choice(len(x_vals), size=batch_size)
    rand_x = np.transpose([x_vals[rand_index]])
    rand_y = np.transpose([y_vals[rand_index]])
    sess.run(train_step, feed_dict={x_data: rand_x, y_target:
        rand_y})
    temp_loss = sess.run(loss, feed_dict={x_data: rand_x,
        y_target: rand_y})
    loss_vec.append(temp_loss[0])
    if (i+1)%300==0:
        print('Step #' + str(i+1) + ' A = ' + str(sess.run(A)) + ' b
            = ' + str(sess.run(b)))
        print('Loss = ' + str(temp_loss))
        print('\n')
Step #300 A = [[ 0.82512331]] b = [[ 2.30319238]]
Loss = [[ 6.84168959]]
Step #600 A = [[ 0.8200165]] b = [[ 3.45292258]]
Loss = [[ 2.02759886]]
Step #900 A = [[ 0.81428504]] b = [[ 4.08901262]]
Loss = [[ 0.49081498]]
Step #1200 A = [[ 0.80919558]] b = [[ 4.43668795]]
Loss = [[ 0.40478843]]
```

```
Step #1500 A = [[ 0.80433637]] b = [[ 4.6360755]]
Loss = [[ 0.23839757]]
```

선형 회귀의 비용 함수에 연속 헤비사이드 계단 함수를 추가해 라소 회귀를 구현
했다. 계단 함수는 값이 가파르게 변하기 때문에 계단 높이에 신경을 써야 한다.
계단 높이가 너무 높으면 수렴하지 않는 경우가 발생할 수 있다. 리지 회귀를
구현하기 위해 필요한 수정 사항에 대해서는 다음 절에서 살펴본다.

리지 회귀의 경우 비용 함수를 다음 코드처럼 수정하면 된다.

```
ridge_param = tf.constant(1.)
ridge_loss = tf.reduce_mean(tf.square(A))
loss = tf.expand_dims(tf.add(tf.reduce_mean(tf.square(y_target -
      model_output)), tf.multiply(ridge_param, ridge_loss)), 0)
```

▌ 일래스틱 넷 회귀 구현

일래스틱 넷 회귀elastic net regression는 비용 함수에 L1, L2 규칙화 항을 추가하는
방식을 이용해 라소 회귀와 리지 회귀를 결합한 회귀 유형이다.

준비

일래스틱 넷 회귀 구현 방식은 앞의 두 예제를 그대로 따르는 것에 불과하므로, 이번에는 전처럼 붓꽃 데이터셋의 일부 2차원 데이터만 사용하는 대신에 다중 선형 회귀를 구현해본다. 꽃잎 길이, 꽃잎 폭, 꽃받침 폭을 사용해 꽃받침 길이를 예측해본다.

예제 구현

1. 먼저 필요한 라이브러리를 로드하고, 그래프를 초기화한다.

```
import matplotlib.pyplot as plt
import numpy as np
import tensorflow as tf
from sklearn import datasets
sess = tf.Session()
```

2. 이제 데이터를 로드한다. 이번에는 x 값 데이터의 원소 하나가 아닌 세 가지 값을 리스트로 로드한다. 다음 코드를 사용한다.

```
iris = datasets.load_iris()
x_vals = np.array([[x[1], x[2], x[3]] for x in iris.data])
y_vals = np.array([y[0] for y in iris.data])
```

3. 그런 다음에 일괄 작업 크기, 플레이스홀더, 변수, 모델 출력 값을 선언한다. x 값을 받는 플레이스홀더가 하나의 값이 아닌 세 가지 값을 받을 수 있도록 크기 형식을 변경했다는 점이 전과 유일하게 다른 부분이다.

```
batch_size = 50
x_data = tf.placeholder(shape=[None, 3], dtype=tf.float32)
y_target = tf.placeholder(shape=[None, 1], dtype=tf.float32)
A = tf.Variable(tf.random_normal(shape=[3,1]))
b = tf.Variable(tf.random_normal(shape=[1,1]))
model_output = tf.add(tf.matmul(x_data, A), b)
```

4. 일래스틱 넷의 비용 함수에는 L1, L2 노름의 기울기 일부가 들어간다. 들어가는 항들을 다음과 같이 만들고, 비용 함수에 추가한다.

```
elastic_param1 = tf.constant(1.)
elastic_param2 = tf.constant(1.)
l1_a_loss = tf.reduce_mean(tf.abs(A))
l2_a_loss = tf.reduce_mean(tf.square(A))
e1_term = tf.multiply(elastic_param1, l1_a_loss)
e2_term = tf.multiply(elastic_param2, l2_a_loss)
loss = tf.expand_dims(tf.add(tf.add(tf.reduce_mean(tf.square(
        y_target - model_output)), e1_term), e2_term), 0)
```

5. 이제 변수를 초기화하고, 최적화 함수를 선언한 후 학습 루프를 실행해 계수를 찾아낸다.

```
my_opt = tf.train.GradientDescentOptimizer(0.001)
train_step = my_opt.minimize(loss)
init = tf.global_variables_initializer()
sess.run(init)
loss_vec = []
for i in range(1000):
    rand_index = np.random.choice(len(x_vals), size=batch_size)
    rand_x = x_vals[rand_index]
    rand_y = np.transpose([y_vals[rand_index]])
```

```
sess.run(train_step, feed_dict={x_data: rand_x, y_target:
    rand_y})
temp_loss = sess.run(loss, feed_dict={x_data: rand_x,
    y_target: rand_y})
loss_vec.append(temp_loss[0])
if (i+1)%250==0:
    print('Step #' + str(i+1) + ' A = ' + str(sess.run(A)) + ' b
        = ' + str(sess.run(b)))
    print('Loss = ' + str(temp_loss))
```

6. 코드의 출력 결과는 다음과 같다.

```
Step #250 A = [[ 0.42095602]
 [ 0.1055888 ]
 [ 1.77064979]] b = [[ 1.76164341]]
Loss = [ 2.87764359]
Step #500 A = [[ 0.62762028]
 [ 0.06065864]
 [ 1.36294949]] b = [[ 1.87629771]]
Loss = [ 1.8032167]
Step #750 A = [[ 0.67953539]
 [ 0.102514 ]
 [ 1.06914485]] b = [[ 1.95604002]]
Loss = [ 1.33256555]
Step #1000 A = [[ 0.6777274 ]
 [ 0.16535147]
 [ 0.8403284 ]] b = [[ 2.02246833]]
Loss = [ 1.21458709]
```

7. 다음과 같이 학습 루프 횟수에 따른 비용 함수 변화를 관찰하면 수렴
여부를 확인할 수 있다.

```
plt.plot(loss_vec, 'k-')
plt.title('Loss per Generation')
plt.xlabel('Generation')
plt.ylabel('Loss')
plt.show()
```

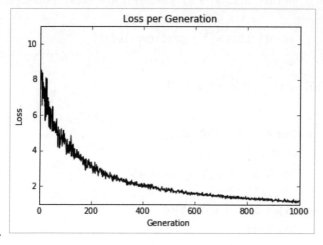

그림 10 학습 루프를 1,000회 반복하는 동안의 일래스틱 넷 회귀 비용 함수 값 그래프

예제 분석

이번 예제에서는 일래스틱 넷 회귀를 다중 선형 회귀와 함께 구현해봤다. 비용 함수에 규칙화 항이 들어가면 앞 절에서 살펴본 것보다 수렴이 더 느려지는 것을 볼 수 있다. 비용 함수에 적절한 항을 추가해 간단히 규칙화를 적용할 수 있다.

▌ 로지스틱 회귀 구현

이 예제에서는 저체중아 출산 확률을 예측하는 로지스틱 회귀^{logistic regression}를 구현해본다.

준비

로지스틱 회귀는 선형 회귀를 이진 분류로 바꾸는 방법이다. 선형 회귀 결과 값을 시그모이드 함수에 넣어 0과 1 사이의 값을 출력하게 변환해 분류를 하게 된다. 데이터의 대상 값은 데이터가 분류에 속하는지, 아닌지를 나타내는 0이나 1 값이 된다. 모델의 예측이 0과 1 사이의 값으로 주어지므로, 예측 값이 정해진 차단^{cut off} 값 이상일 때는 1로 분류하고, 그렇지 않으면 0으로 분류하게 된다. 이 예제에서는 차단 값으로 0.5를 사용하며, 간단히 결과 값을 반올림하는 것으로 분류 작업을 하게 된다.

예제에서 사용하는 데이터는 매사추세츠 대학교 애머스트 칼리지의 통계 데이터 셋 저장소에서 구할 수 있었던 신생아 체중 데이터다. 현재는 이 책의 깃허브 저장소에서 사본을 구할 수 있다. 여러 요소들을 이용해 신생아 저체중 가능성을 예측할 것이다.

예제 구현

1. 하이퍼링크를 통한 신생아 체중 데이터 접근에 필요한 라이브러리 및 각종 라이브러리를 로드하면서 시작한다. 세션 초기화도 진행한다.

```
import matplotlib.pyplot as plt
import numpy as np
import tensorflow as tf
```

```
import requests
from tensorflow.python.framework import ops
import os.path
import csv
ops.reset_default_graph()
sess = tf.Session()
```

2. 그런 다음에 request 모듈을 통해 데이터를 로드하고, 사용할 속성들을
   지정한다. 속성 중에 실제 신생아 체중 값이 들어 있는 속성이 있고, 이
   체중이 미리 정한 범위에 들어가지 않는 경우에는 해당 데이터가 불필요
   하므로 사용할 속성 조건을 구체적으로 지정해야 한다. 일련 번호 열도
   예측 작업에는 필요 없다.

```
birthdata_url = 'https://github.com/nfmcclure/tensorflow_
    cookbook/raw/master/01_Introduction/07_Working_
    with_Data_Sources/birthweight_data/birthweight.dat'
birth_file = requests.get(birthdata_url)
birth_data = birth_file.text.split('\r\n')
birth_header = birth_data[0].split('\t')
birth_data = [[float(x) for x in y.split('\t') if len(x)>=1] for
    y in birth_data[1:] if len(y)>=1]
y_vals = np.array([x[0] for x in birth_data])
x_vals = np.array([x[1:8] for x in birth_data])
```

3. 데이터셋을 테스트셋과 학습셋으로 분할한다.

```
train_indices = np.random.choice(len(x_vals),
    round(len(x_vals)*0.8), replace=False)
test_indices = np.array(list(set(range(len(x_vals))) -
    set(train_indices)))
x_vals_train = x_vals[train_indices]
```

```
x_vals_test = x_vals[test_indices]
y_vals_train = y_vals[train_indices]
y_vals_test = y_vals[test_indices]
```

4. 로지스틱 회귀는 (최소-최대 범위 변환 등을 사용해) 속성 값을 0과 1 사이로 조절했을 때 더 쉽게 수렴한다. 따라서 코드를 이용해 속성 값을 조절한다.

```
def normalize_cols(m):
    col_max = m.max(axis=0)
    col_min = m.min(axis=0)
    return (m-col_min) / (col_max - col_min)

x_vals_train = np.nan_to_num(normalize_cols(x_vals_train))
x_vals_test = np.nan_to_num(normalize_cols(x_vals_test))
```

 데이터셋의 값을 조절하기 전에 학습셋과 테스트셋을 분할했다는 점을 주의하자. 이 구분 작업은 중요하다. 학습셋은 테스트셋에 어떤 영향도 미쳐서는 안 된다. 데이터셋을 분할하기 전에 값을 조절하게 되면 두 셋이 영향을 주고받지 않았다는 것을 보장하기 어렵다.

5. 그런 다음에 일괄 작업 크기, 플레이스홀더, 변수, 로지스틱 모델을 선언한다. 비용 함수에 시그모이드 연산이 포함돼 있으므로, 결과 값을 시그모이드 함수에 넣지는 않는다.

```
batch_size = 25
x_data = tf.placeholder(shape=[None, 7], dtype=tf.float32)
y_target = tf.placeholder(shape=[None, 1], dtype=tf.float32)
A = tf.Variable(tf.random_normal(shape=[7,1]))
```

```
    b = tf.Variable(tf.random_normal(shape=[1,1]))
    model_output = tf.add(tf.matmul(x_data, A), b)
```

6. 이제 시그모이드 함수가 포함된 비용 함수 및 최적화 함수를 선언하고, 변수를 초기화한다.

```
loss = tf.reduce_mean(tf.nn.sigmoid_cross_entropy_with_
        logits(logits=model_output, labels=y_target))
my_opt = tf.train.GradientDescentOptimizer(0.01)
train_step = my_opt.minimize(loss)
init = tf.global_variables_initializer()
sess.run(init)
```

7. 비용 함수 값과 함께 학습셋과 테스트셋의 분류 정확도도 기록해두고 싶을 수 있다. 따라서 임의 크기 데이터에 대한 정확도를 반환하는 예측 함수를 만들어둔다.

```
prediction = tf.round(tf.sigmoid(model_output))
predictions_correct = tf.cast(tf.equal(prediction, y_target),
        tf.float32)
accuracy = tf.reduce_mean(predictions_correct)
```

8. 이제 학습 루프를 시작하고, 비용 함수 값과 정확도를 기록한다.

```
loss_vec = []
train_acc = []
test_acc = []
for i in range(1500):
    rand_index = np.random.choice(len(x_vals_train),
            size=batch_size)
```

```
rand_x = x_vals_train[rand_index]
rand_y = np.transpose([y_vals_train[rand_index]])
sess.run(train_step, feed_dict={x_data: rand_x, y_target:
    rand_y})
temp_loss = sess.run(loss, feed_dict={x_data: rand_x,
    y_target: rand_y})
loss_vec.append(temp_loss)
temp_acc_train = sess.run(accuracy, feed_dict={x_data:
    x_vals_train, y_target: np.transpose([y_vals_train])})
train_acc.append(temp_acc_train)
temp_acc_test = sess.run(accuracy, feed_dict={x_data:
    x_vals_test, y_target: np.transpose([y_vals_test])})
test_acc.append(temp_acc_test)
if (i+1)%300==0:
    print('Loss = ' + str(temp_loss))
```

9. 다음 코드는 비용 함수 값과 정확도 그래프를 그린다.

```
plt.plot(loss_vec, 'k-')
plt.title('Cross Entropy Loss per Generation')
plt.xlabel('Generation')
plt.ylabel('Cross Entropy Loss')
plt.show()
plt.plot(train_acc, 'k-', label='Train Set Accuracy')
plt.plot(test_acc, 'r--', label='Test Set Accuracy')
plt.title('Train and Test Accuracy')
plt.xlabel('Generation')
plt.ylabel('Accuracy')
plt.legend(loc='lower right')
plt.show()
```

다음 그림에서 학습 루프를 반복하는 동안의 학습셋, 테스트셋 정확도를 볼 수 있다. 데이터셋의 관찰 사례가 189개에 불과하고, 데이터셋을 임의로 분할해 학습셋과 테스트셋을 만들기 때문에 실행할 때마다 정확도 그래프의 모양이 달라질 수 있다.

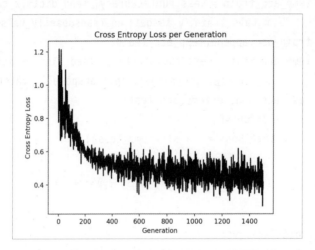

그림 11 1,500번 반복하는 동안의 교차 엔트로피 비용 함수 값 그래프

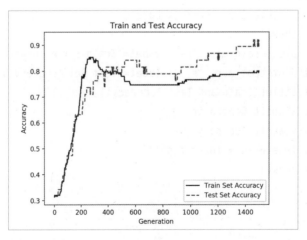

그림 12 1,500번 반복하는 동안의 테스트셋 및 학습셋 정확도 그래프

4

서포트 벡터 머신

4장에서는 서포트 벡터 머신^{SVM, Support Vector Machines}을 텐서플로에서 구현해서 사용하고 평가하는 방법에 대한 중요한 예제를 몇 가지 살펴본다. 4장에서 다루는 내용은 다음과 같다.

- 선형 SVM 구현
- 선형 회귀로 축소
- 텐서플로의 커널 함수
- 비선형 SVM 구현
- 다중 분류 SVM 구현

 앞의 로지스틱 회귀와 4장에서 다룰 대부분의 SVM은 이진 분류를 대상으로 한다. 로지스틱 회귀가 (확률적인) 거리를 최대로 하는 분리 직선을 찾는 반면, SVM은 분류 사이의 마진(margin)을 최대로 넓히면서도 오차를 최소화하는 직선을 찾으려고 한다. 일반적으로 학습 사례 수에 비해 속성 개수가 많은 경우에는 로지스틱 회귀나 선형 SVM을 먼저 시도해본다. 학습 사례 수가 많거나 선형적으로 구분이 가능하지 않은 데이터라면 가우시안 커널 함수를 추가한 SVM을 사용할 수 있다.

4장의 모든 코드 역시 다음 사이트에서 온라인으로 구할 수 있다.

https://github.com/nfmcclure/tensorflow_cookbook

▎ 소개

서포트 벡터 머신은 이진 분류 기법이다. 기본 발상은 두 분류 사이에 존재하는 선형 구분선(초평면hyperplane)을 찾는 것이다. 앞에서는 대상 값을 0과 1로 뒀는데, 이번에는 분류 대상 값이 -1과 1이라고 가정한다. 두 분류를 구분하는 직선은 무수히 많지만, 두 분류에서 가장 멀리 떨어진 구분선을 최적 선형 구분자라고 할 수 있다.

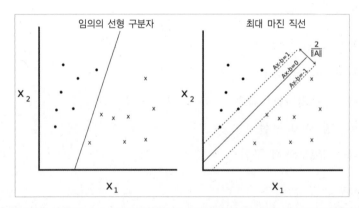

그림 1 구분 가능한 두 분류 o, x가 주어졌을 때 두 분류를 구분하는 선형 구분 방정식을 찾고자 한다. 왼쪽 그림을 보면 두 분류를 구분하는 여러 직선이 존재한다는 것을 알 수 있다. 오른쪽 그림은 분류 사이의 마진(margin, 여백)을 최대로 하는 유일한 직선을 나타낸 것이다. 마진의 폭은 2/||A||이다. A의 L2 노름 최솟값을 찾으면 이 직선을 찾을 수 있다.

초평면은 다음 방정식으로 표현할 수 있다.

$$Ax - b = 0$$

A는 기울기를 나타내는 벡터고, x는 입력 벡터다. 최대 마진의 폭은 2를 A의 L2 노름 값으로 나눈 값이 된다. 이를 증명하는 방법은 많지만, 기하학적으로 생각해보면 2차원상의 한 점에서 직선까지의 직교 거리를 구하는 상황으로 직관적으로 이해해볼 수 있다.

선형적으로 구분 가능한 이진 분류 데이터의 경우 마진을 최대화하려면 A의 L2 노름 값을 최소화해야 한다. 이 최솟값은 다음 제약도 만족해야 한다.

$$y_i\left(Ax_i - b\right) \geq 1 \forall i$$

이 제한을 만족해야만 한 분류에 속하는 모든 점이 구분선의 같은 편에 존재하게 된다.

모든 데이터셋을 선형적으로 구분할 수 있는 것은 아니기 때문에 마진 선을 넘어가는 점을 대상으로 한 비용 함수를 도입할 수 있다. n개의 데이터 지점에 대해 소프트 마진 비용 함수는 다음과 같이 정의한다.

$$\frac{1}{n}\sum_{i=1}^{n}\max\left(0, 1 - y_i\left(Ax_i - b\right)\right) + a\|A\|^2$$

데이터 점이 올바른 자리에 있으면 $y_i(Ax_i - b)$ 값은 항상 1보다 클 것이다. 그러면 비용 함수의 좌측 항이 0이 돼서 비용 함수에 영향을 미치는 부분은 마진의 크기만 남는다.

이 비용 함수를 사용하면 점이 마진 선을 넘어가는 경우를 허용하는 선형 구분 직선을 찾을 수 있다. α 값에 따라 허용하는 정도가 느슨할 수도 있고, 엄격할 수도 있다. 어쩔 수 없이 데이터가 선을 넘어가는 것은 허용하지만, α 값이 클수

록 마진의 폭이 늘어나고, 값이 작을수록 상대적으로 더 엄격한 마진을 적용하게
된다.

4장에서는 소프트 마진 SVM을 만들어보고, 이 모델을 비선형 사례나 다중 분류
작업에 확장하는 방법을 알아본다.

▌ 선형 SVM 구현

이 예제에서는 붓꽃 데이터셋에 대한 선형 구분자를 찾아본다. 앞에서 꽃받침
길이와 꽃잎 폭으로 주어진 붓꽃이 setosa 종인지 아닌지 예측하는 선형 구분자
가 존재한다는 것을 알아봤다.

준비

구분 가능한 소프트 마진 SVM을 텐서플로에서 구현하기 위해서는 다음과 같은
비용 함수를 구현해야 한다.

$$\frac{1}{n}\sum_{i=1}^{n}\max\left(0, 1 - y_i\left(Ax_i - b\right)\right) + a\left\|A\right\|^2$$

A는 기울기 벡터, b는 절편, x_i는 입력 벡터, y_i는 실제 분류 대상 값(-1 또는 1)이
고, α는 소프트 마진 구분 정도를 가리키는 규칙화 매개변수다.

예제 구현

1. 필요한 라이브러리를 로드하면서 시작한다. 붓꽃 데이터셋에 접근하기
   위해 scikit-learn 데이터셋 라이브러리를 추가한다.

```
import matplotlib.pyplot as plt
import numpy as np
import tensorflow as tf
from sklearn import datasets
```

 이번 예제를 위해 scikit-learn 패키지를 설치하려면 $pip(또는 pip3) install -U scikit-learn 명령어만 입력하면 된다. 설치 과정에서 아나콘다(Anaconda)도 같이 설치될 수 있다는 점을 알아두자.

2. 그래프 세션을 시작하고, 필요한 데이터를 로드한다. 꽃받침 길이와 꽃잎 폭에 해당하는 데이터셋의 첫 번째, 네 번째 변수를 로딩한다. setosa 종일 때는 값이 1이고, 그 외의 경우에는 값이 -1이 되게 대상 값도 로드한다.

```
sess = tf.Session()
iris = datasets.load_iris()
x_vals = np.array([[x[0], x[3]] for x in iris.data])
y_vals = np.array([1 if y == 0 else -1 for y in iris.target])
```

3. 데이터셋을 학습셋과 테스트셋으로 분할한다. 학습셋, 테스트셋 모두에 대해 정확도를 평가할 것이다. 선형적으로 구분이 가능한 데이터셋이기 때문에 둘 모두에서 100%의 정확도를 기대할 수 있다.

```
train_indices = np.random.choice(len(x_vals),
                round(len(x_vals)*0.8),
                replace=False)
test_indices = np.array(list(set(range(len(x_vals))) -
        set(train_indices)))
```

```
x_vals_train = x_vals[train_indices]
x_vals_test = x_vals[test_indices]
y_vals_train = y_vals[train_indices]
y_vals_test = y_vals[test_indices]
```

4. 일괄 작업 크기를 설정하고 플레이스홀더, 모델 변수를 선언한다. SVM 알고리즘 수렴에 도움이 되게 일괄 작업 크기를 크게 설정했다는 점을 알아두자. 일괄 작업 크기가 작으면 최대 마진 직선이 조금씩 움직일 것을 예상할 수 있다. 수렴이 진행됨에 따라 학습률의 크기를 줄이는 것이 이상적이긴 하지만, 현재로서는 이 정도로 충분하다. 꽃받침 길이와 꽃잎 폭 두 가지 예상 변수가 있기 때문에 변수 A는 2×1 형태를 갖고 있다.

```
batch_size = 100
x_data = tf.placeholder(shape=[None, 2], dtype=tf.float32)
y_target = tf.placeholder(shape=[None, 1], dtype=tf.float32)

A = tf.Variable(tf.random_normal(shape=[2, 1]))
b = tf.Variable(tf.random_normal(shape=[1, 1]))
```

5. 이제 모델 출력 값을 선언한다. 올바르게 분류된 경우라면 대상 값이 setosa일 때는 1보다 크거나 같은 값이 출력되고, 대상 값이 setosa가 아닐 때는 −1보다 작거나 같은 값이 출력될 것이다.

```
model_output = tf.subtract(tf.matmul(x_data, A), b)
```

6. 이 내용들을 조합해 최대 마진 비용 함수에 필요한 구성 요소들을 선언한다. 먼저 벡터의 L2 노름을 계산하는 함수를 선언한다. 그런 다음에 마진 매개변수 α를 추가한다. 그리고 이 두 항을 더하는 분류 비용 함수를 선언한다.

```
l2_norm = tf.reduce_sum(tf.square(A))

alpha = tf.constant([0.01])

classification_term = tf.reduce_mean(tf.maximum(0.,
        tf.subtract(1., tf.multiply(model_output, y_target))))
loss = tf.add(classification_term, tf.multiply(alpha, l2_norm))
```

7. 학습셋과 테스트셋을 대상으로 정확도를 측정하기 위해 예측 함수와 정확도 함수를 선언한다.

```
prediction = tf.sign(model_output)
accuracy = tf.reduce_mean(tf.cast(tf.equal(prediction,
        y_target), tf.float32))
```

8. 다음과 같이 최적화 함수를 선언하고 모델 변수를 초기화한다.

```
my_opt = tf.train.GradientDescentOptimizer(0.01)
train_step = my_opt.minimize(loss)

init = tf.global_variables_initializer()
sess.run(init)
```

9. 이제 학습 루프를 실행한다. 학습 도중에 비용 함수 값과 더불어 학습셋과 테스트셋 양쪽의 정확도를 기록해둬야 한다는 점을 기억하자.

```
loss_vec = []
train_accuracy = []
test_accuracy = []
for i in range(500):
    rand_index = np.random.choice(len(x_vals_train),
```

```
        size=batch_size)
rand_x = x_vals_train[rand_index]
rand_y = np.transpose([y_vals_train[rand_index]])
sess.run(train_step, feed_dict={x_data: rand_x, y_target:
    rand_y})

temp_loss = sess.run(loss, feed_dict={x_data: rand_x,
    y_target: rand_y})
loss_vec.append(temp_loss)

train_acc_temp = sess.run(accuracy, feed_dict={
    x_data: x_vals_train,
    y_target: np.transpose([y_vals_train])})
train_accuracy.append(train_acc_temp)

test_acc_temp = sess.run(accuracy, feed_dict={
    x_data: x_vals_test,
    y_target: np.transpose([y_vals_test])})
test_accuracy.append(test_acc_temp)

if (i + 1) % 100 == 0:
    print('Step #{} A = {}, b = {}'.format(
        str(i+1),
        str(sess.run(A)),
        str(sess.run(b))
    ))
    print('Loss = ' + str(temp_loss))
```

10. 스크립트는 학습 과정에서 다음과 같은 내용을 출력한다.

```
Step #100 A = [[-0.10763293]
 [-0.65735245]] b = [[-0.68752676]]
Loss = [ 0.48756418]
Step #200 A = [[-0.0650763 ]
```

```
 [-0.89443302]] b = [[-0.73912662]]
Loss = [ 0.38910741]
Step #300 A = [[-0.02090022]
 [-1.12334013]] b = [[-0.79332656]]
Loss = [ 0.28621092]
Step #400 A = [[ 0.03189624]
 [-1.34912157]] b = [[-0.8507266]]
Loss = [ 0.22397576]
Step #500 A = [[ 0.05958777]
 [-1.55989814]] b = [[-0.9000265]]
Loss = [ 0.20492229]
```

11. 결과를 그림으로 나타내려면 다음과 같이 계수를 추출하고, setosa 종
여부에 따라 x 값을 분리해야 한다.

```
[[a1], [a2]] = sess.run(A)
[[b]] = sess.run(b)
slope = -a2/a1
y_intercept = b/a1

x1_vals = [d[1] for d in x_vals]

best_fit = []
for i in x1_vals:
    best_fit.append(slope*i+y_intercept)

setosa_x = [d[1] for i, d in enumerate(x_vals) if y_vals[i] == 1]
setosa_y = [d[0] for i, d in enumerate(x_vals) if y_vals[i] == 1]
not_setosa_x = [d[1] for i, d in enumerate(x_vals) if y_vals[i]
        == -1]
not_setosa_y = [d[0] for i, d in enumerate(x_vals) if y_vals[i]
        == -1]
```

12. 다음 코드를 이용해 선형 구분자 및 정확도, 비용 함수를 그림으로 나타
낼 수 있다.

```
plt.plot(setosa_x, setosa_y, 'o', label='I. setosa')
plt.plot(not_setosa_x, not_setosa_y, 'x', label='Non-setosa')
plt.plot(x1_vals, best_fit, 'r-', label='Linear Separator',
        linewidth=3)
plt.ylim([0, 10])
plt.legend(loc='lower right')
plt.title('Sepal Length vs Petal Width')
plt.xlabel('Petal Width')
plt.ylabel('Sepal Length')
plt.show()

plt.plot(train_accuracy, 'k-', label='Training Accuracy')
plt.plot(test_accuracy, 'r--', label='Test Accuracy')
plt.title('Train and Test Set Accuracies')
plt.xlabel('Generation')
plt.ylabel('Accuracy')
plt.legend(loc='lower right')
plt.show()

plt.plot(loss_vec, 'k-')
plt.title('Loss per Generation')
plt.xlabel('Generation')
plt.ylabel('Loss')
plt.show()
```

 텐서플로를 이용해 이런 식으로 SVM 알고리즘을 구현하면 실행할 때마다 조금씩
다른 결과가 나온다. 학습셋, 테스트셋을 임의로 분할하고, 일괄 학습 대상이 되는
데이터도 임의로 선택하기 때문이다. 또한 학습이 진행됨에 따라 학습률을 조금씩
낮추는 것이 이상적인 방식이다.

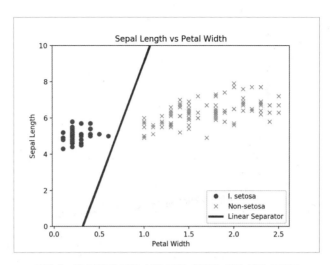

그림 2 두 분류에 대한 선형 SVM 최적화 최종 결과 그래프

선형 SVM 최적화 최종 결과는 다음 그림과 같다.

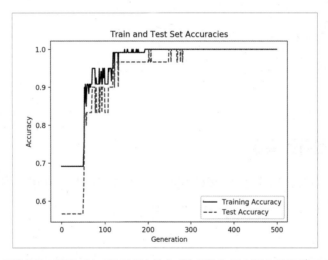

그림 3 학습 진행 중인 모델의 테스트셋 및 학습셋에 대한 정확도. 두 분류가 선형적으로 구분 가능하기 때문에 정확도가 100%에 도달한다.

학습 진행 중인 모델의 테스트셋 및 학습셋에 대한 정확도를 보면 두 분류가 선형적으로 구분 가능하기 때문에 정확도가 100%에 도달한 것을 볼 수 있다.

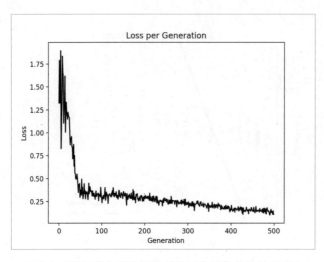

그림 4 500회 학습 과정 중의 최대 마진 비용 함수 값 그래프

예제 분석

이번 예제를 통해 최대 마진 비용 함수를 사용해 선형 SVM 모델을 구현할 수 있다는 것을 알아봤다.

▌ 선형 회귀로 축소

선형 회귀 최적화에도 서포트 벡터 머신을 사용할 수 있다. 이번 절에서는 텐서 플로로 이 작업을 어떻게 하는지 알아본다.

준비

최대 마진 개념을 선형 회귀 최적화에 그대로 적용할 수 있다. 분류 사이를 구분 하는 마진을 최대화하는 대신, 가장 많은 (x, y) 점을 포함하게 마진을 최대화한 다고 생각해보자. 이를 위해 동일한 붓꽃 데이터를 대상으로 꽃받침 길이와 꽃잎 폭의 관계를 나타내는 최적 직선 찾는 과정을 살펴본다.

이 작업을 위한 비용 함수는 $\max(0, |y_i - (Ax_i + b)| - \varepsilon)$ 꼴이 될 것이다. 여기서 ε은 마진의 폭 절반을 나타내는 값이며, 점이 이 영역 안에 포함되면 비용 함수 값은 0이 된다.

예제 구현

1. 필요한 라이브러리를 로드하고 그래프를 시작한 후 붓꽃 데이터셋을 로드한다. 비용 함수 값을 시각화하기 위해 데이터셋을 학습셋과 테스트셋으로 분할한다.

```python
import matplotlib.pyplot as plt
import numpy as np
import tensorflow as tf
from sklearn import datasets
sess = tf.Session()
iris = datasets.load_iris()
x_vals = np.array([x[3] for x in iris.data])
y_vals = np.array([y[0] for y in iris.data])
train_indices = np.random.choice(len(x_vals),
        round(len(x_vals)*0.8), replace=False)
test_indices = np.array(list(set(range(len(x_vals))) -
        set(train_indices)))
x_vals_train = x_vals[train_indices]
x_vals_test = x_vals[test_indices]
y_vals_train = y_vals[train_indices]
y_vals_test = y_vals[test_indices]
```

이번 예제에서는 데이터셋을 학습셋과 테스트셋으로 분할했다. 여기에 검증셋을 더해 세 가지로 분할하는 것도 일반적인 방식이다. 검증셋을 활용하면 모델 학습 과정에서 모델의 과다 최적화 여부를 확인할 수 있다.

2. 일괄 작업 크기 및 플레이스홀더, 변수를 선언하고, 선형 모델을 생성한다.

```
batch_size = 50

x_data = tf.placeholder(shape=[None, 1], dtype=tf.float32)
y_target = tf.placeholder(shape=[None, 1], dtype=tf.float32)

A = tf.Variable(tf.random_normal(shape=[1,1]))
b = tf.Variable(tf.random_normal(shape=[1,1]))

model_output = tf.add(tf.matmul(x_data, A), b)
```

3. 이제 비용 함수를 선언한다. 앞에서 언급했듯이 비용 함수에서 $\varepsilon=0.5$를 사용한다. ε은 비용 함수가 엄격한 마진 대신 부드러운 마진을 갖게 해 주는 요소라는 점을 기억하자.

```
epsilon = tf.constant([0.5])
loss = tf.reduce_mean(tf.maximum(0., tf.subtract(tf.abs(
        tf.subtract(model_output, y_target)), epsilon))))
```

4. 최적화 함수를 생성하고 변수를 초기화한다.

```
my_opt = tf.train.GradientDescentOptimizer(0.075)
train_step = my_opt.minimize(loss)

init = tf.global_variables_initializer()
sess.run(init)
```

5. 이제 200회의 학습을 반복하면서 그래프를 그리기 위한 학습셋과 테스트 셋의 비용 함수 값을 저장해둔다.

```
train_loss = []
test_loss = []
for i in range(200):
    rand_index = np.random.choice(len(x_vals_train),
            size=batch_size)
    rand_x = np.transpose([x_vals_train[rand_index]])
    rand_y = np.transpose([y_vals_train[rand_index]])
    sess.run(train_step, feed_dict={x_data: rand_x, y_target:
            rand_y})

    temp_train_loss = sess.run(loss, feed_dict={x_data:
            np.transpose([x_vals_train]), y_target:
            np.transpose([y_vals_train])})
    train_loss.append(temp_train_loss)

    temp_test_loss = sess.run(loss, feed_dict={x_data:
            np.transpose([x_vals_test]), y_target:
            np.transpose([y_vals_test])})
    test_loss.append(temp_test_loss)
    if (i+1)%50==0:
        print('-----------')
        print('Generation: ' + str(i+1))
        print('A = ' + str(sess.run(A)) + ' b = ' + str(sess.run(b)))
        print('Train Loss = ' + str(temp_train_loss))
        print('Test Loss = ' + str(temp_test_loss))
```

6. 다음과 같은 출력 결과를 얻게 된다.

```
Generation: 50
A = [[ 2.20651722]] b = [[ 2.71290684]]
```

```
Train Loss = 0.609453
Test Loss = 0.460152
-----------

Generation: 100
A = [[ 1.6440177]] b = [[ 3.75240564]]
Train Loss = 0.242519
Test Loss = 0.208901
-----------

Generation: 150
A = [[ 1.27711761]] b = [[ 4.3149066]]
Train Loss = 0.108192
Test Loss = 0.119284
-----------

Generation: 200
A = [[ 1.05271816]] b = [[ 4.53690529]]
Train Loss = 0.0799957
Test Loss = 0.107551
```

7. 이제 찾아낸 계수를 추출해 최적화 직선의 식을 구할 수 있다. 그래프를 그리는 데 필요한 마진 값도 구할 수 있다.

```
[[slope]] = sess.run(A)
[[y_intercept]] = sess.run(b)
[width] = sess.run(epsilon)

best_fit = []
best_fit_upper = []
best_fit_lower = []
for i in x_vals:
    best_fit.append(slope*i+y_intercept)
    best_fit_upper.append(slope*i+y_intercept+width)
    best_fit_lower.append(slope*i+y_intercept-width)
```

8. 마지막으로 다음 코드를 이용해 학습셋 및 테스트셋의 비용 함수 값 그래프, 최적화 직선 및 데이터 그래프를 그릴 수 있다.

```python
plt.plot(x_vals, y_vals, 'o', label='Data Points')
plt.plot(x_vals, best_fit, 'r-', label='SVM Regression Line',
        linewidth=3)
plt.plot(x_vals, best_fit_upper, 'r--', linewidth=2)
plt.plot(x_vals, best_fit_lower, 'r--', linewidth=2)
plt.ylim([0, 10])
plt.legend(loc='lower right')
plt.title('Sepal Length vs Petal Width')
plt.xlabel('Petal Width')
plt.ylabel('Sepal Length')
plt.show()

plt.plot(train_loss, 'k-', label='Train Set Loss')
plt.plot(test_loss, 'r--', label='Test Set Loss')
plt.title('L2 Loss per Generation')
plt.xlabel('Generation')
plt.ylabel('L2 Loss')
plt.legend(loc='upper right')
plt.show()
```

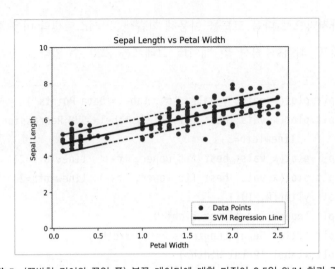

그림 5 (꽃받침 길이와 꽃잎 폭) 붓꽃 데이터에 대한 마진이 0.5인 SVM 회귀 결과

다음은 학습 반복 횟수에 따른 학습셋과 테스트셋의 비용 함수 값 그래프다.

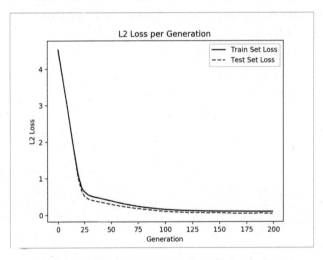

그림 6 학습셋 및 테스트셋에 대한 SVM 회귀 비용 함수 값

SVM 회귀는 직관적으로 직선의 2ε 폭의 마진 안에 가능한 한 많은 점을 포함시키는 함수를 찾는 과정이라고 생각할 수 있다. 직선 최적화 과정은 이 매개변수에 상당히 민감하다. ε을 너무 작게 잡으면 알고리즘은 마진 안에 많은 점을 넣을 수 없다. ε이 너무 크면 마진 안에 모든 데이터를 넣을 수 있는 직선이 많아진다. 마진에서 멀리 떨어진 점보다는 마진에 가까운 점이 비용 함수에 적은 영향을 미치는 것이 좋기 때문에 작은 ε 값을 더 선호한다.

▌ 텐서플로의 커널 함수

지금까지 살펴본 SVM은 선형적으로 구분 가능한 데이터를 대상으로 했다. 비선형 데이터를 구분하고자 한다면 데이터에 선형 구분자를 투사하는 방법을 바꿔야 한다. 그를 위해 SVM 비용 함수 커널을 변경하면 된다. 이 예제에서는 커널 함수를 바꾸는 방법과 이를 통해 비선형 데이터를 구분하는 방법을 소개한다.

이 예제에서 서포트 벡터 머신에 커널 함수를 추가한다. 앞의 선형 SVM 모델에서는 특정 비용 함수에 대한 소프트 마진을 구해봤다. 이 문제를 이중 최적화 문제를 푸는 방식으로 접근할 수 있다. 선형 SVM 문제를 다음 식의 이중 최적화 문제로 표현할 수 있다.

$$\max \sum_{i=1}^{n} b_i - \frac{1}{2} \sum_{i=1}^{n} \sum_{j=1}^{n} y_i b_i \left(x_i \cdot x_j \right) y_j b_j$$

자세한 조건은 다음과 같다.

$$\sum_{i=1}^{n} b_i y_i = 0 \, and \, 0 \le b_i \le \frac{1}{2ny}$$

여기서 벡터 b가 모델 변수가 된다. 이상적인 상황에서 이 벡터는 희소 벡터가 돼 데이터셋의 서포트 벡터에 대응하는 경우에만 1에서 -1 근처의 값을 갖게 된다. 벡터 x_i는 데이터 지점을 가리키며, (1 또는 -1 값을 갖는) 대상 값은 y_i로 표현한다.

위 방정식에서는 $x_i \cdot x_j$ 내적이 커널이 되며, 선형 커널로 분류된다. 이 커널은 데이터 점의 i, j항 내적 값으로 채워진 정방 행렬이다.

간단히 데이터 점의 내적을 취하는 것 말고도 선형 구분이 가능해지는 더 복잡한 고차원 커널로 확장할 수도 있다. 불필요하게 복잡해보일 수도 있지만, 다음을 만족하는 함수 k가 있다면 이 함수를 커널 함수라고 한다.

$$k\left(x_i, x_j\right) = \varphi\left(x_i\right) \cdot \varphi\left(x_j\right)$$

많이 사용하는 커널 함수로 가우시안 커널(라디안 기저 함수 커널, 또는 RBF 커널)이 있다. 이 커널은 다음 식으로 표현할 수 있다.

$$k\left(x_i, x_j\right) = e^{-y} \left\| x_i - x_j \right\|^2$$

이 커널을 이용해 p_i 점에 대한 예측을 수행한다면 다음과 같이 예측 점을 커널 식에 대입하면 된다.

$$k\left(x_i, p_j\right) = e^{-y} \left\| x_i - p_j \right\|^2$$

이번 절에서는 가우시안 커널 구현 방법에 대해 알아본다. 선형 커널을 구현하기 위해 변경해야 하는 부분들도 언급할 것이다. 선형 커널보다 가우시안 커널이 더 적절한 데이터셋을 따로 만들어 사용할 것이다.

예제 구현

1. 다음과 같이 필요한 라이브러리를 로드하고, 그래프 세션을 시작한다.

```
import matplotlib.pyplot as plt
import numpy as np
import tensorflow as tf
from sklearn import datasets
sess = tf.Session()
```

2. 이제 데이터를 생성한다. 각기 다른 분류에 속하는 두 개의 동심원 데이터를 생성한다. 분류는 -1, 1 두 가지만 존재한다. 그런 다음, 그래프에 표시할 수 있도록 각 분류에 속한 데이터의 x, y 값을 분리한다.

```
(x_vals, y_vals) = datasets.make_circles(n_samples=350,
        factor=.5, noise=.1)
y_vals = np.array([1 if y==1 else -1 for y in y_vals])
class1_x = [x[0] for i,x in enumerate(x_vals) if y_vals[i]==1]
class1_y = [x[1] for i,x in enumerate(x_vals) if y_vals[i]==1]
class2_x = [x[0] for i,x in enumerate(x_vals) if y_vals[i]==-1]
class2_y = [x[1] for i,x in enumerate(x_vals) if y_vals[i]==-1]
```

3. 일괄 작업 크기, 플레이스홀더를 선언하고, 모델 변수 b를 생성한다. SVM에서는 학습 단계마다 출렁거리지 않을 안정적인 모델을 원하기 때문에 일괄 작업 크기를 크게 하는 경향이 있다. 또한 예측 점을 위한 플레이스홀더를 추가로 두고 있다. 결과를 시각화하기 위해 모눈을 설정하고, 해당 칸이 어느 분류에 속하는지 색으로 표시할 것이다.

```
batch_size = 350
x_data = tf.placeholder(shape=[None, 2], dtype=tf.float32)
y_target = tf.placeholder(shape=[None, 1], dtype=tf.float32)
prediction_grid = tf.placeholder(shape=[None, 2],
        dtype=tf.float32)
b = tf.Variable(tf.random_normal(shape=[1,batch_size]))
```

4. 이제 가우시안 커널을 생성한다. 이 커널은 다음 행렬 연산으로 표현할
   수 있다.

```
gamma = tf.constant(-50.0)
dist = tf.reduce_sum(tf.square(x_data), 1)
dist = tf.reshape(dist, [-1,1])
sq_dists = tf.add(tf.subtract(dist, tf.multiply(2.,
        tf.matmul(x_data, tf.transpose(x_data)))),
        tf.transpose(dist))
my_kernel = tf.exp(tf.multiply(gamma, tf.abs(sq_dists)))
```

sg_dists 행의 add, subtract 연산에서 브로드캐스팅을 사용하고 있다.
선형 커널을 사용한다면 my_kernel = tf.matmul(x_data, tf.transpose(x_data))
로 바꾸면 된다.

5. 이제 앞에서 설명했던 이중 최적화 문제를 선언한다. 마지막 부분의
   tf.negative() 함수로 비용 함수 값의 부호를 바꿔 최대화 문제를 최소
   화 문제로 바꾼다.

```
first_term = tf.reduce_sum(b)
b_vec_cross = tf.matmul(tf.transpose(b), b)
y_target_cross = tf.matmul(y_target, tf.transpose(y_target))
```

```
second_term = tf.reduce_sum(tf.multiply(my_kernel,
        tf.multiply(b_vec_cross, y_target_cross)))
loss = tf.negative(tf.subtract(first_term, second_term))
```

6. 이제 prediction, accuracy 함수를 생성한다. 4단계에서 데이터 지점을
   대입하는 대신 예측 점을 커널에 대입하는 예측 커널을 생성한다. 이렇
   게 하면 모델 출력 값의 부호가 예측 값이 된다.

```
rA = tf.reshape(tf.reduce_sum(tf.square(x_data), 1),[-1,1])
rB = tf.reshape(tf.reduce_sum(tf.square(prediction_grid),
        1),[-1,1])
pred_sq_dist = tf.add(tf.subtract(rA, tf.multiply(2.,
        tf.matmul(x_data, tf.transpose(prediction_grid)))),
        tf.transpose(rB))
pred_kernel = tf.exp(tf.multiply(gamma, tf.abs(pred_sq_dist)))
prediction_output = tf.matmul(tf.multiply(tf.transpose(y_
        target),b), pred_kernel)
prediction = tf.sign(prediction_output-tf.reduce_
        mean(prediction_output))
accuracy = tf.reduce_mean(tf.cast(tf.equal(tf.
        squeeze(prediction), tf.squeeze(y_target)), tf.float32))
```

 선형 예측 커널을 구현한다면 pred_kernel = tf.matmul(x_data, tf.transpose
(prediction_grid))로 바꾸면 된다.

7. 이제 최적화 함수를 생성하고, 모든 변수를 초기화한다.

```
my_opt = tf.train.GradientDescentOptimizer(0.002)
train_step = my_opt.minimize(loss)
init = tf.global_variables_initializer()
```

```
sess.run(init)
```

8. 학습 루프를 시작한다. 매 루프마다 비용 벡터와 일괄 작업 대상에 대한 정확도를 기록한다. 정확도를 측정하기 위해서는 플레이스홀더 세 개를 채워야 하지만, 예측 값 정보를 얻기 위해 x 데이터를 두 번 투입한다.

```
loss_vec = []
batch_accuracy = []
for i in range(1000):
    rand_index = np.random.choice(len(x_vals), size=batch_size)
    rand_x = x_vals[rand_index]
    rand_y = np.transpose([y_vals[rand_index]])
    sess.run(train_step, feed_dict={x_data: rand_x, y_target:
            rand_y})
    temp_loss = sess.run(loss, feed_dict={x_data: rand_x,
            y_target: rand_y})
    loss_vec.append(temp_loss)

    acc_temp = sess.run(accuracy, feed_dict={x_data: rand_x,
                                             y_target: rand_y,
                                             prediction_grid:rand_x})
    batch_accuracy.append(acc_temp)

    if (i+1)%250==0:
        print('Step #' + str(i+1))
        print('Loss = ' + str(temp_loss))
```

9. 다음과 같은 출력 결과를 얻게 된다.

```
Step #100
Loss = -28.0772
Step #200
```

170

```
Loss = -3.3628
Step #300
Loss = -58.862
Step #400
Loss = -75.1121
Step #500
Loss = -84.8905
```

10. 전체 공간에 대한 분류 결과를 확인하기 위해 모눈 형태의 예측 점들을 만들고, 이 모든 점에 대해 예측을 수행한다.

```
x_min, x_max = x_vals[:, 0].min() - 1, x_vals[:, 0].max() + 1
y_min, y_max = x_vals[:, 1].min() - 1, x_vals[:, 1].max() + 1
xx, yy = np.meshgrid(np.arange(x_min, x_max, 0.02),
        np.arange(y_min, y_max, 0.02))
grid_points = np.c_[xx.ravel(), yy.ravel()]
[grid_predictions] = sess.run(prediction,
        feed_dict={x_data: rand_x,
        y_target: rand_y,
        prediction_grid: grid_points})
grid_predictions = grid_predictions.reshape(xx.shape)
```

11. 다음은 분류 결과, 일괄 작업 정확도, 비용 함수 값을 그리는 코드다.

```
plt.contourf(xx, yy, grid_predictions, cmap=plt.cm.Paired,
        alpha=0.8)
plt.plot(class1_x, class1_y, 'ro', label='Class 1')
plt.plot(class2_x, class2_y, 'kx', label='Class -1')
plt.title('Gaussian SVM Results')
plt.xlabel('x')
plt.ylabel('y')
plt.legend(loc='lower right')
```

```
plt.ylim([-1.5, 1.5])
plt.xlim([-1.5, 1.5])
plt.show()

plt.plot(batch_accuracy, 'k-', label='Accuracy')
plt.title('Batch Accuracy')
plt.xlabel('Generation')
plt.ylabel('Accuracy')
plt.legend(loc='lower right')
plt.show()

plt.plot(loss_vec, 'k-')
plt.title('Loss per Generation')
plt.xlabel('Generation')
plt.ylabel('Loss')
plt.show()
```

12. 여기서는 분류 결과만 표시했지만, 그래프 코드를 직접 실행해서 세 가지 정보를 모두 확인할 수 있다.

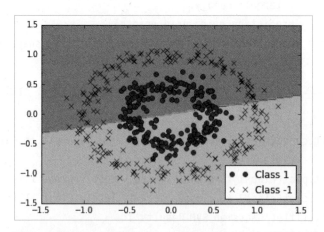

그림 7 비선형으로 구분할 수 있는 데이터에 선형 SVM을 적용한 결과

비선형으로 구분할 수 있는 데이터에 선형 SVM을 적용한 결과를 볼 수 있다.

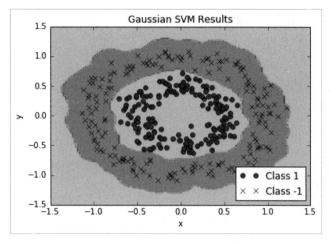

그림 8 원형 비선형 데이터에 가우시안 커널 비선형 SVM을 적용한 결과

원형으로 구분할 수 있는 비선형 데이터에 가우시안 커널을 사용한 비선형 SVM을 적용한 결과를 볼 수 있다.

예제 분석

이 예제를 통해 두 가지 중요한 사항(커널 구현 방법 및 SVM 이중 최적화 문제를 위한 비용 함수 구현)을 알아둬야 한다. 선형 커널과 가우시안 커널 구현 방법을 살펴봤고, 가우시안 커널을 이용해 비선형 데이터셋을 구분할 수 있다는 것을 알아봤다.

가우시안 커널에는 또 하나의 매개변수 gamma가 있다는 것도 알아둬야 한다. 이 매개변수는 데이터 지점이 구분 곡선에 미치는 영향도를 제어한다. 보통은 작은 값을 사용하지만, 데이터셋에 따라 적절한 값을 선택해야 한다. 교차 검증 등의 통계 기법을 통해 이 매개변수 값을 정하는 것이 이상적이다.

필요에 따라 구현할 수 있는 다양한 커널이 존재한다. 많이 사용하는 비선형 커널 몇 가지를 소개한다.

- 다항 균질 커널

$$k\left(x_i, x_j\right) = \left(x_i \cdot x_j\right)^d$$

- 다항 비균질 커널

$$k\left(x_i, x_j\right) = \left(x_i \cdot x_j + 1\right)^d$$

- 하이퍼볼릭 탄젠트 커널

$$k\left(x_i, x_j\right) = \tanh\left(ax_i \cdot x_j + k\right)$$

▌ 비선형 SVM 구현

이 예제에서는 비선형 커널을 적용해 데이터셋을 분할해본다.

이번 절에서는 앞에서 설명한 가우시안 커널 SVM을 실제 데이터를 대상으로 구현해본다. 붓꽃 데이터셋을 로드하고, setosa 종(비setosa 종과 구분하는) 분류기를 만들어본다. 분류 과정에서 gamma 값이 미치는 영향도 살펴본다.

1. 붓꽃 데이터셋 로드에 사용하는 scikit-learn 데이터셋을 비롯한 필요 라이브러리를 로드하고, 그래프 세션을 시작한다.

```python
import matplotlib.pyplot as plt
import numpy as np
import tensorflow as tf
from sklearn import datasets
sess = tf.Session()
```

2. 붓꽃 데이터를 로드하고 꽃받침 길이와 꽃잎 폭 데이터를 추출한 후 (그래프에 표시할 수 있게) 각 분류에 속한 데이터의 x, y 값을 분리한다.

```python
iris = datasets.load_iris()
x_vals = np.array([[x[0], x[3]] for x in iris.data])
y_vals = np.array([1 if y==0 else -1 for y in iris.target])
class1_x = [x[0] for i,x in enumerate(x_vals) if y_vals[i]==1]
class1_y = [x[1] for i,x in enumerate(x_vals) if y_vals[i]==1]
class2_x = [x[0] for i,x in enumerate(x_vals) if y_vals[i]==-1]
class2_y = [x[1] for i,x in enumerate(x_vals) if y_vals[i]==-1]
```

3. 일괄 작업 크기를 선언하고(큰 값을 더 선호한다) 플레이스홀더, 모델 변수 b를 선언한다.

```python
batch_size = 150
x_data = tf.placeholder(shape=[None, 2], dtype=tf.float32)
y_target = tf.placeholder(shape=[None, 1], dtype=tf.float32)
prediction_grid = tf.placeholder(shape=[None, 2],
      dtype=tf.float32)
b = tf.Variable(tf.random_normal(shape=[1,batch_size]))
```

4. 그런 후 가우시안 커널을 선언한다. 이 커널은 gamma 값을 갖고 있는데, 예제 뒷부분에서 다양한 gamma 값이 분류에 미치는 영향을 살펴본다.

```
gamma = tf.constant(-100.0)
sq_dists = tf.multiply(2., tf.matmul(x_data,
        tf.transpose(x_data)))
my_kernel = tf.exp(tf.multiply(gamma, tf.abs(sq_dists)))
```

이제 이중 최적화 문제의 비용을 계산한다.

```
first_term = tf.reduce_sum(b)
b_vec_cross = tf.matmul(tf.transpose(b), b)
y_target_cross = tf.matmul(y_target, tf.transpose(y_target))
second_term = tf.reduce_sum(tf.multiply(my_kernel,
        tf.multiply(b_vec_cross, y_target_cross)))
loss = tf.negative(tf.subtract(first_term, second_term))
```

5. SVM을 통해 예측을 수행하기 위해 예측 커널 함수를 만든다. 정확도 계산도 필요한데, 간단히 올바르게 분류된 지점의 백분율을 구하면 된다.

```
rA = tf.reshape(tf.reduce_sum(tf.square(x_data), 1),[-1,1])
rB = tf.reshape(tf.reduce_sum(tf.square(prediction_grid),
        1),[-1,1])
pred_sq_dist = tf.add(tf.subtract(rA, tf.multiply(2.,
        tf.matmul(x_data, tf.transpose(prediction_grid)))),
        tf.transpose(rB))
pred_kernel = tf.exp(tf.multiply(gamma, tf.abs(pred_sq_dist)))

prediction_output = tf.matmul(tf.multiply(tf.transpose(y_
        target),b), pred_kernel)
prediction = tf.sign(prediction_output-tf.reduce_
```

```
        mean(prediction_output))
    accuracy = tf.reduce_mean(tf.cast(tf.equal(tf.
        squeeze(prediction), tf.squeeze(y_target)), tf.float32))
```

6. 그런 후 최적화 함수를 선언하고 변수를 초기화한다.

```
my_opt = tf.train.GradientDescentOptimizer(0.01)
train_step = my_opt.minimize(loss)

init = tf.global_variables_initializer()
sess.run(init)
```

7. 이제 학습 루프를 시작한다. 루프를 300회 반복하면서 비용 함수 값과 일괄 작업 대상 데이터 정확도를 기록해둔다.

```
loss_vec = []
batch_accuracy = []
for i in range(300):
    rand_index = np.random.choice(len(x_vals), size=batch_size)
    rand_x = x_vals[rand_index]
    rand_y = np.transpose([y_vals[rand_index]])
    sess.run(train_step, feed_dict={x_data: rand_x, y_target:
            rand_y})
    temp_loss = sess.run(loss, feed_dict={x_data: rand_x,
            y_target: rand_y})
    loss_vec.append(temp_loss)

    acc_temp = sess.run(accuracy, feed_dict={x_data: rand_x,
                                             y_target: rand_y,
                                             prediction_grid:rand_x})
    batch_accuracy.append(acc_temp)

    if (i+1)%75==0:
```

```
print('Step #' + str(i+1))
print('Loss = ' + str(temp_loss))
```

8. 결정 경계를 그리기 위해 모눈 형태의 x, y 점들을 만들고, 이 모든 점에 대해 예측을 수행한다.

```
x_min, x_max = x_vals[:, 0].min() - 1, x_vals[:, 0].max() + 1
y_min, y_max = x_vals[:, 1].min() - 1, x_vals[:, 1].max() + 1
xx, yy = np.meshgrid(np.arange(x_min, x_max, 0.02),
        np.arange(y_min, y_max, 0.02))
grid_points = np.c_[xx.ravel(), yy.ravel()]
[grid_predictions] = sess.run(prediction,
        feed_dict={x_data: rand_x,
            y_target: rand_y,
            prediction_grid: grid_points})
grid_predictions = grid_predictions.reshape(xx.shape)
```

9. 여기서는 결정 경계와 데이터 지점을 그리는 방법만 살펴본다. gamma 값의 효과를 그림으로 알아보는 것은 이 예제의 다음 절을 참고하자.

```
plt.contourf(xx, yy, grid_predictions, cmap=plt.cm.Paired,
        alpha=0.8)
plt.plot(class1_x, class1_y, 'ro', label='I. setosa')
plt.plot(class2_x, class2_y, 'kx', label='Non setosa')
plt.title('Gaussian SVM Results on Iris Data')
plt.xlabel('Petal Length')
plt.ylabel('Sepal Width')
plt.legend(loc='lower right')
plt.ylim([-0.5, 3.0])
plt.xlim([3.5, 8.5])
plt.show()
```

다음은 네 가지 gamma 값(1, 10, 25, 100)에 대한 setosa 종 분류 결과를 나타낸 것이다. gamma 값이 커짐에 따라 데이터 지점이 분류 경계에 미치는 효과가 더 커지는 것을 볼 수 있다.

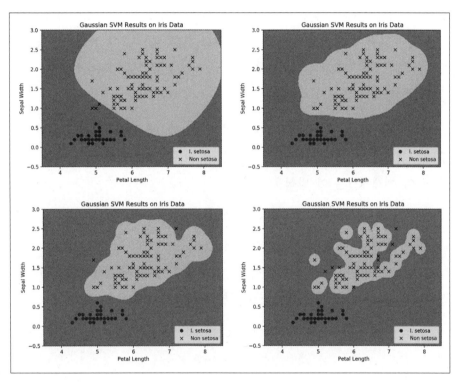

그림 9 네 가지 gamma 값(1, 10, 25, 100)의 가우시안 커널 SVM을 사용한 setosa 종 분류 결과

▌다중 분류 SVM 구현

SVM을 이용해 둘 이상의 분류를 구분하는 것도 가능하다. 이 예제에서는 붓꽃 데이터셋의 세 가지 종을 분류하는 다중 분류 SVM을 만들어본다.

SVM 알고리즘은 이진 분류기로 설계돼 있다. 하지만 몇 가지 기법을 사용하면 다중 분류에 적용할 수 있다. 두 가지 주요한 기법으로 일대다 기법과 일대일 기법이 있다.

일대일 기법은 가능한 분류 쌍 모두에 대해 이진 분류기를 만드는 방식이다. 가장 많은 표를 받은 분류가 어떤 점에 대한 분류 예측 값이 된다. 이 방식을 사용할 경우 k가지 분류가 있다면 $k!/(k-2)!2!$개의 분류기를 만들어야 하므로 계산양이 지나치게 많아질 수 있다.

또 다른 다중 분류 기법으로 일대다 기법이 있는데, 분류별로 하나씩 분류기를 만드는 것이다. SVM 마진이 가장 큰 분류가 어떤 점에 대한 분류 예측 값이 된다. 이 예제에서는 이 방식을 구현한다.

여기서는 붓꽃 데이터셋을 로드하고, 가우시안 커널 비선형 SVM을 이용해 다중 분류를 수행한다. 붓꽃 데이터셋에는 세 가지 종(setosa, virginica, versicolor)이 들어 있기 때문에 이번 예제를 진행하는 데 이상적이다. 각 분류별로 가우시안 커널 SVM을 만들고, 마진 값이 가장 큰 분류를 예측 값으로 할 것이다.

1. 먼저 필요한 라이브러리를 로드하고, 그래프를 시작한다.

```
import matplotlib.pyplot as plt
import numpy as np
import tensorflow as tf
from sklearn import datasets
sess = tf.Session()
```

2. 붓꽃 데이터셋을 로드하고 각 분류에 따라 대상을 구분한다. 분류 결과를 그래프로 표현할 수 있게 꽃받침 길이와 꽃잎 폭 두 가지 속성만 사용한다. 또한 끝부분의 그래프에 표시하기 위해 데이터의 x, y 값을 분리한다.

```python
iris = datasets.load_iris()
x_vals = np.array([[x[0], x[3]] for x in iris.data])
y_vals1 = np.array([1 if y==0 else -1 for y in iris.target])
y_vals2 = np.array([1 if y==1 else -1 for y in iris.target])
y_vals3 = np.array([1 if y==2 else -1 for y in iris.target])
y_vals = np.array([y_vals1, y_vals2, y_vals3])
class1_x = [x[0] for i,x in enumerate(x_vals) if
        iris.target[i]==0]
class1_y = [x[1] for i,x in enumerate(x_vals) if
        iris.target[i]==0]
class2_x = [x[0] for i,x in enumerate(x_vals) if
        iris.target[i]==1]
class2_y = [x[1] for i,x in enumerate(x_vals) if
        iris.target[i]==1]
class3_x = [x[0] for i,x in enumerate(x_vals) if
        iris.target[i]==2]
class3_y = [x[1] for i,x in enumerate(x_vals) if
        iris.target[i]==2]
```

3. 비선형 SVM 구현 예제와 비교했을 때 이번 예제에서 가장 크게 바뀌는 부분은 차원 부분이다(이번에는 세 개의 분류기가 존재한다). 세 개의 SVM을 한 번에 처리하기 위해 행렬 브로드캐스팅과 형태 조절 기법을 사용할 것이다. 모든 작업을 동시에 처리하기 위해 플레이스홀더 y_target의 차원은 [3, None]이 됐고, 모델 변수 b의 차원은 [3, batch_size]로 조정됐다.

```
batch_size = 50

x_data = tf.placeholder(shape=[None, 2], dtype=tf.float32)
y_target = tf.placeholder(shape=[3, None], dtype=tf.float32)
prediction_grid = tf.placeholder(shape=[None, 2],
        dtype=tf.float32)

b = tf.Variable(tf.random_normal(shape=[3,batch_size]))
```

4. 가우시안 커널을 계산한다. 이 커널은 x 값만 사용하기 때문에 앞의 예제
   와 동일하다.

```
gamma = tf.constant(-10.0)
dist = tf.reduce_sum(tf.square(x_data), 1)
dist = tf.reshape(dist, [-1,1])
sq_dists = tf.multiply(2., tf.matmul(x_data,
        tf.transpose(x_data)))
my_kernel = tf.exp(tf.multiply(gamma, tf.abs(sq_dists)))
```

5. 크게 바뀌는 점 하나는 행렬 곱셈을 일괄적으로 하는 것이다. 행렬을
   3차원 형태로 처리하면서 세 번째 인덱스를 통해 행렬 곱셈을 브로드캐
   스팅하면 좋을 것이다. 원 데이터와 대상 행렬은 이렇게 처리할 수 있는
   상태가 아니다. 차원이 추가된 상태에서 $x^T x$ 같은 연산을 처리하기 위해
   행렬을 확장하고 행렬 형태를 조정한 후 추가된 차원을 활용해 텐서플로
   의 batch_matmul을 호출하는 함수를 만들어 둔다.

```
def reshape_matmul(mat, _size):
    v1 = tf.expand_dims(mat, 1)
    v2 = tf.reshape(v1, [3, _size, 1])
    return tf.matmul(v2, v1)
```

6. 만든 함수들을 이용해 다음과 같이 이중 비용 함수 값을 계산할 수 있다.

```
first_term = tf.reduce_sum(b)
b_vec_cross = tf.matmul(tf.transpose(b), b)
y_target_cross = reshare_matmul(y_target, batch_size)

second_term = tf.reduce_sum(tf.multiply(my_kernel,
        tf.multiply(b_vec_cross, y_target_cross)),[1,2])
loss = tf.reduce_sum(tf.negative(tf.subtract(first_term,
        second_term)))
```

7. 이제 예측 커널을 만들 수 있다. reduce_sum 함수를 사용할 때는 텐서플로가 두 번째 인자의 모든 값을 더해 세 SVM 예측 값을 모두 합쳐버리는 일이 벌어지지 않게 조심해야 한다.

```
rA = tf.reshape(tf.reduce_sum(tf.square(x_data), 1),[-1,1])
rB = tf.reshape(tf.reduce_sum(tf.square(prediction_grid),
        1),[-1,1])
pred_sq_dist = tf.add(tf.subtract(rA, tf.multiply(2.,
        tf.matmul(x_data, tf.transpose(prediction_grid)))),
        tf.transpose(rB))
pred_kernel = tf.exp(tf.multiply(gamma, tf.abs(pred_sq_dist)))
```

8. 예측 커널을 만들고 나면 예측을 수행할 수 있다. 여기서 크게 바뀌는 부분은 결과 값의 부호가 예측 값이 되지 않는다는 점이다. 일대다 방식을 사용하므로 결과 값이 가장 큰 분류가 예측 값이 된다. 이 작업을 위해 텐서플로의 argmax() 내장 함수를 사용한다.

```
prediction_output = tf.matmul(tf.multiply(y_target,b),
        pred_kernel)
```

```
prediction = tf.arg_max(prediction_output-tf.expand_
        dims(tf.reduce_mean(prediction_output,1), 1), 0)
accuracy = tf.reduce_mean(tf.cast(tf.equal(prediction,
        tf.argmax(y_target,0)), tf.float32))
```

9. 이제 커널 함수, 비용 함수, 예측 함수가 준비됐으니 최적화 함수를 선언
   하고 변수 초기화만 하면 된다.

```
my_opt = tf.train.GradientDescentOptimizer(0.01)
train_step = my_opt.minimize(loss)
init = tf.global_variables_initializer()
sess.run(init)
```

10. 이 알고리즘은 비교적 빠르게 수렴하기 때문에 100회 이상 학습 루프를
    실행할 필요는 없다.

```
loss_vec = []
batch_accuracy = []
for i in range(100):
    rand_index = np.random.choice(len(x_vals), size=batch_size)
    rand_x = x_vals[rand_index]
    rand_y = y_vals[:,rand_index]
    sess.run(train_step, feed_dict={x_data: rand_x, y_target:
            rand_y})
    temp_loss = sess.run(loss, feed_dict={x_data: rand_x,
            y_target: rand_y})
    loss_vec.append(temp_loss)

    acc_temp = sess.run(accuracy, feed_dict={x_data: rand_x,
                                y_target: rand_y,
                                prediction_grid:rand_x})
    batch_accuracy.append(acc_temp)
```

```
    if (i+1)%25==0:
        print('Step #' + str(i+1))
        print('Loss = ' + str(temp_loss))

Step #25
Loss = -2.8951
Step #50
Loss = -27.9612
Step #75
Loss = -26.896
Step #100
Loss = -30.2325
```

11. 이제 모눈 형태의 예측 점들을 만들고, 이 모든 점에 대해 예측을 수행한다.

```
x_min, x_max = x_vals[:, 0].min() - 1, x_vals[:, 0].max() + 1
y_min, y_max = x_vals[:, 1].min() - 1, x_vals[:, 1].max() + 1

xx, yy = np.meshgrid(np.arange(x_min, x_max, 0.02),
        np.arange(y_min, y_max, 0.02))

grid_points = np.c_[xx.ravel(), yy.ravel()]

grid_predictions = sess.run(prediction,
        feed_dict={x_data: rand_x,
            y_target: rand_y,
            prediction_grid: grid_points})

grid_predictions = grid_predictions.reshape(xx.shape)
```

12. 다음은 예측 결과, 일괄 작업 정확도, 비용 함수 값을 그리는 코드다. 여기서는 예측 결과만 간결하게 표시할 것이다.

```python
plt.contourf(xx, yy, grid_predictions, cmap=plt.cm.Paired,
        alpha=0.8)

plt.plot(class1_x, class1_y, 'ro', label='I. setosa')
plt.plot(class2_x, class2_y, 'kx', label='I. versicolor')
plt.plot(class3_x, class3_y, 'gv', label='I. virginica')
plt.title('Gaussian SVM Results on Iris Data')

plt.xlabel('Petal Length')
plt.ylabel('Sepal Width')
plt.legend(loc='lower right')
plt.ylim([-0.5, 3.0])
plt.xlim([3.5, 8.5])
plt.show()

plt.plot(batch_accuracy, 'k-', label='Accuracy')
plt.title('Batch Accuracy')
plt.xlabel('Generation')
plt.ylabel('Accuracy')
plt.legend(loc='lower right')
plt.show()

plt.plot(loss_vec, 'k-')
plt.title('Loss per Generation')
plt.xlabel('Generation')
plt.ylabel('Loss')
plt.show()
```

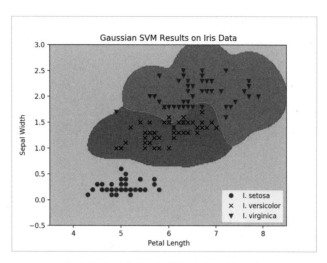

그림 10 gamma=10일 때 붓꽃 데이터셋에 대한 비선형 가우시안 SVM 다중 분류 결과

예제 분석

이 예제에서 알아둘 중요한 점은 세 개의 SVM 모델을 동시에 최적화하기 위한 알고리즘 수정 방법이다. 세 모델을 고려할 수 있게 모델 매개변수 b에 차원이 추가됐다. 텐서플로에 내장돼 있는 추가 차원 처리 기능 덕분에 알고리즘을 여러 유사 알고리즘으로 비교적 쉽게 확장할 수 있다는 것을 볼 수 있었다.

5장에서는 최근접 이웃 알고리즘 및 이 알고리즘을 텐서플로에서 구현하는 방법을 다룬다. 최근접 이웃 알고리즘 소개부터 시작해서 다양한 구현 형태를 알아본 후 주소 매칭과 이미지 인식 사례를 살펴보며 마무리한다. 5장에서 다루는 내용은 다음과 같다.

- 최근접 이웃 알고리즘
- 문자 기반 거리
- 혼합 거리 함수 계산
- 주소 매칭 사례
- 최근접 이웃 알고리즘을 이용한 이미지 인식

모든 코드는 다음 온라인 주소에서 얻을 수 있다.

https://github.com/nfmcclure/tensorflow_cookbook

▌ 소개

최근접 이웃 알고리즘은 간단한 발상에 기반을 둔다. 학습셋을 모델로 간주하고 새로운 점이 기존 학습셋의 점들과 얼마나 가까운지에 따라 예측을 한다. 가장 단순한 방법은 가장 가까이에 있는 학습셋의 분류를 예측 값으로 사용하는 것이다. 하지만 데이터셋에는 어느 정도 잡음성 데이터가 들어가게 마련이기 때문에 가장 가까운 학습셋 데이터 k개(k 근접 이웃)의 가중 평균값을 사용하는 것이 일반적이다. 이런 방식을 k 근접 이웃 알고리즘^{k-NN, k-nearest neighbor}이라고 한다.

학습 데이터셋 $(x_1, x_2, \ldots, x_n)$과 이에 해당하는 대상 값 $(y_1, y_2, \ldots, y_n)$이 주어졌을 때 새로운 점 z에 대한 예측 값은 가장 가까운 학습 데이터셋을 이용해 구할 수 있다. 구체적인 예측 방식은 (연속적 대상 값 y_i에 대해) 회귀를 하는지, (이산적 대상 값 y_i에 대해) 분류를 하는지에 따라 달라진다.

이산적 분류 대상 값이라면 새로운 예측 점과의 거리에 따른 가중 투표 방식에 따라 예측 값이 정해진다.

$$f(z) = \max_j \sum_{i=1}^{k} \varphi(d_{ij}) I_{ij}$$

이 식에서 예측 값 $f(z)$는 모든 j가지 분류 중에 가중 거리 합이 최대인 분류가 되며, 함수 $\varphi(d_{ij})$는 예측 점과 학습 점 i까지의 가중거리를 나타내고, I_{ij}는 학습 점 i가 분류 j에 속하는지를 표시한다.

연속적 회귀 대상 값이라면 새로운 예측 점과 근처 가까운 k개 점과의 가중 평균이 예측 값이 된다.

- $f(z) = \frac{1}{k} \sum_{i=1}^{k} \varphi(d_i)$

예측 값이 어떤 거리 함수 d를 선택하느냐에 따라 크게 달라질 것이라는 점은 분명하다.

일반적으로 사용하는 거리 함수는 L1, L2 거리 함수다.

- $d_{L1}(x_i, x_j) = |x_i - x_j| = |x_{i1} - x_{j1}| + |x_{i2} - x_{j2}| + \cdots$

- $d_{L2}(x_i, x_j) = \|x_i - x_j\| = \sqrt{(x_{i1} - x_{j1})^2 + (x_{i2} - x_{j2})^2 + \cdots}$

이것 외에도 다양한 거리 함수를 사용할 수 있다. 5장에서는 L1, L2 거리 함수 외에 편집 거리, 문자 거리에 대해서도 알아본다.

거리 함수의 가중 방식도 선택해야 한다. 직관적인 방식은 거리 자체를 가중치로 사용하는 것이다. 예측 점에서 먼 점들은 가까운 점보다 영향을 덜 줘야 한다. 가장 일반적인 가중 방식은 거리의 역수로 정규화하는 것이다. 다음 예제에서 이 방식을 사용한다.

 k-NN은 병합 방식이라는 점을 알아두자. 이웃에 대한 가중 평균을 계산해 회귀를 수행한다. 이 때문에 예측 값은 실제 대상 값 분포보다 덜 극단적이고, 덜 퍼져있게 된다. 이 효과의 정도는 알고리즘이 고려하는 대상 이웃의 수인 k 값에 따라 정해진다.

▌ 최근접 이웃 알고리즘

최근접 이웃 알고리즘을 이용한 주택 가격 예측 모델로 시작해보자. 이 모델은 연속적 속성으로 연속적 대상 값을 예측하므로, 최근접 이웃 모델을 적용해보기 좋은 사례다.

텐서플로에서 최근접 이웃 알고리즘으로 예측하는 방법을 설명하기 위해 보스턴 주택 데이터셋을 사용한다. 몇 가지 속성의 함수로 이웃 주택 가격의 중앙값을 예측해 본다.

학습셋 자체를 학습된 모델로 간주하기 때문에 예측 점에 대한 k 근접 이웃[k-NN]을 찾은 후 대상 값의 가중 평균을 구한다.

예제 구현

1. 먼저 필요한 라이브러리를 로드하고 그래프 세션을 시작한다. 보스턴 주택 데이터셋을 UCI 머신 러닝 자료실에서 받아오기 위해 requests 모듈을 사용한다.

```python
import matplotlib.pyplot as plt
import numpy as np
import tensorflow as tf
import requests
sess = tf.Session()
```

2. requests 모듈을 이용해 데이터를 로드한다.

```python
housing_url = 'https://archive.ics.uci.edu/ml/machine-learning-
        databases/housing/housing.data'
housing_header = ['CRIM', 'ZN', 'INDUS', 'CHAS', 'NOX', 'RM',
        'AGE', 'DIS', 'RAD', 'TAX', 'PTRATIO', 'B', 'LSTAT', 'MEDV']
cols_used = ['CRIM', 'INDUS', 'NOX', 'RM', 'AGE', 'DIS', 'TAX',
        'PTRATIO', 'B', 'LSTAT']
num_features = len(cols_used)
```

```
housing_file = requests.get(housing_url)
housing_data = [[float(x) for x in y.split(' ') if len(x)>=1] for
        y in housing_file.text.split('\n') if len(y)>=1]
```

3. 데이터를 독립 속성과 종속 속성으로 분리한다. 주택 그룹의 중앙값인 마지막 MEDV 변수 값을 예측 대상으로 할 것이다. 이진 속성 ZN, CHAS, RAD, 그리고 정보가 부족한 속성들은 사용하지 않는다.

```
y_vals = np.transpose([np.array([y[13] for y in housing_data])])
x_vals = np.array([[x for i,x in enumerate(y) if housing_header[i]
        in cols_used] for y in housing_data])

x_vals = (x_vals - x_vals.min(0)) / x_vals.ptp(0)
```

4. 이제 x, y 값을 학습셋과 테스트셋으로 분할한다. 80% 정도를 임의로 선택해 학습셋을 만들고, 나머지 20%는 테스트셋으로 둔다.

```
train_indices = np.random.choice(len(x_vals),
round(len(x_vals)*0.8), replace=False)
test_indices = np.array(list(set(range(len(x_vals))) -
        set(train_indices)))
x_vals_train = x_vals[train_indices]
x_vals_test = x_vals[test_indices]
y_vals_train = y_vals[train_indices]
y_vals_test = y_vals[test_indices]
```

5. k 값 및 일괄 작업 크기를 선언한다.

```
k = 4
batch_size=len(x_vals_test)
```

6. 그런 다음에 플레이스홀더를 선언한다. 학습셋 자체로 모델이 결정되기 때문에 학습할 모델 변수가 없다는 점을 알아두자.

```
x_data_train = tf.placeholder(shape=[None, num_features],
        dtype=tf.float32)
x_data_test = tf.placeholder(shape=[None, num_features],
        dtype=tf.float32)
y_target_train = tf.placeholder(shape=[None, 1],
        dtype=tf.float32)
y_target_test = tf.placeholder(shape=[None, 1],
        dtype=tf.float32)
```

7. 학습 데이터셋에 대한 거리 함수를 생성한다. 다음은 L1 거리 함수를 사용하는 경우다.

```
distance = tf.reduce_sum(tf.abs(tf.subtract(x_data_train,
tf.expand_dims(x_data_test,1))), axis=2)
```

L2 거리 함수도 사용할 수 있다. 거리 함수를 다음과 같이 변경하면 된다.
```
distance = tf.sqrt(tf.reduce_sum(tf.square(tf.subtract(x_data_train,
tf.expand_dims(x_data_test,1))), reduction_indices=1))
```

8. 이제 예측 함수를 생성한다. 이를 위해 텐서에서 가장 큰 값을 가진 위치와 값을 반환하는 top_k() 함수를 사용한다. 거리 값이 가장 작은 위치를 찾아야 하므로, 거리 값에 음수를 취하고 가장 큰 값 k개를 찾는다. 예측 값과 대상 값에 대한 평균 제곱 오차[MSE, mean squared error]도 선언한다.

```
top_k_xvals, top_k_indices = tf.nn.top_k(tf.negative(distance),
    k=k)
x_sums = tf.expand_dims(tf.reduce_sum(top_k_xvals, 1),1)
x_sums_repeated = tf.matmul(x_sums,tf.ones([1, k], tf.float32))
x_val_weights = tf.expand_dims(tf.div(top_k_xvals,x_
    sums_repeated), 1)

top_k_yvals = tf.gather(y_target_train, top_k_indices)
prediction = tf.squeeze(tf.matmul(x_val_weights,top_k_yvals),
    axis=[1])

mse = tf.div(tf.reduce_sum(tf.square(tf.subtract(prediction,
    y_target_test))), batch_size)
```

9. 테스트한다.

```
num_loops = int(np.ceil(len(x_vals_test)/batch_size))

for i in range(num_loops):
  min_index = i*batch_size
  max_index = min((i+1)*batch_size,len(x_vals_train))
  x_batch = x_vals_test[min_index:max_index]
  y_batch = y_vals_test[min_index:max_index]
  predictions = sess.run(prediction, feed_dict={x_data_train:
      x_vals_train, x_data_test: x_batch,
      y_target_train: y_vals_train, y_target_test: y_batch})
  batch_mse = sess.run(mse, feed_dict={x_data_train:
      x_vals_train, x_data_test: x_batch,
      y_target_train: y_vals_train, y_target_test: y_batch})

  print('Batch #' + str(i+1) + ' MSE: ' +
        str(np.round(batch_mse,3)))

Batch #1 MSE: 14.38
```

10. 또한 대상 값의 실제 히스토그램을 예측 값 히스토그램과 비교해볼 수 있다. 이를 살펴보는 이유는, 평균을 사용하는 방식으로는 극단적인 위치에 있는 값을 예상하는 데 어려움이 있을 수 있다는 사실을 실제 확인해보기 위함이다.

```
bins = np.linspace(5, 50, 45)

plt.hist(predictions, bins, alpha=0.5, label='Prediction')
plt.hist(y_batch, bins, alpha=0.5, label='Actual')
plt.title('Histogram of Predicted and Actual Values')
plt.xlabel('Med Home Value in $1,000s')
plt.ylabel('Frequency')
plt.legend(loc='upper right')
plt.show()
```

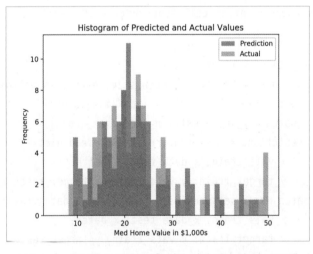

그림 1 (k=4일 때) k-NN의 예측 값과 실제 대상 값 히스토그램

11. 어려운 일 한 가지는 최적의 k 값을 정하는 것이다. 앞의 예측 모델과 그림에서는 k=4를 사용했다. 이 값이 가장 작은 평균 제곱 오차를 나타냈기 때문에 이 값을 선택했다. 교차 검증을 통해 이 내용을 확인할 수

196

있다. 여러 가지 k 값에 대해 교차 검증을 진행해 보면 k=4일 때 평균 제곱 오차가 최소가 되는 것을 확인할 수 있다. 다음 그림에서 이 내용을 확인할 수 있다. 더 많은 이웃을 대상으로 평균을 낼수록 예측 값의 분산이 줄어든다는 사실을 확인하기 위해 예측 값의 분산을 그려보는 것도 해볼 만하다.

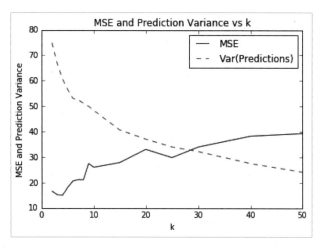

그림 2 여러 k 값에 따른 k-NN 예측의 평균 제곱 오차. 테스트셋에 대한 예측 값의 분산도 함께 표시돼 있다. k 값이 커짐에 따라 분산이 줄어드는 것을 볼 수 있다.

예제 분석

최근접 이웃 알고리즘에서는 학습셋이 모델이다. 따라서 모델 변수 학습은 불필요하다. 유일한 매개변수 k는 교차 검증을 통해 평균 제곱 오차를 최소화하는 값으로 정한다.

부연 설명

k-NN을 사용할 때 거리를 바로 가중치에 반영했다. 가중치를 다른 방식으로

반영할 수도 있다. 많이 사용하는 다른 방법으로 거리 제곱의 역수를 가중치로 사용하는 방법이 있다.

▋ 문자 기반 거리

최근접 이웃 알고리즘은 숫자 이상의 것도 다룰 수 있을 만큼 다재다능하다. 속성 사이의 거리를 측정할 방법만 있다면 최근접 이웃 알고리즘을 사용할 수 있다. 이 예제에서는 텐서플로의 문자 거리 측정 방법을 소개한다.

준비

이 예제에서는 텐서플로에서 문자열 사이의 거리 함수인 레벤슈타인 거리 Levenshtein distance(편집 거리)를 사용하는 방법을 살펴본다. 문자 속성을 포함하게 최근접 이웃 알고리즘을 확장하는 5장의 뒤쪽 예제에서 이 함수의 중요성이 커 진다.

레벤슈타인 거리는 한 문자열로 다른 문자열을 얻기 위한 최소 편집 횟수를 의미 한다. 편집이란 문자를 삽입하거나 삭제하는 것, 다른 문자로 바꾸는 것을 의미 한다. 이 예제에서는 텐서플로의 레벤슈타인 거리 함수인 edit_distance()를 사용한다. 이후 예제들에서 이 함수를 사용할 것이기 때문에 사용법을 알아둘 필요 가 있다.

 텐서플로의 edit_distance() 함수는 희소 텐서만 입력 받는다. 문자열을 개별 문 자로 구성된 희소 텐서로 변환해야 한다.

198

1. 먼저 텐서플로를 로드하고 그래프를 초기화한다.

```
import tensorflow as tf

sess = tf.Session()
```

2. 이제 두 단어 'bear'와 'beer' 사이의 편집 거리 계산 방법을 살펴보자. 먼저 파이썬 list() 함수를 사용해 문자열에서 문자 리스트를 만든다. 그런 다음에 이 리스트를 3차원 희소 행렬로 바꾼다. 문자의 행렬상 위치, 행렬의 형태, 해당 위치의 문자 등을 텐서플로에 알려줘야 한다. 그 후 전체 편집 거리를 사용할 것인지(normalize=False), 두 번째 단어의 길이로 나눈 정규화 편집 거리를 사용할 것인지(normalize=True)를 지정할 수 있다.

 텐서플로 문서에서는 두 문자열을 가설(hypothesis)과 실측 정보(ground truth)로 간주한다. 이 책에서도 그 표기법을 따라 각 텐서를 h와 t로 표기한다.

```
hypothesis = list('bear')
truth = list('beers')
h1 = tf.SparseTensor([[0,0,0], [0,0,1], [0,0,2], [0,0,3]],
                     hypothesis, [1,1,1])
t1 = tf.SparseTensor([[0,0,0], [0,0,1], [0,0,2], [0,0,3],
      [0,0,4]], truth, [1,1,1])

print(sess.run(tf.edit_distance(h1, t1, normalize=False)))
```

3. 출력 결과는 다음과 같다.

```
[[ 2.]]
```

 SparseTensorValue( ) 함수는 텐서플로에서 희소 텐서를 생성하는 함수다. 텐서 안에 값이 존재하는 위치, 존재하는 값들, 생성하려는 희소 텐서의 형태를 함수 인자로 입력한다.

4. 다음으로 두 단어 bear와 beer를 beers와 비교하는 방법을 설명한다. 이 작업을 하려면 beers 단어를 복제해서 비교하는 단어 개수를 맞춰야 한다.

```
hypothesis2 = list('bearbeer')
truth2 = list('beersbeers')
h2 = tf.SparseTensor([[0,0,0], [0,0,1], [0,0,2], [0,0,3],
        [0,1,0], [0,1,1], [0,1,2], [0,1,3]], hypothesis2, [1,2,4])
t2 = tf.SparseTensor([[0,0,0], [0,0,1], [0,0,2], [0,0,3],
        [0,0,4], [0,1,0], [0,1,1], [0,1,2], [0,1,3], [0,1,4]],
        truth2, [1,2,5])

print(sess.run(tf.edit_distance(h2, t2, normalize=True)))
```

5. 출력 결과는 다음과 같다.

```
[[ 0.40000001  0.2      ]]
```

6. 단어 집합을 단어와 비교하는 좀 더 효율적인 방법을 알아보자. 먼저 가설 문자열과 실측 문자열 모두에 대한 문자 리스트와 색인을 생성해두는 방법이다.

```
hypothesis_words = ['bear','bar','tensor','flow']
truth_word = ['beers']

num_h_words = len(hypothesis_words)
h_indices = [[xi, 0, yi] for xi,x in enumerate(hypothesis_words)
        for yi,y in enumerate(x)]
h_chars = list(''.join(hypothesis_words))

h3 = tf.SparseTensor(h_indices, h_chars, [num_h_words,1,1])

truth_word_vec = truth_word*num_h_words
t_indices = [[xi, 0, yi] for xi,x in enumerate(truth_word_vec) for
        yi,y in enumerate(x)]
t_chars = list(''.join(truth_word_vec))

t3 = tf.SparseTensor(t_indices, t_chars, [num_h_words,1,1])

print(sess.run(tf.edit_distance(h3, t3, normalize=True)))
```

7. 출력 결과는 다음과 같다.

```
[[ 0.40000001]
 [ 0.60000002]
 [ 1.         ]
 [ 1.         ]]
```

8. 이번에는 플레이스홀더를 이용해 두 단어 목록 사이의 편집 거리 계산
   방법을 알아본다. 희소 텐서 대신 SparseTensorValue() 함수를 투입한다
   는 것을 제외하면 개념은 동일하다. 단어 목록에 해당하는 희소 텐서를
   생성하는 함수를 만들어 사용한다.

```
def create_sparse_vec(word_list):
    num_words = len(word_list)
```

```
        indices = [[xi, 0, yi] for xi,x in enumerate(word_list) for yi,y
            in enumerate(x)]
        chars = list(''.join(word_list))
        return(tf.SparseTensorValue(indices, chars, [num_words,1,1]))

    hyp_string_sparse = create_sparse_vec(hypothesis_words)
    truth_string_sparse = create_sparse_vec(truth_word*
        len(hypothesis_words))

    hyp_input = tf.sparse_placeholder(dtype=tf.string)
    truth_input = tf.sparse_placeholder(dtype=tf.string)

    edit_distances = tf.edit_distance(hyp_input, truth_input,
        normalize=True)
    feed_dict = {hyp_input: hyp_string_sparse, truth_input:
        truth_string_sparse}

    print(sess.run(edit_distances, feed_dict=feed_dict))
```

9. 출력 결과는 다음과 같다.

```
[[ 0.40000001]
 [ 0.60000002]
 [ 1.        ]
 [ 1.        ]]
```

예제 분석

이 예제를 통해 텐서플로에서 문자 거리를 측정하는 방법 몇 가지를 살펴봤다. 이 방법들은 문자 속성을 가진 데이터셋에 최근접 이웃 알고리즘을 적용할 때 유용하게 쓸 수 있다. 사용 방법에 대해서는 5장의 뒤에 나오는 주소 매칭 부분에서 자세히 살펴본다.

다른 문자 거리 함수들도 알아둘 필요가 있다. 다음 표는 두 문자열 s1, s2에 대한 다양한 문자 거리 함수에 대한 설명이다.

이름	설명	식
해밍 거리 (Hamming distance)	같은 위치에 동일한 문자가 존재하는 횟수. 두 문자열의 길이가 같을 때만 의미가 있다.	$D(s_1, s_2) = \sum_i I_i$, I는 문자가 동일한지를 표시하는 함수다.
코사인 거리 (cosine distance)	k그램 차의 내적을 k그램 차의 L2 노름 값으로 나눈 값이다.	$D(s_1, s_2) = 1 - \dfrac{k(s_1) \cdot k(s_2)}{\|k(s_1)\|\|k(s_2)\|}$
자카드 거리 (Jaccard distance)	두 문자열에서 공통으로 존재하는 문자의 개수를 두 문자열에 존재하는 모든 문자의 개수로 나눈 값이다.	$D(s_1, s_2) = \dfrac{\|s_1 \cap s_2\|}{\|s_1 \cup s_2\|}$

▌ 혼합 거리 함수 계산

여러 가지 속성을 가진 관찰 데이터를 다룰 때는 여러 속성의 단위를 조절할 필요가 있을 수 있다는 점을 주의해야 한다. 이번 예제는 이런 사항을 고려하도록 주택 가격 예측 모델을 개선한다.

준비

다른 단위를 가진 변수들을 고려할 수 있게 최근접 이웃 알고리즘을 확장하는 것은 중요하다. 이 예제에서는 여러 변수의 거리 함수를 조절하는 방법을 알아본다. 구체적으로 속성 분산 값에 따라 거리 함수를 조절할 것이다.

거리 함수를 가중하는 핵심 방식은 가중 행렬을 사용하는 것이다. 행렬 연산을 이용해 거리 함수를 표기하면 다음 식과 같다.

$$D(x, y) = \sqrt{(x - y)^T A (x - y)}$$

이 식에서 A는 속성의 거리 함수 조절에 사용하는 대각 가중 행렬을 뜻한다.

이번 예제에서 보스턴 주택 가격 데이터셋의 평균 제곱 오차를 개선하고자 한다. 이 데이터셋은 속성별로 다른 단위를 사용하는 데이터가 들어 있는 좋은 예제며, 거리 함수의 크기 조절을 통해 최근접 이웃 알고리즘에 도움을 얻을 수 있다.

예제 구현

1. 먼저 필요한 라이브러리를 로드하고 그래프 세션을 시작한다.

```
import matplotlib.pyplot as plt
import numpy as np
import tensorflow as tf
import requests
sess = tf.Session()
```

2. 그런 다음에 데이터를 로드해 numpy 배열에 저장한다. 이번에도 특정 열의 데이터만 사용해 예측한다는 점을 알아두자. id 변수나 분산 값이 너무 낮은 변수들을 사용하지 않는다.

```
housing_url = 'https://archive.ics.uci.edu/ml/machine-learning-
        databases/housing/housing.data'
housing_header = ['CRIM', 'ZN', 'INDUS', 'CHAS', 'NOX', 'RM',
        'AGE', 'DIS', 'RAD', 'TAX', 'PTRATIO', 'B', 'LSTAT', 'MEDV']
cols_used = ['CRIM', 'INDUS', 'NOX', 'RM', 'AGE', 'DIS', 'TAX',
```

```
                     'PTRATIO', 'B', 'LSTAT']
num_features = len(cols_used)
housing_file = requests.get(housing_url)
housing_data = [[float(x) for x in y.split(' ') if len(x)>=1] for
        y in housing_file.text.split('\n') if len(y)>=1]

y_vals = np.transpose([np.array([y[13] for y in housing_data])])
x_vals = np.array([[x for i,x in enumerate(y) if housing_header[i]
        in cols_used] for y in housing_data])
```

3. 최소-최대 범위 변환을 이용해 x 값이 0과 1 사이에 오도록 조절한다.

```
x_vals = (x_vals - x_vals.min(0)) / x_vals.ptp(0)
```

4. 속성 표준 편차를 바탕으로 거리 함수 크기를 조절할 대각 가중 행렬을
   생성한다.

```
weight_diagonal = x_vals.std(0)
weight_matrix = tf.cast(tf.diag(weight_diagonal),
        dtype=tf.float32)
```

5. 이제 데이터를 학습셋과 테스트셋으로 분할한다. 최근접 이웃의 개수인
   k도 선언하고, 일괄 작업 크기를 테스트셋과 동일하게 선언한다.

```
train_indices = np.random.choice(len(x_vals),
        round(len(x_vals)*0.8), replace=False)
test_indices = np.array(list(set(range(len(x_vals))) -
        set(train_indices)))
x_vals_train = x_vals[train_indices]
x_vals_test = x_vals[test_indices]
y_vals_train = y_vals[train_indices]
```

```
y_vals_test = y_vals[test_indices]
k = 4
batch_size=len(x_vals_test)
```

6. 다음으로 필요한 플레이스홀더들을 선언한다. 학습셋과 테스트셋, 두 데이터셋을 위한 입력 값 x, 대상 값 y 플레이스홀더를 둔다.

```
x_data_train = tf.placeholder(shape=[None, num_features],
    dtype=tf.float32)
x_data_test = tf.placeholder(shape=[None, num_features],
    dtype=tf.float32)
y_target_train = tf.placeholder(shape=[None, 1],
    dtype=tf.float32)
y_target_test = tf.placeholder(shape=[None, 1],
    dtype=tf.float32)
```

7. 이제 거리 함수를 선언한다. 알아보기 쉽게 거리 함수를 구성 요소별로 나눠 작성한다. 일괄 작업 크기에 맞게 가중 행렬을 늘어놓고 batch_matmul() 함수를 이용해 전체 일괄 작업 데이터에 대한 행렬 곱셈을 수행한다.

```
subtraction_term = tf.subtract(x_data_train,
    tf.expand_dims(x_data_test,1))
first_product = tf.matmul(subtraction_term,
    tf.tile(tf.expand_dims(weight_matrix,0), [batch_size,1,1]))
second_product = tf.matmul(first_product,
    tf.transpose(subtraction_term, perm=[0,2,1]))
distance = tf.sqrt(tf.matrix_diag_part(second_product))
```

8. 테스트 지점의 학습 거리를 계산한 후 상위 k-NN을 반환해야 한다. top_k( ) 함수를 사용해 이 작업을 할 수 있다. 이 함수는 값이 가장 큰 사례를 반환하지만, 지금은 거리가 가장 작은 사례가 필요하므로 거리 값에 음수를 취해 가장 큰 값을 찾는다. 그런 다음에 상위 k개 이웃 사례의 가중 평균 거리를 예측 값으로 사용한다.

```
top_k_xvals, top_k_indices = tf.nn.top_k(tf.negative(distance),
    k=k)
x_sums = tf.expand_dims(tf.reduce_sum(top_k_xvals, 1),1)
x_sums_repeated = tf.matmul(x_sums,tf.ones([1, k], tf.float32))
x_val_weights = tf.expand_dims(tf.div(top_k_xvals,x_
    sums_repeated), 1)

top_k_yvals = tf.gather(y_target_train, top_k_indices)
prediction = tf.squeeze(tf.matmul(x_val_weights,top_k_yvals),
    axis=[1])
```

9. 모델을 평가하기 위해 예측 값에 대한 평균 제곱 오차를 계산한다.

```
mse = tf.div(tf.reduce_sum(tf.square(tf.subtract(prediction,
    y_target_test))), batch_size)
```

10. 이제 일괄 테스트 작업 루프를 실행하고, 각각에 대한 평균 제곱 오차를 계산할 수 있다.

```
num_loops = int(np.ceil(len(x_vals_test)/batch_size))

for i in range(num_loops):
    min_index = i*batch_size
    max_index = min((i+1)*batch_size,len(x_vals_train))
    x_batch = x_vals_test[min_index:max_index]
```

```
y_batch = y_vals_test[min_index:max_index]
predictions = sess.run(prediction, feed_dict={x_data_train:
        x_vals_train, x_data_test: x_batch,
        y_target_train: y_vals_train, y_target_test: y_batch})
batch_mse = sess.run(mse, feed_dict={x_data_train:
        x_vals_train, x_data_test: x_batch,
        y_target_train: y_vals_train, y_target_test: y_batch})

print('Batch #' + str(i+1) + ' MSE: ' +
        str(np.round(batch_mse,3)))
```

11. 출력 결과는 다음과 같다.

```
Batch #1 MSE: 18.847
```

12. 마지막으로 다음 코드를 이용해 실제 테스트셋의 주택 가격 분포와 예측 가격 분포를 그려 비교할 수 있다.

```
bins = np.linspace(5, 50, 45)

plt.hist(predictions, bins, alpha=0.5, label='Prediction')
plt.hist(y_batch, bins, alpha=0.5, label='Actual')
plt.title('Histogram of Predicted and Actual Values')
plt.xlabel('Med Home Value in $1,000s')
plt.ylabel('Frequency')
plt.legend(loc='upper right')
plt.show()
```

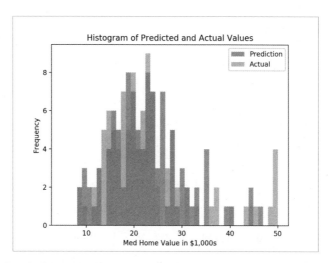

그림 3 보스턴 주택 데이터셋의 실제 주택 가격과 예측 가격 히스토그램. 거리 함수를 속성별로 다르게 조절했다.

예제 분석

속성별로 거리 함수 크기를 다르게 조절하는 방식으로 테스트셋에 대한 평균 제곱 오차를 줄여봤다. 속성의 표준 편차를 기준으로 거리 함수를 조절했다. 이를 통해 어떤 점이 가장 가까운 이웃인지 좀 더 정확하게 측정할 수 있다. 또한 상위 k 이웃에 대한 가중 평균을 주택 가격 예측을 위한 거리 함수로 사용할 수 있다.

부연 설명

최근접 이웃 거리 계산 과정에서 거리 조절 인수를 통해 거리 값을 가중하거나 가감할 수 있다. 특정 속성을 다른 속성들보다 더 신뢰하거나 덜 신뢰하는 상황에서 이 조절 인수를 유용하게 사용할 수 있다.

주소 매칭 사례

이제 숫자 거리 및 문자 거리 측정 방식을 마련했으니 이를 조합해서 숫자 속성과 문자 속성 모두를 가진 관찰 사례의 거리 측정 방법을 알아보자.

최근접 이웃 알고리즘은 주소 매칭 작업에 사용하기에 아주 좋은 알고리즘이다. 주소 매칭은 데이터셋에 들어 있는 여러 주소들을 매치시키는 레코드 매칭의 한 유형이다. 주소 매칭 데이터셋에는 같은 주소를 가리키지만 주소, 도시 이름, 우편번호 등에 오타가 있는 데이터가 있을 수 있다. 주소를 구성하는 숫자나 문자 등의 구성 요소를 대상으로 최근접 이웃 알고리즘을 사용하면 실제로 같은 장소를 가리키는 주소들을 식별하는 데 도움을 받을 수 있다.

이 예제는 도로 주소와 우편번호로 구성된 두 데이터셋을 생성한다. 그러나 한 데이터셋의 도로 주소에는 오타가 많다. 오타가 있는 도로 주소에 대한 문자 거리와 우편번호에 대한 숫자 거리로 함수를 구성해서 오타가 없는 데이터가 들어 있는 최적 표준에서 가장 가까운 주소를 반환하기로 한다.

코드의 앞부분에서는 두 데이터셋 생성에 집중한다. 테스트셋을 대상으로 실행되는 뒷부분은 학습셋에서 가장 유사한 주소를 반환한다.

1. 먼저 필요한 라이브러리를 로드한다.

```
import random
import string
import numpy as np
```

```
import tensorflow as tf
```

2. 이제 표준 데이터셋을 생성한다. 간략히 출력하기 위해 10개 주소로만 데이터셋을 구성할 것이다(물론 더 많은 데이터를 대상으로 실행해도 된다).

```
n = 10
street_names = ['abbey', 'baker', 'canal', 'donner', 'elm']
street_types = ['rd', 'st', 'ln', 'pass', 'ave']
rand_zips = [random.randint(65000,65999) for i in range(5)]
numbers = [random.randint(1, 9999) for i in range(n)]
streets = [random.choice(street_names) for i in range(n)]
street_suffs = [random.choice(street_types) for i in range(n)]
zips = [random.choice(rand_zips) for i in range(n)]
full_streets = [str(x) + ' ' + y + ' ' + z for x,y,z in zip(numbers,
        streets, street_suffs)]
reference_data = [list(x) for x in zip(full_streets,zips)]
```

3. 테스트셋을 생성하기 위해 문자열에 임의로 오타를 생성하고 그 결과를 반환하는 함수가 필요하다.

```
def create_typo(s, prob=0.75):
    if random.uniform(0,1) < prob:
        rand_ind = random.choice(range(len(s)))
        s_list = list(s)
        s_list[rand_ind]=random.choice(string.ascii_lowercase)
        s = ''.join(s_list)
    return(s)
typo_streets = [create_typo(x) for x in streets]
typo_full_streets = [str(x) + ' ' + y + ' ' + z for x,y,z in
        zip(numbers, typo_streets, street_suffs)]
test_data = [list(x) for x in zip(typo_full_streets,zips)]
```

4. 이제 그래프 세션을 초기화하고, 필요한 플레이스홀더를 선언한다. 테스트셋과 표준 셋을 위한 플레이스홀더, 주소 및 우편번호를 위한 플레이스홀더, 총 네 개가 필요하다.

```
sess = tf.Session()
test_address = tf.sparse_placeholder( dtype=tf.string)
test_zip = tf.placeholder(shape=[None, 1], dtype=tf.float32)
ref_address = tf.sparse_placeholder(dtype=tf.string)
ref_zip = tf.placeholder(shape=[None, n], dtype=tf.float32)
```

5. 이제 우편번호를 위한 숫자 거리와 주소를 위한 문자열 편집 거리를 선언한다.

```
zip_dist = tf.square(tf.subtract(ref_zip, test_zip))
address_dist = tf.edit_distance(test_address, ref_address,
        normalize=True)
```

6. 이제 우편번호 거리와 주소 거리를 유사도로 변환한다. 두 입력이 정확히 같으면 유사도 값은 1이 되고, 전혀 다르면 유사도 값은 0에 가깝다. 우편번호 거리의 경우 거리 최댓값에서 현재 거리를 빼고, 거리 값이 분포하는 범위로 나누면 이를 만족하는 유사도 값을 얻을 수 있다. 주소 거리 값은 이미 0과 1 사이의 값으로 조절돼 있기 때문에 1에서 이 값을 빼면 유사도 값을 얻을 수 있다.

```
zip_max = tf.gather(tf.squeeze(zip_dist), tf.argmax(zip_dist, 1))
zip_min = tf.gather(tf.squeeze(zip_dist), tf.argmin(zip_dist, 1))
zip_sim = tf.div(tf.subtract(zip_max, zip_dist),
        tf.subtract(zip_max, zip_min))
address_sim = tf.subtract(1., address_dist)
```

7. 두 유사도 값의 가중 평균을 취해 두 값을 결합할 수 있다. 이 예제에서는 주소 거리와 우편번호 거리에 동일한 가중치를 둔다. 속성별로 신뢰도가 다르면 가중치를 다르게 할 수 있다. 표준 셋과의 유사도를 계산한 후 유사도가 가장 높은 사례를 반환한다.

```
address_weight = 0.5
zip_weight = 1. - address_weight
weighted_sim = tf.add(tf.transpose(tf.multiply(address_weight,
        address_sim)), tf.multiply(zip_weight, zip_sim))
top_match_index = tf.argmax(weighted_sim, 1)
```

8. 텐서플로에서 편집 거리를 사용하기 위해서는 주소 문자열을 희소 벡터로 변환해야 한다. 앞의 문자 기반 거리 예제에서 만들었던 다음 함수를 이번 예제에서도 사용한다.

```
def sparse_from_word_vec(word_vec):
    num_words = len(word_vec)
    indices = [[xi, 0, yi] for xi,x in enumerate(word_vec) for yi,y
            in enumerate(x)]
    chars = list(''.join(word_vec))
    return(tf.SparseTensorValue(indices, chars, [num_words,1,1]))
```

9. 테스트셋 루프를 돌릴 때 플레이스홀더에 투입할 주소와 우편번호를 표준 데이터셋에서 분리해 둘 필요가 있다.

```
reference_addresses = [x[0] for x in reference_data]
reference_zips = np.array([[x[1] for x in reference_data]])
```

10. 8단계에서 생성했던 함수를 이용해, 표준 주소에 대한 희소 텐서 집합을 생성한다.

```
sparse_ref_set = sparse_from_word_vec(reference_addresses)
```

11. 이제 테스트셋을 대상으로 루프를 돌려 표준 셋에서 가장 가까운 사례를 찾을 수 있다. 테스트셋과 표준 셋의 해당 사례를 출력해본다. 생성한 데이터셋에 대해 훌륭한 결과가 나오는 것을 볼 수 있다.

```
for i in range(n):
    test_address_entry = test_data[i][0]
    test_zip_entry = [[test_data[i][1]]]

    # Create sparse address vectors
    test_address_repeated = [test_address_entry] * n
    sparse_test_set = sparse_from_word_vec(test_address_repeated)

    feeddict={test_address: sparse_test_set,
              test_zip: test_zip_entry,
              ref_address: sparse_ref_set,
              ref_zip: reference_zips}
    best_match = sess.run(top_match_index, feed_dict=feeddict)
    best_street = reference_addresses[best_match[0]]
    [best_zip] = reference_zips[0][best_match]
    [[test_zip_]] = test_zip_entry
    print('Address: ' + str(test_address_entry) + ', ' +
          str(test_zip_))
    print('Match  : ' + str(best_street) + ', ' + str(best_zip))
```

12. 출력 결과는 다음과 같다.

```
Address: 2308 bakar rd, 65480
Match  : 2308 baker rd, 65480
Address: 709 bakeo pass, 65480
Match  : 709 baker pass, 65480
Address: 2273 glm ln, 65782
Match  : 2273 elm ln, 65782
Address: 1843 donner st, 65402
Match  : 1843 donner st, 65402
Address: 8769 klm st, 65402
Match  : 8769 elm st, 65402
Address: 3798 dpnner ln, 65012
Match  : 3798 donner ln, 65012
Address: 2288 bajer pass, 65012
Match  : 2288 baker pass, 65012
Address: 2416 epm ln, 65480
Match  : 2416 elm ln, 65480
Address: 543 abgey ave, 65115
Match  : 543 abbey ave, 65115
Address: 994 abbey st, 65480
Match  : 994 abbey st, 65480
```

예제 분석

이런 주소 매칭 문제에서 어려운 점 중 하나는 가중치의 값을 어떻게 결정해서 거리를 조절할 것인가 하는 점이다. 이를 위해서는 데이터에 대한 탐색과 통찰이 필요할 수 있다. 그리고 주소를 다룰 때는 여기서 언급한 것 외에도 여러 요소를 고려해야 한다. 도로 이름과 도로 번호를 별도의 구성 요소로 취급할 수도 있고, 시도 이름 같은 요소에도 비슷한 문제가 있을 수 있다. 숫자로 표현된 구성 요소를 다룰 때는 (숫자 거리를 이용해) 숫자로 처리할 수도 있고, (편집 거리를 이용해) 문자로 취급할 수도 있다. 어떤 선택을 할 것인지는 작업자에게 달려 있다. 우편 번호의 오류도 컴퓨터의 처리 오류 같은 문제가 아니라 사람의 실수에 의해 발생한 것으로 본다면 우편번호에도 편집 거리를 사용할 수 있다.

오타가 결과에 얼마나 영향을 미치는지 감을 잡아 보기 위해 독자들이 직접 오타 함수를 변경해 더 많은 오타를 더 빈번하게 발생시키고, 데이터셋의 크기를 키워서 알고리즘이 얼마나 잘 동작하는지 확인해보길 권한다.

▌ 최근접 이웃 알고리즘을 이용한 이미지 인식

준비

이미지 인식에도 최근접 이웃 알고리즘을 사용할 수 있다. 이미지 인식에 대해 기초가 되는 데이터셋은 MNIST 필기 숫자 데이터셋이다. 5장의 뒤에서 나오는 다양한 신경망 이미지 알고리즘에서 이 데이터셋을 사용하므로, 이번 예제의 비신경망 알고리즘 결과와 비교해보면 재미있을 것이다.

MNIST 숫자 데이터셋은 28×28 픽셀 크기의 표기된 수천 개 이미지로 구성돼 있다. 작은 이미지로 생각할 수도 있겠지만, 이 정도만으로도 최근접 이웃 알고리즘에서 사용할 수 있는 784개의 점(또는 속성)이 들어 있는 셈이다. k 근접 이웃 중(여기서는 k=4를 사용)에 가장 빈도가 높은 값을 분류 문제에 대한 예측 값으로 사용할 것이다.

예제 구현

1. 필요한 라이브러리를 로드하면서 시작한다. 예측 결과 표본을 그리기 위해 파이썬 이미지 라이브러리^{PIL, Python Image Library}도 로드한다. 텐서플로에는 MNIST 데이터셋 로드 기능이 내장돼 있다.

```
import random
import numpy as np
import tensorflow as tf
import matplotlib.pyplot as plt
from PIL import Image
from tensorflow.examples.tutorials.mnist import input_data
```

2. 이제 그래프 세션을 시작하고, 원핫 인코딩 형태로 MNIST 데이터를 로드한다.

```
sess = tf.Session()
mnist = input_data.read_data_sets("MNIST_data/", one_hot=True)
```

 원핫 인코딩은 분류 값을 숫자 계산에 적합하게 표현하는 방법이다. 이 예에는 (숫자 0에서 9까지) 10 가지 분류가 있는데, 이 분류를 0과 1로 구성된 길이 10인 벡터로 표현한다. 예를 들어 분류 값 0은 벡터 1,0,0,0,0,0,0,0,0,0로 표기하고, 분류 값 1은 벡터 0,1,0,0,0,0,0,0,0,0으로 표기한다.

3. MNIST 데이터셋은 아주 크고, 수만 개 이미지에서 784개 속성 사이의 거리를 계산하는 것은 너무 버거운 일이므로, 일부 이미지 집합을 추려 이를 대상으로 학습한다. 그리고 마지막 일괄 작업 대상 6개 이미지를 화면에 표시해 보기 위해 테스트셋 숫자를 6의 배수로 설정해본다.

```
train_size = 1000
test_size = 102
rand_train_indices = np.random.choice(len(mnist.train.images),
        train_size, replace=False)
rand_test_indices = np.random.choice(len(mnist.test.images),
        test_size, replace=False)
```

```
x_vals_train = mnist.train.images[rand_train_indices]
x_vals_test = mnist.test.images[rand_test_indices]
y_vals_train = mnist.train.labels[rand_train_indices]
y_vals_test = mnist.test.labels[rand_test_indices]
```

4. k 값과 일괄 작업 크기를 선언한다.

```
k = 4
batch_size=6
```

5. 이제 그래프에 투입할 플레이스홀더를 초기화한다.

```
x_data_train = tf.placeholder(shape=[None, 784], dtype=tf.float32)
x_data_test = tf.placeholder(shape=[None, 784], dtype=tf.float32)
y_target_train = tf.placeholder(shape=[None, 10], dtype=tf.
    float32)
y_target_test = tf.placeholder(shape=[None, 10], dtype=tf.float32)
```

6. 거리 함수를 선언한다. 이번에는 L1 거리(절댓값) 함수를 사용한다.

```
distance = tf.reduce_sum(tf.abs(tf.subtract(x_data_train,
    tf.expand_dims(x_data_test,1))), axis=2)
```

다음 코드를 대신 사용해 L2 거리 함수를 사용할 수도 있다.

```
distance = tf.sqrt(tf.reduce_sum(tf.square(tf.subtract(x_data_train,
tf.expand_dims(x_data_test,1))), reduction_indices=1))
```

7. 이제 가장 가까운 이미지 k개를 찾고 최빈값을 예측 값으로 뽑는다. 대상
값이 원핫 인코딩 형태로 표시돼 있으므로, 벡터의 원소 중 가장 값이

큰 위치가 최빈값을 뜻하게 된다.

```
top_k_xvals, top_k_indices = tf.nn.top_k(tf.negative(distance), k=k)
prediction_indices = tf.gather(y_target_train, top_k_indices)
count_of_predictions = tf.reduce_sum(prediction_indices,
        axis=1)
prediction = tf.argmax(count_of_predictions, axis=1)
```

8. 이제 테스트셋에 대해 루프를 실행해서 예측 값을 계산하고 저장한다.

```
num_loops = int(np.ceil(len(x_vals_test)/batch_size))
test_output = []
actual_vals = []
for i in range(num_loops):
    min_index = i*batch_size
    max_index = min((i+1)*batch_size,len(x_vals_train))
    x_batch = x_vals_test[min_index:max_index]
    y_batch = y_vals_test[min_index:max_index]
    predictions = sess.run(prediction, feed_dict={x_data_train:
            x_vals_train, x_data_test: x_batch,
            y_target_train: y_vals_train, y_target_test: y_batch})
    test_output.extend(predictions)
    actual_vals.extend(np.argmax(y_batch, axis=1))
```

9. 실제 값과 예측 결과를 저장했으니 정확도를 계산할 수 있다. 테스트셋과 학습셋을 임의로 추출하기 때문에 실행할 때마다 정확도 값이 바뀔 수 있지만, 대략 80%에서 90% 정도의 정확도가 나올 것이다.

```
accuracy = sum([1./test_size for i in range(test_size) if
        test_output[i]==actual_vals[i]])
print('Accuracy on test set: ' + str(accuracy))
```

```
Accuracy on test set: 0.8823529411764696
```

10. 다음은 마지막 일괄 작업 대상의 결과를 그리는 코드다.

```
actuals = np.argmax(y_batch, axis=1)
Nrows = 2
Ncols = 3
for i in range(len(actuals)):
    plt.subplot(Nrows, Ncols, i+1)
    plt.imshow(np.reshape(x_batch[i], [28,28]), cmap='Greys_r')
    plt.title('Actual: ' + str(actuals[i]) + ' Pred: ' +
            str(predictions[i]), fontsize=10)
    frame = plt.gca()
    frame.axes.get_xaxis().set_visible(False)
    frame.axes.get_yaxis().set_visible(False)
plt.show()
```

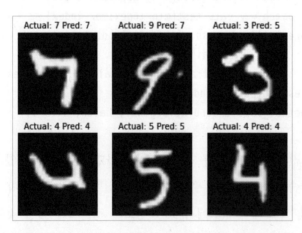

그림 4 마지막 일괄 작업 이미지 6개에 대한 최근접 이웃 예측 결과. 모든 이미지에 대해 정답은 얻지 못한 것을 볼 수 있다.

예제 분석

계산을 위한 시간과 자원이 충분히 주어진다면 더 큰 테스트셋과 학습셋을 사용할 수 있다. 이렇게 하면 정확도가 더 올라갈 수 있을 것이고, 과다 최적화도 막을 수 있을 것이다. 또한 이상적인 k 값을 선택하기 위해서는 더 많은 실험이 필요하다. 데이터셋을 대상으로 여러 차례 교차 검증 테스트를 해서 k 값을 정할 수 있다.

부연 설명

사용자가 입력한 본 적 없는 숫자를 평가하는 데도 최근접 이웃 알고리즘을 사용할 수 있다. 이 모델을 이용해 사용자의 입력 숫자를 평가하는 방법에 대해서는 온라인 저장소를 참고하자.

https://github.com/nfmcclure/tensorflow_cookbook

5장에서 k-NN 알고리즘을 회귀 모델과 분류 모델에 사용하는 방법을 알아봤다. 다양한 거리 함수의 사용법과 조합 방법에 대해 이야기했다. 모델의 정확도를 최적화하기 위해 독자들이 직접 다양한 거리 함수, 가중치, k 값들을 실험해보길 권한다.

6

신경망

6장에서는 신경망을 소개하고, 텐서플로의 신경망 구현 방법을 소개한다. 이후의 장들이 대부분 신경망을 다루기 때문에 텐서플로의 신경망 사용법을 알아두는 것은 아주 중요하다. 6장에서는 신경망의 기본 개념 소개부터 시작해서 다층신경망 구축까지 알아본다. 마지막 절에서는 틱택토^{Tic Tac Toe} 게임 방법을 학습하는 신경망을 만들어본다.

6장에서 다루는 내용은 다음과 같다.

- 연산 게이트 구현
- 게이트와 활성화 함수
- 단층 신경망 구현
- 다양한 계층 구현
- 다층 신경망 사용
- 선형 모델 예측 개선

- 틱택토 게임 방법 학습

모든 코드는 다음 온라인 주소에서 얻을 수 있다.

https://github.com/nfmcclure/tensorflow_cookbook

▎ 소개

신경망은 현재 이미지 및 음성 인식, 필기 인식, 문서 이해, 이미지 분할, 대화 시스템, 자동 주행 등과 같은 작업에서 기록을 깨고 있다. 이후의 장들에서 언급하는 작업 중 일부를 다루겠지만, 우선 쉽게 구현할 수 있는 머신 러닝 알고리즘으로 신경망을 소개하고, 나중에 이를 확장하자.

신경망 개념은 수십 년 전에 나왔다. 그러나 연산 처리 능력 발전, 알고리즘 효율 개선, 가용 데이터량 증가 등으로 대규모 신경망을 학습시킬 수 있는 자원이 이제야 확보됐기 때문에 컴퓨터적으로 최근에야 주목을 끌기 시작했다.

신경망은 기본적으로 입력 데이터 행렬에 순차적으로 연산을 적용한다. 덧셈 및 곱셈 연산들을 적용한 후 비선형 함수를 적용하는 것이 일반적이다. 비슷한 경우로 3장의 마지막 절에서 '로지스틱 회귀'를 이미 살펴본 적이 있다. 로지스틱 회귀는 기울기 속성의 곱을 더한 값에 비선형 함수인 시그모이드 함수를 적용한다. 신경망은 절댓값, 최댓값, 최솟값 등의 비선형 함수와 연산들을 조합할 수 있게 이를 좀 더 일반화한 것이다.

신경망에서 중요한 기법은 역전파backpropagation다. 역전파는 학습률 및 비용 함수 결과 값에 따라 모델 변수를 갱신해주는 기법이다. 3장, 4장에서 이미 역전파를 이용해 모델 변수를 갱신했다.

신경망에서 주목해야 할 또 하나의 중요한 특성은 비선형 활성화 함수다. 신경망

224

은 대부분 더하기와 곱하기 연산의 단순한 조합이기 때문에 비선형 데이터셋을 모델링할 수 없다. 이런 문제를 해결하기 위해 신경망에서는 비선형 활성화 함수를 사용한다. 이를 통해 비선형 조건이 주어진 대부분 상황에 신경망을 적용할 수 있다.

지금까지 살펴본 대부분의 알고리즘과 마찬가지로 신경망도 초매개변수 선택에 매우 민감하다는 사실을 기억해야 한다. 6장에서는 다양한 학습률, 비용 함수, 최적화 함수의 영향을 확인한다.

신경망에 대해 좀 더 깊이 있는 내용을 자세히 배울 수 있는 많은 자료가 있다. 얀 레쿤(Yann LeCun) 등이 저술한 '효율적 역전파(Efficient BackProp)'는 역전파를 설명하는 기념비적인 논문이다. 다음 주소에서 PDF 파일을 구할 수 있다.

http://yann.lecun.com/exdb/publis/pdf/lecun-98b.pdf

다음 주소에서 스탠포드 대학의 CS231, '시각 인식을 위한 합성곱 신경망' 강의 자료를 구할 수 있다.

http://cs231n.stanford.edu/

다음 주소에서 스탠포드 대학의 CS224d, '자연어 처리를 위한 딥러닝' 강의 자료를 구할 수 있다.

http://cs224d.stanford.edu/

다음 주소에서 MIT Press에서 출판한 굿펠로우(Goodfellow) 등이 저술한 책 『딥러닝』을 구할 수 있다.

http://www.deeplearningbook.org

다음 주소에서 마이클 닐슨(Michael Nielsen)의 온라인 책 『신경망과 딥러닝』을 구할 수 있다.

http://neuralnetworksanddeeplearning.com/

신경망을 좀 더 실용적 관점으로 접근해 소개하는 자료로 안드레이 카패시(Andrej Karpathy)의 정리 자료와 '신경망에 대한 해커 가이드'라는 자바 스크립트 예제들이 있다. 이 저작물들은 다음 주소에서 구할 수 있다.

http://karpathy.github.io/neuralnets/

▌ 연산 게이트 구현

신경망에서 가장 기본이 되는 개념 중 하나는 연산 게이트라고 하는 연산이다. 이 절에서는 곱하기 연산의 게이트부터 시작해서 중첩 게이트 연산에 대해 알아 본다.

준비

첫 번째 연산 게이트는 $f(x) = a.x$ 같은 연산을 구현할 것이다. 게이트 최적화를 위해 입력 a는 변수로, 입력 x는 플레이스홀더로 선언한다. 따라서 텐서플로는 x가 아닌 a 값을 조절 대상으로 본다. 출력 값과 대상 값 50 사이의 차이를 계산 하는 비용 함수를 생성한다.

두 번째로 살펴볼 중첩 연산 게이트는 $f(x) = a.x + b$ 형식의 연산을 구현한다. a, b를 변수로, x를 플레이스홀더로 선언한다. 이번에도 대상 값 50으로 출력 값을 최적화한다. 두 번째 예제를 만족하는 해가 유일하지 않다는 점이 흥미롭 다. 출력 값이 50이 되는 모델 변수 조합이 무수히 많다. 신경망을 사용할 때는 모델 내부의 변수 값에 대해서는 크게 신경 쓰지 않고, 원하는 결과 값을 얻었는 지에만 관심을 둔다.

계산 그래프의 연산을 연산 게이트로 생각해보자. 앞의 두 예제를 다음과 같은
그림으로 나타낼 수 있다.

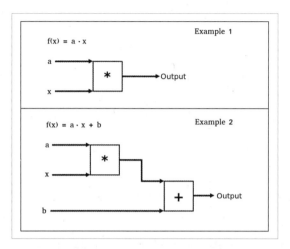

그림 1 이 절의 두 연산 게이트 예제

예제 구현

텐서플로에서 첫 번째 연산 $f(x) = a.x$를 구현하고, 결과 값 50이 나오도록 학습시
키기 위해 다음 절차를 따른다.

1. 텐서플로를 로드하고 그래프 세션을 생성한다.

```
import tensorflow as tf
sess = tf.Session()
```

2. 모델 변수, 입력 데이터, 플레이스홀더를 선언한다. 입력 데이터 값을
   5로 정해 결과 값 50을 얻기 위해서 곱하는 수가 10이 되게 할 것이다(즉,
   5×10=50).

```
a = tf.Variable(tf.constant(4.))
x_val = 5.
x_data = tf.placeholder(dtype=tf.float32)
```

3. 그런 후 계산 그래프에 연산을 추가한다.

```
multiplication = tf.multiply(a, x_data)
```

4. 희망하는 대상 값 50과 출력 값 사이의 L2 거리를 비용 함수로 선언한다.

```
loss = tf.square(tf.subtract(multiplication, 50.))
```

5. 모델 변수를 초기화하고 표준 경사 하강법을 최적화 알고리즘으로 지정한다.

```
init = tf.global_variables_initializer()
sess.run(init)
my_opt = tf.train.GradientDescentOptimizer(0.01)
train_step = my_opt.minimize(loss)
```

6. 이제 희망하는 값 50으로 모델 출력 값을 최적화한다. 입력 값으로 계속 5를 투입하고, 비용 값을 역전파시켜서 모델 변수가 10에 가까운 값으로 갱신하는 방식으로 최적화를 진행한다.

```
print('Optimizing a Multiplication Gate Output to 50.')
for i in range(10):
    sess.run(train_step, feed_dict={x_data: x_val})
    a_val = sess.run(a)
    mult_output = sess.run(multiplication, feed_dict={x_data:
```

```
              x_val})
    print(str(a_val) + ' * ' + str(x_val) + ' = ' + str(mult_output))
```

7. 다음과 같은 출력 결과를 얻을 수 있다.

```
Optimizing a Multiplication Gate Output to 50.
7.0 * 5.0 = 35.0
8.5 * 5.0 = 42.5
9.25 * 5.0 = 46.25
9.625 * 5.0 = 48.125
9.8125 * 5.0 = 49.0625
9.90625 * 5.0 = 49.5312
9.95312 * 5.0 = 49.7656
9.97656 * 5.0 = 49.8828
9.98828 * 5.0 = 49.9414
9.99414 * 5.0 = 49.9707
```

8. 그런 후 이중 중첩 연산 $f(x) = a.x + b$에 대해서도 같은 작업을 진행한다.

9. a, b 두 모델 변수를 초기화한다는 점만 제외하면 앞의 예제와 동일한 코드로 시작한다.

```
from tensorflow.python.framework import ops
ops.reset_default_graph()
sess = tf.Session()

a = tf.Variable(tf.constant(1.))
b = tf.Variable(tf.constant(1.))
x_val = 5.
x_data = tf.placeholder(dtype=tf.float32)

two_gate = tf.add(tf.multiply(a, x_data), b)
```

```
loss = tf.square(tf.subtract(two_gate, 50.))

init = tf.global_variables_initializer()
sess.run(init)

my_opt = tf.train.GradientDescentOptimizer(0.01)
train_step = my_opt.minimize(loss)
```

10. 이제 희망하는 대상 값 50을 출력 값으로 얻도록 모델을 학습시켜 모델 변수를 최적화한다.

```
print('\nOptimizing Two Gate Output to 50.')
for i in range(10):
    sess.run(train_step, feed_dict={x_data: x_val})
    a_val, b_val = (sess.run(a), sess.run(b))
    two_gate_output = sess.run(two_gate, feed_dict={x_data:
            x_val})
    print(str(a_val) + ' * ' + str(x_val) + ' + ' + str(b_val) + ' =
        ' + str(two_gate_output))
```

11. 출력 결과는 다음과 같다.

```
Optimizing Two Gate Output to 50.
5.4 * 5.0 + 1.88 = 28.88
7.512 * 5.0 + 2.3024 = 39.8624
8.52576 * 5.0 + 2.50515 = 45.134
9.01236 * 5.0 + 2.60247 = 47.6643
9.24593 * 5.0 + 2.64919 = 48.8789
9.35805 * 5.0 + 2.67161 = 49.4619
9.41186 * 5.0 + 2.68237 = 49.7417
9.43769 * 5.0 + 2.68754 = 49.876
9.45009 * 5.0 + 2.69002 = 49.9405
```

```
9.45605 * 5.0 + 2.69121 = 49.9714
```

 두 번째 예제의 답이 유일한 해가 아니라는 점을 알아두자. 신경망은 비용을 줄이는 방향으로 모든 매개변수를 조절하기 때문에 이런 부분은 크게 문제가 되지 않는다. a, b의 초기 값에 따라 최종 해답이 달라진다. 이 값들을 1이 아닌 다른 임의의 값으로 초기화한다면 모델 변수의 최종 값은 실행할 때마다 달라진다.

예제 분석

텐서플로의 기본 역전파 기능을 이용해 계산 게이트를 최적화했다. 텐서플로는 지정한 최적화 알고리즘과 비용 함수 출력 값에 따라 모델의 연산 과정과 변수 값을 추적하고 조절한다.

입력 값이 변수인지 데이터인지 따져가면서 연산 게이트를 계속 확장할 수 있다. 텐서플로는 비용 함수 값을 최소화하기 위해 데이터가 투입될 플레이스홀더로 선언된 부분을 제외한 모든 변수를 조절한다.

계산 그래프를 추적해 학습을 반복할 때마다 모델 변수를 암묵적으로 자동 갱신하는 기능은 텐서플로의 훌륭한 기능 중 하나로, 텐서플로를 아주 강력하게 만들어 주는 기능이다.

▌ 게이트와 활성화 함수

이제 연산 게이트를 서로 연결할 수 있으니 계산 그래프 결과 값을 활성화 함수에 넣어보자. 일반적인 활성화 함수들을 소개한다.

이 절에서는 두 가지 활성화 함수인 시그모이드^{sigmoid} 함수와 수정된 선형 유닛 ReLU, rectified linear unit 함수를 비교해본다. 두 함수는 각각 다음 식으로 표현할 수 있다.

$$sigmoid(x) = \frac{1}{1+e^x}$$
$$\mathrm{Re}\,LU(x) = \max(0, x)$$

이번 예제에서는 동일한 구조의 단층 신경망 두 개를 만들 것인데, 한쪽은 시그모이드 활성화 함수를 사용하고, 다른 한쪽은 ReLU 활성화 함수를 사용한다. 또한 0.75 값과의 L2 거리를 비용 함수로 사용한다. 정규 분포(Normal(mean=2, sd=0.1))를 따르는 임의의 값을 추출해 일괄 작업 데이터를 만들고, 0.75 값으로 최적화할 것이다.

1. 필요한 라이브러리를 로드하고 그래프를 초기화한다. 이 자리에서 텐서플로의 랜덤 시드 값을 설정해도 좋다. numpy와 텐서플로의 난수 생성기를 모두 사용할 것이기 때문에 두 시드 값을 모두 설정해야 한다. 시드 값을 맞춰 두면 동일한 상황을 재현할 수 있다.

```
import tensorflow as tf
import numpy as np
import matplotlib.pyplot as plt
sess = tf.Session()
tf.set_random_seed(5)
np.random.seed(42)
```

2. 이제 일괄 작업 크기, 모델 변수, 데이터 및 데이터를 투입할 플레이스홀더를 선언한다. 계산 그래프는 마지막의 활성화 함수만 다르고 정규 분포를 따르는 데이터가 투입되는 두 개의 비슷한 신경망으로 구성돼 있다.

```python
batch_size = 50
a1 = tf.Variable(tf.random_normal(shape=[1,1]))
b1 = tf.Variable(tf.random_uniform(shape=[1,1]))
a2 = tf.Variable(tf.random_normal(shape=[1,1]))
b2 = tf.Variable(tf.random_uniform(shape=[1,1]))
x = np.random.normal(2, 0.1, 500)
x_data = tf.placeholder(shape=[None, 1], dtype=tf.float32)
```

3. 그런 다음에 시그모이드 활성화 모델, ReLU 활성화 모델을 선언한다.

```python
sigmoid_activation = tf.sigmoid(tf.add(tf.matmul(x_data, a1), b1))
relu_activation = tf.nn.relu(tf.add(tf.matmul(x_data, a2), b2))
```

4. 비용 함수는 0.75 값과 모델 출력 값 사이 L2 노름의 평균값이 된다.

```python
loss1 = tf.reduce_mean(tf.square(tf.subtract(sigmoid_
        activation, 0.75)))
loss2 = tf.reduce_mean(tf.square(tf.subtract(relu_
        activation, 0.75)))
```

5. 이제 최적화 알고리즘을 선언하고 변수를 초기화한다.

```python
init = tf.global_variables_initializer()
sess.run(init)
my_opt = tf.train.GradientDescentOptimizer(0.01)
train_step_sigmoid = my_opt.minimize(loss1)
```

```
train_step_relu = my_opt.minimize(loss2)
```

6. 두 모델 모두 750회 학습 루프를 실행한다. 나중에 그래프를 그릴 수 있게 비용 함수 출력 값과 활성화 함수 출력 값도 보관해둔다.

```
loss_vec_sigmoid = []
loss_vec_relu = []
activation_sigmoid = []
activation_relu = []
for i in range(750):
    rand_indices = np.random.choice(len(x), size=batch_size)
    x_vals = np.transpose([x[rand_indices]])
    sess.run(train_step_sigmoid, feed_dict={x_data: x_vals})
    sess.run(train_step_relu, feed_dict={x_data: x_vals})

    loss_vec_sigmoid.append(sess.run(loss1, feed_dict={x_data:
        x_vals}))
    loss_vec_relu.append(sess.run(loss2, feed_dict={x_data:
        x_vals}))

sigmoid_output = np.mean(sess.run(sigmoid_activation,
    feed_dict={x_data: x_vals}))
relu_output = np.mean(sess.run(relu_activation,
    feed_dict={x_data: x_vals}))

activation_sigmoid.append(sigmoid_output)
activation_relu.append(relu_output)

if i%50==0:
    print('sigmoid = ' + str(np.mean(sigmoid_output)) + ' relu
        = ' + str(np.mean(relu_output)))
```

7. 다음 코드는 비용 함수와 활성화 함수 출력 값 그래프를 그린다.

```python
plt.plot(activation_sigmoid, 'k-', label='Sigmoid Activation')
plt.plot(activation_relu, 'r--', label='Relu Activation')
plt.ylim([0, 1.0])
plt.title('Activation Outputs')
plt.xlabel('Generation')
plt.ylabel('Outputs')
plt.legend(loc='upper right')
plt.show()

plt.plot(loss_vec_sigmoid, 'k-', label='Sigmoid Loss')
plt.plot(loss_vec_relu, 'r--', label='Relu Loss')
plt.ylim([0, 1.0])
plt.title('Loss per Generation')
plt.xlabel('Generation')
plt.ylabel('Loss')
plt.legend(loc='upper right')
plt.show()
```

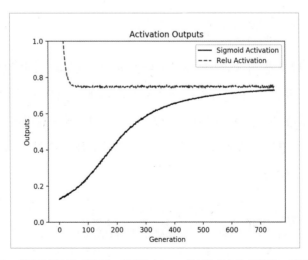

그림 2 시그모이드 활성화 함수를 사용하는 신경망과 ReLU 활성화 함수를 사용하는 신경망의 계산 그래프 결과 값

비슷한 구조의 두 신경망은 시그모이드, ReLU 두 가지 활성화 함수를 이용해 대상 값(0.75)에 접근한다. ReLU 활성화 함수를 사용하는 신경망이 시그모이드의 경우보다 대상 값 0.75에 훨씬 더 빠르게 수렴한다는 것을 확인할 수 있다.

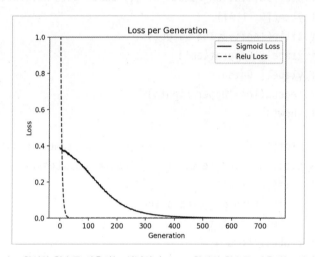

그림 3 시그모이드 활성화 함수를 사용하는 신경망과 ReLU 활성화 함수를 사용하는 신경망의 비용 함수 값. ReLU 비용 함수 값이 초기 구간에서 급격히 변하는 모습을 확인할 수 있다.

예제 분석

함수의 모양 때문에 시그모이드 함수보다는 ReLU 활성화 함수 값이 0이 되는 경우가 많다. 함수의 이런 특성은 희소성을 드러내는 것으로 생각할 수 있다. 희소성으로 인해 수렴 속도가 빨라지지만 경사도 제어에는 불리하다. 반면 시그모이드 함수는 경사도 제어가 용이하고 ReLU 활성화 함수처럼 극단적인 값이 노출될 위험이 낮다.

활성화 함수	장점	단점
시그모이드	덜 극단적인 출력 값	느린 수렴
ReLU	빠른 수렴	극단적인 출력 값이 나올 수 있음

이번 절에서는 신경망에 사용하는 ReLU 활성화 함수와 시그모이드 활성화 함수를 비교해봤다. 신경망에서 사용하는 활성화 함수는 다양하지만 대부분 두 가지로 분류할 수 있다. 첫 번째 분류는 시그모이드와 비슷한 형태의 함수들(아크탄젠트, 하이퍼볼릭탄젠트, 헤비사이드 계단 함수 등)이고, 두 번째 분류는 ReLU와 비슷한 형태의 함수들(소프트플러스, 불완전 ReLU$^{leaky\ ReLU}$ 등)이다. 이 절에서 두 함수를 비교하면서 알아봤던 내용들은 대부분 이 두 분류에도 적용된다. 어떤 활성화 함수를 선택하느냐에 따라 신경망의 수렴과 출력 값이 크게 영향을 받는다는 사실을 알아두자.

▌ 단층 신경망 구현

실제 데이터에 적용할 신경망을 구현할 도구가 모두 준비됐다. 붓꽃 데이터셋을 대상으로 한 단층 신경망을 만들어보자.

이 예제에서 은닉 계층이 하나인 신경망을 구현한다. 완전 연결 신경망은 대개 행렬 곱셈을 기반으로 한다는 점을 이해해야 한다. 따라서 데이터와 행렬의 차원을 올바르게 정리하는 것이 아주 중요하다.

이번 예제는 회귀 문제이기 때문에 평균 제곱 오차를 비용 함수로 사용한다.

1. 계산 그래프를 생성하기 위해 먼저 필요한 라이브러리를 로드한다.

```
import matplotlib.pyplot as plt
import numpy as np
import tensorflow as tf
from sklearn import datasets
```

2. 붓꽃 데이터셋을 로드하고 꽃잎 길이를 대상 값으로 저장한다. 그런 다음에 그래프 세션을 시작한다.

```
iris = datasets.load_iris()
x_vals = np.array([x[0:3] for x in iris.data])
y_vals = np.array([x[3] for x in iris.data])
sess = tf.Session()
```

3. 데이터셋의 크기가 작으므로 결과를 재현할 수 있게 하기 위해 랜덤 시드를 설정할 수도 있다.

```
seed = 500
tf.set_random_seed(seed)
np.random.seed(seed)
```

4. 데이터 준비를 위해 80대 20으로 학습셋과 테스트셋을 분할하고, 최소-최대 범위 변환을 이용해 속성 값 x가 0과 1 사이에 있도록 징규화한다.

```
train_indices = np.random.choice(len(x_vals),
round(len(x_vals)*0.8), replace=False)
test_indices = np.array(list(set(range(len(x_vals))) -
```

```
        set(train_indices)))
x_vals_train = x_vals[train_indices]
x_vals_test = x_vals[test_indices]
y_vals_train = y_vals[train_indices]
y_vals_test = y_vals[test_indices]
def normalize_cols(m):
    col_max = m.max(axis=0)
    col_min = m.min(axis=0)
    return (m-col_min) / (col_max - col_min)

x_vals_train = np.nan_to_num(normalize_cols(x_vals_train))
x_vals_test = np.nan_to_num(normalize_cols(x_vals_test))
```

5. 이제 일괄 작업 크기, 데이터 및 대상 값을 위한 플레이스홀더를 선언한다.

```
batch_size = 50
x_data = tf.placeholder(shape=[None, 3], dtype=tf.float32)
y_target = tf.placeholder(shape=[None, 1], dtype=tf.float32)
```

6. 모델 변수를 적절한 형태로 선언하는 것이 중요하다. 은닉 계층의 크기는
   마음대로 선택할 수 있다. 이 예제에서는 5개의 은닉 노드를 설정했다.

```
hidden_layer_nodes = 5
A1 = tf.Variable(tf.random_normal(shape=[3,hidden_
        layer_nodes]))
b1 = tf.Variable(tf.random_normal(shape=[hidden_
        layer_nodes]))
A2 = tf.Variable(tf.random_normal(shape=[hidden_
        layer_nodes,1]))
b2 = tf.Variable(tf.random_normal(shape=[1]))
```

7. 이제 두 단계에 걸쳐 모델을 선언한다. 첫 번째는 은닉 계층의 출력 값을 만드는 단계고, 두 번째는 모델의 최종 출력 값을 만드는 단계다.

 이 모델은 (세 가지 속성이) (은닉 노드 다섯 개를 지나) (하나의 출력) 값을 만들어 낸다.

```
hidden_output = tf.nn.relu(tf.add(tf.mamul(x_data, A1), b1))
final_output = tf.nn.relu(tf.add(tf.matmul(hidden_output, A2),
        b2))
```

8. 평균 제곱 오차를 비용 함수로 사용한다.

```
loss = tf.reduce_mean(tf.square(y_target - final_output))
```

9. 이제 최적화 알고리즘을 선언하고 변수를 초기화한다.

```
my_opt = tf.train.GradientDescentOptimizer(0.005)
train_step = my_opt.minimize(loss)
init = tf.global_variables_initializer()
sess.run(init)
```

10. 반복 학습 루프를 실행한다. 학습셋과 테스트셋의 비용 함수 값을 저장할 두 리스트도 초기화한다. 모델 최적화 루프를 실행할 때마다 학습 데이터에서 일괄 작입 데이터를 임의로 선택해 사용한다.

```
loss_vec = []
test_loss = []
for i in range(500):
```

```
rand_index = np.random.choice(len(x_vals_train),
    size=batch_size)

rand_x = x_vals_train[rand_index]
rand_y = np.transpose([y_vals_train[rand_index]])

sess.run(train_step, feed_dict={x_data: rand_x, y_target:
    rand_y})

temp_loss = sess.run(loss, feed_dict={x_data: rand_x,
    y_target: rand_y})

loss_vec.append(np.sqrt(temp_loss))

test_temp_loss = sess.run(loss, feed_dict={x_data:
    x_vals_test, y_target: np.transpose([y_vals_test])})

test_loss.append(np.sqrt(test_temp_loss))

if (i+1)%50==0:
    print('Generation: ' + str(i+1) + '. Loss = ' + str(temp_loss))
```

11. 다음은 matplotlib을 이용해 비용 함수 값 그래프를 그리는 코드다.

```
plt.plot(loss_vec, 'k-', label='Train Loss')
plt.plot(test_loss, 'r--', label='Test Loss')
plt.title('Loss (MSE) per Generation')
plt.legend(loc='upper right')
plt.xlabel('Generation')
plt.ylabel('Loss')
plt.show()
```

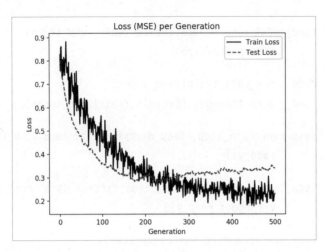

그림 4 학습셋과 테스트셋의 비용 함수 값(평균 제곱 오차) 그래프. 200세대가 지나면서 테스트셋의 평균 제곱합 오차 값이 더 내려가지 않는 반면, 학습 데이터셋의 오차 제곱합은 계속 내려가고 있으므로, 모델이 과다 최적화돼 있음을 알 수 있다.

예제 분석

신경망 다이어그램으로 이 모델을 그려보면 다음과 같다.

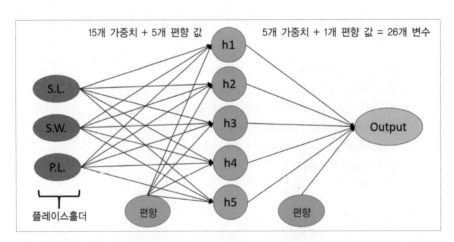

그림 5 다섯 개의 노드가 은닉 계층에 들어 있는 신경망을 시각화한 것이다. 꽃받침 길이(S.L.), 꽃받침 폭(S.W.), 꽃잎 길이(P.L.) 세 값을 플레이스홀더에 투입한다. 구하는 대상 값은 꽃잎 폭이다. 이 모델 전체에는 총 26개의 변수가 들어있다.

테스트셋과 학습셋에 대한 비용 함수 값을 살펴보면 모델이 학습 데이터에 과다 최적화되는 시기를 알아낼 수 있다. 학습셋의 비용 값 그래프 모양이 테스트셋 그래프보다 덜 부드러운 형태라는 것도 볼 수 있다. 그 이유로는 두 가지를 꼽을 수 있다. 첫 번째로 큰 차이는 아니지만 테스트셋의 크기보다 작은 일괄 작업 크기를 사용하기 때문이다. 두 번째로 학습셋을 대상으로 학습이 진행되고, 테스트셋은 모델 변수 변화에 영향을 주지 않기 때문이다.

▌ 다양한 계층 구현

다양한 계층 구현 방법을 알아둬야 한다. 앞의 예제에서는 완전 연결 계층을 구현했다. 이번 예제에서는 다양한 계층에 대한 정보를 알아본다.

준비

입력 데이터를 완전 연결 은닉 계층에 연결하는 방법을 알아봤다. 텐서플로의 내장 함수에는 다양한 유형의 계층이 들어 있다. 가장 많이 사용하는 계층으로 합성곱 계층convolutional layers과 맥스풀 계층maxpool layers이 있다. 이 계층들을 만들고 입력 데이터와 연결하는 방법, 완전 연결 계층과 연결하는 방법을 알아보자. 1차원 데이터에 대해 이런 계층들을 사용하는 방법을 알아보고 난 후 2차원 데이터에 대해 살펴보겠다.

어떤 형태로도 신경망을 구성할 수 있지만, 가장 일반적인 구성 형태는 합성곱 계층과 완전 연결 계층을 연결해 속성을 생성하는 방식이다. 속성이 너무 많을 때는 맥스풀 계층을 사용하는 경우가 많다. 그런 후 활성화 함수 역할을 하는 비선형 계층을 덧붙인다. 8장에서 다룰 합성곱 신경망은 보통, 합성곱, 맥스풀, 활성화, 합성곱, 맥스풀, 활성화 형태의 계층 구조를 갖고 있다.

예제 구현

먼저 1차원 데이터를 대상으로 알아보자. 예제를 위한 임의의 데이터 배열을 생성한다.

1. 필요한 라이브러리를 로드하고 그래프 세션을 시작한다.

```
import tensorflow as tf
import numpy as np
sess = tf.Session()
```

2. 이제 데이터(길이가 25인 numpy 배열)를 초기화하고, 데이터를 투입할 플레이스홀더를 생성한다.

```
data_size = 25
data_1d = np.random.normal(size=data_size)
x_input_1d = tf.placeholder(dtype=tf.float32,
        shape=[data_size])
```

3. 이제 합성곱 계층을 만드는 함수를 정의한다. 그런 다음에 랜덤 필터를 선언하고 합성곱 계층을 생성한다.

 텐서플로 계층 함수 대부분은 4차원 데이터(일괄 작업 크기, 데이터 폭, 데이터 높이, 채널 개수)를 처리하게 설계돼 있다. 입력 데이터와 출력 데이터 차원을 필요에 맞게 확장하거나 축소할 필요가 있다. 이번 예제는 일괄 작업 크기 1, 폭 1, 높이 25, 채널 개수 1을 사용한다. 차원을 확장할 때는 expand_dims() 함수를 사

```
def conv_layer_1d(input_1d, my_filter,stride):
    # 1차원 입력 값을 4차원으로 만든다.
    input_2d = tf.expand_dims(input_1d, 0)
    input_3d = tf.expand_dims(input_2d, 0)
    input_4d = tf.expand_dims(input_3d, 3)

    # 합성곱을 계산한다.
    convolution_output = tf.nn.conv2d(input_4d, filter=my_filter,
            strides=[1,1,stride,1], padding="VALID")

    # 추가 차원을 제거한다.
    conv_output_1d = tf.squeeze(convolution_output)
    return(conv_output_1d)

my_filter = tf.Variable(tf.random_normal(shape=[1,conv_
        size,1,1]))
my_convolution_output = conv_layer_1d(x_input_1d,
        my_filter,stride=stride_size)
```

4. 기본적으로 텐서플로의 활성화 함수는 원소 단위로 동작한다. 따라서 계층을 대상으로 활성화 함수를 호출하면 된다. 활성화 함수를 생성하고 그래프에 연결해 처리한다.

```
def activation(input_1d):
    return(tf.nn.relu(input_1d))

my_activation_output = activation(my_convolution_output)
```

5. 이제 맥스풀 계층 함수를 선언한다. 이 함수는 1차원 벡터를 대상으로 구간을 이동시키면서 해당 구간 내의 최댓값을 뽑아낸다. 이 예에서는 구간 폭 값으로 5를 사용한다.

 텐서플로의 맥스풀 인자 형태는 합성곱 계층과 매우 비슷하다. 필터는 포함돼 있지 않지만, 크기, 보폭, 패딩 인자가 들어 있다. 여기서는 (0 패딩이 아닌) 유효 패딩을 쓰는 폭이 5인 구간을 사용하므로, 출력 배열의 크기는 2x(5/2의 몫) 인 4가 된다.

```python
def max_pool(input_1d, width,stride):
    # 1차원 입력 값을 4차원으로 만든다.
    input_2d = tf.expand_dims(input_1d, 0)
    input_3d = tf.expand_dims(input_2d, 0)
    input_4d = tf.expand_dims(input_3d, 3)

    # 맥스풀 연산 처리
    pool_output = tf.nn.max_pool(input_4d, ksize=[1, 1, width, 1],
            strides=[1, 1, stride, 1], padding='VALID')

    # 추가 차원을 제거한다.
    pool_output_1d = tf.squeeze(pool_output)
    return(pool_output_1d)

my_maxpool_output = max_pool(my_activation_output,
        width=maxpool_size,stride=stride_size)
```

6. 마지막으로 완전 연결 계층을 연결한다. 1차원 배열을 입력받아 일정 개수의 값을 출력하는 만능 함수를 생성한다. 1차원 배열에 행렬 곱셈을 적용하려면 2차원으로 확장해야 한다는 점을 기억하자.

```python
def fully_connected(input_layer, num_outputs):
```

```
# 가중치 생성
weight_shape = tf.squeeze(tf.stack([tf.shape(input_
        layer),[num_outputs]]))
weight = tf.random_normal(weight_shape, stddev=0.1)
bias = tf.random_normal(shape=[num_outputs])

# 입력 값을 2차원으로 변환
input_layer_2d = tf.expand_dims(input_layer, 0)

# 완전 연결 계층 연산 처리
full_output = tf.add(tf.matmul(input_layer_2d, weight), bias)

# 추가 차원 제거
full_output_1d = tf.squeeze(full_output)
return(full_output_1d)

my_full_output = fully_connected(my_maxpool_output, 5)
```

7. 이제 모든 변수를 초기화한 후 그래프를 실행하고, 계층별 결과 값을 출력한다.

```
init = tf.global_variables_initializer()
sess.run(init)

feed_dict = {x_input_1d: data_1d}

print('>>>> 1D Data <<<<')

# 합성곱 계층 출력
print('Input = array of length {}'.format(x_input_1d.shape.as_
        list()[0]))
print('Convolution w/ filter, length = {}, stride size = {},'
        'results in an array of length {}:'.format(conv_size,
        stride_size, my_convolution_output.shape.as_list()[0]))
print(sess.run(my_convolution_output, feed_dict=feed_dict))
```

```python
# 활성화 함수 출력
print('\nInput = above array of length {}'.format(my_
    convolution_output.shape.as_list()[0]))
print('ReLU element wise returns an array of length {}:'.
    format(my_activation_output.shape.as_list()[0]))
print(sess.run(my_activation_output, feed_dict=feed_dict))

# 맥스풀 계층 출력
print('\nInput = above array of length {}'.format(my_
    activation_output.shape.as_list()[0]))
print('MaxPool, window length = {}, stride size = {},'
    'results in the array of length {}'.format(maxpool_size,
    stride_size, my_maxpool_output.shape.as_list()[0]))
print(sess.run(my_maxpool_output, feed_dict=feed_dict))

# 완전 연결 계층 출력
print('\nInput = above array of length {}'.format(my_maxpool_
    output.shape.as_list()[0]))
print('Fully connected layer on all 4 rows with {} outputs:'.
    format(my_full_output.shape.as_list()[0]))
print(sess.run(my_full_output, feed_dict=feed_dict))
```

8. 출력 결과는 다음과 같다.

```
Input = array of length 25
Convolution w/ filter, length = 5, stride size = 1, results in an
array of length 21:
[-2.63576341 -1.11550486 -0.95571411 -1.69670296 -0.35699379
  0.62266493  4.43316031  2.01364899  1.33044648 -2.30629659
 -0.82916248 -2.63594174  0.76669347 -2.46465087  -2.2855041
  1.49780679   1.6960566  1.48557389 -2.79799461  1.18149185
  1.42146575]

Input = above array of length 21
```

```
ReLU element wise returns an array of length 21:
[ 0.          0.          0.          0.          0.
  0.62266493  4.43316031  2.01364899  1.33044648  0.
  0.          0.          0.76669347  0.          0.
  1.49780679  1.6960566   1.48557389  0.          1.18149185
  1.42146575]

Input = above array of length 21
MaxPool, window length = 5, stride size = 1, results in the array
of length 17
[ 0.          0.62266493  4.43316031  4.43316031  4.43316031
  4.43316031  4.43316031  2.01364899  1.33044648  0.76669347
  0.76669347  1.49780679  1.6960566   1.6960566   1.6960566
  1.6960566   1.6960566  ]

Input = above array of length 17
Fully connected layer on all 4 rows with 5 outputs:
[ 1.71536076 -0.72340977 -1.22485089  -2.5412786 -0.16338301]
```

 신경망을 다룰 때는 1차원 데이터도 아주 중요하다. 신경망에서 자주 사용되는 시계열 데이터, 신호 처리 및 문자열 처리 데이터는 1차원이다.

이제 같은 계층을 동일한 순서로 2차원 데이터에 적용하는 경우를 살펴보자.

1. 먼저 계산 그래프를 정리하고 재설정한다.

```
ops.reset_default_graph()
sess = tf.Session()
```

2. 입력 배열을 10×10 행렬로 초기화한다. 그런 후 계산 그래프에 사용하는 플레이스홀더도 같은 형태로 초기화한다.

```
data_size = [row_size,col_size]
data_2d = np.random.normal(size=data_size)
x_input_2d = tf.placeholder(dtype=tf.float32, shape=data_size)
```

3. 1차원 예제에서처럼 합성곱 계층 함수를 선언한다. 이번에는 데이터에 이미 높이와 폭이 있기 때문에 conv2d( ) 함수로 두 차원(일괄 작업 크기 1, 채널 개수 1)만 더 확장하면 된다. 필터는 (0 패딩이 아닌) 유효 패딩을 사용하고 구간 폭이 2인 2×2 랜덤 필터를 사용한다. 입력 행렬의 크기가 10×10이므로 합성곱 계층의 결과 크기는 5×5가 된다.

```
def conv_layer_2d(input_2d, my_filter,stride_size):
    input_3d = tf.expand_dims(input_2d, 0)
    input_4d = tf.expand_dims(input_3d, 3)
    convolution_output = tf.nn.conv2d(input_4d, filter=my_filter,
            strides=[1,stride_size,stride_size,1], padding="VALID")
    conv_output_2d = tf.squeeze(convolution_output)
    return(conv_output_2d)

my_filter = tf.Variable(tf.random_normal(shape=[conv_
        size,conv_size,1,1]))
my_convolution_output = conv_layer_2d(x_input_2d, my_filter,
        stride_size=conv_stride_size)
```

4. 활성화 함수는 기본적으로 원소 단위로 동작하므로 다음과 같이 활성화 함수를 생성하고 그래프에 적용할 수 있다.

```
def activation(input_1d):
    return(tf.nn.relu(input_1d))

my_activation_output = activation(my_convolution_output)
```

5. 맥스풀 계층의 경우 구간의 폭과 높이를 선언해야 한다는 점을 제외하면 1차원 경우와 거의 같다. 2차원 합성곱 계층처럼 데이터에 두 차원을 더하기만 하면 된다.

```python
def max_pool(input_2d, width, height,stride):
    input_3d = tf.expand_dims(input_2d, 0)
    input_4d = tf.expand_dims(input_3d, 3)
    pool_output = tf.nn.max_pool(input_4d, ksize=[1, height,
            width, 1], strides=[1, stride, stride, 1],
            padding='VALID')
    pool_output_2d = tf.squeeze(pool_output)
    return(pool_output_2d)

my_maxpool_output = max_pool(my_activation_output,
        width=maxpool_size, height=maxpool_size,stride=maxpool_
        stride_size)
```

6. 완전 연결 계층은 1차원 경우와 거의 같다. 이 계층에 입력되는 2차원 데이터가 하나의 객체로 전달되기 때문에 이전 계층의 출력 원소 전체를 계층에 연결하기 위한 작업이 필요하다는 점을 주의해야 한다. 이를 위해 2차원 행렬을 배열로 펼친 후 행렬 곱셈을 적용할 수 있게 확장한다.

```python
def fully_connected(input_layer, num_outputs):

    # 1차원 배열로 펼치기
    flat_input = tf.reshape(input_layer, [-1])

    # 가중치 생성
    weight_shape = tf.squeeze(tf.stack([tf.shape(flat_
            input),[num_outputs]]))
    weight = tf.random_normal(weight_shape, stddev=0.1)
    bias = tf.random_normal(shape=[num_outputs])
```

```python
    # 곱셈을 위해 2차원으로 변환
    input_2d = tf.expand_dims(flat_input, 0)

    # 완전 연결 계층 연산 처리
    full_output = tf.add(tf.matmul(input_2d, weight), bias)

    # 추가 차원 제거
    full_output_2d = tf.squeeze(full_output)
    return(full_output_2d)

# Create Fully Connected Layer
my_full_output = fully_connected(my_maxpool_output, 5)
```

7. 변수를 초기화하고 그래프 연산에 투입할 데이터 사전을 생성한다.

```python
init = tf.global_variables_initializer()
sess.run(init)

feed_dict = {x_input_2d: data_2d}
```

8. 다음 코드를 이용해 각 계층의 결과를 확인할 수 있다.

```python
# 합성곱 계층 출력
print('Input = {} array'.format(x_input_2d.shape.as_list()))
print('{} Convolution, stride size = [{}, {}], results in the {}
        array'.format(my_filter.get_shape().as_list()[:2],
        conv_stride_size, conv_stride_size,
        my_convolution_output.shape.as_list()))
print(sess.run(my_convolution_output, feed_dict=feed_dict))

# 활성화 함수 출력
print('\nInput = the above {} array'.format(my_convolution_
        output.shape.as_list()))
print('ReLU element wise returns the {} array'.format(my_
```

```
              activation_output.shape.as_list()))
      print(sess.run(my_activation_output, feed_dict=feed_dict))

      # 맥스풀 계층 출력
      print('\nInput = the above {} array'.format(my_activation_
              output.shape.as_list()))
      print('MaxPool, stride size = [{}, {}], results in {} array'.
              format(maxpool_stride_size, maxpool_stride_size,
              my_maxpool_output.shape.as_list()))
      print(sess.run(my_maxpool_output, feed_dict=feed_dict))

      # 완전 연결 계층 출력
      print('\nInput = the above {} array'.format(my_maxpool_
              output.shape.as_list()))
      print('Fully connected layer on all {} rows results in {}
              outputs:'.format(my_maxpool_output.shape.as_list()[0],
              my_full_output.shape.as_list()[0]))
      print(sess.run(my_full_output, feed_dict=feed_dict))
```

9. 출력 결과는 다음과 같다.

```
Input = [10, 10] array
[2, 2] Convolution, stride size = [2, 2] , results in the [5, 5]
array
[[ 0.14431179  0.72783369  1.51149166 -1.28099763  1.78439188]
 [-2.54503059  0.76156765 -0.51650006  0.77131093  0.37542343]
 [ 0.49345911  0.01592223  0.38653135 -1.47997665  0.6952765 ]
 [-0.34617192 -2.53189754 -0.9525758  -1.4357065   0.66257358]
 [-1.98540258  0.34398788  2.53760481 -0.86784822 -0.3100495 ]]

Input = the above [5, 5] array
ReLU element wise returns the [5, 5] array
[[ 0.14431179  0.72783369  1.51149166  0.          1.78439188]
 [ 0.          0.76156765  0.          0.77131093  0.37542343]
```

```
        [ 0.49345911  0.01592223  0.38653135  0.         0.6952765 ]
        [ 0.         0.         0.         0.         0.66257358]
        [ 0.         0.34398788  2.53760481  0.         0.       ]]

Input = the above [5, 5] array
MaxPool, stride size = [1, 1], results in [4, 4] array
[[ 0.76156765  1.51149166  1.51149166  1.78439188]
 [ 0.76156765  0.76156765  0.77131093  0.77131093]
 [ 0.49345911  0.38653135  0.38653135  0.6952765 ]
 [ 0.34398788  2.53760481  2.53760481  0.66257358]]

Input = the above [4, 4] array
Fully connected layer on all 4 rows results in 5 outputs:
[ 0.08245847 -0.16351229 -0.55429065 -0.24322605 -0.99900764]
```

1차원 및 2차원 데이터로 텐서플로의 합성곱 계층과 맥스풀 계층을 사용하는 방법을 알아봤다. 입력 데이터의 형태와 상관없이 같은 크기를 갖는 결과 값을 얻을 수 있었다. 이는 신경망의 유연함을 보여주는 중요한 특성이다. 또한 이 절에서는 데이터의 형태와 크기가 신경망에서 중요한 의미를 갖는다는 것을 반복적으로 강조했다.

다층 신경망 사용

이제까지 얻은 여러 가지 계층에 대한 지식을 활용해 실제 신생아 저체중 데이터 셋에 적용할 다층 신경망을 만들어보자.

신경망을 만드는 방법과 계층을 다루는 방법을 알고 있으므로, 이 방법론을 신생아 저체중 데이터셋에 적용해 신생아 체중을 예측해보자. 3개의 은닉 계층을 가진 신경망을 만들어본다. 신생아 저체중 데이터셋에는 신생아의 실제 체중과 함께 신생아 체중이 2.5kg를 넘는지 나타내는 표지가 들어 있다. 이번 예제에서는 신생아 실제 체중 값을 (회귀) 대상 값으로 한 후 마지막에 분류 정확도를 따져보고 모델을 이용해 신생아 체중이 2.5kg 미만인 경우를 식별할 수 있을지 확인해보자.

예제 구현

1. 먼저 라이브러리를 로드하고 계산 그래프를 초기화한다.

```
import tensorflow as tf
import matplotlib.pyplot as plt
import numpy as np
import requests
sess = tf.Session()
```

2. request 모듈을 사용해 데이터를 로드한다. 데이터를 관심 대상 속성과 대상 값으로 구분한다.

```
birthdata_url = 'https://github.com/nfmcclure/tensorflow_
        cookbook/raw/master/01_Introduction/07_Working_with_
        Data_Sources/birthweight_data/birthweight.dat'
birth_file = requests.get(birthdata_url)
birth_data = birth_file.text.split('\r\n')
birth_header = birth_data[0].split('\t')
```

```
birth_data = [[float(x) for x in y.split('\t') if len(x)>=1] for
        y in birth_data[1:] if len(y)>=1]

y_vals = np.array([x[8] for x in birth_data])
cols_of_interest = ['AGE', 'LWT', 'RACE', 'SMOKE', 'PTL', 'HT', 'UI']
x_vals = np.array([[x[ix] for ix, feature in
        enumerate(birth_header) if feature in cols_of_interest]
        for x in birth_data])
```

3. 실행 결과를 재현할 수 있게 numpy와 텐서플로의 랜덤 시드를 설정하고 일괄 작업 크기를 선언한다.

```
batch_size = 100

seed = 3
np.random.seed(seed)
tf.set_random_seed(seed)
```

4. 데이터를 80-20 비율의 학습셋, 테스트셋으로 분할한다. 그런 다음에 속성 입력 값을 최소-최대 범위 변환을 이용해 0과 0 사이 값으로 조절한다.

```
train_indices = np.random.choice(len(x_vals),
        round(len(x_vals)*0.8), replace=False)
test_indices = np.array(list(set(range(len(x_vals))) -
        set(train_indices)))
x_vals_lrain = x_vals[train_indices]
x_vals_test = x_vals[test_indices]
y_vals_train = y_vals[train_indices]
y_vals_test = y_vals[test_indices]

def normalize_cols(m):
```

```
    col_max = m.max(axis=0)
    col_min = m.min(axis=0)
    return (m-col_min) / (col_max - col_min)

x_vals_train = np.nan_to_num(normalize_cols(x_vals_train))
x_vals_test = np.nan_to_num(normalize_cols(x_vals_test))
```

 속성 입력 값 정규화는 신경망에서 특히 유용한 일반적인 속성 변환 절차다. 데이
터의 중심이 활성화 함수가 동작하는 0과 1 근처에 있으면 수렴에 도움이 된다.

5. 여러 계층의 변수를 비슷한 방식으로 초기화해야 하므로 가중치와 편향
값을 초기화하는 함수를 만들어둔다.

```
def init_weight(shape, st_dev):
    weight = tf.Variable(tf.random_normal(shape, stddev=st_dev))
    return(weight)

def init_bias(shape, st_dev):
    bias = tf.Variable(tf.random_normal(shape, stddev=st_dev))
    return(bias)
```

6. 그런 다음 플레이스홀더를 초기화한다. 입력 속성 값 8개, 신생아 무게(g)
를 나타내는 출력 값 1개를 위한 플레이스홀더가 필요하다.

```
x_data = tf.placeholder(shape=[None, 7], dtype=tf.float32)
y_target = tf.placeholder(shape=[None, 1], dtype=tf.float32)
```

7. 3개의 모든 은닉 계층이 완전 연결 계층을 사용한다. 코드 반복을 피하기
위해 계층 함수를 만들어두고 모델을 초기화할 때 사용한다.

```
def fully_connected(input_layer, weights, biases):
    layer = tf.add(tf.matmul(input_layer, weights), biases)
    return(tf.nn.relu(layer))
```

8. 이제 모델을 생성한다. 각 은닉 계층(그리고 출력 계층)마다 가중치 행렬, 편향 행렬, 완전 연결 계층을 초기화해야 한다. 이번 예제에서는 각각의 크기가 25, 20, 3인 은닉 계층을 사용한다.

 이 모델이 사용하는 최적화 대상 변수는 총 522개다. 입력 데이터와 첫 번째 은닉 계층 사이에 8×25+25=225개의 변수가 들어간다. 각 계층에 대해 이런 방식으로 더해 나가면 225+260+33+4=522개의 변수가 나온다. 같은 데이터에 로지스틱 모델을 적용했을 때의 9개 변수에 비해 상당히 많은 양이다.

```
# 첫 번째 계층(25개 은닉 노드)
weight_1 = init_weight(shape=[7, 25], st_dev=10.0)
bias_1 = init_bias(shape=[25], st_dev=10.0)
layer_1 = fully_connected(x_data, weight_1, bias_1)

# 두 번째 계층(10개 은닉 노드)
weight_2 = init_weight(shape=[25, 10], st_dev=10.0)
bias_2 = init_bias(shape=[10], st_dev=10.0)
layer_2 = fully_connected(layer_1, weight_2, bias_2)

# 세 번째 계층(3개 은닉 노드)
weight_3 = init_weight(shape=[10, 3], st_dev=10.0)
bias_3 = init_bias(shape=[3], st_dev=10.0)
layer_3 = fully_connected(layer_2, weight_3, bias_3)

# 출력 계층(1개 출력 값)
weight_4 = init_weight(shape=[3, 1], st_dev=10.0)
bias_4 = init_bias(shape=[1], st_dev=10.0)
final_output = fully_connected(layer_3, weight_4, bias_4)
```

9. L1(절댓값) 비용 함수를 지정하고, 최적화 함수(아담 최적화 함수)를 선언하고, 변수를 초기화한다.

```
loss = tf.reduce_mean(tf.abs(y_target - final_output))
my_opt = tf.train.AdamOptimizer(0.05)
train_step = my_opt.minimize(loss)
init = tf.global_variables_initializer()
sess.run(init)
```

 예제의 아담 최적화 함수에서는 학습률 값으로 0.05를 사용하지만, 더 낮은 학습률이 더 나은 결과를 보인다는 연구 결과가 있다. 이 예제에서는 데이터 처리의 일관성과 빠른 수렴의 필요성 때문에 큰 값을 사용한다.

10. 모델 학습을 200회 반복한다. 학습셋에서 임의로 일괄 작업 대상을 선택하고 학습셋과 테스트셋의 비용 함수 값을 저장하면서 25회 반복마다 학습 상태를 출력한다.

```
loss_vec = []
test_loss = []
for i in range(200):
    rand_index = np.random.choice(len(x_vals_train),
            size=batch_size)
    rand_x = x_vals_train[rand_index]
    rand_y = np.transpose([y_vals_train[rand_index]])
    sess.run(train_step, feed_dict={x_data: rand_x, y_target:
            rand_y})

    temp_loss = sess.run(loss, feed_dict={x_data: rand_x,
            y_target: rand_y})
    loss_vec.append(temp_loss)
```

```
test_temp_loss = sess.run(loss, feed_dict={x_data:
    x_vals_test, y_target: np.transpose([y_vals_test])})
test_loss.append(test_temp_loss)
if (i+1) % 25 == 0:
    print('Generation: ' + str(i+1) + '. Loss = ' + str(temp_loss))
```

11. 출력 결과는 다음과 같다.

```
Generation: 25. Loss = 5622.84
Generation: 50. Loss = 2633.47
Generation: 75. Loss = 2492.91
Generation: 100. Loss = 2275.7
Generation: 125. Loss = 2089.15
Generation: 150. Loss = 2178.22
Generation: 175. Loss = 2027.27
Generation: 200. Loss = 2271.15
```

12. 다음은 matplotlib을 이용해 학습셋 및 테스트셋의 비용 함수 값 그래프를 그리는 코드다.

```
plt.plot(loss_vec, 'k-', label='Train Loss')
plt.plot(test_loss, 'r--', label='Test Loss')
plt.title('Loss (MSE) per Generation')
plt.legend(loc='upper right')
plt.xlabel('Generation')
plt.ylabel('Loss')
plt.show()
```

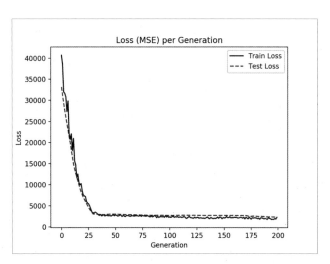

그림 6 신생아 무게(g)를 예측하게 학습한 신경망의 학습셋 및 테스트셋의 비용 함수 값 그래프. 30회 정도의 학습만으로 좋은 모델에 도달했다는 것을 알 수 있다.

13. 이제 신생아 몸무게에 대한 결과를 앞의 로지스틱 모델 결과와 비교해보자. (3장의 로지스틱 회귀 구현 예제의) 로지스틱 선형 회귀에서 수천 번의 반복 학습 후에 60% 정도의 정확도에 도달했다. 비교해보기 위해 이번 학습셋 및 테스트셋의 회귀 결과 값이 2500g을 넘는지 확인해 분류 결과로 변환한다. 다음 코드를 이용해 모델의 정확도를 계산할 수 있다.

```
actuals = np.array([x[0] for x in birth_data])
test_actuals = actuals[test_indices]
train_actuals = actuals[train_indices]
test_preds = [x[0] for x in sess.run(final_output,
        feed_dict={x_data: x_vals_test})]
train_preds = [x[0] for x in sess.run(final_output,
        feed_dict={x_data: x_vals_train})]
test_preds = np.array([1.0 if x < 2500.0 else 0.0 for x in
        test_preds])
train_preds = np.array([1.0 if x < 2500.0 else 0.0 for x in
        train_preds])
```

```
test_acc = np.mean([x==y for x,y in zip(test_preds,
        test_actuals)])
train_acc = np.mean([x==y for x,y in zip(train_preds,
        train_actuals)])
print('On predicting the category of low birthweight from
        regression output (<2500g):')
print('Test Accuracy: {}'.format(test_acc))
print('Train Accuracy: {}'.format(train_acc))
```

14. 출력 결과는 다음과 같다.

```
Test Accuracy: 0.42105263157894735
Train Accuracy: 0.5364238410596026
```

예제 분석

이번 예제에서 3개의 완전 연결 은닉 계층을 이용해 신생아 저체중 데이터셋의 신생아 몸무게를 예측하는 회귀 신경망을 만들어봤다. 신생아 체중이 2500g보다 낮을지 예측하는 로지스틱 모델 결과와 비교해보면 더 적은 학습 횟수로 비슷한 결과를 얻을 수 있었다. 다음 예제에서 로지스틱 유형의 다층 신경망을 구축해 로지스틱 회귀 모델을 개선해본다.

▌ 선형 모델 예측 개선

앞의 예제에서 동일한 목적의 선형 모델보다 신경망의 최적화 매개변수가 엄청나게 더 많다는 것을 언급했다. 이번 예제에서는 신경망을 이용해 신생아 저체중 로지스틱 모델을 개선해본다.

이번 예제는 신생아 저체중 데이터를 로드한 후 시그모이드 활성화 함수를 사용하는 두 개의 완전 연결 계층이 포함된 신경망을 이용해 신생아 저체중 확률을 예측해본다.

예제 구현

1. 라이브러리를 로드하고 계산 그래프를 초기화한다.

```
import matplotlib.pyplot as plt
import numpy as np
import tensorflow as tf
import requests
sess = tf.Session()
```

2. 이전 예제와 동일하게 데이터를 로드하고 추출한 후 정규화한다. 단 이번에는 실제 체중이 아닌 신생아 저체중 표지를 대상 값으로 한다.

```
birthdata_url = 'https://github.com/nfmcclure/tensorflow_
     cookbook/raw/master/01_Introduction/07_Working_with_
     Data_Sources/birthweight_data/birthweight.dat'
birth_file = requests.get(birthdata_url)
birth_data = birth_file.text.split('\r\n')
birth_header = birth_data[0].split('\t')
birth_data = [[float(x) for x in y.split('\t') if len(x)>=1] for
     y in birth_data[1:] if len(y)>=1]
birth_data = [[float(x) for x in row] for row in birth_data]

y_vals = np.array([x[0] for x in birth_data])
x_vals = np.array([x[2:9] for x in birth_data])
```

```
train_indices = np.random.choice(len(x_vals), round(len(x_
        vals)*0.8), replace=False)
test_indices = np.array(list(set(range(len(x_vals))) -
        set(train_indices)))
x_vals_train = x_vals[train_indices]
x_vals_test = x_vals[test_indices]
y_vals_train = y_vals[train_indices]
y_vals_test = y_vals[test_indices]

def normalize_cols(m):
    col_max = m.max(axis=0)
    col_min = m.min(axis=0)
    return (m-col_min) / (col_max - col_min)

x_vals_train = np.nan_to_num(normalize_cols(x_vals_train))
x_vals_test = np.nan_to_num(normalize_cols(x_vals_test))
```

3. 그다음에 일괄 작업 크기를 선언하고 데이터를 처리할 플레이스홀더를 선언한다.

```
batch_size = 90
x_data = tf.placeholder(shape=[None, 7], dtype=tf.float32)
y_target = tf.placeholder(shape=[None, 1], dtype=tf.float32)
```

4. 전과 마찬가지로 각 계층의 모델 변수를 초기화하는 함수를 선언한다. 로지스틱 함수를 더 잘 만들기 위해 입력 계층에 대응하는 로지스틱 계층을 반환하는 함수를 만들자. 즉, 완전 연결 계층 연산만 수행하고, 그 결과에 원소 단위로 시그모이드를 적용한 값을 반환한다. 비용 함수 내부의 마지막에 시그모이드가 들어 있으므로, 마지막 계층의 출력 값에는 시그모이드를 적용하지 않는다는 점을 기억하자.

```python
def init_variable(shape):
    return(tf.Variable(tf.random_normal(shape=shape)))

def logistic(input_layer, multiplication_weight, bias_weight,
    activation = True):
  linear_layer = tf.add(tf.matmul(input_layer, multiplication_
      weight), bias_weight)
  if activation:
      return(tf.nn.sigmoid(linear_layer))
  else:
      return(linear_layer)
```

5. 이제 3개의 계층(2개의 은닉 계층과 1개의 출력 계층)을 선언한다. 각 계층의 가중치 및 편향 값 행렬을 초기화하고 계층 연산을 정의한다.

```python
# 첫 번째 로지스틱 계층(7개 입력과 14개 은닉 노드)
A1 = init_variable(shape=[7,14])
b1 = init_variable(shape=[14])
logistic_layer1 = logistic(x_data, A1, b1)

# 두 번째 로지스틱 계층(14개 입력과 5개 은닉 노드)
A2 = init_variable(shape=[14,5])
b2 = init_variable(shape=[5])
logistic_layer2 = logistic(logistic_layer1, A2, b2)

# 최종 출력 계층(5개 입력과 1개 출력)
A3 = init_variable(shape=[5,1])
b3 = init_variable(shape=[1])
final_output = logistic(logistic_layer2, A3, b3,
    activation=False)
```

6. (교차 엔트로피) 비용 함수 및 최적화 알고리즘을 선언하고 변수를 초기화한다.

```
loss = tf.reduce_mean(tf.nn.sigmoid_cross_entropy_with_
        logits(logits=final_output, labels=y_target))
my_opt = tf.train.AdamOptimizer(learning_rate = 0.002)
train_step = my_opt.minimize(loss)
init = tf.global_variables_initializer()
sess.run(init)
```

 교차 엔트로피는 확률 사이의 거리를 측정하는 방법이다. 여기서는 확실함 정도(0 또는 1)와 모델이 예측한 확률(0<x<1) 사이의 거리를 측정하고자 한다. 텐서플로의 교차 엔트로피에는 시그모이드 함수가 내장돼 있다. 교차 엔트로피는 당면한 문제에 대한 최적의 비용 함수 및 학습률, 최적화 알고리즘을 찾기 위해 초매개변수를 조절하는 과정에서도 중요한 역할을 한다. 이번 예제에서는 간략한 설명을 위해 초매개변수 조절 부분은 다루지 않았다.

7. 이번 모델을 평가해 이전 모델들과 비교할 수 있게 그래프를 이용해서 예측하는 연산과 정확도를 계산하는 연산을 만든다. 이를 이용하면 테스트셋 전체를 투입해 정확도를 계산할 수 있다.

```
prediction = tf.round(tf.nn.sigmoid(final_output))
predictions_correct = tf.cast(tf.equal(prediction, y_target),
        tf.float32)
accuracy = tf.reduce_mean(predictions_correct)
```

8. 이제 학습 루프를 시작할 준비가 됐다. 1500회 학습을 진행하고 나중에 그래프를 그릴 수 있게 모델의 비용 함수 값과 학습셋 및 테스트셋 정확도를 저장해둔다.

```
loss_vec = []
train_acc = []
```

```
test_acc = []
for i in range(1500):
    rand_index = np.random.choice(len(x_vals_train),
            size=batch_size)
    rand_x = x_vals_train[rand_index]
    rand_y = np.transpose([y_vals_train[rand_index]])
    sess.run(train_step, feed_dict={x_data: rand_x, y_target:
            rand_y})

    temp_loss = sess.run(loss, feed_dict={x_data: rand_x,
            y_target: rand_y})
    loss_vec.append(temp_loss)
    temp_acc_train = sess.run(accuracy, feed_dict={x_data:
            x_vals_train, y_target: np.transpose([y_vals_train])})
    train_acc.append(temp_acc_train)
    temp_acc_test = sess.run(accuracy, feed_dict={x_data:
            x_vals_test, y_target: np.transpose([y_vals_test])})
    test_acc.append(temp_acc_test)
    if (i+1)%150==0:
        print('Loss = ' + str(temp_loss))
```

9. 다음과 같은 출력 결과가 나온다.

```
Loss = 0.696393
Loss = 0.591708
Loss = 0.59214
Loss = 0.505553
Loss = 0.541974
Loss = 0.512707
Loss = 0.590149
Loss = 0.502641
Loss = 0.518047
Loss = 0.502616
```

10. 다음은 matplotlib을 이용해 교차 엔트로피 비용 함수 값과 학습셋 및 테스트셋 정확도 그래프를 그리는 코드다.

```
plt.plot(loss_vec, 'k-')
plt.title('Cross Entropy Loss per Generation')
plt.xlabel('Generation')
plt.ylabel('Cross Entropy Loss')
plt.show()

plt.plot(train_acc, 'k-', label='Train Set Accuracy')
plt.plot(test_acc, 'r--', label='Test Set Accuracy')
plt.title('Train and Test Accuracy')
plt.xlabel('Generation')
plt.ylabel('Accuracy')
plt.legend(loc='lower right')
plt.show()
```

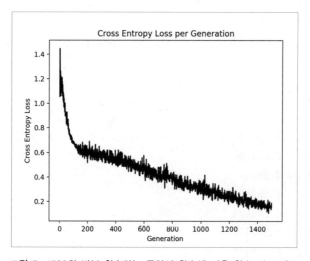

그림 7 1500회 반복 학습하는 동안의 학습셋 비용 함수 값 그래프

약 50회 반복 학습만에 괜찮은 모델에 도달했다. 이후 이어지는 반복 학습에서는 거의 이득이 없는 것을 볼 수 있다.

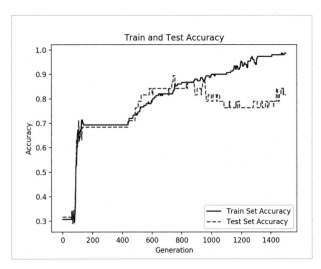

그림 8 학습셋과 테스트셋에 대한 정확도 그래프

이 그래프를 통해 매우 빠른 시점에 좋은 모델에 도달한다는 것을 확인할 수 있다.

예제 분석

신경망을 이용해 데이터 모델을 만들려고 할 때는 장점과 단점을 따져봐야 한다. 다른 모델에 비해 모델 수렴이 빠르고 더 정확한 경우가 있지만, 치러야 하는 대가가 있다. 학습해야 할 모델 변수가 더 많고, 과다 최적화 가능성이 더 크다. 과다 최적화 발생을 확인하기 위해서는 테스트셋과 학습셋에 대한 정확도를 살펴보면서 테스트셋의 정확도가 그대로 유지되거나 오히려 줄어듦에도 불구하고, 학습셋의 정확도가 조금씩 계속 늘어나는지를 확인해본다.

과소 최적화 문제를 해결하기 위해서는 모델의 계층 깊이를 늘리거나 학습 반복 횟수를 늘려볼 수 있다. 과다 최적화 문제를 해결하기 위해서는 데이터를 추가하거나 모델에 규격화 기법을 적용할 수 있다.

모델 변수가 선형 모델처럼 쉽게 해석 가능하지 않다는 점도 알아두자. 모델 속성의 중요도를 설명해 줄 수 있는 선형 모델과 달리 신경망 모델의 계수는 해석이 어렵다.

▎ 틱택토 게임 방법 학습

신경망의 적용 범위를 보여주기 위해 신경망을 이용해 틱택토^{Tic Tac Toe} 게임의 최적 이동 방식을 학습해본다. 틱택토 게임은 최적 이동 방식이 이미 알려져 있는 확정적 게임이라는 것을 알고 이 문제에 접근할 것이다.

준비

모델 학습을 위해 최적의 응수가 표시돼 있는 게임판 목록이 주어진다. 대칭적으로 동일한 게임판 위치를 정리해서 학습에 사용할 게임판 개수를 줄일 수 있다. 동일한 틱택토 게임판 변환 방법으로는 90도, 180도, 270도 회전, 가로 대칭, 세로 대칭 변환이 있다. 이 발상을 활용하면 최적 응수 표시된 게임판의 압축 목록을 이용해서 두 가지 변환을 임의로 적용한 후 신경망 학습에 투입할 수 있다.

 틱택토 게임은 확정적 게임이므로, 먼저 시작하는 사람이 이기거나 비긴다는 점을 알아두자. 최적의 수로 대응하는 모델의 결과는 비기는 것이 될 것이다.

X를 1, O를 -1, 빈 공간을 0으로 표기한다면 게임판 위치와 최적 응수를 다음과 같은 데이터 열로 표현할 수 있다.

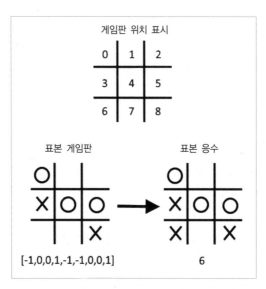

그림 9 게임판과 최적 응수를 데이터 열로 표시하는 방법. 위치 번호는 0부터 시작하고, X=1, O=−1, 빈 공간은 0으로 표기한다.

모델 동작 성능을 확인하기 위해 모델 비용 함수와 더불어 두 가지를 더 확인해 본다. 첫 번째 확인 작업은 학습셋에서 위치와 최적 응수 데이터 하나를 빼둔다. 이 데이터를 이용해 신경망 모델의 미지의 데이터에 대한 일반화 능력을 확인할 수 있다. 두 번째 확인 작업은 모델과 실제 게임을 해보는 것이다.

이 예제에서 사용할 수 있는 게임판과 최적 응수 목록은 깃허브 저장소에서 구할 수 있다.

https://github.com/nfmcclure/tensorflow_cookbook/blob/master/06_Neural_
Networks/08_Learning_Tic_Tac_Toe/base_tic_tac_toe_moves.csv

1. 스크립트에 필요한 라이브러리를 로드한다.

```
import tensorflow as tf
import matplotlib.pyplot as plt
import csv
import numpy as np
import random
```

2. 모델 학습을 위한 배치 작업 크기를 선언한다.

```
batch_size = 50
```

3. 좀 더 쉽게 게임판을 시각화하기 위해 X, 0로 틱택토 게임판을 출력하는
함수를 만든다.

```
def print_board(board):
    symbols = ['0', ' ', 'X']
    board_plus1 = [int(x) + 1 for x in board]
    board_line1 = ' {} | {} | {}'.format(symbols[board_plus1[0]],
        symbols[board_plus1[1]], symbols[board_plus1[2]])
    board_line2 = ' {} | {} | {}'.format(symbols[board_plus1[3]],
        symbols[board_plus1[4]], symbols[board_plus1[5]])
    board_line3 = ' {} | {} | {}'.format(symbols[board_plus1[6]],
        symbols[board_plus1[7]], symbols[board_plus1[8]])
    print(board_line1)
    print('_____')
    print(board_line2)
    print('_____')
    print(board_line3)
```

4. 게임판에 변환을 적용한 새 게임판과 응수 데이터를 반환하는 함수를 만든다.

```python
def get_symmetry(board, play_response, transformation):
    """
    :param board: 9개 정수 리스트. 상대편의 수는 -1, 내가 둔 수는 1,
    빈 공간은 0으로 표시
    :param play_response: 내가 둘 수 (0-8)
    :param transformation: 게임판에 적용 가능한 5가지 변환
    'rotate180', 'rotate90', 'rotate270', 'flip_v', 'flip_h'
    :return: tuple: (새_게임판, 새_응수)
    """
    if transformation == 'rotate180':
        new_response = 8 - play_response
        return board[::-1], new_response
    elif transformation == 'rotate90':
        new_response = [6, 3, 0, 7, 4, 1, 8, 5, 2].index(play_
                response)
        tuple_board = list(zip(*[board[6:9], board[3:6],
                board[0:3]]))
        return [value for item in tuple_board for value in item],
                new_response
    elif transformation == 'rotate270':
        new_response = [2, 5, 8, 1, 4, 7, 0, 3, 6].index(play_
                response)
        tuple_board = list(zip(*[board[0:3], board[3:6],
                board[6:9]]))[::-1]
        return [value for item in tuple_board for value in item],
                new_response
    elif transformation == 'flip_v':
        new_response = [6, 7, 8, 3, 4, 5, 0, 1, 2].index(play_
                response)
        return board[6:9] + board[3:6] + board[0:3], new_response
    elif transformation == 'flip_h':
```

```
        # flip_h = rotate180, then flip_v
        new_response = [2, 1, 0, 5, 4, 3, 8, 7, 6].index(play_
            response)
        new_board = board[::-1]
        return new_board[6:9] + new_board[3:6] + new_board[0:3],
            new_response
    else:
        raise ValueError('Method not implemented.')
```

5. 저장소 디렉토리의 csv 파일에 게임판과 최적 응수 리스트가 들어 있다. 게임판과 응수가 들어 있는 파일을 로드해 튜플 리스트로 저장하는 함수를 만든다.

```
def get_moves_from_csv(csv_file):
    """
    :param csv_file: 게임판과 응수가 기록된 csv 파일 위치
    :return: moves: 최적 응수 위치 리스트
    """
    play_moves = []
    with open(csv_file, 'rt') as csvfile:
        reader = csv.reader(csvfile, delimiter=',')
        for row in reader:
            play_moves.append(([int(x) for x in row[0:9]],
                int(row[9])))
    return play_moves
```

6. 이제 모든 것을 연결해서 임의 변환을 적용한 게임판과 응수를 반환하는 함수를 만든다.

```
def get_rand_move(play_moves, rand_transforms=2):
    """
```

```
    :param play_moves: 응수가 포함된 게임판 리스트
    :param rand_transforms: 적용할 임의 변환 개수
    :return: (게임판, 응수), 게임판은 9개 정수 리스트, 응수는 1개의 정수로 표현
    """
    (board, play_response) = random.choice(play_moves)
    possible_transforms = ['rotate90', 'rotate180', 'rotate270',
        'flip_v', 'flip_h']
    for _ in range(rand_transforms):
        random_transform = random.choice(possible_transforms)
        (board, play_response) = get_symmetry(board,
            play_response, random_transform)
    return board, play_response
```

7. 그래프 세션을 초기화하고 데이터를 로드한 후 학습셋을 생성한다.

```
sess = tf.Session()
moves = get_moves_from_csv('base_tic_tac_toe_moves.csv')

# 학습셋 생성
train_length = 500
train_set = []
for t in range(train_length):
    train_set.append(get_rand_move(moves))
```

8. 모델이 최적의 응수를 잘 일반화하는지 확인하기 위해 학습셋에서 데이터 하나를 빼두기로 했다. 다음 테스트 게임판에 대한 최적의 응수는 6번 위치가 될 것이다.

```
test_board = [-1, 0, 0, 1, -1, -1, 0, 0, 1]
train_set = [x for x in train_set if x[0] != test_board]
```

9. 이제 모델 변수를 생성하는 함수와 모델을 생성하는 함수를 만든다. 모

델의 비용 함수에 소프트맥스 활성화 함수가 들어 있기 때문에 모델에는 소프트맥스 함수가 들어가 있지 않다.

```
def init_weights(shape):
    return(tf.Variable(tf.random_normal(shape)))
def model(X, A1, A2, bias1, bias2):
    layer1 = tf.nn.sigmoid(tf.add(tf.matmul(X, A1), bias1))
    layer2 = tf.add(tf.matmul(layer1, A2), bias2)
    return(layer2)
```

10. 이제 플레이스홀더, 변수, 모델을 선언한다.

```
X = tf.placeholder(dtype=tf.float32, shape=[None, 9])
Y = tf.placeholder(dtype=tf.int32, shape=[None])

A1 = init_weights([9, 81])
bias1 = init_weights([81])
A2 = init_weights([81, 9])
bias2 = init_weights([9])

model_output = model(X, A1, A2, bias1, bias2)
```

11. 최종 로지트 함수의 출력 값에 대한 소프트맥스 값을 계산하는 비용 함수를 선언한다. 그다음에 학습을 위한 최점화 함수를 선언한다. 나중에 모델과 게임을 할 때 사용할 예측 연산도 만들어둔다.

```
loss = tf.reduce_mean(tf.nn.sparse_softmax_cross_entropy_
    with_logits(logits=model_output, labels=Y))
train_step = tf.train.GradientDescentOptimizer(0.025).
    minimize(loss)
prediction = tf.argmax(model_output, 1)
```

12. 변수를 초기화하고 신경망 학습 루프를 실행한다.

```
init = tf.global_variables_initializer()
sess.run(init)

loss_vec = []
for i in range(10000):
    rand_indices = np.random.choice(range(len(train_set)),
        batch_size, replace=False)
    batch_data = [train_set[i] for i in rand_indices]
    x_input = [x[0] for x in batch_data]
    y_target = np.array([y[1] for y in batch_data])
    sess.run(train_step, feed_dict={X: x_input, Y: y_target})
    temp_loss = sess.run(loss, feed_dict={X: x_input, Y: y_target})
    loss_vec.append(temp_loss)
    if i % 500 == 0:
        print('Iteration: {}, Loss: {}'.format(i, temp_loss))
```

13. 다음은 모델 학습 과정의 비용 함수 값 그래프를 그리는 코드다.

```
plt.plot(loss_vec, 'k-', label='Loss')
plt.title('Loss (MSE) per Generation')
plt.xlabel('Generation')
plt.ylabel('Loss')
plt.show()
```

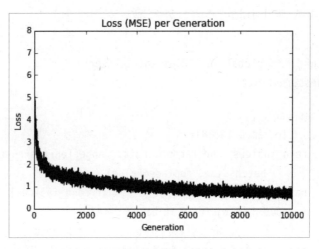

그림 10 10000회 반복 학습하는 동안의 틱택토 학습셋 비용 함수 값

학습이 진행되는 동안의 비용 함수 값 그래프를 그려봤다.

1. 모델을 테스트하기 위해 학습셋에서 제거했던 테스트 게임판에 대한 모델의 동작을 확인해본다. 모델이 상황을 잘 일반화해서 최적의 응수인 6번 위치를 예측하기를 기대할 것이다. 대개의 경우 모델은 성공적인 결과를 내놓는다.

```
test_boards = [test_board]
feed_dict = {X: test_boards}
logits = sess.run(model_output, feed_dict=feed_dict)
predictions = sess.run(prediction, feed_dict=feed_dict)
print(predictions)
```

2. 다음과 같은 결과를 출력할 것이다.

```
[6]
```

3. 모델을 평가하기 위해 학습된 모델과 게임을 해보자. 이를 위해서는 승리 조건을 확인할 함수가 필요하다. 이 함수를 통해 프로그램은 이동 위치를 더 이상 물어볼 필요 없는 순간을 알 수 있다.

```python
def check(board):
    wins = [[0,1,2], [3,4,5], [6,7,8], [0,3,6], [1,4,7], [2,5,8],
            [0,4,8], [2,4,6]]
    for i in range(len(wins)):
        if board[wins[i][0]]==board[wins[i][1]]==
            board[wins[i][2]]==1.:
            return(1)
        elif board[wins[i][0]]==board[wins[i][1]]==
            board[wins[i][2]]==-1.:
            return(1)
    return(0)
```

4. 이제 모델과 게임하는 루프를 실행한다. (모든 값이 0인) 비어 있는 게임판으로 시작해서 사용자에게 수를 둘 위치(0-8)를 입력 받은 다음, 이 게임판을 모델에 투입해서 응수를 예측해본다. 모델의 응수 중 빈 공간에 대해 값이 가장 큰 응수를 취한다. 마지막 부분에 게임 진행 상황 하나를 볼 수 있다. 이를 통해 모델이 아직 완벽하지 않다는 것을 확인할 수 있다.

```python
game_tracker = [0., 0., 0., 0., 0., 0., 0., 0., 0.]
win_logical = False
num_moves = 0

while not win_logical:
    player_index = input('Input index of your move (0-8): ')
    num_moves += 1
```

```
# 게임에 사용자 수를 추가
game_tracker[int(player_index)] = 1.

# 모든 위치에 대한 로지트 값을 구해 모델의 모든 응수를 구함
[potential_moves] = sess.run(model_output, feed_dict={X:
        [game_tracker]})

# ( 현재 위치 값이 0.0인) 허용된 응수를 구함
allowed_moves = [ix for ix,x in enumerate(game_tracker) if x==0.0]

# 허용된 응수 중에 로지트 값이 최대인 최적의 응수를 구함
model_move = np.argmax([x if ix in allowed_moves else -999.0 for
        ix,x in enumerate(potential_moves)])

# 모델의 응수를 게임에 추가
game_tracker[int(model_move)] = -1.
print('Model has moved')
print_board(game_tracker)

# 게임의 승리 조건, 혹은 계속 진행 가능 여부 확인
if check(game_tracker)==1 or num_moves>=5:
    print('Game Over!')
    win_logical = True
```

5. 실행하면 다음과 같은 출력 결과를 얻을 수 있다.

```
Input index of your move (0-8): 4
Model has moved
 O |   |

-----------
   | X |

-----------
   |   |
Input index of your move (0-8): 6
Model has moved
```

```
 O |   |
 -----------
   | X |
 -----------
 X |   | O
Input index of your move (0-8): 2
Model has moved
 O |   | X
 -----------
 O | X |
 -----------
 X |   | O
Game Over!
```

예제 분석

9차원 벡터로 표시한 게임판을 입력받아 틱택토 게임을 하는 신경망을 학습해서 최적의 응수를 예측해봤다. 틱택토 게임판 데이터를 최소한으로 투입하고, 투입한 게임판에 다양한 변환을 적용해 학습셋 크기를 늘려 사용했다.

알고리즘을 테스트하기 위해 게임판 하나를 사례에서 제거한 후 이 데이터를 이용해 모델이 최적의 응수를 일반화하는지 확인해봤다. 마지막으로 모델과 직접 게임도 진행해봤다. 아직 완벽하지 않은 모습을 볼 수 있었지만, 다양한 구조와 학습 방식을 시도해 모델을 개선시킬 수 있을 것이다.

7

자연어 처리

7장에서는 텐서플로에서 문서 다루는 방법을 소개한다. 먼저 단어를 벡터로 표현하는 단어 임베딩 방식과 단어 꾸러미 기법을 소개한 후 Word2vec, Doc2vec 같이 개선된 임베딩 방식에 대해 알아본다. 7장에서 다루는 내용은 다음과 같다.

- 단어 꾸러미 기법
- TF-IDF 구현
- 스킵-그램 임베딩
- CBOW 임베딩
- Word2vec을 이용한 예측
- Doc2vec을 이용한 감정 분석

여러 번 언급한 대로 7장의 모든 코드는 다음 사이트에서 받을 수 있다.

https://github.com/nfmcclure/tensorflow_cookbook

▌ 소개

지금까지는 주로 숫자 입력 값에 대해 동작하는 머신 러닝 알고리즘을 살펴봤다. 문서 데이터를 사용하려면 문서 데이터를 숫자로 변환할 방법을 생각해야 한다. 실제 다양한 변환 방식이 존재하며, 7장에서는 그중 많이 사용하는 몇 가지 방법을 알아본다.

문장 "TensorFlow makes machine learning easy"를 고려해보면 단어 관찰 순서에 따라 번호를 부여하는 방식으로 변환할 수 있다. 그다음에 본 적이 없는 단어를 0으로 표기하면 새로운 문장 "machine learning is easy"를 3 4 0 5로 변환할 수 있다. 이 두 문장의 예에서는 크기가 6으로 제한된 사전을 사용한다. 큰 문서를 대상으로 한다면 얼마나 많은 단어를 대상으로 할지를 정해야 하는데, 보통 가장 빈도가 높은 단어들을 저장하고 나머지 단어들은 0으로 표기한다.

단어 learning의 숫자 값이 4이고 단어 makes의 숫자 값이 2라면 learning은 makes보다 무언가가 2배라고 가정하게 되기 쉽다. 단어 사이의 이런 수치 관계를 의도한 것은 아니므로, 이 숫자가 관계를 나타내는 것이 아니라 분류를 나타내는 것으로 생각하자.

문장의 길이가 다르다는 점도 문제가 된다. 동일한 크기의 관찰 데이터(이 경우는 문장)가 모델에 입력돼야 한다. 이런 문제를 해결하려면 출현하는 단어 위치에 해당하는 벡터의 원소 값을 1로 하는 희소 벡터로 문장을 변환한다.

TensorFlow	makes	machine	learning	easy
1	2	3	4	5

```
first_sentence = [0,1,1,1,1,1]
```

284

machine	learning	is	easy
3	4	0	5

```
second_sentence = [1,0,0,1,1,1]
```

이 방법의 단점은 단어 순서 정보가 사라진다는 점이다. "TensorFlow makes machine learning easy", "machine learning makes TensorFlow easy" 두 문장의 문장 벡터가 같아진다.

이 벡터의 크기는 사용하는 사전의 크기와 동일하다는 점도 알아두자. 사전의 크기는 일반적으로 아주 크기 때문에 이 문장 벡터는 많은 원소 값이 0인 희소 벡터가 된다. 이런 유형의 단어 임베딩 방식을 단어 꾸러미 방식이라고 한다. 다음 절에서 이 방식을 구현해본다.

또 다른 단점은 단어 is와 TensorFlow를 가리키는 위치의 벡터 원소 값이 동일한 1이 될 수 있다는 점이다. is 단어보다는 TensorFlow 단어의 출현이 더 의미 있다고 생각할 수 있다.

7장에서는 이런 여러 가지 발상을 다루는 다양한 유형의 임베딩 방식을 알아본다. 우선 단어 꾸러미 구현부터 알아보자.

▎ 단어 꾸러미 기법

먼저 텐서플로의 단어 꾸러미 임베딩 처리 방식을 알아보자. '소개' 절에서 수치 할당 방식을 소개했다. 이 예제에서는 스팸 예측에 이 임베딩을 활용한다.

UCI 머신 러닝 데이터 저장소의 스팸-비스팸 핸드폰 문자 데이터베이스를 사용해서 문서 데이터셋에 대한 단어 꾸러미 기법 사용법을 알아본다(https://archive. ics.uci.edu/ml/datasets/SMS+Spam+Collection). 이 데이터는 스팸 문자 메시지와 비스팸(햄) 문자 메시지를 모아둔 것이다. 데이터를 다운로드하고 향후 사용을 위해 저장해둔 다음, 단어 꾸러미 기법을 이용해 문자가 스팸인지 아닌지 예측해 본다. 은닉 계층을 두지 않는 로지스틱 모델을 사용한다. 일괄 작업 크기가 1인 확률적 학습을 진행하고, 마지막에 유보 테스트셋에 대한 정확도를 계산해본다.

이번 예제에서는 데이터를 얻은 후 문서를 정규화하고 분할한 다음, 임베딩 함수를 적용하고, 스팸 예측을 위한 로지스틱 함수를 학습시킨다.

1. 첫 번째 할 일은 작업이 필요한 라이브러리를 로드하는 것이다. 늘 사용하던 라이브러리와 더불어 UCI 머신 러닝 사이트에서 받은 데이터 압축 파일을 해제하기 위해 .zip 파일 라이브러리도 로드한다.

```
import tensorflow as tf
import matplotlib.pyplot as plt
import os
import numpy as np
import csv
import string
import requests
import io
from zipfile import ZipFile
from tensorflow.contrib import learn
```

```
from tensorflow.python.framework import ops
ops.reset_default_graph()
sess = tf.Session()
```

2. 스크립트를 실행할 때마다 문서 데이터를 다운로드하지 않고 다운로드
한 파일을 저장해두고 저장 여부를 확인하는 방식을 사용한다. 이를 통
해 스크립트 매개변수를 변경할 때마다 데이터를 반복적으로 다운로드
하는 일을 막을 수 있다. 다운로드한 데이터에서 입력 데이터와 출력
데이터를 추출하고 스팸 데이터의 대상 값은 1로 변경하고, 비스팸 데이
터의 대상 값은 0으로 변경한다.

```
save_file_name = os.path.join('temp','temp_spam_data.csv')

if not os.path.exists('temp'):
    os.makedirs('temp')

if os.path.isfile(save_file_name):
    text_data = []
    with open(save_file_name, 'r') as temp_output_file:
        reader = csv.reader(temp_output_file)
        for row in reader:
            text_data.append(row)
else:
    zip_url = 'http://archive.ics.uci.edu/ml/machine-learning-
            databases/00228/smsspamcollection.zip'
    r = requests.get(zip_url)
    z = ZipFile(io.BytesIO(r.content))
    file = z.read('SMSSpamCollection')

    # 데이터 정리
    text_data = file.decode()
    text_data = text_data.encode('ascii',errors='ignore')
```

```python
text_data = text_data.decode().split('\n')
text_data = [x.split('\t') for x in text_data if len(x)>=1]

# csv 파일
with open(save_file_name, 'w') as temp_output_file:
    writer = csv.writer(temp_output_file)
    writer.writerows(text_data)

texts = [x[1] for x in text_data]
target = [x[0] for x in text_data]

# 스팸을 1로, 비스팸을 0으로 다시 표시
target = [1 if x=='spam' else 0 for x in target]
```

3. 사전 크기를 줄일 수 있게 문서를 정규화한다. 대소문자와 숫자의 영향성을 제거한다.

```python
# 소문자로 변환
texts = [x.lower() for x in texts]

# 문장 부호 제거
texts = [''.join(c for c in x if c not in string.punctuation) for
    x in texts]

# 숫자 제거
texts = [''.join(c for c in x if c not in '0123456789') for x in
    texts]

# 여분의 공백 제거
texts = [' '.join(x.split()) for x in texts]
```

4. 문장의 최대 크기도 정해야 한다. 데이터셋에 포함된 문서 길이의 히스토그램을 확인하고 값을 정한다. 25 단어가 적절한 임계값으로 보인다.

```
text_lengths = [len(x.split()) for x in texts]
text_lengths = [x for x in text_lengths if x < 50]
plt.hist(text_lengths, bins=25)
plt.title('Histogram of # of Words in Texts')
plt.show()
sentence_size = 25
min_word_freq = 3
```

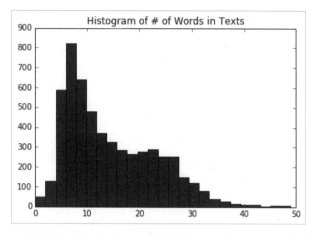

그림 1 문서 데이터의 단어 개수 히스토그램. 이를 활용해 문서 처리에 적용할 최대 단어 개수 기준을 세운다. 예제에서는 25 단어를 사용하지만, 30 또는 40 단어도 사용할 수 있다.

5. 텐서플로의 learn.preprocessing 라이브러리에는 VocabularyProcessor() 라는 사전 임베딩 방식을 지정하는 내장된 처리 도구가 있다.

```
vocab_processor = learn.preprocessing.VocabularyProcessor(
        sentence_size, min_frequency=min_word_freq)
vocab_processor.transform(texts)
embedding_size = len([x for x in
        vocab_processor.transform(texts)])
```

6. 이제 데이터를 학습셋과 테스트셋으로 분할한다.

```
train_indices = np.random.choice(len(texts),
        round(len(texts)*0.8), replace=False)
test_indices = np.array(list(set(range(len(texts))) -
        set(train_indices)))
texts_train = [x for ix, x in enumerate(texts) if ix in
        train_indices]
texts_test = [x for ix, x in enumerate(texts) if ix in
        test_indices]
target_train = [x for ix, x in enumerate(target) if ix in
        train_indices]
target_test = [x for ix, x in enumerate(target) if ix in
        test_indices]
```

7. 단어를 위한 임베딩 행렬을 선언한다. 문장을 구성하는 단어들이 위치 색인으로 변환될 것이다. 이 위치 색인 값은 단어 임베딩 크기와 동일한 크기의 단위행렬을 이용해 원핫 인코딩 벡터로 바꿀 수 있다. 이 행렬을 이용해 각 단어의 희소 벡터를 찾아내고, 이 벡터들을 모두 더해서 문장 희소 벡터를 구할 수 있다.

```
identity_mat = tf.diag(tf.ones(shape=[embedding_size]))
```

8. 스팸 확률을 예측하는 로지스틱 회귀 모델을 유도할 것이므로 로지스틱 회귀 변수를 선언해야 한다. 데이터 플레이스홀더도 선언한다. x_data를 입력하는 플레이스홀더는 정수 값인 항등 행렬의 행 위치를 찾는 데 사용할 것이므로, 정수형이어야 한다는 점을 알아두자.

```
A = tf.Variable(tf.random_normal(shape=[embedding_size,1]))
```

```
b = tf.Variable(tf.random_normal(shape=[1,1]))

# 플레이스홀더 초기화
x_data = tf.placeholder(shape=[sentence_size], dtype=tf.int32)
y_target = tf.placeholder(shape=[1, 1], dtype=tf.float32)
```

9. 이제 텐서플로의 임베딩 조회 함수를 이용해 문장의 단어 인덱스를 단위 행렬의 원핫 인코딩 벡터로 할당한다. 행렬을 갖고서 앞에 설명한 대로 단어 벡터들을 더해 문장 벡터를 만든다.

```
x_embed = tf.nn.embedding_lookup(identity_mat, x_data)
x_col_sums = tf.reduce_sum(x_embed, 0)
```

10. 문장에 대한 고정 길이 문장 벡터를 얻었으므로 로지스틱 회귀를 수행한다. 이를 위해 모델 연산을 선언해야 한다. 한 번의 학습에 하나의 데이터만 사용할 것이므로(확률적 학습), 입력의 차원을 확장한 후 선형 회귀 연산을 적용한다. 텐서플로의 비용 함수에 시그모이드가 들어 있으므로 출력에 시그모이드를 적용할 필요는 없다.

```
x_col_sums_2D = tf.expand_dims(x_col_sums, 0)
model_output = tf.add(tf.matmul(x_col_sums_2D, A), b)
```

11. 비용 함수, 예측 함수, 모델 학습을 위한 최적화 함수를 선언한다.

```
loss = tf.reduce_mean(tf.nn.sigmoid_cross_entropy_with_
        logits(logits=model_output, labels=y_target))
prediction = tf.sigmoid(model_output)
my_opt = tf.train.GradientDescentOptimizer(0.001)
train_step = my_opt.minimize(loss)
```

12. 학습 루프를 시작하기 전에 그래프 변수를 초기화한다.

```
init = tf.global_variables_initializer()
sess.run(init)
```

13. 이제 문장들을 대상으로 반복 학습을 실행한다. 텐서플로의 vocab_ processor.fit() 함수는 한 번에 한 문장씩 처리하는 생성 함수다. 로지 스틱 모델을 대상으로 확률적 학습을 진행하는 데 적합하기 때문에 이 함수를 사용한다. 정확도 변화 경향을 통해 영감을 얻을 수 있게 최근 50 번의 학습에 대한 평균값을 저장해둔다. 현재 값만으로 그래프를 그리면 현재 데이터에 대한 올바른 예측 여부에 따라 1이나 0 값만 나오게 된다.

```
loss_vec = []
train_acc_all = []
train_acc_avg = []
for ix, t in enumerate(vocab_processor.fit_
        transform(texts_train)):
    y_data = [[target_train[ix]]]

    sess.run(train_step, feed_dict={x_data: t, y_target: y_data})
    temp_loss = sess.run(loss, feed_dict={x_data: t, y_target:
            y_data})
    loss_vec.append(temp_loss)

    if (ix+1)%10==0:
        print('Training Observation #' + str(ix+1) + ': Loss = ' +
            str(temp_loss))

    # 최근 50번 관찰 사례의 정확도 평균을 기록
    # 단일 관찰 사례에 대해 예측
    [[temp_pred]] = sess.run(prediction, feed_dict={x_data:t,
            y_target:y_data})
```

```
# 예측 정확도 결과
train_acc_temp = target_train[ix]==np.round(temp_pred)
train_acc_all.append(train_acc_temp)
if len(train_acc_all) >= 50:
    train_acc_avg.append(np.mean(train_acc_all[-50:]))
```

14. 다음과 같은 결과가 출력된다.

```
Starting Training Over 4459 Sentences.
Training Observation #10: Loss = 5.45322
Training Observation #20: Loss = 3.58226
Training Observation #30: Loss = 0.0
...
Training Observation #4430: Loss = 1.84636
Training Observation #4440: Loss = 1.46626e-05
Training Observation #4450: Loss = 0.045941
```

15. 테스트셋에 대한 정확도를 구하기 위해 앞의 과정에서 테스트 문서에 대한 학습 과정은 생략하고 예측 과정만 반복한다.

```
print('Getting Test Set Accuracy For {}
Sentences.'.format(len(texts_test)))
test_acc_all = []
for ix, t in enumerate(vocab_processor.fit_
        transform(texts_test)):
  y_data = [[target_test[ix]]]

  if (ix+1)%50==0:
      print('Test Observation #' + str(ix+1))

  # 최근 50번 관찰 사례의 정확도 평균을 기록
  # 단일 관찰 사례에 대해 예측
```

```
[[temp_pred]] = sess.run(prediction, feed_dict={x_data:t,
    y_target:y_data})
# 예측 정확도 결과
test_acc_temp = target_test[ix]==np.round(temp_pred)
test_acc_all.append(test_acc_temp)

print('\nOverall Test Accuracy: {}'.format(np.mean(test_
    acc_all)))
Getting Test Set Accuracy For 1115 Sentences.
Test Observation #10
Test Observation #20
Test Observation #30
Test Observation #1000
Test Observation #1050
Test Observation #1100
Overall Test Accuracy: 0.8035874439461883
```

예제 분석

이번 예제에서는 UCI 머신 러닝 저장소의 스팸-비스팸 문서 데이터를 갖고 작업
했다. 텐서플로의 사전 처리 함수를 이용해 표준 사전을 생성하고, 이를 통해
각 문서의 단어 벡터를 구하고 더해서 문장 벡터를 만들었다. 이 문장 벡터에
로지스틱 회귀를 적용해 문서의 스팸 여부를 80% 정도의 정확도로 예측하는
모델을 만들었다.

부연 설명

문장(또는 문서)의 크기를 제한하는 이유를 이야기해 둘 필요가 있다. 이번 예제
에서는 문서 길이를 25개 단어로 제한했다. 이를 통해 문서 길이가 예측에 미치
는 영향을 제한할 수 있기 때문에 문서 꾸러미 기법을 사용할 때는 이런 제한을

두는 것이 일반적이다. meeting 같은 단어가 들어가면 비스팸이라고 예측하는 모델에 길이 제한이 없다면 문서 끝에 해당 단어를 여러 번 추가하는 방식으로 스팸 메시지가 모델을 우회하는 상황이 발생할 수 있다.

사실 이런 문제는 대상 값이 불균형적인 데이터에서 발생할 수 있는 일반적인 문제다. 예제가 사용한 데이터에서 스팸 문서는 많지 않고, 비스팸 문서는 많기 때문에 불균형 데이터가 발생할 수 있다. 이번에 만든 사전이 비스팸 데이터의 단어에 쏠려 있는 상황일 수 있는 것이다(비스팸 문서가 많다는 것은 스팸을 나타내는 단어보다 비스팸을 나타내는 단어가 더 많다는 의미다). 문서 길이에 제한을 두지 않으면 스패머는 이를 이용해 로지스틱 모델의 비스팸 단어 인지 확률을 높일 수 있는 아주 긴 문서를 만들어낼 수 있다.

다음 절에서는 단어 출현 빈도를 이용해 임베딩 값을 정하는 개선된 방식으로 이 문제를 해결해본다.

█ TF-IDF 구현

단어 임베딩 방법은 여러 가지가 있으므로 특정 단어의 가중치를 변경하는 방식을 사용할 수도 있다. 유용한 단어의 가중치를 높이고, 아주 일반적이거나 매우 드물게 출현하는 단어의 가중치를 낮추는 전략을 사용할 수 있다. 이번 예제에서는 이런 방식을 사용하는 임베딩 방법을 알아본다.

준비

TF-IDF는 단어 빈도^{Text Frequency}-역문서 빈도^{Inverse Document Frequency}를 뜻하는 약자다. 이 값은 기본적으로 각 단어에 대한 단어 빈도와 역문서 빈도를 곱한 값이다.

이전 예제의 단어 꾸러미 기법에서는 단어가 문장에 출현할 때마다 1 값을 할당했다. 하지만 the, and 같은 단어는 문장의 분류 값(스팸 또는 비스팸)과 상관없이 비슷한 빈도로 등장하는 반면, viagra, sale 같은 단어는 문장이 스팸인지를 식별할 수 있는 중요한 역할을 할 수 있으므로, 이런 방식은 이상적이지 않다.

단어 빈도에 대해 먼저 알아보자. 단어 빈도란 개별 항목에 어떤 단어가 나타나는 빈도를 의미한다. TF의 목적은 개별 항목에서 중요해 보이는 단어를 찾는 것이다.

$$w_{tf-idf} = w_{tf} \cdot \log \left(\frac{1}{w_{df}} \right)$$

the, and 같은 단어는 모든 항목에서 매우 빈번하게 등장할 것이다. 이런 단어들에 대해서는 중요도를 낮춰야 하므로 단어 빈도^{TF}에 전체 문서 빈도의 역수를 곱해서 중요 단어를 식별하는 방식을 생각할 수 있다. 그러나 문서 모음(코퍼스 corpus)가 상당히 클 수 있기 때문에 일반적으로는 문서 빈도 역수 값에 로그를 취해 사용한다. 따라서 문서에서 각 항목의 단어별 TF-IDF 식은 다음과 같다.

$$w_{tf-idf} = w_{tf} \cdot \log \left(\frac{1}{w_{df}} \right)$$

W_{tf}는 문서의 단어 빈도이고, W_{df}는 해당 단어의 문서 전체에 대한 빈도다. TF-IDF 값이 크다면 문서에 대해 무언가를 결정할 수 있는 중요한 단어라고 볼 수 있다.

TF-IDF 벡터를 만들려면 모델 학습을 시작하기 전에 모든 문서를 메모리에 로드해서 단어별 출현 횟수를 세야 한다. 텐서플로로는 이 부분을 완전히 구현할 수 없기 때문에 scikit-learn을 사용해 TF-IDF 임베딩을 생성하고, 텐서플로를 사용해 로지스틱 모델을 최적화할 것이다.

1. 문서 처리에 필요한 scikit-learn TF-IDF 전처리 라이브러리를 비롯한
   필요 라이브러리를 로드한다.

```python
import tensorflow as tf
import matplotlib.pyplot as plt
import csv
import numpy as np
import os
import string
import requests
import io
import nltk
from zipfile import ZipFile
from sklearn.feature_extraction.text import TfidfVectorizer
```

2. 그래프 세션을 시작하고 일괄 작업 크기, 속성 사전의 최대 크기를 선언
   한다.

```python
sess = tf.Session()
batch_size = 200
max_features = 1000
```

3. 웹사이트에서 데이터를 로드하거나, temp 데이터 폴더에 저장해뒀던 데
   이터를 로드한다.

```python
save_file_name = 'temp_spam_data.csv'
if os.path.isfile(save_file_name):
    text_data = []
    with open(save_file_name, 'r') as temp_output_file:
```

```python
        reader = csv.reader(temp_output_file)
        for row in reader:
            text_data.append(row)
    else:
        zip_url = 'http://archive.ics.uci.edu/ml/machine-learning-
            databases/00228/smsspamcollection.zip'
        r = requests.get(zip_url)
        z = ZipFile(io.BytesIO(r.content))
        file = z.read('SMSSpamCollection')

        # 데이터 정리
        text_data = file.decode()
        text_data = text_data.encode('ascii',errors='ignore')
        text_data = text_data.decode().split('\n')
        text_data = [x.split('\t') for x in text_data if len(x)>=1]

        # csv 파일 저장
        with open(save_file_name, 'w') as temp_output_file:
            writer = csv.writer(temp_output_file)
            writer.writerows(text_data)

    texts = [x[1] for x in text_data]
    target = [x[0] for x in text_data]

    # 스팸은 1, 비스팸은 0으로 다시 표기
    target = [1. if x=='spam' else 0. for x in target]
```

4. 이전 예제처럼 소문자로 통일하고, 문장 부호 및 숫자는 제거해서 사전
   크기를 줄인다.

```python
    # 소문자로 변환
    texts = [x.lower() for x in texts]
    # 문장 부호 제거
    texts = [''.join(c for c in x if c not in string.punctuation) for
```

```
        x in texts]
# 숫자 제거
texts = [''.join(c for c in x if c not in '0123456789') for x in
        texts]
# 여분의 공백 제거
texts = [' '.join(x.split()) for x in texts]
```

5. scikt-learn의 TF-IDF 어휘 처리 함수를 사용하려면 문장 분할^{tokenize} 방식을 알려줘야 한다. 문장 분할이란 문장을 단어들로 쪼개는 과정을 말한다. nltk 패키지에 문장을 단어들로 분할해주는 훌륭한 문장 분할기 ^{tokenizer}가 내장돼 있다.

 nltk의 문장 분할기를 사용하려면 관련 리소스가 필요하다. 파이썬 프롬프트에서 다음 명령으로 nltk 다운로더를 실행하고, Model ❭ punkt 항목을 선택해 리소스를 다운로드해 둘 수 있다.

```
>>> import nltk
>>> nltk.download()
```

```
def tokenizer(text):
    words = nltk.word_tokenize(text)
    return words
# 문서의 TF-IDF 생성
tfidf = TfidfVectorizer(tokenizer=tokenizer,
        stop_words='english', max_features=max_features)
sparse_tfidf_texts = tfidf.fit_transform(texts)
```

6. 데이터셋을 학습셋과 테스트셋으로 분할한다.

```
train_indices = np.random.choice(sparse_tfidf_texts.shape[0],
```

```
        round(0.8*sparse_tfidf_texts.shape[0]), replace=False)
test_indices = np.array(list(set(range(sparse_tfidf_
        texts.shape[0])) - set(train_indices)))
texts_train = sparse_tfidf_texts[train_indices]
texts_test = sparse_tfidf_texts[test_indices]
target_train = np.array([x for ix, x in enumerate(target) if ix in
        train_indices])
target_test = np.array([x for ix, x in enumerate(target) if ix in
        test_indices])
```

7. 로지스틱 회귀를 위한 모델 변수, 데이터 플레이스홀더를 선언한다.

```
A = tf.Variable(tf.random_normal(shape=[max_features,1]))
b = tf.Variable(tf.random_normal(shape=[1,1]))

x_data = tf.placeholder(shape=[None, max_features],
        dtype=tf.float32)
y_target = tf.placeholder(shape=[None, 1], dtype=tf.float32)
```

8. 이제 모델의 연산과 비용 함수를 선언한다. 로지스틱 회귀의 시그모이드
   부분은 비용 함수 안에 들어 있다는 점을 상기하자.

```
model_output = tf.add(tf.matmul(x_data, A), b)

loss = tf.reduce_mean(tf.nn.sigmoid_cross_entropy_with_
        logits(logits=model_output, labels=y_target))
```

9. 모델 학습이 진행되는 동안 학습셋 및 테스트셋의 정확도를 확인할 수
   있게 예측 함수와 정확도 함수를 그래프에 추가한다.

```
prediction = tf.round(tf.sigmoid(model_output))
```

```
predictions_correct = tf.cast(tf.equal(prediction, y_target),
    tf.float32)
accuracy = tf.reduce_mean(predictions_correct)
```

10. 최적화 함수를 선언하고, 그래프 변수를 초기화한다.

```
my_opt = tf.train.GradientDescentOptimizer(0.0025)
train_step = my_opt.minimize(loss)

init = tf.global_variables_initializer()
sess.run(init)
```

11. 모델을 1000회 반복 학습하면서 100회 반복마다 테스트셋 및 학습셋의
비용 함수 값과 정확도를 기록하고, 500회마다 모델 상태를 출력한다.

```
for i in range(10000):
    rand_index = np.random.choice(texts_train.shape[0],
            size=batch_size)
    rand_x = texts_train[rand_index].todense()
    rand_y = np.transpose([target_train[rand_index]])
    sess.run(train_step, feed_dict={x_data: rand_x, y_target:
            rand_y})

    # 100회 마다 비용 함수 값과 정확도를 기록해둔다.
    if (i+1)%100==0:
        i_data.append(i+1)
        train_loss_temp = sess.run(loss, feed_dict={x_data:
                rand_x, y_target: rand_y})
        train_loss.append(train_loss_temp)

        test_loss_temp = sess.run(loss, feed_dict={x_data:
                texts_test.todense(), y_target:
                    np.transpose([target_test])})
```

```
        test_loss.append(test_loss_temp)

        train_acc_temp = sess.run(accuracy, feed_dict={x_data:
            rand_x, y_target: rand_y})
        train_acc.append(train_acc_temp)

        test_acc_temp = sess.run(accuracy, feed_dict={x_data:
            texts_test.todense(), y_target:
                np.transpose([target_test])})
        test_acc.append(test_acc_temp)
    if (i+1)%500==0:
        acc_and_loss = [i+1, train_loss_temp, test_loss_temp,
            train_acc_temp, test_acc_temp]
        acc_and_loss = [np.round(x,2) for x in acc_and_loss]
        print('Generation # {}. Train Loss (Test Loss): {:.2f}
            ({:.2f}). Train Acc (Test Acc): {:.2f}
            ({:.2f})'.format(*acc_and_loss))
```

12. 코드의 출력 결과는 다음과 같다.

```
Generation # 500. Train Loss (Test Loss): 0.69 (0.73). Train Acc
(Test Acc): 0.62 (0.57)
Generation # 1000. Train Loss (Test Loss): 0.62 (0.63). Train Acc
(Test Acc): 0.68 (0.66)
...
Generation # 9500. Train Loss (Test Loss): 0.39 (0.45). Train Acc
(Test Acc): 0.89 (0.85)
Generation # 10000. Train Loss (Test Loss): 0.48 (0.45). Train Acc
(Test Acc): 0.84 (0.85)
```

13. 다음은 학습셋 및 테스트셋의 정확도와 비용 함수 값 그래프를 그리는
코드다.

```
plt.plot(i_data, train_loss, 'k-', label='Train Loss')
plt.plot(i_data, test_loss, 'r--', label='Test Loss',
    linewidth=4)
plt.title('Cross Entropy Loss per Generation')
plt.xlabel('Generation')
plt.ylabel('Cross Entropy Loss')
plt.legend(loc='upper right')
plt.show()

plt.plot(i_data, train_acc, 'k-', label='Train Set Accuracy')
plt.plot(i_data, test_acc, 'r--', label='Test Set Accuracy',
    linewidth=4)
plt.title('Train and Test Accuracy')
plt.xlabel('Generation')
plt.ylabel('Accuracy')
plt.legend(loc='lower right')
plt.show()
```

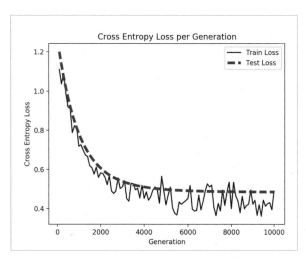

그림 2 TF–IDF 값을 이용한 로지스틱 스팸 모델의 교차 엔트로피 비용 함수 값 그래프

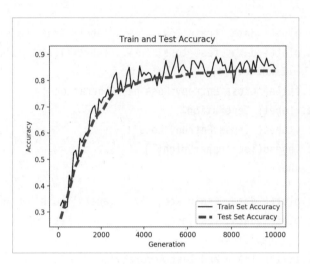

그림 3 TF-IDF 값을 이용한 로지스틱 스팸 모델의 학습셋, 테스트셋 정확도

예제 분석

단어 꾸러미 방식이 80% 정도의 정확도를 보였던 데 비해 TF-IDF 값을 사용한 모델의 정확도는 거의 90%로 올라갔다. scikit-learn의 TF-IDF 어휘 처리 함수를 사용했고, 이렇게 구한 TF-IDF 값에 로지스틱 회귀를 적용해 이와 같은 결과를 얻었다.

부연 설명

단어별 중요도 문제는 해결했지만, 단어 순서 문제는 아직 해결이 안 됐다. 단어 꾸러미 방식, TF-IDF 방식 모두 단어 순서를 고려할 수 있는 속성이 존재하지 않는다. 다음 절에서 소개하는 Word2vec 방식을 통해 이 문제를 해결해본다.

스킵-그램 임베딩

앞의 예제에서는 모델을 학습하기 전에 문서 임베딩 값을 기록해뒀다. 신경망을 이용해 임베딩 값 계산을 학습 과정에 포함시킬 수 있다. 첫 번째 알아볼 이런 동작 방식은 스킵-그램 임베딩^{skip-gram embeddings}이다.

준비

이전 예제의 단어 임베딩 방식에서는 단어 순서를 고려하지 않았다. 2013년 초, 구글의 토마스 미콜로프^{Tomas Mikolov}를 비롯한 연구자들이 이 문제를 해결하는 단어 임베딩 방식에 관한 논문을 공개했고(https://arxiv.org/abs/1301.3781), 이 방식의 이름을 Word2vec이라고 했다.

기본 발상은 단어의 상대적 측면을 포착하는 단어 임베딩 방식을 만드는 것이다. 즉, 여러 단어들이 서로 어떻게 관련돼 있는지를 알아내려는 것이다. 이런 임베딩 방식의 동작 사례로 다음과 같은 예를 들 수 있다.

king - man + woman = queen

India pale ale - hops + malt = stout

단어 사이의 위치를 고려하는 것만으로도 이렇게 수식화 표현이 가능하다. 충분히 많은 관련 문서를 분석해보면 앞에 언급한 king, man, queen 단어들이 문서에서 서로 근접 출현하는 경우가 많다는 것을 알 수 있다. 그리고 man과 woman이 다른 관점에서 서로 연관돼 있다는 것을 안다면 man과 king의 관계가 woman과 queen의 관계와 같다는 식의 결론을 얻어낼 수도 있다.

이런 임베딩 방식을 찾아보기 위해 입력된 단어의 주변 단어를 예측하는 신경망을 사용해본다. 이를 뒤집으면 주변 단어들이 주어졌을 때 대상 단어를 예측하는 모델도 쉽게 생각할 수 있지만, 일단은 먼저 생각한 방식을 시도해보자. 두 가지 방식 모두 Word2vec 절차를 변형한 것이다. 대상 단어로부터 주변 단어들(맥락)을 예측하는 첫 번째 방식을 스킵-그램 모델이라고 한다. 다음 예제에서 맥락이 주어졌을 때 대상 단어를 예측하는 연속 단어 꾸러미^{CBOW, continuous bag of words} 방식에 대해서도 알아본다.

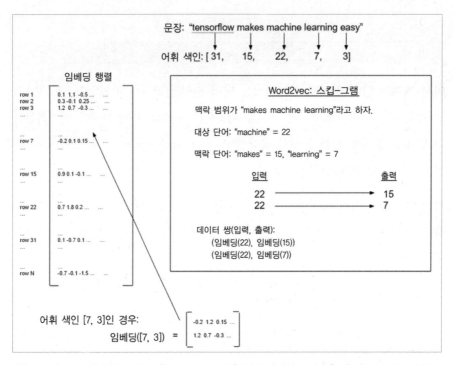

그림 4 Word2vec의 스킵-그램 구현 예. 스킵-그램은 대상 단어가 주어졌을 때 맥락 범위를 예측한다 (범위는 양 쪽으로 한 단어).

이번 예제는 코넬 대학의 영화 리뷰 데이터를 대상으로 스킵-그램 모델을 구현한다(http://www.cs.cornell.edu/people/pabo/movie-review-data/). 다음 예제에서는 CBOW 방식을 구현한다.

306

예제 구현

이번 예제에서는 데이터 로드, 문서 정규화, 사전 생성, 일괄 작업 데이터 생성 등의 여러 가지 보조 함수를 만든다. 그런 다음에 단어 임베딩 학습을 시작한다. 이 시점에서는 대상 변수를 예측하는 것이 아니라 단어 임베딩 값을 최적화하는 것이라는 점을 알아두자.

1. 필요한 라이브러리를 로드하고 그래프 세션을 시작한다.

```python
import tensorflow as tf
import matplotlib.pyplot as plt
import numpy as np
import random
import os
import string
import requests
import collections
import io
import gzip
import tarfile
import urllib.request
from nltk.corpus import stopwords
sess = tf.Session()
```

2. 몇 가지 모델 매개변수를 선언한다. 한 번에 100개의 단어 임베딩을 처리할 것이다(일괄 작업 크기). 각 단어의 임베딩 값은 길이가 200인 벡터로 표시하고, 빈도가 높은 어휘 10000개만 임베딩 대상으로 한다(나머지 단어는 '알 수 없음'으로 분류한다). 100000회 반복 학습하고, 매 2000회마다 비용 함수 값을 출력한다. (나중에 설명할) 비용 함수에서 사용할 num_sampled 변수를 선언하고, 스킵-그램 범위도 선언한다. 여기서는 범위

값을 2로 정해서 대상 단어 주변의 양쪽 두 단어를 살펴본다. 파이썬 nltk 패키지의 불용어^{stop word}를 설정한다. 단어 임베딩 결과를 알아볼 수 있게 영화 리뷰에 등장하는 일반적인 몇 가지 단어에 근접한 이웃 단어들을 5000회마다 출력한다.

```python
batch_size = 100
embedding_size = 200
vocabulary_size = 10000
generations = 100000
print_loss_every = 2000

num_sampled = int(batch_size/2)
window_size = 2

stops = stopwords.words('english')

print_valid_every = 5000
valid_words = ['cliche', 'love', 'hate', 'silly', 'sad']
```

 nltk의 불용어를 사용하려면 관련 리소스가 필요하다. 파이썬 프롬프트에서 다음 명령으로 nltk 다운로더를 실행하고, Corpora ▶ stopwords 항목을 선택해 리소스를 다운로드해 둘 수 있다.
```python
>>> import nltk
>>> nltk.download()
```

3. 다운로드해 둔 데이터가 있는 지 확인하고, 있으면 디스크에서 데이터를 로드하고, 없으면 다운로드하는 함수를 선언한다.

```python
def load_movie_data():
    save_folder_name = 'temp'
```

```python
pos_file = os.path.join(save_folder_name, 'rt-polaritydata',
    'rt-polarity.pos')
neg_file = os.path.join(save_folder_name, 'rt-polaritydata',
    'rt-polarity.neg')

# 파일 다운로드 여부 확인
if not os.path.exists(os.path.join(save_folder_name,
        'rt-polaritydata')):
    movie_data_url = 'http://www.cs.cornell.edu/people/pabo/
        movie-review-data/rt-polaritydata.tar.gz'

    # tar.gz 파일 저장
    req = requests.get(movie_data_url, stream=True)
    with open('temp_movie_review_temp.tar.gz', 'wb') as f:
        for chunk in req.iter_content(chunk_size=1024):
            if chunk:
                f.write(chunk)
                f.flush()
    # temp 폴더에 tar.gz 파일 풀어 넣기
    tar = tarfile.open('temp_movie_review_temp.tar.gz', "r:gz")
    tar.extractall(path='temp')
    tar.close()

pos_data = []
with open(pos_file, 'r', encoding='latin-1') as f:
    for line in f:
        pos_data.append(line.encode('ascii',errors=
            'ignore').decode())
f.close()
pos_data = [x.rstrip() for x in pos_data]

neg_data = []
with open(neg_file, 'r', encoding='latin-1') as f:
    for line in f:
        neg_data.append(line.encode('ascii',errors=
```

```
                            'ignore').decode())
        f.close()
        neg_data = [x.rstrip() for x in neg_data]

        texts = pos_data + neg_data
        target = [1]*len(pos_data) + [0]*len(neg_data)

        return(texts, target)

    texts, target = load_movie_data()
```

4. 문서에 대한 정규화 함수를 생성한다. 문자열 리스트를 입력받아 소문자
   화, 문장 부호 및 숫자 제거, 추가 공백 제거, 불용어 제거 등을 처리한다.

```
def normalize_text(texts, stops):
    # 소문자로 변환
    texts = [x.lower() for x in texts]
    # 문장 부호 제거
    texts = [''.join(c for c in x if c not in string.punctuation) for
             x in texts]
    # 숫자 제거
    texts = [''.join(c for c in x if c not in '0123456789') for x in
             texts]
    # 불용어 제거
    texts = [' '.join([word for word in x.split() if word not in
             (stops)]) for x in texts]
    # 여분의 공백 제거
    texts = [' '.join(x.split()) for x in texts]

    return(texts)

texts = normalize_text(texts, stops)
```

5. 영화 리뷰가 확실한 정보를 담고 있다는 것을 보장하기 위해서는 단어 사이의 중요한 관계를 담을 수 있을 만큼 길어야 한다. 이를 위해 3단어 이상이라는 조건을 임의로 설정한다.

```
target = [target[ix] for ix, x in enumerate(texts) if
        len(x.split()) > 2]
texts = [x for x in texts if len(x.split()) > 2]
```

6. 어휘 사전을 구축하기 위해 출현 횟수에 따라 어휘 사전을 만드는 함수를 선언한다. 임계값을 넘지 못하는 드물게 출현하는 단어는 RARE로 표기한다.

```
def build_dictionary(sentences, vocabulary_size):
    # 문장들(문자열 리스트)을 단어 리스트로 변환
    split_sentences = [s.split() for s in sentences]
    words = [x for sublist in split_sentences for x in sublist]
    # 각 단어의 [단어, 출현 횟수] 리스트 초기화. 초기 값은 알 수 없음(unknown)
    count = [['RARE', -1]]
    # 빈도가 높은 단어 N개를 추가(N=어휘 사전 크기)

    count.extend(collections.Counter(words).most_
            common(vocabulary_size-1))
    # 사전 생성
    word_dict = {}
    # 사전에 단어를 추가하면서 사전의 이전 크기를 단어에 할당(단어 색인 번호)
    for word, word_count in count:
        word_dict[word] = len(word_dict)

    return(word_dict)
```

7. 임베딩 조회 함수에 사용할 수 있게 문장 리스트를 단어 색인 리스트로 바꾸는 함수가 필요하다.

```python
def text_to_numbers(sentences, word_dict):
    # 반환 데이터 초기화
    data = []
    for sentence in sentences:
        sentence_data = []
        # 단어별로 사전 색인 값 또는 희귀(RARE) 단어 표지를 기록
        for word in sentence.split(' '):
            if word in word_dict:
                word_ix = word_dict[word]
            else:
                word_ix = 0
            sentence_data.append(word_ix)
        data.append(sentence_data)
    return(data)
```

8. 이제 실제 사전을 만든 후 문장 리스트를 단어 색인 리스트로 변환할 수 있다.

```python
word_dictionary = build_dictionary(texts, vocabulary_size)
word_dictionary_rev = dict(zip(word_dictionary.values(),
    word_dictionary.keys()))
text_data = text_to_numbers(texts, word_dictionary)
```

9. 앞의 단어 사전을 이용해 2단계에서 뽑아 놓은 검증 단어의 색인 값을 찾아둘 수 있다.

```python
valid_examples = [word_dictionary[x] for x in valid_words]
```

10. 이제 스킵-그램 일괄 작업을 진행할 함수를 생성한다. (맥락 범위의 중심에 있는) 대상 단어 하나와 맥락 범위 안의 다른 단어로 구성된 단어 쌍으

로 학습을 진행한다. 예를 들어 "the cat in the hat" 문장에서 맥락 범위가 양쪽으로 두 단어라면 대상 단어 in에 대해 (the, in), (cat, in), (the, in), (hat, in) 단어 쌍이 모델 학습에 사용하는 (입력, 출력) 단어 쌍이 된다.

```python
def generate_batch_data(sentences, batch_size, window_size,
        method='skip_gram'):
    # 일괄 작업 데이터 채우기
    batch_data = []
    label_data = []
    while len(batch_data) < batch_size:
        # 시작할 문장을 임의로 선택
        rand_sentence = np.random.choice(sentences)
        # 탐색할 연속 범위를 생성
        window_sequences = [rand_sentence[max((ix-window_
                size),0):(ix+window_size+1)] for ix, x in
                enumerate(rand_sentence)]
        # 범위의 중심 단어 표시
        label_indices = [ix if ix<window_size else window_size for
                ix,x in enumerate(window_sequences)]

        # 범위에서 중심 단어를 추출하고, 범위에 해당하는 단어 쌍 생성
        if method=='skip_gram':
            batch_and_labels = [(x[y], x[:y] + x[(y+1):]) for x,y in
                    zip(window_sequences, label_indices)]
            # 커다란 (대상 단어, 주변 단어) 튜플 리스트 생성
            tuple_data = [(x, y_) for x,y in batch_and_labels for y_
                    in y]
        else:
            raise ValueError('Method {} not implemented
                    yet.'.format(method))

        # 일괄 작업과 표지 추출
```

```
        batch, labels = [list(x) for x in zip(*tuple_data)]
        batch_data.extend(batch[:batch_size])
        label_data.extend(labels[:batch_size])
    # 마지막 데이터 잘라내기
    batch_data = batch_data[:batch_size]
    label_data = label_data[:batch_size]

    # numpy 배열로 변환
    batch_data = np.array(batch_data)
    label_data = np.transpose(np.array([label_data]))

    return(batch_data, label_data)
```

11. 이제 임베딩 행렬을 초기화하고, 플레이스홀더, 임베딩 조회 함수를 선언한다.

```
embeddings = tf.Variable(tf.random_uniform([vocabulary_size,
        embedding_size], -1.0, 1.0))
x_inputs = tf.placeholder(tf.int32, shape=[batch_size])
y_target = tf.placeholder(tf.int32, shape=[batch_size, 1])
valid_dataset = tf.constant(valid_examples, dtype=tf.int32)
# 단어 임베딩 값 조회
embed = tf.nn.embedding_lookup(embeddings, x_inputs)
```

12. 이 모델의 비용 함수는 단어 분류를 잘못 예측하는 비용을 계산하는 softmax류의 비용 함수가 될 것이다. 하지만 대상 값의 분류가 10,000가지이기 때문에 극히 희박하다. 이런 희소성으로 인해 모델 최적화나 수렴에 문제가 발생할 수 있다. 이런 문제를 해결하기 위해 잡음 대비 오차NCE, noise-contrastive error라는 비용 함수를 사용한다. NCE 비용 함수를 사용하면 단어 분류 예측 문제를 특정 수준의 잡음 예측이라는 이진 예측 문제로 바꿀 수 있다. num_sampled 매개변수는 얼마나 많은 일괄 작업이 잡음으

로 바뀔지를 나타내는 값이다.

```python
nce_weights = tf.Variable(tf.truncated_normal([vocabulary_size,
        embedding_size], stddev=1.0 / np.sqrt(embedding_size)))
nce_biases = tf.Variable(tf.zeros([vocabulary_size]))
loss = tf.reduce_mean(tf.nn.nce_loss(weights=nce_weights,
                                     biases=nce_biases,
                                     labels=y_target,
                                     inputs=embed,
                                     num_sampled=num_sampled,
                                     num_classes=vocabulary_size))
```

13. 이제 검증 단어 주변 단어를 찾는 방법을 만들어보자. 검증 단어 집합과 임베딩된 모든 단어 사이의 코사인 유사도를 계산해보면 검증 단어에 가장 가까운 단어 집합을 출력할 수 있다.

```python
norm = tf.sqrt(tf.reduce_sum(tf.square(embeddings), 1,
        keep_dims=True))
normalized_embeddings = embeddings / norm
valid_embeddings = tf.nn.embedding_lookup(normalized_
        embeddings, valid_dataset)
similarity = tf.matmul(valid_embeddings, normalized_embeddings,
        transpose_b=True)
```

14. 최적화 함수를 선언하고, 모델 변수를 초기화한다.

```python
optimizer = tf.train.GradientDescentOptimizer(learning_
        rate=1.0).minimize(loss)
init = tf.global_variables_initializer()
sess.run(init)
```

15. 이제 임베딩 값을 학습하면서 비용 함수 값을 출력하고, 검증 단어 집합에 가장 가까운 단어들을 출력할 수 있다.

```
oss_vec = []
loss_x_vec = []
for i in range(generations):
    batch_inputs, batch_labels = generate_batch_data(text_data,
            batch_size, window_size)
    feed_dict = {x_inputs : batch_inputs, y_target : batch_labels}

    # 학습 단계 실행
    sess.run(optimizer, feed_dict=feed_dict)

    # 비용 계산
    if (i+1) % print_loss_every == 0:
        loss_val = sess.run(loss, feed_dict=feed_dict)
        loss_vec.append(loss_val)
        loss_x_vec.append(i+1)
        print("Loss at step {} : {}".format(i+1, loss_val))

    # 검증: 특정 단어에 대한 상위 5개 연관 단어 출력
    if (i+1) % print_valid_every == 0:
        sim = sess.run(similarity, feed_dict=feed_dict)
        for j in range(len(valid_words)):
            valid_word = word_dictionary_rev[valid_examples[j]]
            top_k = 5 # 출력할 가장 가까운 단어 수
            nearest = (-sim[j, :]).argsort()[1:top_k+1]
            log_str = "Nearest to {}:".format(valid_word)
            for k in range(top_k):
                close_word = word_dictionary_rev[nearest[k]]
                log_str = "%s %s," % (log_str, close_word)
            print(log_str)
```

16. 출력 결과는 다음과 같다.

```
Loss at step 2000 : 10.631569862365723
Loss at step 4000 : 4.640712261199951
...
Loss at step 100000 : 2.5740315914154053
Nearest to cliche: grownups, streak, slowest, paxtons, stare,
Nearest to love: bewitched, existentialism, drang, antidote,
edits,
Nearest to hate: celluloid, thanksgiving, carol, lark, want,
Nearest to silly: crushes, candidate, genial, themed, studiously,
Nearest to sad: coppola, aniston, meaningless, steam, lackluster,
```

예제 분석

스킵-그램 방식을 이용해 영화 리뷰 코퍼스 데이터에 대한 Word2vec 모델을 학습해봤다. 다운로드한 데이터를 대상으로 어휘 사전을 만들어 색인으로 변환했고, 근처에 있는 단어를 서로 예측할 수 있게 학습한 임베딩 값을 이 색인 값을 이용해 조회했다.

부연 설명

언뜻 검증 단어의 근처 단어들이 동의어가 될 것이라고 생각할지 모른다. 하지만 실제 문장에서 동의어가 나란히 등장하는 경우가 드물기 때문에 전혀 그렇지 않다. 데이터셋에서 실제 서로 가까이 위치한 단어를 예측하게 된다. 이런 임베딩을 사용해 예측이 좀 더 쉬워지기를 기대한다.

이 임베딩 기법을 사용하기 위해서는 임베딩을 저장하고 재사용할 수 있어야 한다. CBOW 임베딩을 구현하는 다음 예제에서 이에 대한 내용도 알아본다.

CBOW 임베딩

이번 예제에서는 Word2vec의 CBOW 방식을 구현한다. 이 방식은 스킵-그램 방식과 아주 비슷하지만, 주변 범위 안의 맥락 단어로부터 하나의 대상 단어를 예측한다는 점이 다르다.

준비

앞 예제에서는 범위와 대상 단어 조합을 입력, 출력 쌍의 집합으로 처리했지만, CBOW에서는 주변 범위 단어의 임베딩 값을 처리 대상으로 해서 대상 단어의 임베딩 값을 예측한다.

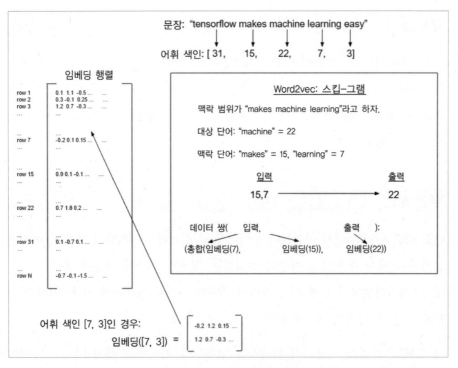

그림 5 예제 문장 맥락 범위에서(범위는 양쪽으로 한 단어) CBOW 임베딩 데이터 생성 방법 도식화

318

대부분의 코드를 그대로 사용하고 임베딩 값을 생성하는 부분과 문장에서 데이터를 생성하는 부분만 수정한다.

코드를 좀 더 보기 편하게 하기 위해 주요 함수 모두를 같은 디렉토리에 있는 text_helpers.py라는 별도 파일에 옮겨뒀다. 이 파일에 데이터 로드, 문서 정규화, 사전 생성, 일괄 작업 생성 함수들이 들어 있다. 따로 언급한 부분을 제외하면 이 함수들은 '스킵-그램 임베딩' 예제에 나온 함수와 동일하다.

예제 구현

1. 필요한 라이브러리와 데이터 로드를 비롯한 각종 변환 함수가 들어 있는, 앞에서 설명한 text_helpers.py 파일을 로드하고 그래프 세션을 시작한다.

```python
import tensorflow as tf
import matplotlib.pyplot as plt
import numpy as np
import random
import os
import pickle
import string
import requests
import collections
import io
import tarfile
import urllib.request
import text_helpers
from nltk.corpus import stopwords
sess = tf.Session()
```

2. 임시 데이터와 매개변수를 저장할 데이터가 존재하는지 확인해둔다.

```
# 저장 디렉토리가 없으면 생성한다.
data_folder_name = 'temp'
if not os.path.exists(data_folder_name):
    os.makedirs(data_folder_name)
```

3. 앞의 스킵-그램 방식과 비슷하게 모델 매개변수를 선언한다.

```
batch_size = 500
embedding_size = 200
vocabulary_size = 2000
generations = 50000
model_learning_rate = 0.001

num_sampled = int(batch_size/2)
window_size = 3

save_embeddings_every = 5000
print_valid_every = 5000
print_loss_every = 100

stops = stopwords.words('english')

valid_words = ['love', 'hate', 'happy', 'sad', 'man', 'woman']
```

4. 첫 부분에 로드한 별도 파일에 데이터 로드 및 문서 정규화 함수가 들어 있으므로 이 함수들을 호출할 수 있다. 또한 세 단어 이상의 리뷰만 처리 대상으로 한다.

```
texts, target = text_helpers.load_movie_data()
texts = text_helpers.normalize_text(texts, stops)
target = [target[ix] for ix, x in enumerate(texts) if
        len(x.split()) > 2]
texts = [x for x in texts if len(x.split()) > 2]
```

320

5. 단어 조회에 사용할 어휘 사전을 만든다. 검증 집합의 단어에서 가장 가까운 단어를 출력할 때 색인 값으로 단어를 조회하는 역사전도 필요하다.

```
word_dictionary = text_helpers.build_dictionary(texts,
        vocabulary_size)
word_dictionary_rev = dict(zip(word_dictionary.values(),
        word_dictionary.keys()))
text_data = text_helpers.text_to_numbers(texts,
        word_dictionary)
valid_examples = [word_dictionary[x] for x in valid_words]
```

6. 최적화하려는 단어 임베딩을 초기화하고, 모델의 데이터 플레이스홀더를 선언한다.

```
embeddings = tf.Variable(tf.random_uniform([vocabulary_size,
        embedding_size], -1.0, 1.0))
x_inputs = tf.placeholder(tf.int32, shape=[batch_size,
        2*window_size])
y_target = tf.placeholder(tf.int32, shape=[batch_size, 1])
valid_dataset = tf.constant(valid_examples, dtype=tf.int32)
```

7. 이제 단어 임베딩 처리 방법을 정의한다. CBOW 모델은 맥락 범위에 걸친 임베딩 값을 더하므로 루프를 통해 범위에 해당하는 모든 임베딩 값을 합산한다.

```
embed = tf.zeros([batch_size, embedding_size])
for element in range(2*window_size):
    embed += tf.nn.embedding_lookup(embeddings, x_inputs[:,
        element])
```

8. 모델이 출력하는 분류 값이 너무 희소해서 softmax 함수로는 수렴이 안 되므로 텐서플로의 내장 NCE 비용 함수를 사용한다.

```python
nce_weights = tf.Variable(tf.truncated_normal([vocabulary_size,
        embedding_size], stddev=1.0 / np.sqrt(embedding_size)))
nce_biases = tf.Variable(tf.zeros([vocabulary_size]))
loss = tf.reduce_mean(tf.nn.nce_loss(weights=nce_weights,
                        biases=nce_biases,
                        labels=y_target,
                        inputs=embed,
                        num_sampled=num_sampled,
                        num_classes=vocabulary_size))
```

9. 스킵-그램 예제와 마찬가지로 임베딩 동작 과정을 살펴보기 위해 코사인 유사도를 사용해 검증 단어 데이터셋의 가장 가까운 단어를 출력한다. 다음 코드를 사용한다.

```python
norm = tf.sqrt(tf.reduce_sum(tf.square(embeddings), 1,
        keep_dims=True))
normalized_embeddings = embeddings / norm
valid_embeddings = tf.nn.embedding_lookup(normalized_
        embeddings, valid_dataset)
similarity = tf.matmul(valid_embeddings, normalized_embeddings,
        transpose_b=True)
```

10. 임베딩 변수를 저장하기 위해 텐서플로의 train.Saver 메소드를 호출해야 한다. 이 메소드는 기본적으로 전체 그래프를 저장하지만, 인자를 지정해 임베딩 변수만 저장할 수 있으며, 이름도 지정할 수 있다. 이 예제에서는 그래프의 변수 이름을 사용한다.

```
saver = tf.train.Saver({"embeddings": embeddings})
```

11. 최적화 함수를 선언하고, 모델 변수를 초기화한다.

```
optimizer = tf.train.GradientDescentOptimizer(learning_
        rate=model_learning_rate).minimize(loss)
init = tf.global_variables_initializer()
sess.run(init)
```

12. 마지막으로 학습 루프를 실행하면서 비용 함수 값을 출력하고, 지정한
    시점마다 임베딩 변수와 사전을 저장한다.

```
loss_vec = []
loss_x_vec = []
for i in range(generations):
    batch_inputs, batch_labels = text_helpers.generate_batch_
        data(text_data, batch_size, window_size, method='cbow')

    feed_dict = {x_inputs : batch_inputs, y_target : batch_labels}

    # 학습 단계 실행
    sess.run(optimizer, feed_dict=feed_dict)

    # 비용 계산
    if (i+1) % print_loss_every == 0:
        loss_val = sess.run(loss, feed_dict=feed_dict)
        loss_vec.append(loss_val)
        loss_x_vec.append(i+1)
        print('Loss at step {} : {}'.format(i+1, loss_val))

    # 검증: 특정 단어에 대한 상위 5개 연관 단어 출력
    if (i+1) % print_valid_every == 0:
        sim = sess.run(similarity, feed_dict=feed_dict)
```

```
for j in range(len(valid_words)):
    valid_word = word_dictionary_rev[valid_examples[j]]
    top_k = 5 # 출력할 가장 가까운 단어 수
    nearest = (-sim[j, :]).argsort()[1:top_k+1]
    log_str = "Nearest to {}:".format(valid_word)
    for k in range(top_k):
        close_word = word_dictionary_rev[nearest[k]]
        log_str = '{} {},' .format(log_str, close_word)
    print(log_str)

# 사전 및 임베딩 저장
if (i+1) % save_embeddings_every == 0:
    # 어휘 사전 저장
    with open(os.path.join(data_folder_name,'movie_
            vocab.pkl'), 'wb') as f:
        pickle.dump(word_dictionary, f)

    # 임베딩 저장
    model_checkpoint_path = os.path.join(os.getcwd(),data_
            folder_name,'cbow_movie_embeddings.ckpt')
    save_path = saver.save(sess, model_checkpoint_path)
    print('Model saved in file: {}'.format(save_path))
```

13. 다음과 같은 결과가 출력된다.

```
Loss at step 100 : 62.04829025268555
Loss at step 200 : 33.182334899902344
Loss at step 49900 : 1.6794960498809814
Loss at step 50000 : 1.5071022510528564
Nearest to love: clarity, cult, cliched, literary, memory,
Nearest to hate: bringing, gifted, almost, next, wish,
Nearest to happy: ensemble, fall, courage, uneven, girls,
Nearest to sad: santa, devoid, biopic, genuinely, becomes,
Nearest to man: project, stands, none, soul, away,
```

```
Nearest to woman: crush, even, x, team, ensemble,
Model saved in file: .../temp/cbow_movie_embeddings.ckpt
```

14. text_helpers.py 파일에 있는 함수들은 하나만 제외하고 이전 예제와 동
    일하다. generate_batch_data( ) 함수에만 다음과 같은 'cbow' 메소드가
    추가돼 있다.

```
elif method=='cbow':
    batch_and_labels = [(x[:y] + x[(y+1):], x[y]) for x,y in
            zip(window_sequences, label_indices)]
    # 2*window_size에 맞는 범위만 처리
    batch_and_labels = [(x,y) for x,y in batch_and_labels if
            len(x)==2*window_size]
    batch, labels = [list(x) for x in zip(*batch_and_labels)]
```

예제 분석

CBOW 방식을 사용한 이번 예제의 Word2vec 임베딩은 스킵-그램 임베딩 생성
방식과 아주 비슷하게 동작한다. 크게 차이나는 점은 데이터 생성 방법과 임베딩
값 결합 방법이다.

이번 예제에서는 데이터를 로드하고 문서를 정규화한 후 어휘 사전을 만들고,
이 사전을 이용해 조회한 임베딩 값을 결합해서 대상 단어를 예측하는 신경망을
학습해봤다.

부연 설명

CBOW 방식을 주변 범위의 임베딩 값을 합해서 대상 단어를 예측한다. 이런
방식으로 인해 Word2vec의 CBOW 방식에는 스킵-그램 방식에는 없는 분산

smoothing 효과가 있고, 작은 문서 데이터셋의 경우에는 이 방식을 더 선호하는 것이 자연스럽다.

▌Word2vec을 이용한 예측

이번 예제에서는 앞에서 배운 임베딩 방식을 활용해 분류를 수행한다.

준비

CBOW 단어 임베딩 값을 생성하고 저장했으니 이를 활용해 영화 데이터셋에 대한 감정 예측을 해보자. 이 예제에서는 미리 학습된 임베딩을 로드해 사용하는 방법을 알아보고, 이 임베딩을 활용해 리뷰의 긍정, 부정을 예측하는 로지스틱 선형 감정 분석 모델을 학습해본다.

인간 언어의 섬세함과 어조를 파악하기 어렵기 때문에 감정 분석은 정말 어려운 작업이다. 비꼼, 농담, 모호한 지칭 등으로 인해 작업의 난이도는 지수적으로 올라간다. 이전 예제에서 생성하고 저장한 임베딩 값을 통해 어떤 정보를 얻을 수 있을지 알아보기 위해 영화 리뷰 데이터셋에 대한 단순 로지스틱 회귀 모델을 만들어본다. 이번 예제에서는 저장된 임베딩 값을 로드하고 사용하는 방법에 집중할 것이므로 더 복잡한 모델을 시도해보지는 않는다.

예제 구현

1. 필요한 라이브러리를 로드하고, 그래프 세션을 시작한다.

```
import tensorflow as tf
import matplotlib.pyplot as plt
```

```
import numpy as np
import random
import os
import pickle
import string
import requests
import collections
import io
import tarfile
import urllib.request
import text_helpers
from nltk.corpus import stopwords
sess = tf.Session()
```

2. 이제 모델 매개변수를 선언한다. 임베딩 크기가 이전 CBOW 임베딩을 생성할 때 사용했던 값과 같아야 한다는 점을 주의하자.

```
embedding_size = 200
vocabulary_size = 2000
batch_size = 100
max_words = 100
stops = stopwords.words('english')
```

3. 만들어 둔 text_helpers.py 파일을 이용해 문서 데이터를 로드하고 변환한다.

```
data_folder_name = 'temp'
texts, target = text_helpers.load_movie_data()

print('Normalizing Text Data')
texts = text_helpers.normalize_text(texts, stops)
```

```
target = [target[ix] for ix, x in enumerate(texts) if
        len(x.split()) > 2]
texts = [x for x in texts if len(x.split()) > 2]

train_indices = np.random.choice(len(target),
        round(0.8*len(target)), replace=False)
test_indices = np.array(list(set(range(len(target))) -
        set(train_indices)))
texts_train = [x for ix, x in enumerate(texts) if ix in
        train_indices]
texts_test = [x for ix, x in enumerate(texts) if ix in
        test_indices]
target_train = np.array([x for ix, x in enumerate(target) if ix in
        train_indices])
target_test = np.array([x for ix, x in enumerate(target) if ix in
        test_indices])
```

4. CBOW 임베딩 값을 최적화하는 동안 생성한 어휘 사전을 로드한다. 단
어에 대한 임베딩 색인 값이 정확히 일치하게 로드해야 한다.

```
dict_file = os.path.join( '..', '05_Working_With_CBOW_
        Embeddings', 'temp', 'movie_vocab.pkl')
word_dictionary = pickle.load(open(dict_file, 'rb'))
```

5. 어휘 사전을 이용해 로드한 문장 데이터를 numpy 숫자 배열로 바꾼다.

```
text_data_train = np.array(text_helpers.text_to_
        numbers(texts_train, word_dictionary))
text_data_test = np.array(text_helpers.text_to_
        numbers(texts_test, word_dictionary))
```

6. 영화 리뷰 길이가 다양하기 때문에 같은 길이로 표준화할 필요가 있다. 예제에서는 100 단어로 설정한다. 길이가 100 단어 이하라면 0번 색인을 추가해 맞춘다.

```
text_data_train = np.array([x[0:max_words] for x in
        [y+[0]*max_words for y in text_data_train]])
text_data_test = np.array([x[0:max_words] for x in
        [y+[0]*max_words for y in text_data_test]])
```

7. 로지스틱 회귀를 위한 모델 변수와 플레이스홀더를 선언한다.

```
A = tf.Variable(tf.random_normal(shape=[embedding_size,1]))
b = tf.Variable(tf.random_normal(shape=[1,1]))

x_data = tf.placeholder(shape=[None, max_words], dtype=tf.int32)
y_target = tf.placeholder(shape=[None, 1], dtype=tf.float32)
```

8. 텐서플로에서 이전에 학습된 임베딩 값을 복원하기 위해서는 로드할 임베딩과 동일한 형태의 임베딩 변수를 생성할 수 있게 저장 메소드에 먼저 변수를 알려줘야 한다.

```
embeddings = tf.Variable(tf.random_uniform([vocabulary_size,
        embedding_size], -1.0, 1.0))
```

9. 그래프에 임베딩 조회 함수를 넣고 문장 모든 단어의 평균 임베딩 값을 계산한다.

```
embed = tf.nn.embedding_lookup(embeddings, x_data)
embed_avg = tf.reduce_mean(embed, 1)
```

10. 다음과 같이 모델 연산과 비용 함수를 선언한다. 비용 함수에 이미 시그모이드가 들어 있다는 것을 기억하자.

```
model_output = tf.add(tf.matmul(embed_avg, A), b)

loss = tf.reduce_mean(tf.nn.sigmoid_cross_entropy_with_
    logits(logits=model_output, labels=y_target))
```

11. 모델을 학습하는 동안 모델의 정확도를 평가할 수 있게 예측 함수와 정확도 함수를 그래프에 추가한다.

```
prediction = tf.round(tf.sigmoid(model_output))
predictions_correct = tf.cast(tf.equal(prediction, y_target),
    tf.float32)
accuracy = tf.reduce_mean(predictions_correct)
```

12. 최적화 함수를 선언하고 모델 변수들을 초기화한다.

```
my_opt = tf.train.AdagradOptimizer(0.005)
train_step = my_opt.minimize(loss)

init = tf.global_variables_initializer()
sess.run(init)
```

13. 임의로 초기화된 임베딩 변수가 있으니 Saver 메소드를 이용해 이전 CBOW 임베딩 값을 임베딩 변수에 로드할 수 있다.

```
model_checkpoint_path = os.path.join( '..', '05_Working_With_
    CBOW_Embeddings', 'temp','cbow_movie_embeddings.ckpt')
saver = tf.train.Saver({"embeddings": embeddings})
```

```
saver.restore(sess, model_checkpoint_path)
```

14. 이제 학습 루프를 실행한다. 100회 반복마다 학습셋과 테스트셋의 비용 함수 값과 정확도를 기록해둔다. 500회 반복마다 모델의 상태를 출력한다.

```
train_loss = []
test_loss = []
train_acc = []
test_acc = []
i_data = []
for i in range(10000):
    rand_index = np.random.choice(text_data_train.shape[0],
            size=batch_size)
    rand_x = text_data_train[rand_index]
    rand_y = np.transpose([target_train[rand_index]])
    sess.run(train_step, feed_dict={x_data: rand_x, y_target:
            rand_y})

    if (i+1)%100==0:
        i_data.append(i+1)
        train_loss_temp = sess.run(loss, feed_dict={x_data:
                rand_x, y_target: rand_y})
        train_loss.append(train_loss_temp)

        test_loss_temp = sess.run(loss, feed_dict={x_data:
                text_data_test, y_target: np.transpose([target_
                    test])})
        test_loss.append(test_loss_temp)

        train_acc_temp = sess.run(accuracy, feed_dict={x_data:
                rand_x, y_target: rand_y})
        train_acc.append(train_acc_temp)

        test_acc_temp = sess.run(accuracy, feed_dict={x_data:
```

```
            text_data_test, y_target: np.transpose([target_
                test])})
        test_acc.append(test_acc_temp)
    if (i+1)%500==0:
        acc_and_loss = [i+1, train_loss_temp, test_loss_temp,
            train_acc_temp, test_acc_temp]
        acc_and_loss = [np.round(x,2) for x in acc_and_loss]
        print('Generation # {}. Train Loss (Test Loss): {:.2f}
            ({:.2f}). Train Acc (Test Acc): {:.2f}
            ({:.2f})'.format(*acc_and_loss))
```

15. 다음과 같은 결과가 출력된다.

```
Generation # 500. Train Loss (Test Loss): 0.70 (0.71). Train Acc
(Test Acc): 0.52 (0.48)
Generation # 1000. Train Loss (Test Loss): 0.69 (0.72). Train Acc
(Test Acc): 0.56 (0.47)
...
Generation # 9500. Train Loss (Test Loss): 0.69 (0.70). Train Acc
(Test Acc): 0.57 (0.55)
Generation # 10000. Train Loss (Test Loss): 0.70 (0.70). Train Acc
(Test Acc): 0.59 (0.55)
```

16. 다음은 100회 반복마다 저장해뒀던 학습셋, 테스트셋의 비용 함수 값과
정확도 그래프를 그리는 코드다.

```
plt.plot(i_data, train_loss, 'k-', label='Train Loss')
plt.plot(i_data, test_loss, 'r--', label='Test Loss',
    linewidth=4)
plt.title('Cross Entropy Loss per Generation')
plt.xlabel('Generation')
plt.ylabel('Cross Entropy Loss')
```

```
plt.legend(loc='upper right')
plt.show()

plt.plot(i_data, train_acc, 'k-', label='Train Set Accuracy')
plt.plot(i_data, test_acc, 'r--', label='Test Set Accuracy',
        linewidth=4)
plt.title('Train and Test Accuracy')
plt.xlabel('Generation')
plt.ylabel('Accuracy')
plt.legend(loc='lower right')
plt.show()
```

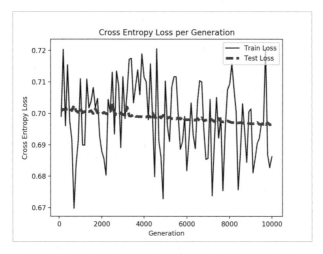

그림 6 10000회 반복 학습하는 동안 학습셋과 테스트셋의 비용 함수 값을 관찰할 수 있다.

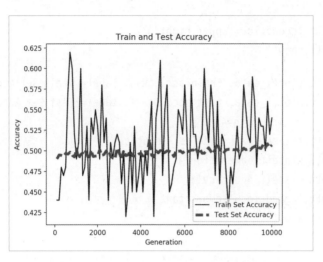

그림 7 10000회 반복 학습하는 동안 학습셋과 테스트셋 정확도가 천천히 개선되는 것을 볼 수 있다. 모델의 성능이 임의 선택보다 약간 더 나은 정도로 매우 나쁘다는 것을 확인할 수 있다.

예제 분석

앞에서 학습한 CBOW 임베딩 값을 로드해 리뷰의 평균 임베딩 값에 대한 로지스틱 회귀를 수행했다. 이 예제에서 알아둬야 할 것은 디스크에 저장된 모델 변수를 현재 모델의 초기화된 변수로 로드하는 메소드다. 임베딩 값을 학습하기 위해 만들었던 어휘 사전을 저장하고 로드하는 방법도 기억해둬야 한다. 동일한 임베딩 방식을 사용할 때는 단어에 할당되는 임베딩 색인이 동일해야 한다는 점이 매우 중요하다.

부연 설명

감정 예측의 정확도가 대략 60% 정도 나온다는 것을 볼 수 있다. 사실 great라는 단어에 담긴 뜻을 알아내는 것은 어려운 일이다. 리뷰의 맥락에 따라 이 단어는 긍정적으로 쓰이기도 하고, 부정적으로 쓰이기도 한다.

이 문제를 공략하기 위해서는 어떻게든 문서 자체를 감정과 연관시킬 수 있는 임베딩 방식을 찾아내야 한다. 리뷰는 보통 전체가 긍정적이거나 부정적이다. 'Doc2vec을 이용한 감정 분석' 절에서 이런 점을 활용할 수 있다.

▌ Doc2vec을 이용한 감정 분석

단어 임베딩 값 학습 방법을 알고 있으니 이 방식을 문서 임베딩 값으로 확장할 수 있다. 이 예제를 통해 텐서플로의 문서 임베딩 방식을 알아보자.

준비

앞 절의 Word2vec 방식을 통해 단어 사이의 위치 관계를 포착할 수 있었다. 아직 해보지 못한 것은 단어가 포함된 문서(영화 리뷰)와 단어의 관계를 포착하는 것이다. 문서의 영향도를 포착하게 Word2vec를 확장한 것을 Doc2vec이라 한다.

Doc2vec의 기본 발상은 단어 임베딩과 더불어 문서의 논조를 포착하는 데 도움이 되는 문서 임베딩 값을 찾아보자는 것이다. 단어 movie와 love가 서로 가까이 있다는 것만으로는 리뷰에 담긴 감정을 알아내는 데 한계가 있다. 리뷰의 내용이 영화를 얼마나 사랑하는지에 대한 것일 수도 있고, 얼마나 사랑하지 않는지에 대한 것일 수도 있다. 그러나 충분히 긴 리뷰가 주어지고 리뷰 문서상에 부정적인 단어가 더 많이 발견된다면 전체적인 논조를 포착해 다음 단어를 예측하는 데 도움을 받을 수 있다.

Doc2vec 방식은 문서를 위한 임베딩 행렬만 추가한 후 단어 범위와 문서 색인을 함께 사용해 다음 단어를 예측한다. 문서 내의 모든 단어 구간은 동일한 문서 색인 값을 가진다. 문서 임베딩 값과 단어 임베딩 값을 결합하는 방법이 중요한 부분이다. 단어 범위 내의 단어 임베딩 값을 합산해서 조합한 임베딩 값을 문서 임베딩과 결합하는 방법에는 크게 두 가지가 있다. 보통, 문서 임베딩 값과 단어 임베딩 값을 더하거나 단어 임베딩 끝에 붙이는 방법을 사용한다. 두 임베딩 값을 더한다면 문서 임베딩 값의 차원이 단어 임베딩 값의 차원과 같아야 한다는 제약이 생긴다. 임베딩 값을 연결하는 경우에는 이 제약을 피할 수 있지만, 로지스틱 회귀의 처리 대상 변수가 늘어난다. 이 예제에서는 연결하는 방법을 사용한다. 하지만 일반적으로 작은 데이터셋에서는 더하는 방식을 사용하는 편이 더 낫다.

첫 번째 단계에서는 영화 리뷰 전체 코퍼스에 대한 문서 임베딩 및 단어 임베딩 값을 최적화한다. 그런 다음 학습셋, 테스트셋을 분할해서 로지스틱 모델을 학습하고, 리뷰에 대한 감정 예측 정확도 개선 방법을 생각해본다.

예제 구현

1. 필요한 라이브러리를 로드하고 그래프 세션을 시작한다.

```
import tensorflow as tf
import matplotlib.pyplot as plt
import numpy as np
import random
import os
import pickle
import string
import requests
import collections
import io
import tarfile
import urllib.request
import text_helpers
from nltk.corpus import stopwords
```

```
sess = tf.Session()
```

2. 이전 두 예제와 마찬가지 방법으로 영화 리뷰 코퍼스를 로드한다.

```
data_folder_name = 'temp'
if not os.path.exists(data_folder_name):
    os.makedirs(data_folder_name)
texts, target = text_helpers.load_movie_data()
```

3. 모델 매개변수를 선언한다.

```
batch_size = 500
vocabulary_size = 7500
generations = 100000
model_learning_rate = 0.001

embedding_size = 200    # 단어 임베딩 크기
doc_embedding_size = 100    # 문서 임베딩 크기
concatenated_size = embedding_size + doc_embedding_size

num_sampled = int(batch_size/2
window_size = 3

# 학습 중 확인 지점
save_embeddings_every = 5000
print_valid_every = 5000
print_loss_every = 100

# 불용어 지정
stops = stopwords.words('english')
# 검증 테스트 단어
valid_words = ['love', 'hate', 'happy', 'sad', 'man', 'woman']
```

4. 영화 리뷰 데이터를 정규화하고 리뷰의 길이가 사용할 범위 이상인지 확인한다.

```
texts = text_helpers.normalize_text(texts, stops)

# 문서는 최소 3단어 이상이어야 한다.
target = [target[ix] for ix, x in enumerate(texts) if
        len(x.split()) > window_size]
texts = [x for x in texts if len(x.split()) > window_size]
assert(len(target)==len(texts))
```

5. 어휘 사전을 만든다. 문서 사전은 만들 필요 없다. 문서 색인은 그저 문서의 일련번호일 뿐이다. 문서마다 고유한 색인 값을 갖는다.

```
word_dictionary = text_helpers.build_dictionary(texts,
        vocabulary_size)
word_dictionary_rev = dict(zip(word_dictionary.values(),
        word_dictionary.keys()))
text_data = text_helpers.text_to_numbers(texts,
        word_dictionary)

# 검증 단어의 색인을 구해둔다.
valid_examples = [word_dictionary[x] for x in valid_words]
```

6. 단어 임베딩 값과 문서 임베딩 값을 정의한다. 잡음 대비 오차 비용 함수의 매개변수를 선언한다.

```
embeddings = tf.Variable(tf.random_uniform([vocabulary_size,
        embedding_size], -1.0, 1.0))
doc_embeddings = tf.Variable(tf.random_uniform([len(texts),
        doc_embedding_size], -1.0, 1.0))
```

```
nce_weights = tf.Variable(tf.truncated_normal([vocabulary_size,
    concatenated_size], stddev=1.0 /
            np.sqrt(concatenated_size)))
nce_biases = tf.Variable(tf.zeros([vocabulary_size]))
```

7. Doc2vec 색인 값과 대상 단어 색인 값을 저장할 플레이스홀더를 선언한다. 입력되는 색인 값의 크기는 범위 크기에 1을 더한 값이다. 처리할 데이터 범위마다 문서 색인 값이 추가로 들어갈 것이기 때문이다.

```
x_inputs = tf.placeholder(tf.int32, shape=[None, window_size + 1])
# 1을 더해 문서 색인 값으로 사용
y_target = tf.placeholder(tf.int32, shape=[None, 1])
valid_dataset = tf.constant(valid_examples, dtype=tf.int32)
```

8. 단어의 임베딩 값을 더하고 마지막에 문서 임베딩 값을 추가하는 임베딩 함수를 만든다.

```
embed = tf.zeros([batch_size, embedding_size])
for element in range(window_size):
    embed += tf.nn.embedding_lookup(embeddings, x_inputs[:,
            element])
doc_indices = tf.slice(x_inputs, [0,window_size],[batch_
        size,1])
doc_embed = tf.nn.embedding_lookup(doc_embeddings,doc_indices)

final_embed = tf.concat(axis=1, values=[embed,
        tf.squeeze(doc_embed)])
```

9. 비용 함수와 최적화 함수를 선언한다.

```
loss = tf.reduce_mean(tf.nn.nce_loss(weights=nce_weights,
                                     biases=nce_biases,
                                     labels=y_target,
                                     inputs=final_embed,
                                     num_sampled=num_sampled,
                                     num_classes=vocabulary_size))

optimizer = tf.train.GradientDescentOptimizer(learning_
      rate=model_learning_rate)
train_step = optimizer.minimize(loss)
```

10. Doc2vec 모델의 학습 진행 상황을 관찰하기 위해 자주 사용하게 될 검증 단어 집합과의 코사인 거리 함수를 선언한다.

```
norm = tf.sqrt(tf.reduce_sum(tf.square(embeddings), 1,
      keep_dims=True))
normalized_embeddings = embeddings / norm
valid_embeddings = tf.nn.embedding_lookup(normalized_
      embeddings, valid_dataset)
similarity = tf.matmul(valid_embeddings, normalized_embeddings,
      transpose_b=True)
```

11. 임베딩 값을 나중에 사용할 수 있게 저장하기 위해 모델 Saver 함수를 만든다. 그런 다음에 단어 임베딩 학습을 시작하기 전 마지막 단계로 변수를 초기화하고 학습을 진행한다.

```
saver = tf.train.Saver({"embeddings": embeddings, "doc_
      embeddings": doc_embeddings})

#Add variable initializer.
init = tf.global_variables_initializer()
sess.run(init)
```

```
loss_vec = []
loss_x_vec = []
for i in range(generations):
    batch_inputs, batch_labels = text_helpers.generate_batch_
            data(text_data, batch_size, window_size,
                method='doc2vec')

    feed_dict = {x_inputs : batch_inputs, y_target : batch_labels}

    # 학습 단계 실행
    sess.run(train_step, feed_dict=feed_dict)

    # 비용 계산
    if (i+1) % print_loss_every == 0:
        loss_val = sess.run(loss, feed_dict=feed_dict)
        loss_vec.append(loss_val)
        loss_x_vec.append(i+1)
        print('Loss at step {} : {}'.format(i+1, loss_val))

    # 검증: 특정 단어에 대한 상위 5개 연관 단어 출력
    if (i+1) % print_valid_every == 0:
        sim = sess.run(similarity, feed_dict=feed_dict)
        for j in range(len(valid_words)):
            valid_word = word_dictionary_rev[valid_examples[j]]
            top_k = 5 # number of nearest neighbors
            nearest = (-sim[j, :]).argsort()[1:top_k+1]
            log_str = "Nearest to {}:".format(valid_word)
            for k in range(top_k):
                close_word = word_dictionary_rev[nearest[k]]
                log_str = '{} {},'.format(log_str, close_word)
            print(log_str)

    # 사전 및 임베딩 저장
    if (i+1) % save_embeddings_every == 0:
        # 어휘 사전 저장
        with open(os.path.join(data_folder_name,'movie_
```

```
        vocab.pkl'), 'wb') as f:
    pickle.dump(word_dictionary, f)

# 임베딩 저장
model_checkpoint_path = os.path.join(os.getcwd(),data_
        folder_name,'doc2vec_movie_embeddings.ckpt')
save_path = saver.save(sess, model_checkpoint_path)
print('Model saved in file: {}'.format(save_path))
```

12. 다음과 같은 결과가 출력된다.

```
Loss at step 100 : 126.176816940307617
Loss at step 200 : 89.608322143554688
Loss at step 99900 : 17.733346939086914
Loss at step 100000 : 17.384489059448242
Nearest to love: ride, with, by, its, start,
Nearest to hate: redundant, snapshot, from, performances,
extravagant,
Nearest to happy: queen, chaos, them, succumb, elegance,
Nearest to sad: terms, pity, chord, wallet, morality,
Nearest to man: of, teen, an, our, physical,
Nearest to woman: innocuous, scenes, prove, except, lady,
Model saved in file: /.../temp/doc2vec_movie_embeddings.ckpt
```

13. 이제 Doc2vec 임베딩 값을 학습했으니 이 값을 대상으로 로지스틱 회귀
를 적용해 리뷰의 감정을 예측할 수 있다. 먼저 로지스틱 회귀를 위한
매개변수 몇 가지를 설정한다.

```
max_words = 20              # 리뷰의 최대 단어 길이
logistic_batch_size = 500   # 일괄 학습 작업 크기
```

342

14. 데이터셋을 학습셋과 테스트셋으로 분할한다.

```
train_indices = np.sort(np.random.choice(len(target),
        round(0.8*len(target)), replace=False))
test_indices = np.sort(np.array(list(set(range(len(target))) -
        set(train_indices))))
texts_train = [x for ix, x in enumerate(texts) if ix in
        train_indices]
texts_test = [x for ix, x in enumerate(texts) if ix in
        test_indices]
target_train = np.array([x for ix, x in enumerate(target) if ix in
        train_indices])
target_test = np.array([x for ix, x in enumerate(target) if ix in
        test_indices])
```

15. 리뷰의 단어들을 어휘 색인 값으로 변환하고, 리뷰의 길이가 20 단어가
되게 잘라 내거나 색인 값 0을 덧붙인다.

```
text_data_train = np.array(text_helpers.text_to_
        numbers(texts_train, word_dictionary))
text_data_test = np.array(text_helpers.text_to_
        numbers(texts_test, word_dictionary))

text_data_train = np.array([x[0:max_words] for x in
        [y+[0]*max_words for y in text_data_train]])
text_data_test = np.array([x[0:max_words] for x in
        [y+[0]*max_words for y in text_data_test]])
```

16. 이제 로지스틱 회귀 모델을 나타내는 그래프를 선언한다. 데이터 플레이
스홀더, 변수, 모델 연산, 비용 함수를 추가한다.

```
# 로지스틱 플레이스홀더 정의
```

```
log_x_inputs = tf.placeholder(tf.int32, shape=[None, max_words +
        1]) # 1을 더해 문서 색인 값으로 사용
log_y_target = tf.placeholder(tf.int32, shape=[None, 1])

# 로지스틱 회귀 변수 생성
A = tf.Variable(tf.random_normal(shape=[concatenated_size,1]))
b = tf.Variable(tf.random_normal(shape=[1,1]))

# 로지스틱 모델 선언(비용 함수에 시그모이드 포함)
model_output = tf.add(tf.matmul(log_final_embed, A), b)

# 비용 함수 선언 (교차 엔트로피 비용 함수)
logistic_loss = tf.reduce_mean(tf.nn.sigmoid_cross_entropy_
        with_logits(logits=model_output, labels=tf.cast(log_y_
            target, tf.float32)))
```

17. 또 다른 임베딩 함수가 필요하다. 앞의 임베딩 함수는 세 단어의 작은 범위(와 문서 색인 값)로 다음 단어를 예측하게 학습됐다. 여기서도 20 단어 리뷰 문서를 대상으로 같은 일을 한다.

```
# 범위 내의 임베딩 값을 더한다.
log_embed = tf.zeros([logistic_batch_size, embedding_size])
for element in range(max_words):
    log_embed += tf.nn.embedding_lookup(embeddings,
            log_x_inputs[:, element])

log_doc_indices = tf.slice(log_x_inputs, [0,max_words],
        [logistic_batch_size,1])
log_doc_embed = tf.nn.embedding_lookup(doc_
        embeddings,log_doc_indices)

# 임베딩 연결
log_final_embed = tf.concat(axis=1, values=[log_embed,
        tf.squeeze(log_doc_embed)])
```

18. 학습이 진행되는 동안 모델 성능을 평가할 수 있게 예측 함수와 정확도 함수를 그래프에 추가한다. 그런 다음에 최적화 함수를 선언하고 모든 변수를 초기화한다.

```python
prediction = tf.round(tf.sigmoid(model_output))
predictions_correct = tf.cast(tf.equal(prediction,
        tf.cast(log_y_target, tf.float32)), tf.float32)
accuracy = tf.reduce_mean(predictions_correct)

logistic_opt = tf.train.GradientDescentOptimizer(
        learning_rate=0.01)
logistic_train_step = logistic_opt.minimize(logistic_loss,
        var_list=[A, b])

init = tf.global_variables_initializer()
sess.run(init)
```

19. 로지스틱 모델 학습을 시작한다.

```python
train_loss = []
test_loss = []
train_acc = []
test_acc = []
i_data = []
for i in range(10000):
    rand_index = np.random.choice(text_data_train.shape[0],
            size=logistic_batch_size)
    rand_x = text_data_train[rand_index]
    # 문서 데이터 끝에 리뷰 색인을 추가
    rand_x_doc_indices = train_indices[rand_index]
    rand_x = np.hstack((rand_x, np.transpose([rand_x_doc_
            indices])))
    rand_y = np.transpose([target_train[rand_index]])
```

```python
        feed_dict = {log_x_inputs : rand_x, log_y_target : rand_y}
        sess.run(logistic_train_step, feed_dict=feed_dict)

        # 100회 반복마다 비용 함수 값과 정확도를 기록
        if (i+1)%100==0:
            rand_index_test = np.random.choice(text_data_
                    test.shape[0], size=logistic_batch_size)
            rand_x_test = text_data_test[rand_index_test]
            # 문서 데이터 끝에 리뷰 색인을 추가
            rand_x_doc_indices_test = test_indices[rand_index_test]
            rand_x_test = np.hstack((rand_x_test, np.transpose([rand_
                    x_doc_indices_test])))
            rand_y_test = np.transpose([target_test[rand_index_test]])

            test_feed_dict = {log_x_inputs: rand_x_test, log_y_target:
                    rand_y_test}

            i_data.append(i+1)

            train_loss_temp = sess.run(logistic_loss, feed_dict=
                    feed_dict)
            train_loss.append(train_loss_temp)

            test_loss_temp = sess.run(logistic_loss, feed_dict=test_
                    feed_dict)
            test_loss.append(test_loss_temp)

            train_acc_temp = sess.run(accuracy, feed_dict=feed_dict)
            train_acc.append(train_acc_temp)

            test_acc_temp = sess.run(accuracy, feed_dict=test_
                    feed_dict)
            test_acc.append(test_acc_temp)
        if (i+1)%500==0:
            acc_and_loss = [i+1, train_loss_temp, test_loss_temp,
                    train_acc_temp, test_acc_temp]
```

```
acc_and_loss = [np.round(x,2) for x in acc_and_loss]
print('Generation # {}. Train Loss (Test Loss): {:.2f}
    ({:.2f}). Train Acc (Test Acc): {:.2f}
    ({:.2f})'.format(*acc_and_loss))
```

20. 다음과 같은 결과가 출력된다.

```
Generation # 500. Train Loss (Test Loss): 5.62 (7.45). Train Acc
(Test Acc): 0.52 (0.48)
Generation # 10000. Train Loss (Test Loss): 2.35 (2.51). Train Acc
(Test Acc): 0.59 (0.58)
```

21. 한 가지 알아둬야 할 것은 예제의 앞부분에서 Doc2vec 임베딩 값을 학습하기 위해 사용했던 text_helpers.generate_batch_data() 함수에 별도의 일괄 작업 데이터 생성 메소드를 추가해뒀다는 점이다. 다음은 해당 메소드가 들어있는 함수 부분을 발췌한 것이다.

```
def generate_batch_data(sentences, batch_size, window_size,
        method='skip_gram'):
    # 일괄 작업 데이터 채우기
    batch_data = []
    label_data = []
    while len(batch_data) < batch_size:
        # 시작할 문장을 임의로 선택
        rand_sentence_ix = int(np.random.choice(len(sentences),
            size=1))
        rand_sentence = sentences[rand_sentence_ix]
        # 탐색할 연속 범위를 생성
        window_sequences = [rand_sentence[max((ix-window_
            size),0):(ix+window_size+1)] for ix, x in
                enumerate(rand_sentence)]
```

```
# 범위의 중심 단어 표시
label_indices = [ix if ix<window_size else window_size for
    ix,x in enumerate(window_sequences)]

# 범위에서 중심 단어를 추출하고, 범위에 해당하는 단어 쌍 생성
if method=='skip_gram':
    batch_and_labels = [(x[y], x[:y] + x[(y+1):]) for x,y in
        zip(window_sequences, label_indices)]
    # 커다란 (대상 단어, 주변 단어) 튜플 리스트 생성
    tuple_data = [(x, y_) for x,y in batch_and_labels for y_
        in y]
    batch, labels = [list(x) for x in zip(*tuple_data)]
elif method=='cbow':
    batch_and_labels = [(x[:y] + x[(y+1):], x[y]) for x,y in
        zip(window_sequences, label_indices)]
    # 2*window_size에 맞는 범위만 처리
    batch_and_labels = [(x,y) for x,y in batch_and_labels if
        len(x)==2*window_size]
    batch, labels = [list(x) for x in zip(*batch_and_labels)]
elif method=='doc2vec':
    # doc2vec의 경우 왼쪽 범위만으로 대상 단어를 예측
    batch_and_labels = [(rand_sentence[i:i+window_size],
        rand_sentence[i+window_size]) for i in range(0,
            len(rand_sentence)-window_size)]
    batch, labels = [list(x) for x in zip(*batch_and_labels)]
    # 문서 색인을 일괄 작업에 추가!!
    #마지막 일괄 작업 번호를 문서 색인 값으로 사용
    batch = [x + [rand_sentence_ix] for x in batch]
else:
    raise ValueError('Method {} not implemented
        yet.'.format(method))

# 일괄 작업과 표지 추출
batch_data.extend(batch[:batch_size])
label_data.extend(labels[:batch_size])
```

```
# 마지막 데이터 잘라내기
batch_data = batch_data[:batch_size]
label_data = label_data[:batch_size]

# numpy 배열로 변환
batch_data = np.array(batch_data)
label_data = np.transpose(np.array([label_data]))

return(batch_data, label_data)
```

예제 분석

이번 예제에서는 두 개의 학습 루프를 실행했다. 첫 번째는 Doc2vec 임베딩 최적화를 위한 것이고, 두 번째는 영화 리뷰에 대한 감정을 예측하는 로지스틱 회귀 모델 학습을 위한 것이었다.

감정 예측 정확도가 그다지 개선되지는 않았지만(여전히 60%에 미치지 못한다), 영화 코퍼스에 대해 문서 임베딩 값 연결 방식의 Doc2vec을 성공적으로 구현했다. 정확도를 올리기 위해 Doc2vec의 매개변수를 여러 방식으로 조절할 수 있고, 로지스틱 회귀로는 자연어의 비선형적 행동을 모두 포착하기 어려우므로 더 복잡한 모델을 시도해볼 수 있다.

합성곱 신경망^{CNNs, convolutional neural networks}은 이미지 인식과 관련된 최근 몇 년간 혁신을 이끈 주역이다. 8장에서는 다루는 내용은 다음과 같다.

- 단순 CNN 구현
- 고급 CNN 구현
- 기존 CNN 모델 재학습
- 스타일넷/뉴럴 스타일 적용
- 딥드림^{Deep Dream} 구현

마찬가지로 8장의 모든 코드는 다음 온라인 사이트에서 구할 수 있다.

https://github.com/nfmcclure/tensorflow_cookbook

▌ 소개

수학에서 합성곱이란 어떤 함수를 다른 함수의 출력에 적용하는 것이다. 여기서는 이미지에 행렬 곱셈(필터)을 적용하는 상황을 알아본다. 이미지에 대해 합성곱이 동작하는 방식을 이해하기 위해 다음 개념도를 보자.

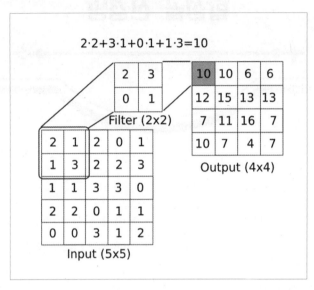

그림 1 (폭, 높이 및 깊이가 주어진) 이미지에 합성곱 필터를 적용해 새로운 속성 계층이 만들어지는 과정. 5x5 입력 공간에 대해 2x2 합성곱 필터를 상하좌우로 1씩 이동하면서 적용한다. 그 결과 4x4 행렬이 나온다.

합성곱 신경망에는 필요에 따라 비선형성 도입(ReLU), 매개변수 병합(맥스풀) 등의 연산을 추가할 수 있다. 위 그림은 5×5 배열에 2×2 행렬의 합성곱 필터를 적용하는 예를 보여준다. 유효한 구간을 1단위로 이동하면서 처리한다. 이 연산에서 학습 가능한 변수는 2×2 필터에 들어가는 가중치가 된다. 일반적으로 합성곱 다음에는 맥스풀 같은 병합 연산을 추가한다. 다음 그림은 맥스풀 연산 방식을 보여준다.

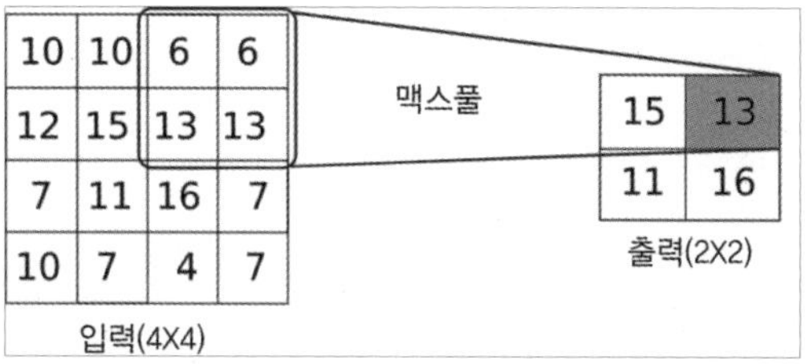

10	10	6	6
12	15	13	13
7	11	16	7
10	7	4	7

입력(4X4)

맥스풀

| 15 | 13 |
| 11 | 16 |

출력(2X2)

그림 2 맥스풀 연산 과정을 보여 주는 예제. 4x4 유효 공간 입력에 대해 2x2 구간을 2단위씩 이동하면서 처리한다. 그 결과 2x2 행렬이 나온다.

처음에는 이미지 인식을 위한 CNN을 직접 만들어보겠지만, 8장 후반부에 나오는 기존에 구축된 구조를 활용하는 방식이 더 유용하다.

> 사전에 학습된 망을 활용해서 끝부분에 완전 연결 계층을 추가하고 새로운 데이터로 재학습해 사용하는 경우가 많다. 이 유용한 방법에 대해서는 CIFAR-10 기존 구조를 재학습해 예측을 개선하는 '기존 CNN 모델 재학습' 절에서 알아본다.

▌단순 CNN 구현

이 예제에서는 MNIST 숫자 예측 정확도를 개선하기 위해 4계층으로 구성된 합성곱 신경망을 만들어본다. 앞쪽의 두 합성곱 계층은 합성곱-ReLU-맥스풀 연산으로 구성되고, 뒤쪽에는 완전 연결 계층 두 개가 들어간다.

준비

텐서플로의 contrib 패키지에는 훌륭한 데이터셋 로드 기능이 있는데, 이를 이용해 MNIST 데이터에 접근할 수 있다. 데이터를 로드하고 나서 모델 변수를 준비하고, 모델을 생성해 일괄 모델 학습을 진행한 후 비용 함수 값, 정확도, 일부 사례들을 시각화해본다.

1. 필요한 라이브러리를 로드하고 그래프 세션을 시작한다.

```
import matplotlib.pyplot as plt
import numpy as np
import tensorflow as tf
from tensorflow.contrib.learn.python.learn.datasets.mnist
import read_data_sets
sess = tf.Session()
```

2. 데이터를 로드하고, 이미지를 28×28 배열로 변환한다.

```
data_dir = 'temp'
mnist = read_data_sets(data_dir)
train_xdata = np.array([np.reshape(x, (28,28)) for x in
        mnist.train.images])
test_xdata = np.array([np.reshape(x, (28,28)) for x in
        mnist.test.images])
train_labels = mnist.train.labels
test_labels = mnist.test.labels
```

 이 코드에서 다운로드한 MNIST 데이터셋에는 검증셋이 포함돼 있다. 검증셋의 크기는 테스트셋과 같다. 초매개변수 조절, 모델 선별 등의 작업을 진행한다면 더 많은 테스트를 위해 이 데이터셋도 로드하는 편이 좋다.

3. 이제 모델 매개변수를 설정한다. 흑백 이미지이기 때문에 이미지 깊이 (채널 수)는 1이 된다.

```
batch_size = 100
```

```
learning_rate = 0.005
evaluation_size = 500
image_width = train_xdata[0].shape[0]
image_height = train_xdata[0].shape[1]
target_size = max(train_labels) + 1
num_channels = 1
generations = 500
eval_every = 5
conv1_features = 25
conv2_features = 50
max_pool_size1 = 2
max_pool_size2 = 2
fully_connected_size1 = 100
```

4. 데이터 플레이스홀더를 선언한다. 학습 데이터 및 테스트 데이터 변수를
   선언한다. 학습을 위해 다양한 크기의 일괄 작업과 평가 데이터셋을 사
   용할 수 있다. 학습 및 평가 과정에서 사용 가능한 물리 메모리 크기에
   따라 이 값을 조절할 수 있다.

```
x_input_shape = (batch_size, image_width, image_height,
    num_channels)
x_input = tf.placeholder(tf.float32, shape=x_input_shape)
y_target = tf.placeholder(tf.int32, shape=(batch_size))
eval_input_shape = (evaluation_size, image_width, image_height,
    num_channels)
eval_input = tf.placeholder(tf.float32, shape=eval_input_shape)
eval_target = tf.placeholder(tf.int32, shape=(evaluation_size))
```

5. 앞에서 설정한 매개변수를 이용해 합성곱 가중치와 편향 변수를 선언한
   다.

```
conv1_weight = tf.Variable(tf.truncated_normal([4, 4,
    num_channels, conv1_features], stddev=0.1,
    dtype=tf.float32))
conv1_bias = tf.Variable(tf.zeros([conv1_features],
    dtype=tf.float32))

conv2_weight = tf.Variable(tf.truncated_normal([4, 4,
    conv1_features, conv2_features], stddev=0.1,
    dtype=tf.float32))
conv2_bias = tf.Variable(tf.zeros([conv2_features],
    dtype=tf.float32))
```

6. 모델 뒤쪽의 두 완전 연결 계층을 위한 가중치와 편향을 선언한다.

```
resulting_width = image_width // (max_pool_size1 *
    max_pool_size2)
resulting_height = image_height // (max_pool_size1 *
    max_pool_size2)
full1_input_size = resulting_width * resulting_height *
    conv2_features
full1_weight = tf.Variable(tf.truncated_normal([full1_
    input_size, fully_connected_size1],
    stddev=0.1, dtype=tf.float32))
full1_bias = tf.Variable(tf.truncated_normal([fully_
    connected_size1], stddev=0.1, dtype=tf.float32))
full2_weight = tf.Variable(tf.truncated_normal([fully_
    connected_size1, target_size], stddev=0.1,
    dtype=tf.float32))
full2_bias = tf.Variable(tf.truncated_normal([target_size],
    stddev=0.1, dtype=tf.float32))
```

7. 이제 모델을 선언한다. 먼저 모델 함수를 생성한다. 이 함수는 모델의 모든 계층에 대한 가중치와 편향 값을 처리할 것이다. 또한 이어지는

완전 연결 계층에 사용할 수 있게 두 번째 합성곱 계층의 출력을 펼치는
작업도 처리한다.

```python
def my_conv_net(input_data):
    # 첫 번째 합성곱-ReLU-맥스풀 계층
    conv1 = tf.nn.conv2d(input_data, conv1_weight, strides=[1, 1,
        1, 1], padding='SAME')
    relu1 = tf.nn.relu(tf.nn.bias_add(conv1, conv1_bias))
    max_pool1 = tf.nn.max_pool(relu1, ksize=[1, max_pool_size1,
        max_pool_size1, 1], strides=[1, max_pool_size1,
        max_pool_size1, 1], padding='SAME')

    # 두 번째 합성곱-ReLU-맥스풀 계층
    conv2 = tf.nn.conv2d(max_pool1, conv2_weight, strides=[1, 1,
        1, 1], padding='SAME')
    relu2 = tf.nn.relu(tf.nn.bias_add(conv2, conv2_bias))
    max_pool2 = tf.nn.max_pool(relu2, ksize=[1, max_pool_size2,
        max_pool_size2, 1], strides=[1, max_pool_size2,
        max_pool_size2, 1], padding='SAME')

    # 이어지는 완전 연결 계층을 위해 출력을 1xN 꼴로 변환
    final_conv_shape = max_pool2.get_shape().as_list()
    final_shape = final_conv_shape[1] * final_conv_shape[2] *
        final_conv_shape[3]
    flat_output = tf.reshape(max_pool2, [final_conv_shape[0],
        final_shape])

    # 첫 번째 완전 연결 계층
    fully_connected1 = tf.nn.relu(tf.add(tf.matmul(flat_output,
        full1_weight), full1_bias))

    # 두 번째 완전 연결 계층
    final_model_output = tf.add(tf.matmul(fully_connected1,
        full2_weight), full2_bias)
    return(final_model_output)
```

8. 학습 데이터 및 테스트 데이터에 대한 모델을 선언한다.

```
model_output = my_conv_net(x_input)
test_model_output = my_conv_net(eval_input)
```

9. 비용 함수로는 softmax 함수를 사용한다. 여러 분류가 아닌 한 가지 분류만 대상으로 하므로 희소 softmax 함수를 사용한다. 또한 조절된 확률이 아니라 로지트 값을 대상으로 하는 비용 함수를 사용한다.

```
loss = tf.reduce_mean(tf.nn.sparse_softmax_cross_entropy_
       with_logits(logits=model_output, labels=y_target))
```

10. 학습 데이터 및 테스트 데이터에 대한 예측 함수를 만든다. 일괄 작업 대상에 대한 모델의 정확도를 측정하는 정확도 함수도 만든다.

```
prediction = tf.nn.softmax(model_output)
test_prediction = tf.nn.softmax(test_model_output)

def get_accuracy(logits, targets):
    batch_predictions = np.argmax(logits, axis=1)
    num_correct = np.sum(np.equal(batch_predictions, targets))
    return(100. * num_correct/batch_predictions.shape[0])
```

11. 최적화 함수를 생성해 학습 방법을 선언하고 모든 모델 변수를 초기화한다.

```
my_optimizer = tf.train.MomentumOptimizer(learning_rate, 0.9)
train_step = my_optimizer.minimize(loss)

init = tf.global_variables_initializer()
```

```
sess.run(init)
```

12. 이제 모델 학습을 시작한다. 일괄 작업 대상 데이터를 임의로 선택해 반복 학습을 진행한다. 주기적으로 학습셋 및 테스트셋을 대상으로 모델을 평가하고, 정확도와 비용 함수 값을 기록한다. 500회 정도 반복 학습을 통해 테스트셋의 정확도가 96%~97% 수준으로 빠르게 올라가는 것을 볼 수 있다.

```python
train_loss = []
train_acc = []
test_acc = []
for i in range(generations):
    rand_index = np.random.choice(len(train_xdata),
            size=batch_size)
    rand_x = train_xdata[rand_index]
    rand_x = np.expand_dims(rand_x, 3)
    rand_y = train_labels[rand_index]
    train_dict = {x_input: rand_x, y_target: rand_y}

    sess.run(train_step, feed_dict=train_dict)
    temp_train_loss, temp_train_preds = sess.run([loss,
            prediction], feed_dict=train_dict)
    temp_train_acc = get_accuracy(temp_train_preds, rand_y)

    if (i+1) % eval_every == 0:
        eval_index = np.random.choice(len(test_xdata),
                size=evaluation_size)
        eval_x = test_xdata[eval_index]
        eval_x = np.expand_dims(eval_x, 3)
        eval_y = test_labels[eval_index]
        test_dict = {eval_input: eval_x, eval_target: eval_y}
        test_preds = sess.run(test_prediction,
```

```
        feed_dict=test_dict)
temp_test_acc = get_accuracy(test_preds, eval_y)

# 결과 기록 및 출력
train_loss.append(temp_train_loss)
train_acc.append(temp_train_acc)
test_acc.append(temp_test_acc)
acc_and_loss = [(i+1), temp_train_loss, temp_train_acc,
    temp_test_acc]
acc_and_loss = [np.round(x,2) for x in acc_and_loss]
print('Generation # {}. Train Loss: {:.2f}. Train Acc (Test
    Acc): {:.2f} ({:.2f})'.format(*acc_and_loss))
```

13. 다음과 같은 결과가 출력된다.

```
Generation # 5. Train Loss: 2.21. Train Acc (Test Acc): 25.00
(22.40)
Generation # 10. Train Loss: 2.14. Train Acc (Test Acc): 26.00
(28.20)
Generation # 15. Train Loss: 1.97. Train Acc (Test Acc): 46.00
(48.20)
Generation # 20. Train Loss: 1.74. Train Acc (Test Acc): 60.00
(58.20)
...
Generation # 490. Train Loss: 0.22. Train Acc (Test Acc): 92.00
(96.20)
Generation # 495. Train Loss: 0.05. Train Acc (Test Acc): 99.00
(96.00)
Generation # 500. Train Loss: 0.11. Train Acc (Test Acc): 97.00
(95.20)
```

14. 다음은 Matplotlib을 이용해 손실 값과 정확도를 그리는 코드다.

```
eval_indices = range(0, generations, eval_every)

plt.plot(eval_indices, train_loss, 'k-')
plt.title('Softmax Loss per Generation')
plt.xlabel('Generation')
plt.ylabel('Softmax Loss')
plt.show()

plt.plot(eval_indices, train_acc, 'k-', label='Train Set
Accuracy')
plt.plot(eval_indices, test_acc, 'r--', label='Test Set
Accuracy')
plt.title('Train and Test Accuracy')
plt.xlabel('Generation')
plt.ylabel('Accuracy')
plt.legend(loc='lower right')
plt.show()
```

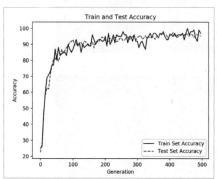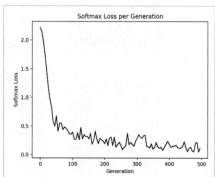

그림 3 왼쪽은 500회 반복 학습하는 동안의 학습셋과 테스트셋 정확도 그래프. 오른쪽은 500회 반복 학습하는 동안의 소프트맥스 비용 함수 그래프

15. 마지막 일괄 작업 대상에 대한 실제 결과를 확인하고 싶다면 다음 코드 를 이용해서 마지막 6개 표본에 대한 결과를 볼 수 있다.

```
actuals = rand_y[0:6]
predictions = np.argmax(temp_train_preds,axis=1)[0:6]
images = np.squeeze(rand_x[0:6])

Nrows = 2
Ncols = 3
for i in range(6):
    plt.subplot(Nrows, Ncols, i+1)
    plt.imshow(np.reshape(images[i], [28,28]), cmap='Greys_r')
    plt.title('Actual: ' + str(actuals[i]) + ' Pred: ' +
            str(predictions[i]), fontsize=10)
    frame = plt.gca()
    frame.axes.get_xaxis().set_visible(False)
    frame.axes.get_yaxis().set_visible(False)
plt.show()
```

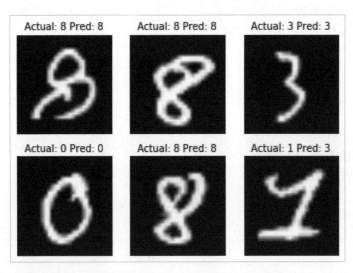

그림 4 임의로 선택한 실제 값과 예상 값이 표기된 이미지. 오른쪽 아래 그림의 실제 값은 1이지만, 예측 값은 3이다.

예제 분석

이번 예제를 통해 MNIST 데이터셋에 대한 성능을 향상시켜봤다. 완전히 바닥부터 새로 학습을 시작했음에도 정확도가 97%에 이르는 모델을 빠르게 얻을 수 있었다. 전반부의 두 계층은 합성곱, ReLU, 맥스풀 연산을 조합했다. 후반부의 두 계층은 완전 연결 계층이다. 학습에 사용한 일괄 작업 크기는 100이며, 학습이 진행되는 동안 정확도와 비용 함수 값을 살펴봤다. 마지막 부분에서는 임의의 6개 데이터에 대한 예측 값과 실제 값을 표시해봤다.

합성곱 신경망은 이미지 인식 분야에서 특히 잘 동작한다. 이유를 하나 꼽아보면 합성곱 계층이 부분 이미지에서 찾아낼 수 있는 중요한 하위 속성을 자체적으로 찾아내 주기 때문이다. 이런 유형의 모델은 스스로 속성을 찾아내고, 이 속성을 이용해 예측을 수행한다.

부연 설명

CNN 모델은 지난 몇 년간 이미지 인식 분야에서 커다란 진보를 이뤘다. 다양하고 참신한 생각들이 시도됐고, 새로운 구조가 자주 발견됐다. 이 분야의 훌륭한 논문들이 코넬 대학에서 만든 arxiv.org 웹사이트에 저장돼 있다(https://arxive.org/). 이 사이트에는 전산 과학, 컴퓨터 비전, 이미지 인식 같은 다양한 분야의 최근 논문들도 수록돼 있다(https://arxiv.org/list/cs.CV/recent).

참고 사항

합성곱 신경망 학습을 위한 훌륭한 자료들이 많다. 그중 일부를 소개하면 다음과 같다.

- 스탠포드 대학에는 훌륭한 위키 소개 자료가 있다.

  http://scarlet.stanford.edu/teach/index.php/An_Introduction_to_
  Convolutional_Neural_Networks

- 마이클 닐센[Michael Nielsen]의 머신 러닝

  http://neuralnetworksanddeeplearning.com/chap6.html

- 지엔신 우[Jianxin Wu]의 합성곱 신경망 소개

  https://pdfs.semanticscholar.org/450c/a19932fcef1ca6d0442cbf52fec
  38fb9d1e5.pdf

▌고급 CNN 구현

이미지 인식을 위해 신경망 깊이를 늘리는 방식으로 CNN 모델을 확장할 수 있다는 점이 중요하다. 충분한 데이터가 있다면 이런 방식으로 예측 정확도를 올릴 수 있을지도 모른다. 표준적인 CNN 망 확장 방식은 합성곱, ReLU, 맥스풀 연산 순서를 원하는 만큼 반복하는 것이다. 좀 더 정확한 이미지 인식 망 다수가 이런 방식으로 구현된다.

준비

이 예제에서는 더 개선된 방식으로 이미지를 읽어 들이고, 더 큰 CNN을 사용해 CIFAR-10 데이터셋(https://www.cs.toronto.edu/~kriz/cifar.html)에 대한 이미지 인식을 시도해본다. 이 데이터셋에는 32×32 크기의 6만 개 이미지가 있으며, 각 이미지들은 10가지 분류 중 하나에 속한다. 사용하는 이미지 분류는 비행기, 자동차, 새, 고양이, 사슴, 개, 개구리, 말, 배, 트럭이다. '참고 사항' 절의 첫 번째 항목을 참고하자.

이미지 데이터셋 용량이 커서 대부분 메모리에 모두 올릴 수 없을 것이다. 텐서플로에서는 일괄 작업 단위로 이미지 파일을 읽어 들이는 파이프라인을 설정할 수 있다. 이미지 리더를 만들고 이미지 리더를 사용하는 일괄 작업 큐를 생성하면 된다.

이미지 인식 데이터를 학습 데이터로 보내기 전에 이미지를 임의로 변형시키는 경우가 많다. 이 예제에서는 이미지를 임의로 잘라 내거나, 반전시키거나, 밝기를 변경하는 식으로 변형할 것이다.

이 예제는 텐서플로의 CIFAR-10 공식 예제를 수정한 것이다. 원본 예제는 마지막의 '참고 사항' 절에서 확인할 수 있다. 원본 예제를 스크립트 하나로 압축하고 행 단위로 필요한 설명을 추가했다. 또한 인용한 원래 논문에 따라 일부 상수와 매개변수의 값을 설정했으며, 자세한 내용은 해당 단계에서 설명한다.

예제 구현

1. 필요한 라이브러리를 로드하고 그래프 세션을 시작한다.

```
import os
import sys
import tarfile
import matplotlib.pyplot as plt
import numpy as np
import tensorflow as tf
from six.moves import urllib
sess = tf.Session()
```

2. 모델 매개변수들을 선언한다. 일괄 작업 크기는 128이다. (학습셋 및 테스트셋에 대한) 상태를 50회마다 출력하면서 총 20000번 학습을 반복한다. 500회마다 테스트셋 일괄 데이터에 대해 평가를 진행한다. 임의로 이미

지를 잘라낼 때 잘라낼 높이와 폭을 매개변수로 지정해둔다. 이미지 데이터는 (적, 녹, 청) 세 개의 채널을 갖고 있으며, 대상 값의 종류는 10가지다. 데이터를 저장할 위치, 큐에서 출력되는 이미지를 저장할 위치도 선언한다.

```
batch_size = 128
data_dir = 'temp'
output_every = 50
generations = 20000
eval_every = 500
image_height = 32
image_width = 32
crop_height = 24
crop_width = 24
num_channels = 3
num_targets = 10
extract_folder = 'cifar-10-batches-bin'
data_dir = 'temp'
```

3. 모델이 더 좋아짐에 따라 학습률을 낮추는 것이 좋으므로, 학습률을 지수적으로 감소시킬 것이다. 초기 학습률은 0.1로 설정하고 250회 반복 마다 10%씩 감소시킨다. 정확한 식으로 표현하면 현재 반복 횟수를 x라 했을 때 학습률은 $0.1 \cdot 0.9^{\frac{x}{250}}$이 된다. 이 값은 연속적으로 줄어드는 값이지만, 텐서플로의 **staircase** 인자를 사용하면 불연속적으로 학습률을 갱신할 수 있다.

```
learning_rate = 0.1
lr_decay = 0.9
num_gens_to_wait = 250.
```

4. 이진 파일로 저장된 CIFAR-10 이미지를 읽기 위한 매개변수를 설정한다.

```
image_vec_length = image_height * image_width * num_channels
record_length = 1 + image_vec_length
```

5. 데이터 디렉토리를 설정하고, 데이터를 받아두지 않았을 때 다운로드를 진행할 CIFAR-10 이미지 URL을 추가한다.

```
data_dir = 'temp'
if not os.path.exists(data_dir):
    os.makedirs(data_dir)
cifar10_url = 'http://www.cs.toronto.edu/~kriz/cifar-10-
        binary.tar.gz'

data_file = os.path.join(data_dir, 'cifar-10-binary.tar.gz')
if os.path.isfile(data_file):
    pass
else:
    # 파일 다운로드
    def progress(block_num, block_size, total_size):
        progress_info = [cifar10_url, float(block_num *
                block_size) / float(total_size) * 100.0]
        print('\r Downloading {} -
                {:.2f}%'.format(*progress_info), end="")
    filepath, _ = urllib.request.urlretrieve(cifar10_url,
            data_file, progress)
    # 파일 추출
    tarfile.open(filepath, 'r:gz').extractall(data_dir)
```

6. read_cifar_files() 함수는 데이터 리더를 설정하고, 임의로 변형한 이미지를 반환한다. 먼저 정해진 길이의 바이트를 읽는 레코드 리더 객체를 선언한다. 큐에서 읽어 들인 이미지 데이터에서 이미지 부분과 표지

부분을 분리한다. 그런 다음에 텐서플로의 내장 이미지 처리 함수로 이미지를 임의로 변형한다.

```python
def read_cifar_files(filename_queue, distort_images = True):
    reader = tf.FixedLengthRecordReader(record_bytes=record_length)
    key, record_string = reader.read(filename_queue)
    record_bytes = tf.decode_raw(record_string, tf.uint8)
    image_label = tf.cast(tf.slice(record_bytes, [0], [1]),
            tf.int32)

    # 이미지 추출
    image_extracted = tf.reshape(tf.slice(record_bytes, [1],
            [image_vec_length]), [num_channels, image_height,
            image_width])

    # 이미지 변형
    image_uint8image = tf.transpose(image_extracted, [1, 2, 0])
    reshaped_image = tf.cast(image_uint8image, tf.float32)
    # 이미지 임의로 잘라내기
    final_image = tf.image.resize_image_with_crop_or_
            pad(reshaped_image, crop_width, crop_height)

    if distort_images:
        # 임의로 이미지 좌우 반전, 밝기 및 대비 변경
        final_image = tf.image.random_flip_left_right(final_
                image)
        final_image = tf.image.random_brightness(final_
                image,max_delta=63)
        final_image = tf.image.random_contrast(final_image,
                lower=0.2, upper=1.8)

    # 밝기 정규화
    final_image = tf.image.per_image_standardization(final_image)
    return(final_image, image_label)
```

7. 이제 일괄 처리를 진행하는 이미지 파이프라인 함수를 선언한다. 우선 읽을 이미지 파일 목록을 만들고, 텐서플로에 정의된 입력 생성자 객체를 선언해 이 파일을 읽어 들인다. 이 입력 생성자를 앞에서 선언한 read_cifar_files() 함수에 전달하면 된다. 그 다음 큐의 데이터를 일괄적으로 읽어 들이는 suffle_batch() 함수를 설정한다.

```python
def input_pipeline(batch_size, train_logical=True):
    if train_logical:
        files = [os.path.join(data_dir, extract_folder,
                'data_batch_{}.bin'.format(i)) for i in range(1,6)]
    else:
        files = [os.path.join(data_dir, extract_folder,
                'test_batch.bin')]
    filename_queue = tf.train.string_input_producer(files)
    image, label = read_cifar_files(filename_queue)

    min_after_dequeue = 5000
    capacity = min_after_dequeue + 3 * batch_size
    example_batch, label_batch = tf.train.shuffle_batch([image,
            label], batch_size=batch_size, capacity=capacity,
            min_after_dequeue=min_after_dequeue)

    return(example_batch, label_batch)
```

 min_after_dequeue 값을 적절히 설정해야 한다. 이 매개변수는 표본 이미지 추출 버퍼의 최소 크기를 뜻한다. 텐서플로 공식 문서에서 권하는 값은 (스레드 수 + 오차 범위) × 일괄 작업 크기다. 더 큰 값을 사용하면 좀 더 큰 데이터셋을 대상으로 큐에 들어갈 데이터를 뽑기 때문에 더 골고루 섞인 데이터를 얻게 되지만, 프로세스가 사용하는 메모리는 더 많아진다.

8. 모델 함수를 선언한다. 사용할 모델에는 두 개의 합성곱 계층과 세 개의 완전 연결 계층이 이어져 있다. 더 편하게 변수 선언을 할 수 있게 두 개의 변수 함수를 선언한다. 두 개의 합성곱 계층은 각기 64개 속성을 갖고 있다. 첫 번째 완전 연결 계층은 384개의 은닉 노드로 두 번째 합성곱 계층과 연결된다. 두 번째 완전 연결 계층은 이 384개 은닉 노드를 192개 은닉 노드로 연결한다. 마지막 계층은 192개 노드를 예측 대상인 10개 분류 출력 값으로 연결한다. 다음 코드 내의 # 내부 주석을 참고하자.

```python
def cifar_cnn_model(input_images, batch_size,
        train_logical=True):
    def truncated_normal_var(name, shape, dtype):
        return(tf.get_variable(name=name, shape=shape,
            dtype=dtype, initializer=tf.truncated_normal_
            initializer(stddev=0.05)))
    def zero_var(name, shape, dtype):
        return(tf.get_variable(name=name, shape=shape,
            dtype=dtype, initializer=tf.constant_
            initializer(0.0)))

    # 첫 번째 합성곱 계층
    with tf.variable_scope('conv1') as scope:
        # 3개의 색에 대한 5x5 크기의 Conv_kernel로 64개 속성이 생성됨
        conv1_kernel = truncated_normal_var(name='conv_kernel1',
            shape=[5, 5, 3, 64], dtype=tf.float32)
        # 이동 단위 1로 이미지 전체에 대한 합성곱 수행
        conv1 = tf.nn.conv2d(input_images, conv1_kernel, [1, 1, 1,
            1], padding='SAME')
        # 초기화 및 편향 항 추가
        conv1_bias = zero_var(name='conv_bias1', shape=[64],
            dtype=tf.float32)
        conv1_add_bias = tf.nn.bias_add(conv1, conv1_bias)
        # 원소 단위로 ReLU 적용
```

```
    relu_conv1 = tf.nn.relu(conv1_add_bias)

# 맥스풀 계층
pool1 = tf.nn.max_pool(relu_conv1, ksize=[1, 3, 3, 1],
        strides=[1, 2, 2, 1],padding='SAME', name='pool_layer1')

# 부분 결과 정규화(논문의 매개변수 값 사용)
# http://papers.nips.cc/paper/4824-imagenet-classification-
        with-deep-convolutional-neural-networks
norm1 = tf.nn.lrn(pool1, depth_radius=5, bias=2.0, alpha=1e-3,
        beta=0.75, name='norm1')

# 두 번째 합성곱 계층
with tf.variable_scope('conv2') as scope:
    # 3개의 색에 대한 5x5 크기의 Conv_kernel로 64개 속성이 생성됨
    conv2_kernel = truncated_normal_var(name='conv_kernel2',
        shape=[5, 5, 64, 64], dtype=tf.float32)
    # 이동 단위 1로 이미지 전체에 대한 합성곱 수행
    conv2 = tf.nn.conv2d(norm1, conv2_kernel, [1, 1, 1, 1],
        padding='SAME')
    # 초기화 및 편향 항 추가
    conv2_bias = zero_var(name='conv_bias2', shape=[64],
        dtype=tf.float32)
    conv2_add_bias = tf.nn.bias_add(conv2, conv2_bias)
    # 원소 단위로 ReLU 적용
    relu_conv2 = tf.nn.relu(conv2_add_bias)

    # 맥스풀 계층
    pool2 = tf.nn.max_pool(relu_conv2, ksize=[1, 3, 3, 1],
        strides=[1, 2, 2, 1], padding='SAME', name='pool_
        layer2')

# 부분 결과 정규화(논문의 매개변수 값 사용)
norm2 = tf.nn.lrn(pool2, depth_radius=5, bias=2.0, alpha=1e-3,
        beta=0.75, name='norm2')
```

```
# 완전 연결 계층의 곱셈을 위해 출력 값을 단일 행렬로 변환
reshaped_output = tf.reshape(norm2, [batch_size, -1])
reshaped_dim = reshaped_output.get_shape()[1].value

# 첫 번째 완전 연결 계층
with tf.variable_scope('full1') as scope:
    # 384개 출력 값을 가진 완전 연결 계층
    full_weight1 = truncated_normal_var(name='full_mult1',
        shape=[reshaped_dim, 384], dtype=tf.float32)
    full_bias1 = zero_var(name='full_bias1', shape=[384],
        dtype=tf.float32)
    full_layer1 = tf.nn.relu(tf.add(tf.matmul(reshaped_
        output, full_weight1), full_bias1))

# 두 번째 완전 연결 계층
with tf.variable_scope('full2') as scope:
    # 192개 출력 값을 가진 완전 연결 계층
    full_weight2 = truncated_normal_var(name='full_mult2',
        shape=[384, 192], dtype=tf.float32)
    full_bias2 = zero_var(name='full_bias2', shape=[192],
        dtype=tf.float32)
    full_layer2 = tf.nn.relu(tf.add(tf.matmul(full_layer1,
        full_weight2), full_bias2))

# 마지막 완전 연결 계층 -> 10개 분류 출력 값(대상 값)
with tf.variable_scope('full3') as scope:
    full_weight3 = truncated_normal_var(name='full_mult3',
        shape=[192, num_targets], dtype=tf.float32)
    full_bias3 = zero_var(name='full_bias3',
        shape=[num_targets], dtype=tf.float32)
    final_output = tf.add(tf.matmul(full_layer2,
        full_weight3), full_bias3)

return(final_output)
```

부분 결과 정규화에서 사용한 매개변수의 값은 참고 사항 세 번째의 논문을 참고했다.

9. 이제 비용 함수를 생성한다. 한 그림은 한 분류에만 속하기 때문에 비용 함수는 열 가지 출력 값에 대한 확률 분포가 돼야 하므로, 소프트 맥스 함수를 비용 함수로 사용한다.

```
def cifar_loss(logits, targets):
    # 추가 차원을 제거하고 대상 값을 정수로 변환
    targets = tf.squeeze(tf.cast(targets, tf.int32))
    # 로지트 값과 대상 값으로 교차 엔트로피를 계산
    cross_entropy = tf.nn.sparse_softmax_cross_entropy_with_
            logits(logits=logits, labels=targets)
    # 일괄 작업 전체에 대한 평균 비용을 계산
    cross_entropy_mean = tf.reduce_mean(cross_entropy,
            name='cross_entropy')
    return(cross_entropy_mean)
```

10. 학습 절차를 선언한다. 학습률은 지수적 계단 함수 형태로 줄어든다.

```
def train_step(loss_value, generation_num):
    # 일정 횟수 반복 이후, 학습률을 지수적으로 감쇄
    model_learning_rate = tf.train.exponential_decay(learning_
            rate, generation_num, num_gens_to_wait, lr_decay,
            staircase=True)
    # 최적화 함수 생성
    my_optimizer = tf.train.GradientDescentOptimizer(model_
            learning_rate)
    # 학습 단계 초기화
    train_step = my_optimizer.minimize(loss_value)
```

```
    return(train_step)
```

11. 일괄 작업 대상인 이미지 데이터에 대한 정확도를 계산하는 함수도 필요하다. 로지트 값과 대상 벡터를 입력 받아 평균 정확도를 출력한다. 학습 데이터와 테스트 데이터 모두에 이 함수를 사용할 수 있다.

```
def accuracy_of_batch(logits, targets):
    # 대상 값이 정수인지 확인하고, 추가 차원을 제거
    targets = tf.squeeze(tf.cast(targets, tf.int32))
    # 가장 큰 로지트 값을 예측 값으로 선택
    batch_predictions = tf.cast(tf.argmax(logits, 1), tf.int32)
    # 예측 값과 대상 값이 일치하는지 확인
    predicted_correctly = tf.equal(batch_predictions, targets)
    # 일괄 작업 전체에 대해 (일치 및 불일치 값) 0과 1 값을 평균 냄
    accuracy = tf.reduce_mean(tf.cast(predicted_correctly,
            tf.float32))
    return(accuracy)
```

12. 이제 이미지 파이프라인 함수가 완성됐으므로, 학습 이미지 파이프라인과 테스트 이미지 파이프라인 함수를 초기화한다.

```
images, targets = input_pipeline(batch_size, train_logical=True)
test_images, test_targets = input_pipeline(batch_size,
        train_logical=False)
```

13. 학습셋 및 테스트셋에 대한 출력 값을 얻기 위해 모델을 초기화한다. 테스트용 모델을 선언할 때 학습용 모델과 동일한 매개변수 값을 사용하게 scope.reuse_variables()를 먼저 호출해야 한다는 점을 기억해두자.

```
with tf.variable_scope('model_definition') as scope:
    # 학습 모델 선언
    model_output = cifar_cnn_model(images, batch_size)
    # 동일 스코프 내의 변수 재사용
    scope.reuse_variables()
    # 테스트 모델 선언
    test_output = cifar_cnn_model(test_images, batch_size)
```

14. 비용 함수와 테스트 정확도 함수를 초기화한다. 그런 다음에 반복 학습 횟수를 선언한다. 학습을 하지 않게 이 변수를 선언하고, 지수적 감쇄 학습률 계산 함수에 이 값을 전달한다.

```
loss = cifar_loss(model_output, targets)
accuracy = accuracy_of_batch(test_output, test_targets)
generation_num = tf.Variable(0, trainable=False)
train_op = train_step(loss, generation_num)
```

15. 모든 모델 변수를 선언하고 텐서플로의 start_queue_runners() 함수를 실행해 이미지 파이프라인을 시작한다. 학습 모델이나 테스트 모델의 출력 값을 구할 때는 사전형 데이터가 아닌 일괄 작업 대상 이미지들을 파이프라인에 투입한다.

```
init = tf.global_variables_initializer()
sess.run(init)
tf.train.start_queue_runners(sess=sess)
```

16. 학습 데이터에 대해 루프를 실행하고, 학습셋의 비용 함수 값과 테스트셋의 정확도를 저장한다.

```
train_loss = []
test_accuracy = []
for i in range(generations):
    _, loss_value = sess.run([train_op, loss])

    if (i+1) % output_every == 0:
        train_loss.append(loss_value)
        output = 'Generation {}: Loss = {:.5f}'.format((i+1),
            loss_value)
        print(output)

    if (i+1) % eval_every == 0:
        [temp_accuracy] = sess.run([accuracy])
        test_accuracy.append(temp_accuracy)
        acc_output = ' --- Test Accuracy =
            {:.2f}%.'.format(100.*temp_accuracy)
        print(acc_output)
```

17. 다음과 같은 결과가 출력된다.

```
Generation 19500: Loss = 0.14700
 --- Test Accuracy = 75.78%.
Generation 19550: Loss = 0.01960
Generation 19600: Loss = 0.06150
Generation 19650: Loss = 0.04565
Generation 19700: Loss = 0.03188
Generation 19750: Loss = 0.02172
Generation 19800: Loss = 0.05663
Generation 19850: Loss = 0.06560
Generation 19900: Loss = 0.07089
Generation 19950: Loss = 0.02926
Generation 20000: Loss = 0.01446
 --- Test Accuracy = 77.34%.
```

18. 마지막으로 다음은 matplotlib을 이용해 학습하는 동안의 비용 함수 값
과 테스트셋에 대한 정확도 그래프를 그리는 코드다.

```
eval_indices = range(0, generations, eval_every)
output_indices = range(0, generations, output_every)

plt.plot(output_indices, train_loss, 'k-')
plt.title('Softmax Loss per Generation')
plt.xlabel('Generation')
plt.ylabel('Softmax Loss')
plt.show()

plt.plot(eval_indices, test_accuracy, 'k-')
plt.title('Test Accuracy')
plt.xlabel('Generation')
plt.ylabel('Accuracy')
plt.show()
```

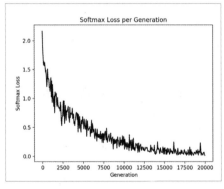 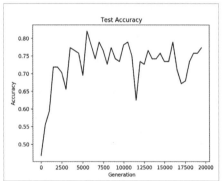

그림 5 왼쪽은 학습셋에 대한 비용 함수 값 그래프고, 오른쪽은 테스트셋에 대한 정확도 그래프다.
CIFAR-10 데이터셋에 대해 테스트셋의 이미지 인식 정확도가 약 75%에 이르는 CNN 모델을 얻을 수 있었다.

예제 분석

CIFAR-10 데이터를 다운로드한 후 사전 대신 이미지 파이프라인을 구축했다.

이미지 파이프라인에 대한 더 자세한 정보는 텐서플로 CIFAR-10 공식 예제를 참고하자. 학습 및 테스트셋에 대한 파이프라인을 이용해 이미지 분류를 예측해 봤다. 최종 모델은 테스트셋에 대해 약 75%의 정확도를 달성했다.

참고 사항

- CIFAR-10 데이터셋에 대한 더 자세한 정보는 알렉스 크리제프스키[Alex Krizhevsky]의 2009년 논문 '작은 이미지 속성의 다층 학습(Learning Multiple Layers of Features from Tiny Images)'을 참고하자.

  https://www.cs.toronto.edu/~kriz/learning-features-2009-TR.pdf

- 텐서플로 원본 코드는 다음 사이트에서 확인할 수 있다.

  https://github.com/tensorflow/models/tree/master/tutorials/image/cifar10/

- 부분 결과 정규화에 대한 더 자세한 정보는 크리제프스키 등의[Krizhevsky, A. et. al.] 2012년 논문 '심층 합성곱 신경망을 통한 이미지넷 분류(ImageNet Classification with Deep Convolutional Neural Networks)'를 참고하자.

  http://papers.nips.cc/paper/4824-imagenet-classification-with-deep-convolutional-neural-networks

▌ 기존 CNN 모델 재학습

새로운 이미지 인식 모델을 바닥부터 새로 만들려면 많은 시간과 계산 자원이 필요하다. 이미 학습된 신경망에 이미지를 추가해 재학습한다면 계산 시간을 절약할 수 있다. 이번 예제에서는 이미 학습된 텐서플로 이미지 인식 모델을

사용하는 방법과 이 모델을 다른 이미지 집합에 적용할 수 있게 미세 조정하는
방법을 알아본다.

준비

기본 발상은 기존 모델의 합성곱 계층 구조 및 가중치를 재사용하고, 그를 위해
완전 연결 계층을 연결해 다시 학습시키는 것이다.

텐서플로 공식 문서에도 기존 CNN 모델을 바탕으로 학습하는 예제가 들어 있다
('참고 사항' 절의 첫 번째 항목). 이 예제에서 같은 방법론을 CIFAR-10에 적용하는
방법을 알아본다. 인셉션Inception이라는 아주 인기 있는 구조를 사용하는 CNN 망
을 적용해본다. 구글이 만든 인셉션 CNN 모델은 많은 이미지 인식 벤치마크에
서 좋은 성능을 보인다. 인셉션에 대한 자세한 정보는 '참고 사항' 절의 두 번째
항목에 있는 논문을 참고하자.

여기서 소개할 파이썬 스크립트는 CIFAR-10 이미지 데이터를 다운로드하고, 이
미지를 자동으로 구분 및 표기해서 학습셋과 테스트셋 데이터 각각을 10개 분류
로 저장할 것이다. 그다음 이미지에 대한 신경망 학습을 다시 반복한다.

예제 구현

1. CIFAR-10 이미지 다운로드, 압축 해제, 저장을 위해 필요한 라이브러리
   를 로드한다.

```
import os
import tarfile
import _pickle as cPickle
import numpy as np
import urllib.request
```

```
import scipy.misc
import imageio
```

2. CIFAR-10 데이터 다운로드 링크를 선언하고, 데이터를 저장할 임시 디렉토리를 만든다. 나중에 사용할 10개 이미지 분류도 선언한다.

```
cifar_link = 'https://www.cs.toronto.edu/~kriz/cifar-10-
        python.tar.gz'
data_dir = 'temp'
if not os.path.isdir(data_dir):
    os.makedirs(data_dir)
objects = ['airplane', 'automobile', 'bird', 'cat', 'deer',
        'dog', 'frog', 'horse', 'ship', 'truck']
```

3. CIFAR-10.tar 데이터 파일을 다운로드하고, 압축 파일을 푼다.

```
target_file = os.path.join(data_dir, 'cifar-10-python.tar.gz')
if not os.path.isfile(target_file):
    print('CIFAR-10 file not found. Downloading CIFAR data (Size =
            163MB)')
    print('This may take a few minutes, please wait.')
    filename, headers = urllib.request.urlretrieve(cifar_link,
            target_file)
# 메모리에 추출
tar = tarfile.open(target_file)
tar.extractall(path=data_dir)
tar.close()
```

4. 학습에 필요한 폴더 구조를 생성한다. train_dir, validation_dir 두 개의 임시 폴더를 만든다. 각 폴더 아래 각 대상 분류에 해당하는 10개의 하위 폴더를 만든다.

```
train_folder = 'train_dir'
if not os.path.isdir(os.path.join(data_dir, train_folder)):
    for i in range(10):
        folder = os.path.join(data_dir, train_folder, objects[i])
        os.makedirs(folder)

test_folder = 'validation_dir'
if not os.path.isdir(os.path.join(data_dir, test_folder)):
    for i in range(10):
        folder = os.path.join(data_dir, test_folder, objects[i])
        os.makedirs(folder)
```

5. 이미지를 저장하려면 메모리의 이미지를 로드해서 이미지 사전을 구축
   하는 함수를 만든다.

```
def load_batch_from_file(file):
    file_conn = open(file, 'rb')
    image_dictionary = cPickle.load(file_conn, encoding='latin1')
    file_conn.close()
    return(image_dictionary)
```

6. 앞에서 만든 사전을 이용해서 파일을 정확한 위치에 저장하는 함수를
   만든다.

```
def save_images_from_dict(image_dict, folder='data_dir'):
    # image_dict에 들어가는 키는 'labels', 'filenames', 'data',
    # 'batch_label'
    for ix, label in enumerate(image_dict['labels']):
        folder_path = os.path.join(data_dir, folder,
                objects[label])
        filename = image_dict['filenames'][ix]
        # 이미지 데이터 변환
```

```
        image_array = image_dict['data'][ix]
        image_array.resize([3, 32, 32])
        # 이미지 저장
        output_location = os.path.join(folder_path, filename)
        imageio.imwrite(output_location,image_array.transpose())
```

7. 다운로드한 데이터 파일에 이상의 함수들을 적용하면 이미지들을 올바른 위치에 저장할 수 있다.

```
data_location = os.path.join(data_dir, 'cifar-10-batches-py')
train_names = ['data_batch_' + str(x) for x in range(1,6)]
test_names = ['test_batch']

for file in train_names:
    print('Saving images from file: {}'.format(file))
    file_location = os.path.join(data_dir, 'cifar-10-batches-py',
            file)
    image_dict = load_batch_from_file(file_location)
    save_images_from_dict(image_dict, folder=train_folder)

for file in test_names:
    print('Saving images from file: {}'.format(file))
    file_location = os.path.join(data_dir, 'cifar-10-batches-py',
            file)
    image_dict = load_batch_from_file(file_location)
    save_images_from_dict(image_dict, folder=test_folder)
```

8. 스크립트 끝부분에서 마지막으로 필요한 정보인 표지 파일을 만든다. 이 파일을 통해 출력 값을 색인 번호가 아닌 문자열 표지로 해석할 수 있다.

```
cifar_labels_file = os.path.join(data_dir,'cifar10_labels.txt')
print('Writing labels file, {}'.format(cifar_labels_file))
```

```
with open(cifar_labels_file, 'w') as labels_file:
    for item in objects:
        labels_file.write("{}\n".format(item))
```

9. 위 스크립트를 실행하면 텐서플로 공식 재학습 예제가 기대하는 올바른 구조로 이미지를 다운로드해 저장할 것이다. 이 작업을 마치고 난 다음, 공식 예제를 따라가면 된다. 먼저 예제 저장소를 복제한다.

```
$ git clone https://github.com/tensorflow/models
Cloning into 'models'...
```

10. 사전에 학습된 모델의 망 가중치를 준비한다.

```
curl -O http://download.tensorflow.org/models/image/imagenet/
inception-v3-2016-03-01.tar.gz
tar xzf inception-v3-2016-03-01.tar.gz
```

11. 올바른 폴더 구조에 들어 있는 이미지들을 TFRecords 객체로 변환해야 한다. 다음 명령을 사용한다.

```
$ mkdir temp/data_dir
$ python3
models/research/inception/inception/data/build_image_data.py
--train_directory="temp/train_dir/"
--validation_directory="temp/validation_dir/"
--output_directory="temp/data_dir/"
--labels_file="temp/cifar10_labels.txt"
```

12. bazel을 이용해 fine_tune 매개변수를 true로 설정하고 모델을 학습한다. 이 스크립트는 10회 반복 학습마다 비용 함수 값을 출력한다. 프로세스는

아무 때나 중단할 수 있으며, 모델의 출력 결과는 temp/training_results 폴더에 저장된다. 이 폴더에 저장된 모델을 로드해 평가를 진행할 수 있다.[1]

```
$ cd models/research/inception
$ bazel build //inception:flowers_train
Target //inception:flowers_train up-to-date:
    bazel-bin/inception/flowers_train
$ ./bazel-bin/inception/flowers_train
 --train_dir="../../../temp/training_results"
 --data_dir="../../../temp/data_dir/"
 --pretrained_model_checkpoint_path="../../../inception-v3/
model.ckpt-157585" --fine_tune=True
 --initial_learning_rate=0.001
 --input_queue_memory_factor=1
```

13. 다음과 유사한 결과가 나오게 된다.

```
2016-09-18 12:16:32.563577: step 1290, loss = 2.02 (1.2
examples/sec; 26.965 sec/batch)
2016-09-18 12:25:41.316540: step 1300, loss = 2.01 (1.2
examples/sec; 26.357 sec/batch)
```

예제 분석

사전에 학습된 CNN을 이용해 학습하는 텐서플로 공식 예제는 CIFAR-10 데이터로 만든 폴더 구조가 필요하다. 이 구조로 된 데이터를 TFRecords 형식으로 변환

---

1. 이 예제는 1000가지 이미지가 있는 ImageNet 데이터를 분류하는 inception-v3 CNN 모델을 10가지 이미지가 있는 CIFAR-10 데이터를 분류하도록 재학습시킨다. 텐서플로우는 5가지 꽃 이미지를 분류하는 재학습 예제를 제공하고 있으므로, 해당 예제의 코드를 활용하기 위해서는 models/research/inception/inception/flowers_data.py의 FlowersData 클래스 num_classes 값을 10으로 수정해 사용해야 한다. – 옮긴이

하고 모델 학습을 진행했다. 모델 위에 얹은 완전 연결 계층을 10개 분류 데이터에 맞추게 재학습하는 모델 미세 조정 작업임을 기억해두자.

참고 사항

- 텐서플로 인셉션-v3 공식 예제

  https://github.com/tensorflow/models/tree/master/research/inception
- 구글넷 인셉션-v3 논문

  https://arxiv.org/abs/1512.00567

▌ 스타일넷/뉴럴-스타일 적용

이미지 인식 CNN을 학습하고 나면 이 신경망 자체를 재미있는 데이터 및 이미지 처리에 활용할 수 있다. 스타일넷은 어떤 이미지의 구조(내용)를 유지한 채 다른 사진에서 학습한 스타일을 적용하는 함수다. 이미지 내용과는 별로 상관이 없고 이미지 스타일과 강한 상관관계에 있는 중간층의 CNN 노드를 찾으면 이런 함수를 적용할 수 있다.

준비

스타일넷은 두 이미지를 입력받아 한 이미지의 스타일을 다른 이미지에 적용하는 함수다. 2015년의 유명한 논문인 '예술적 스타일의 신경망 알고리즘(A Neural Algorithm of Artistic Style)'에 기반을 둔 함수다('참고 사항' 절의 첫 번째 항목 참고). 논문의 저자는 CNN의 중간 계층 중에 그림의 스타일을 담고 있는 것으로 보이는 것과 그림의 내용을 담고 있는 것으로 보이는 계층을 찾았다. 스타일을 닮고 싶은 그림에서 스타일 계층을 학습하고, 내용을 닮고 싶은 그림에서 내용 계층을 학습한 다음, 이렇게 얻은 비용 함수 값을 역전파하면 원본 이미지를 스타일 이미지와 비슷하게 바꿀 수 있다.

이를 위해 논문에서 추천하는 imangenet-vgg-19 신경망을 다운로드한다. imagenet-vgg-16 신경망도 잘 동작하지만, 논문에서는 imagenet-vgg-19를 추천하고 있다.

예제 구현

1. *.mat 형식의 사전 학습망을 다운로드한다. mat 형식은 matlab 객체로, 파이썬의 scipy 패키지의 메소드를 이용해 읽을 수 있다. mat 객체는 다음 주소에서 다운로드할 수 있다. 이 모델을 사용할 파이썬 스크립트와 같은 디렉토리에 저장한다.

```
http://www.vlfeat.org/matconvnet/models/beta16/imagenet-vgg-
verydeep-19.mat
```

2. 필요한 라이브러리들을 로드하며 파이썬 스크립트를 시작한다.

```
import scipy.io
import scipy.misc
import imageio
from skimage.transform import resize
from operator import mul
from functools import reduce
import numpy as np
import tensorflow as tf
```

3. 그래프 세션을 시작하고 원본 이미지와 스타일 이미지, 두 이미지의 위치

386

를 선언한다. 예제에서는 책 표지 이미지를 원본 이미지로 사용하고, 빈센트 반 고흐의 '별이 빛나는 밤(Starry Night)'을 스타일 이미지로 사용한다. 원하는 어떤 이미지라도 사용할 수 있다. 예제에서 사용한 이미지는 깃허브 사이트에 포함돼 있다.

```
sess = tf.Session()

original_image_file = '../images/book_cover.jpg'
style_image_file = '../images/starry_night.jpg'
```

4. mat 파일 위치, 가중치, 학습률, 학습 반복 횟수, 진행 과정 중 이미지 출력 빈도 등의 매개변수를 설정한다. 스타일 이미지의 가중치를 원본 이미지 가중치보다 높게 한다. 원하는 결과를 얻기 위해 이런 초매개변수를 조절할 필요가 있다.

```
original_image_weight = 5.0
style_image_weight = 500.0
regularization_weight = 100
learning_rate = 0.001
generations = 5000
output_generations = 250
```

5. imageio를 이용해 두 이미지를 로드하고 원본 이미지 차원에 맞춰 스타일 이미지를 조절한다.

```
original_image = imageio.imread(original_image_file)
style_image = imageio.imread(style_image_file)

target_shape = original_image.shape
style_image = resize(style_image, target_shape)
```

6. 논문 저자의 명명법을 따라 등장 순서대로 계층을 정의한다.

```
vgg_layers = ['conv1_1', 'relu1_1',
              'conv1_2', 'relu1_2', 'pool1',
              'conv2_1', 'relu2_1',
              'conv2_2', 'relu2_2', 'pool2',
              'conv3_1', 'relu3_1',
              'conv3_2', 'relu3_2',
              'conv3_3', 'relu3_3',
              'conv3_4', 'relu3_4', 'pool3',
              'conv4_1', 'relu4_1',
              'conv4_2', 'relu4_2',
              'conv4_3', 'relu4_3',
              'conv4_4', 'relu4_4', 'pool4',
              'conv5_1', 'relu5_1',
              'conv5_2', 'relu5_2',
              'conv5_3', 'relu5_3',
              'conv5_4', 'relu5_4']
```

7. mat 파일에서 매개변수를 추출하는 함수를 정의한다.

```
def extract_net_info(path_to_params):
    vgg_data = scipy.io.loadmat(path_to_params)
    normalization_matrix = vgg_data['normalization'][0][0][0]
    mat_mean = np.mean(normalization_matrix, axis=(0,1))
    network_weights = vgg_data['layers'][0]
    return(mat_mean, network_weights)
```

8. 다음 함수를 이용해 로드한 가중치 및 계층 정의로부터 텐서플로 신경망을 재구축할 수 있다. 계층별로 루프를 반복하면서 가중치 및 편향 값을 적절히 할당하게 된다.

```
def vgg_network(network_weights, init_image):
    network = {}
    image = init_image

    for i, layer in enumerate(vgg_layers):
        if layer[0] == 'c':
            weights, bias = network_weights[i][0][0][0][0]
            weights = np.transpose(weights, (1, 0, 2, 3))
            bias = bias.reshape(-1)
            conv_layer = tf.nn.conv2d(image, tf.constant(weights),
                    (1, 1, 1, 1), 'SAME')
            image = tf.nn.bias_add(conv_layer, bias)
        elif layer[0] == 'r':
            image = tf.nn.relu(image)
        else:
            image = tf.nn.max_pool(image, (1, 2, 2, 1), (1, 2, 2, 1),
                    'SAME')
        network[layer] = image
    return(network)
```

9. 논문에 따르면 원본 이미지와 스타일 이미지에 지정할 중간 계층 선택 전략은 여러 가지가 있다. relu4_2 계층과 relu5_2 계층을 원본 이미지에 적용하고, 다른 reluX_1 계층 조합을 스타일 이미지에 적용해본다.

```
original_layers = ['relu4_2', 'relu5_2']
style_layers = ['relu1_1', 'relu2_1', 'relu3_1', 'relu4_1',
        'relu5_1']
```

10. 앞에서 정의한 함수를 실행해 가중치와 평균값을 얻는다. 텐서플로의 이미지 연산은 4차원 데이터를 대상으로 하므로, 앞부분에 크기 차원 값 1을 추가하고 일괄 작업 크기 차원 값도 추가해 이미지 데이터 형태를 4차원으로 변경한다.

```
normalization_mean, network_weights = extract_net_
    info(vgg_path)

shape = (1,) + original_image.shape
style_shape = (1,) + style_image.shape
original_features = {}
style_features = {}
```

11. image 플레이스홀더를 선언하고, 플레이스홀더 망을 생성한다.

```
image = tf.placeholder('float', shape=shape)
vgg_net = vgg_network(network_weights, image)
```

12. 원본 이미지 행렬을 정규화하고, 신경망을 통해 실행한다.

```
original_minus_mean = original_image - normalization_mean
original_norm = np.array([original_minus_mean])
for layer in original_layers:
    original_features[layer] = vgg_net[layer].eval(feed_dict=
        {image: original_norm})
```

13. 9단계에서 선택한 스타일 계층에 대해 동일한 절차를 반복한다.

```
image = tf.placeholder('float', shape=style_shape)
vgg_net = vgg_network(network_weights, image)
style_minus_mean = style_image - normalization_mean
style_norm = np.array([style_minus_mean])
for layer in style_layers:
    features = vgg_net[layer].eval(feed_dict={image: style_norm})
    features = np.reshape(features, (-1, features.shape[3]))
    gram = np.matmul(features.T, features) / features.size
    style_features[layer] = gram
```

14. 결합 이미지를 생성하기 위해 임의의 잡음 이미지를 신경망에 투입해 실행한다.

```
initial = tf.random_normal(shape) * 0.256
init_image = tf.Variable(initial)
vgg_net = vgg_network(network_weights, init_image)
```

15. 원본 이미지에 대한 비용 함수 값인 첫 번째 비용 함수 값을 선언한다. 9단계의 원본 내용을 표현하게 지정된 계층의 출력 값과 12단계의 정규화된 원본 이미지 출력 값 사이의 L2 비용 함수 값 크기를 정규화해서 사용한다.

```
original_layers_w = {'relu4_2': 0.5, 'relu5_2': 0.5}
original_loss = 0
for o_layer in original_layers:
    temp_original_loss = original_layers_w[o_layer] *
            original_image_weight *\
            (2 * tf.nn.l2_loss(vgg_net[o_layer] -
            original_features[o_layer]))
    original_loss += (temp_original_loss /
            original_features[o_layer].size)
```

16. 각 스타일 계층에 대해서도 같은 방식으로 비용 함수 값을 계산한다.

```
style_loss = 0
style_losses = []
for style_layer in style_layers:
    layer = vgg_net[style_layer]
    feats, height, width, channels = [x.value for x in
            layer.get_shape()]
    size = height * width * channels
```

```
features = tf.reshape(layer, (-1, channels))
style_gram_matrix = tf.matmul(tf.transpose(features),
    features) / size
style_expected = style_features[style_layer]
        style_losses.append(style_weights[style_layer] * 2 *
            tf.nn.l2_loss(style_gram_matrix - style_expected) /
            style_expected.size)
style_loss += style_image_weight * tf.reduce_sum(style_losses)
```

17. 세 번째 비용 함수 항은 전체 변이 비용이라고 한다. 이 값은 전체 변이를 계산해서 구한다. 깨끗한 이미지는 부분 변이 값이 낮고, 잡음이 많은 이미지는 부분 변이 값이 높아지므로 전체 변이 잡음 제거와 유사하다고 볼 수 있다. 다음 코드에서 핵심적인 부분은 근처 픽셀을 빼버리는 second_term_numerator 항이다. 잡음이 많은 이미지는 변이 값이 클 것이므로, 이 값을 최소화할 대상 비용으로 볼 수 있다.

```
total_var_x = sess.run(tf.reduce_prod(image[:,1:,:,:].get_
    shape()))
total_var_y = sess.run(tf.reduce_prod(image[:,:,1:,:].get_
    shape()))
first_term = regularization_weight * 2
second_term_numerator = tf.nn.l2_loss(image[:,1:,:,:] -
    image[:,:shape[1]-1,:,:])
second_term = second_term_numerator / total_var_y
third_term = (tf.nn.l2_loss(image[:,:,1:,:] -
    image[:,:,:shape[2]-1,:]) / total_var_x)
total_variation_loss = first_term * (second_term + third_term)
```

18. 최소화 대상이 되는 전체 비용은 원본 계층 비용, 스타일 계층 비용, 변이 비용을 종합한 값이다.

```
loss = original_loss + style_loss + total_variation_loss
```

19. 최적화 함수 및 학습 방식을 선언하고 모델의 모든 변수를 초기화한다.

```
optimizer = tf.train.AdamOptimizer(learning_rate, beta1, beta2)
train_step = optimizer.minimize(loss)
with tf.Session() as sess:
    tf.global_variables_initializer().run()
```

20. 이제 학습 루프를 실행하고 주기적으로 상태 변경 사항을 출력한 후 임시 이미지를 저장한다. 상황에 따라 이 알고리즘을 얼마나 돌려야 할지가 달라지기 때문에 임시 이미지를 저장해둔다. 반복 횟수를 크게 정하고 임시 이미지가 적절한 상태에 이르렀다고 판단될 경우 알고리즘을 중단하면 된다.

```
for i in range(generations):
    train_step.run()
    if (i+1) % output_generations == 0:
        print('Generation {} out of {}, loss: {}'.format(i + 1,
                generations,sess.run(loss)))
        image_eval = init_image.eval()
        best_image_add_mean = image_eval.reshape(shape[1:]) +
                normalization_mean
        output_file = 'temp_output_{}.jpg'.format(i)
        imageio.imwrite(output_file, best_image_add_mean)
```

21. 알고리즘 마지막 부분에서 최종 결과물을 저장한다.

```
image_eval = init_image.eval()
```

```
best_image_add_mean = image_eval.reshape(shape[1:]) +
    normalization_mean
output_file = 'final_output.jpg'
imageio.imwrite(output_file, best_image_add_mean)
```

그림 6 스타일넷 알고리즘을 사용해 책 표지 이미지를 '별이 빛나는 밤'과 결합한 결과. 스크립트 초반부의 가중치를 조절하면 다른 방식으로 스타일을 강조할 수 있다.

예제 분석

두 이미지를 로드한 후 학습된 기존 신경망의 가중치를 로드하고, 원본 및 스타일 이미지에 계층을 지정했다. 원본 이미지 비용 함수, 스타일 이미지 비용 함수,

전체 변이 비용 함수, 세 종류의 비용 함수 값을 계산했다. 임의로 생성한 이미지를 스타일 이미지의 스타일과 원본 이미지의 내용을 갖게 학습시켜봤다.

참고 사항

- 예술적 스타일의 신경망 알고리즘(A Neural Algorithm of Artistic Style), Gatys, Ecker, Bethge. 2015.

  https://arxiv.org/abs/1508.06576

▌딥드림 구현

학습된 CNN의 다른 사용 사례로는 일부 중간 노드들이 표지 속성(예, 고양이 귀, 새 깃털 등)을 감지한다는 사실을 역이용하는 것이다. 이 사실을 이용하면 특정 노드가 감지하는 속성을 갖게 주어진 이미지를 변형하는 방법을 찾을 수 있다. 이 예제는 텐서플로 웹사이트의 딥드림 예제를 살펴본다. 단, 이번 예제에서는 본질적인 부분을 훨씬 더 깊이 파고들어 본다. 독자들이 딥드림 알고리즘을 사용해 CNN과 CNN이 생성한 속성을 탐색하는 데 도움이 되기를 기대한다.

준비

텐서플로 공식 예제는 딥드림^{deepdream}을 구현한 스크립트를 보여준다('참고 사항' 절의 첫 번째 항목을 참고). 이 예제는 해당 스크립트를 따라가면서 행 단위로 설명해본다. 공식 예제는 자체로 훌륭하지만 간단히 넘어갈 수 있는 부분도 있고, 자세한 설명이 필요한 부분도 있다. 행 단위 자세한 설명을 제공하고자 한다. 필요한 경우 파이썬 3과 호환되게 코드를 변경했다.

1. 딥드림을 시작하려면 CIFAR-1000을 대상으로 학습한 CNN인 구글넷 GoogleNet을 다운로드해야 한다.

```
$ curl -O https://storage.googleapis.com/download.tensorflow.
org/models/inception5h.zip
$ unzip inception5h.zip
```

2. 필요한 라이브러리를 로드하고 그래프 세션을 시작한다.

```
import os
import matplotlib.pyplot as plt
import numpy as np
import PIL.Image
import tensorflow as tf
from io import BytesIO
graph = tf.Graph()
sess = tf.InteractiveSession(graph=graph)
```

3. (1단계에서) 압축 해제한 모델의 매개변수 위치를 선언하고 텐서플로 그 래프의 매개변수로 로드한다.

```
# 모델 위치
model_fn = 'tensorflow_inception_graph.pb'

# 그래프 매개변수 로드
with tf.gfile.FastGFile(model_fn, 'rb') as f:
    graph_def = tf.GraphDef()
    graph_def.ParseFromString(f.read())
```

4. 입력을 위한 플레이스홀더를 생성하고, imagenet_mean 값에 117.0을 저장한 후 정규화된 플레이스홀더에 그래프 정의를 로드한다.

```
t_input = tf.placeholder(np.float32, name='input')

imagenet_mean = 117.0
t_preprocessed = tf.expand_dims(t_input-imagenet_mean, 0)
tf.import_graph_def(graph_def, {'input':t_preprocessed})
```

5. 시각화를 위한 합성곱 계층을 로드한다. 이 계층은 나중에 딥드림 처리에 사용한다.

```
layers = [op.name for op in graph.get_operations() if
        op.type=='Conv2D' and 'import/' in op.name]

feature_nums = [int(graph.get_tensor_by_name(name+':0').get_
        shape()[-1]) for name in layers]
```

6. 시각화 계층을 선택한다. 이름으로도 선택할 수 있다. 139번 속성을 살펴보기로 하자. 임의로 생성한 잡음 이미지로 시작한다.

```
layer = 'mixed4d_3x3_bottleneck_pre_relu'
channel = 139
img_noise = np.random.uniform(size=(224,224,3)) + 100.0
```

7. 이미지 배열을 그리는 함수를 선언한다.

```
def showarray(a, fmt='jpeg'):
    # 모든 값이 0과 255 사이에 있는지 확인
    a = np.uint8(np.clip(a, 0, 1)*255)
    # 표시할 이미지의 메모리상 형식을 선택
```

```
f = BytesIO()
# 메모리상에 이미지를 생성
PIL.Image.fromarray(a).save(f, fmt)
# 이미지 표시
plt.imshow(a)
plt.show()
```

8. 그래프상 계층을 이름으로 추출하는 함수를 만들어 코드 반복을 줄여본다.

```
def T(layer):
    '''Helper for getting layer output tensor'''
    return graph.get_tensor_by_name("import/%s:0"%layer)
```

9. 지정한 인자에 따라 플레이스홀더를 생성하는 보조 함수를 만든다.

```
def tffunc(*argtypes):
    placeholders = list(map(tf.placeholder, argtypes))
    def wrap(f):
        out = f(*placeholders)
        def wrapper(*args, **kw):
            return out.eval(dict(zip(placeholders, args)),
                    session=kw.get('session'))
        return wrapper
    return wrap
```

10. 이미지를 특정 크기로 조절하는 함수도 필요하다. 텐서플로에 내장된 선형 이미지 보간 함수 TF.image.resize.bilinear() 함수를 사용해 조절한다.

```
def resize(img, size):
    img = tf.expand_dims(img, 0)
```

```
    return tf.image.resize_bilinear(img, size)[0,:,:,:]
```

11. 이제 입력된 이미지를 선택한 속성을 갖게 갱신하는 방법이 필요하다. 이미지의 경사도 계산 방식을 지정하면 된다. 빠른 계산을 위해 이미지의 일부분(타일)에 대한 경사도를 계산하는 함수를 정의한다. 출력 값이 타일 모양이 되지 않게 이미지를 상하좌우로 임의로 이동시켜서 타일 경계가 부드럽게 나타나게 한다.

```
def calc_grad_tiled(img, t_grad, tile_size=512):
    # 일부분으로 잡을 사각형 크기
    sz = tile_size
    # 이미지의 폭과 높이
    h, w = img.shape[:2]
    # 상하좌우 임의 이동량 선택
    sx, sy = np.random.randint(sz, size=2)
    # 상하좌우로 임의 이동
    img_shift = np.roll(np.roll(img, sx, 1), sy, 0)
    # 부분 이미지 경사도를 0으로 초기화
    grad = np.zeros_like(img)
    # 이미지의 모든 부분을 대상으로 루프 반복
    for y in range(0, max(h-sz//2, sz),sz):
        for x in range(0, max(w-sz//2, sz),sz):
            # 부분 이미지 선택
            sub = img_shift[y:y+sz,x:x+sz]
            # 부분 이미지 경사도 계산
            g = sess.run(t_grad, {t_input:sub})
            # 부분 이미지 경사도를 전체 경사도에 적용
            grad[y:y+sz,x:x+sz] = g
    # 임의 이동을 복원하고 경사도를 반환
    return np.roll(np.roll(grad, -sx, 1), -sy, 0)
```

12. 이제 딥드림 함수를 선언한다. 이 알고리즘의 목표는 선택한 속성의 평균값에 도달하는 것이다. 비용 함수 값은 입력된 이미지와 선택한 속성 사이의 거리에 따라 달라지는 경사도에 의해 결정된다. 이미지를 저주파와 고주파로 분리하고, 저주파의 경사도를 계산하는 전략을 사용한다. 여기서 나온 고주파 이미지를 다시 분리하고, 이 과정을 반복한다. 원본 이미지와 저주파 이미지들의 집합을 옥타브라고 한다. 각 단계마다 경사도를 계산해 이미지들에 적용한다.

```
def render_deepdream(t_obj, img0=img_noise,
        iter_n=10, step=1.5, octave_n=4, octave_scale=1.4):
    t_score = tf.reduce_mean(t_obj)
    # t_input 값이 t_score 값에 가까워짐에 따른 변화량을 경사도로 정의
    # t_score는 선택한 속성의 평균값
    # t_input 값은 이미지 옥타브 값
    t_grad = tf.gradients(t_score, t_input)[0] # 자동 미분의 힘!

    # 이미지 저장
    img = img0
    # 옥타브 리스트 초기화
    octaves = []
    # 이미지를 저장했으므로, n-1 개 옥타브만 계산
    for i in range(octave_n-1):
        # 이미지 형태 추출
        hw = img.shape[:2]
        # 옥타브 크게 맞게 이미지 크기 조절(선형 보간을 통한 크기 조절)
        lo = resize(img, np.int32(np.float32(hw)/octave_scale))
        # 고주파 이미지가 상주(상주 이미지 = 이미지 - ( 저주파 이미지를 전체
        # 크기로 조절한 이미지))
        hi = img-resize(lo, hw)
        # 재반복을 위해 저주파 이미지 저장
        img = lo
        # 추출한 고주파 이미지 저장
```

```
        octaves.append(hi)

    # 옥타브 별 세부 사항 생성
    for octave in range(octave_n):
        if octave>0:
            # 최근 옥타브부터 시작
            hi = octaves[-octave]
            #
            img = resize(img, hi.shape[:2])+hi
        for i in range(iter_n):
            # 이미지 경사도 계산
            g = calc_grad_tiled(img, t_grad)
            # 이상적으로는 경사도 g를 더하기만 하면 되지만,
            # 경사도 크기만큼 전진하기를 원하고,
            # 경사도 크기를 경사도의 평균 크기로 나눴으므로,
            # 각 단계마다 일정 크기의 경사도를 더해준다.
            # 또한 0으로 나누는 일이 발생하지 않게 작은 수 1e-7을 추가해둔다.
            img += g*(step / (np.abs(g).mean()+1e-7))
            print('.',end = ' ')
        showarray(img/255.0)
```

13. 이제까지 설정한 모든 함수들을 이용해 딥드림 알고리즘을 실행한다.

```
if __name__=="__main__":
    # 지정한 형식의 플레이스홀더를 생성하고 크기를 조절하는 보조 함수 생성
    resize = tffunc(np.float32, np.int32)(resize)

    # 이미지 열기
    img0 = PIL.Image.open('book_cover.jpg')
    img0 = np.float32(img0)
    # 원본 이미지 표시
    showarray(img0/255.0)

    # 딥드림 생성
```

```
render_deepdream(T(layer)[:,:,:,channel], img0, iter_n=15)

sess.close()
```

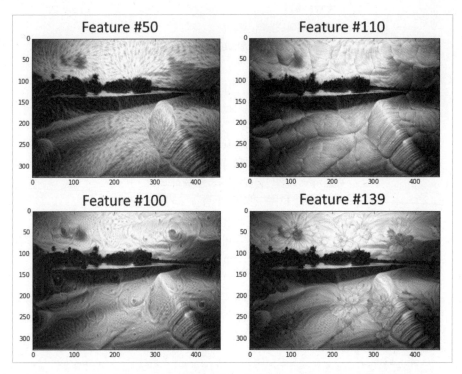

그림 7 책 표지를 대상으로 50번, 110번, 100번, 139번에 대해 딥드림 알고리즘을 실행한 결과

부연 설명

더 많은 내용을 위해 텐서플로의 딥드림 공식 예제를 직접 살펴보기를 강력히 권한다. 딥드림에 대한 구글 연구 블로그 포스트도 꼭 읽어보길 바란다('참고 사항' 절의 두 번째 항목).

- 딥드림에 대한 텐서플로 공식 예제

  https://github.com/tensorflow/tensorflow/tree/master/tensorflow/
  examples/tutorials/deepdream

- 딥드림에 대한 구글 연구 블로그 포스트

  https://research.googleblog.com/2015/06/inceptionism-going-
  deeper-into-neural.html

9장에서는 순환 신경망^{RNNs, Recurrent Neural Networks}과 텐서플로의 순환 신경망 구현 방법을 알아본다. 먼저 RNN을 사용해 스팸을 예측해본다. 그다음 변형 RNN을 이용해 셰익스피어 말투 문장을 생성해본다. 마지막으로 영어를 독일어로 번역 하는 연속 RNN 모델을 소개한다. 9장에서 다루는 내용은 다음과 같다.

- 스팸 예측을 위한 RNN 구현
- LSTM 모델 구현
- 다층 LSTM
- 시퀀스-투-시퀀스 모델
- 샴 유사도 측정

앞서와 같이 9장의 모든 코드는 다음 온라인 사이트에서 구할 수 있다.

https://github.com/nfmcclure/tensorflow_cookbook

▌ 소개

지금까지 살펴본 모든 머신 러닝 알고리즘은 연속 데이터를 다루지 않는다. 연속량을 고려하기 위해 이전 결과 값을 저장하게 신경망을 확장해본다. 이런 방식의 신경망을 순환 신경망이라고 한다. 다음과 같은 완전 연결 계층 식을 살펴보자.

$$y = \sigma(Ax)$$

이 식에 따르면 가중치 A에 입력 계층 값 x를 곱한 후 활성화 함수 σ를 통과하면 출력 계층 값 y를 얻는다. 연속적인 입력 데이터 x_1, x_2, x_3, ...가 있다면 이전 입력 값을 고려하게 완전 연결 계층 식을 다음과 같이 수정할 수 있다.

$$y_t = \sigma(By_{t-1} + Ax_t)$$

다음 입력 값을 구하는 이 순환 절차를 바탕으로 다음 확률 분포 값을 구하고자 한다.

$$s_t = softmax(Cy_t)$$

연속적인 출력 값 전체 {s_1, s_2, s_3, ...}을 구했다면 마지막 결과 값만 고려해 대상 값이나 분류를 정할 수 있다. 일반적인 동작 구조를 그림으로 그려보면 다음과 같다.

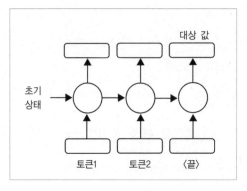

그림 1 연속된 입력 값(토큰)을 받고 마지막 출력 값으로 하나의 숫자 또는 분류를 예측한다.

출력 값 자체도 연속량으로 생각하면 시퀀스–투–시퀀스 모델을 생각할 수 있다.

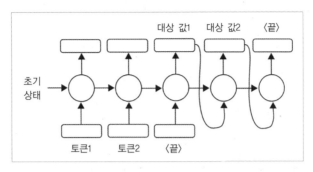

그림 2 연속량 예측을 위해 출력 값을 다시 모델에 입력해서 연속된 출력 값을 얻는다.

임의의 긴 연속량을 예측하는 신경망을 역전파 알고리즘으로 학습시키려면 경사도의 시간 의존도가 커진다. 이 때문에 경사도가 소실되거나 발산되는 문제가 생길 수 있다. 이 문제를 해결하기 위해 RNN 셀을 장단기 기억^{LSTM, Long Short Term Memory}으로 바꾸는 방식을 알아본다. 기본 발상은 연속적으로 흘러가는 정보의 흐름을 제어하는 게이트 연산을 LSTM 셀에 도입하는 것이다. 이에 대한 자세한 사항은 뒷부분에서 살펴본다.

RNN 모델을 자연어 처리^{NLP}에 적용할 때 데이터(단어 또는 글자)를 RNN의 숫자 속성으로 바꾸는 과정을 인코딩^{encoding}이라 부른다. RNN 숫자 속성을 단어나 문자로 바꿔 출력하는 과정은 디코딩^{decoding}이라고 한다.

▌스팸 예측을 위한 RNN 구현

RNN 표준 단위를 이용해 숫자 출력 값 하나를 예측하는 작업부터 시작한다.

이 예제에서는 문자 메시지의 스팸 여부를 예측하는 모델을 텐서플로의 표준 RNN을 이용해 구현한다. UCI 머신 러닝 저장소의 SMS 스팸 데이터셋을 사용한다. 사용할 예측 구조는 연속적인 문자 임베딩 값을 RNN의 입력으로 하고, RNN의 마지막 출력 값으로 스팸이나 비스팸(1 또는 0)을 예측하는 방식이 된다.

예제 구현

1. 스크립트에 필요한 라이브러리를 로드한다.

```
import os
import re
import io
import requests
import numpy as np
import matplotlib.pyplot as plt
import tensorflow as tf
from zipfile import ZipFile
```

2. 그래프 세션을 시작하고 RNN 모델 매개변수를 설정한다. 250개 데이터를 대상으로 한 일괄 작업을 20회 반복 실행한다. 각 문자의 최대 25개 단어를 고려한다. 단어가 25개 이상인 문자는 잘라내고, 이하인 문자에는 가상 단어를 덧붙일 것이다. RNN 유닛 크기는 10이다. 10회 이상 등장하는 단어만 어휘 사전 등록 대상이 되며, 단어 임베딩 벡터의 크기는 50이다. 드롭아웃 비율은 학습하는 동안에는 0.5를 사용하고, 평가를 진행할 때는 1.0을 사용할 수 있게 플레이스홀더를 사용해 지정한다.

```
epochs = 20
batch_size = 250
max_sequence_length = 25
rnn_size = 10
embedding_size = 50
min_word_frequency = 10
learning_rate = 0.0005
dropout_keep_prob = tf.placeholder(tf.float32)
```

3. 이제 SMS 문자 데이터를 준비한다. 데이터가 이미 다운로드돼 있는지
확인하고, 있으면 파일의 내용을 사용한다. 그렇지 않으면 데이터를 다
운로드하고 저장한다.

```
data_dir = 'temp'
data_file = 'text_data.txt'
if not os.path.exists(data_dir):
    os.makedirs(data_dir)

if not os.path.isfile(os.path.join(data_dir, data_file)):
    zip_url = 'http://archive.ics.uci.edu/ml/machine-learning-
            databases/00228/smsspamcollection.zip'
    r = requests.get(zip_url)
    z = ZipFile(io.BytesIO(r.content))
    file = z.read('SMSSpamCollection')
    text_data = file.decode()
    text_data = text_data.encode('ascii',errors='ignore')
    text_data = text_data.decode().split('\n')

    with open(os.path.join(data_dir, data_file), 'w') as
            file_conn:
        for text in text_data:
            file_conn.write("{}\n".format(text))
else:
```

```
    text_data = []
    with open(os.path.join(data_dir, data_file), 'r') as file_conn:
        for row in file_conn:
            text_data.append(row)
    text_data = text_data[:-1]

    text_data = [x.split('\t') for x in text_data if len(x)>=1]
    [text_data_target, text_data_train] = [list(x) for x in
        zip(*text_data)]
```

4. 처리 대상 어휘 크기를 줄이기 위해 소문자 변환, 특수 문자 및 부가 공백 제거 등의 입력 문자 정리 작업을 진행한다.

```
def clean_text(text_string):
    text_string = re.sub(r'([^\s\w]|_|[0-9])+', '', text_string)
    text_string = " ".join(text_string.split())
    text_string = text_string.lower()
    return(text_string)

text_data_train = [clean_text(x) for x in text_data_train]
```

 정리 작업을 통해 특수 문자를 제거하고 있다. 특수 문자를 공백으로 치환하는 방식을 택할 수도 있다. 데이터셋 형식화 방식을 따르는 것이 이상적이다.

5. 텐서플로에 내장된 어휘 처리 함수로 문자 데이터를 처리한다. 이 작업을 통해 문자 데이터에 대한 색인 리스트를 얻게 된다.

```
vocab_processor = tf.contrib.learn.preprocessing.
    VocabularyProcessor(max_sequence_length,
    min_frequency=min_word_frequency)
```

```
text_processed = np.array(list(vocab_processor.fit_
    transform(text_data_train)))
```

6. 데이터를 임의로 섞는다.

```
text_processed = np.array(text_processed)
text_data_target = np.array([1 if x=='ham' else 0 for x in
    text_data_target])
shuffled_ix = np.random.permutation(np.arange(len(text_data_
    target)))
x_shuffled = text_processed[shuffled_ix]
y_shuffled = text_data_target[shuffled_ix]
```

7. 데이터를 80-20 비율로 학습 데이터셋, 테스트 데이터셋으로 분할한다.

```
ix_cutoff = int(len(y_shuffled)*0.80)
x_train, x_test = x_shuffled[:ix_cutoff], x_shuffled[ix_cutoff:]
y_train, y_test = y_shuffled[:ix_cutoff], y_shuffled[ix_cutoff:]
vocab_size = len(vocab_processor.vocabulary_)
print("Vocabulary Size: {:d}".format(vocab_size))
print("80-20 Train Test split: {:d} -- {:d}".format(len(y_train),
    len(y_test)))
```

 이 예제에서는 초매개변수 조절 작업은 하지 않는다. 초매개변수 조절 작업을 한다면 데이터셋을 학습-테스트-검증셋으로 분할해야 한다. scikit-learn 패키지의 model_selection.train_test_split() 함수를 사용하면 좋다.

8. 그래프 플레이스홀더를 선언한다. 문자 메시지의 최대 단어 길이에 따라 일과 처리 대상 크기가 정해지므로, 입력 값 x는 크기가 [None, max_sequence_length]인 플레이스홀더가 된다. 출력 값 y는 1이나 0의 정수

로 스팸 여부를 표시하는 플레이스홀더가 된다.

```
x_data = tf.placeholder(tf.int32, [None, max_sequence_length])
y_output = tf.placeholder(tf.int32, [None])
```

9. 임베딩 행렬을 생성하고, 입력 데이터 x에 대한 임베딩 값을 조회하는 연산을 생성한다.

```
embedding_mat = tf.Variable(tf.random_uniform([vocab_size,
    embedding_size], -1.0, 1.0))
embedding_output = tf.nn.embedding_lookup(embedding_mat,
    x_data)
```

10. 다음과 같이 모델을 선언한다. 먼저 (크기가 10인) RNN 셀 형식을 초기화한다. 이 RNN을 동적으로 선언해 연속적 RNN을 만든다. 그다음 RNN에 드롭아웃을 추가한다.

```
cell=tf.contrib.rnn.BasicRNNCell(num_units = rnn_size)
output, state = tf.nn.dynamic_rnn(cell, embedding_output,
    dtype=tf.float32)
output = tf.nn.dropout(output, dropout_keep_prob)
```

 동적 RNN은 길이가 가변인 연속 데이터를 허용한다는 점을 알아두자. 이 예에서는 길이가 고정된 연속 데이터를 사용하지만 실질적으로 동적 RNN 계산이 더 빠르고, RNN을 사용하면 필요에 따라 길이가 다른 연속 데이터를 처리할 수도 있다는 두 가지 이유로, 이런 경우에도 동적 RNN을 선호하는 것이 일반적이다.

11. 예측 결과를 얻기 위해서는 RNN 결과를 재배열하고, 마지막 출력 값을 잘라내야 한다.

```
output = tf.transpose(output, [1, 0, 2])
last = tf.gather(output, int(output.get_shape()[0]) - 1)
```

12. RNN 예측을 마무리하기 위해 rnn_size 출력 값을 완전 연결 계층을 통해 이진 분류 결과로 변환한다.

```
weight = tf.Variable(tf.truncated_normal([rnn_size, 2],
        stddev=0.1))
bias = tf.Variable(tf.constant(0.1, shape=[2]))
logits_out = tf.matmul(last, weight) + bias
```

13. 그다음 비용 함수를 선언한다. 텐서플로의 sparse_softmax 함수를 사용할 때는 (int형의) 정수 색인 값과 실수형의 로지트 값이 필요하다는 것을 기억하자.

```
losses = tf.nn.sparse_softmax_cross_entropy_with_logits(logits=
        logits_out, labels=y_output) # logits=float32, labels=int32
loss = tf.reduce_mean(losses)
```

14. 테스트셋과 학습셋에 대한 알고리즘 성능을 비교할 수 있게 정확도 함수도 필요하다.

```
accuracy = tf.reduce_mean(tf.cast(tf.equal(tf.argmax(logits_
        out, 1), tf.cast(y_output, tf.int64)), tf.float32))
```

15. 최적화 함수를 생성하고 모델 변수를 초기화한다.

```
optimizer = tf.train.RMSPropOptimizer(learning_rate)
train_step = optimizer.minimize(loss)
```

```
init = tf.global_variables_initializer()
sess.run(init)
```

16. 이제 데이터를 대상으로 루프를 시작해 모델 학습을 시작한다. 데이터
    루프를 여러 번 반복할 때는 과다 학습을 피하기 위해 반복할 때마다
    다시 데이터를 섞어서 사용하는 것이 좋다.

```
train_loss = []
test_loss = []
train_accuracy = []
test_accuracy = []
# 학습 시작
for epoch in range(epochs):

    # 학습 데이터 섞기
    shuffled_ix = np.random.permutation(np.arange(len(x_train)))
    x_train = x_train[shuffled_ix]
    y_train = y_train[shuffled_ix]
    num_batches = int(len(x_train)/batch_size) + 1
    for i in range(num_batches):
        # 학습 데이터 선택
        min_ix = i * batch_size
        max_ix = np.min([len(x_train), ((i+1) * batch_size)])
        x_train_batch = x_train[min_ix:max_ix]
        y_train_batch = y_train[min_ix:max_ix]

        # 학습 실행
        train_dict = {x_data: x_train_batch, y_output:
                y_train_batch, dropout_keep_prob:0.5}
        sess.run(train_step, feed_dict=train_dict)

    # 학습셋에 대한 비용 함수, 정확도 함수 실행
    temp_train_loss, temp_train_acc = sess.run([loss, accuracy],
```

```
            feed_dict=train_dict)
    train_loss.append(temp_train_loss)
    train_accuracy.append(temp_train_acc)

    # 평가 실행
    test_dict = {x_data: x_test, y_output: y_test,
            dropout_keep_prob:1.0}
    temp_test_loss, temp_test_acc = sess.run([loss, accuracy],
            feed_dict=test_dict)
    test_loss.append(temp_test_loss)
    test_accuracy.append(temp_test_acc)
    print('Epoch: {}, Test Loss: {:.2}, Test Acc:
            {:.2}'.format(epoch+1, temp_test_loss, temp_test_acc))
```

17. 다음과 같은 결과가 출력된다.

```
Vocabulary Size: 933
80-20 Train Test split: 4459 -- 1115
Epoch: 1, Test Loss: 0.71, Test Acc: 0.18
Epoch: 2, Test Loss: 0.7, Test Acc: 0.18
...
Epoch: 19, Test Loss: 0.47, Test Acc: 0.86
Epoch: 20, Test Loss: 0.46, Test Acc: 0.86
```

18. 다음은 학습셋 및 테스트셋에 대한 비용 함수 값과 정확도 그래프를 그리는 코드다.

```
epoch_seq = np.arange(1, epochs+1)
plt.plot(epoch_seq, train_loss, 'k--', label='Train Set')
plt.plot(epoch_seq, test_loss, 'r-', label='Test Set')
plt.title('Softmax Loss')
plt.xlabel('Epochs')
```

```
plt.ylabel('Softmax Loss')
plt.legend(loc='upper left')
plt.show()

plt.plot(epoch_seq, train_accuracy, 'k--', label='Train Set')
plt.plot(epoch_seq, test_accuracy, 'r-', label='Test Set')
plt.title('Test Accuracy')
plt.xlabel('Epochs')
plt.ylabel('Accuracy')
plt.legend(loc='upper left')
plt.show()
```

예제 분석

이번 예제에서 SMS 스팸 여부를 예측하는 RNN 분류 모델을 만들어봤다. 테스트셋에 대한 정확도가 86% 정도 나왔다. 다음은 테스트셋 및 학습셋에 대한 정확도와 비용 함수 그래프다.

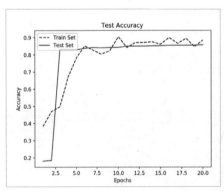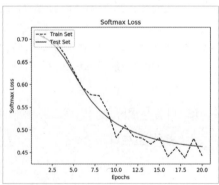

그림 3 학습셋 및 테스트셋의 정확도(왼쪽)와 비용 함수(오른쪽) 그래프

416

연속적 데이터에 대해서는 학습 데이터셋을 여러 번 학습시킬 것을 강력히 권한다(물론 비연속적 데이터도 마찬가지다). 학습 데이터셋을 한 번 학습시키는 과정을 한 시대^{epoch}라고도 부른다. 시대를 시작할 때마다 데이터를 섞는 작업을 진행하는 것이 일반적으로 권장된다.

LSTM 모델 구현

이번 예제에서는 RNN 모델에 LSTM 유닛을 도입해 더 긴 연속 데이터를 사용할 수 있게 확장하는 방법을 알아본다.

준비

장단기 기억^{LSTM}은 RNN의 전통적인 변형 방식이다. LSTM은 가변 길이 RNN이 가진 경사도 소실 및 발산 문제를 해결해준다. 이런 문제를 해결하기 위해 한 셀에서 다음 셀로 넘어가는 정보 흐름을 제어할 수 있는 내부 망각 게이트를 LSTM 셀 내부에 도입한다. 이 방식의 동작 개념을 이해하기 위해 비편향 LSTM 방정식 하나를 차근차근 살펴보자. 첫 번째 단계는 일반적인 RNN과 동일하다.

$$i_t = \sigma(B_i h_{t-1} + A_i x_t)$$

어떤 값을 통과시킬지, 망각할지 결정하기 위해 후보 값을 다음과 같이 평가한다. 이 후보 값을 메모리 셀이라고 부르는 경우가 많다.

$$C_t = tanh(B_c h_{t-1} + A_c x_t)$$

후보 메모리 셀에 다음과 같이 망각 행렬을 적용해 수정한다.

$$f_t = \sigma(B_f h_{t-1} + A_f x_t)$$

이 망각 메모리 값을 이전 단계의 메모리 값과 결합하고 후보 메모리 셀에 더하면 새로운 메모리 값을 얻을 수 있다.

$$N_t = i_t \cdot C_t + f_t N_{t-1}$$

모든 내용을 조합해 셀의 출력 값을 구한다.

$$O_t = \sigma(B_o h_{t-1} + A_o x_t + D_o N_t)$$

다음 반복 작업을 위해 h 값을 다음과 같이 갱신한다.

$$h_t = O_t \cdot \tanh(N_t)$$

LSTM의 발상은 셀에 입력된 정보를 바탕으로 셀을 통과하는 정보를 망각하거나 수정하는 자체 규정을 두자는 것이다.

 이 부분에서 텐서플로를 사용하면 좋은 점은 이 과정의 연산과 연산에 해당하는 역전파 속성들을 추적할 필요가 없다는 점이다. 텐서플로가 이 추적 작업을 대신 해주고, 비용 함수, 최적화 함수, 학습률에 따라 계산한 경사도를 이용해 모델 변수들을 자동으로 갱신해준다.

이번 예제에서는 LSTM 셀이 들어 있는 연속적 RNN을 사용해 셰익스피어의 작품을 학습한 후 문장의 다음 단어를 예측해본다. 모델 학습 상황을 테스트하기 위해 'thou art more' 같은 구절을 모델에 투입해보고, 모델이 다음에 나오는 단어를 올바르게 알아내는지 확인해본다.

1. 스크립트에 필요한 라이브러리를 로드하면서 시작하자.

```
import os
import re
import string
import requests
import numpy as np
import collections
import random
import pickle
import matplotlib.pyplot as plt
import tensorflow as tf
```

2. 그래프 세션을 시작하고 RNN 매개변수를 설정한다.

```
sess = tf.Session()

min_word_freq = 5        # 빈도가 낮은 단어 제외
rnn_size = 128           # RNN 모델 크기
embedding_size = 100     # 단어 임베딩 크기
epochs = 10              # 데이터에 대해 반복할 학습 시대 수
batch_size = 100         # 한 번에 학습할 사례 수
learning_rate = 0.001    # 학습률
training_seq_len = 50    # 고려 대상인 단어 묶음 길이
embedding_size = rnn_size
save_every = 500         # 모델 확인 및 저장 주기
eval_every = 50          # 테스트 문장 평가 주기
prime_texts = ['thou art more', 'to be or not to', 'wherefore art
        thou']
```

3. 데이터와 모델의 폴더와 파일명을 설정하고, 제거할 문장 부호도 선언한 다. 셰익스피어는 하이픈과 아포스트로피apostrophes를 이용해 단어와 어절 을 결합하는 경우가 많았기 때문에 이 기호는 유지해야 한다.

```python
data_dir = 'temp'
data_file = 'shakespeare.txt'
model_path = 'shakespeare_model'
full_model_dir = os.path.join(data_dir, model_path)

punctuation = string.punctuation
punctuation = ''.join([x for x in punctuation if x not in ['-',
    "'"]])
```

4. 데이터를 준비한다. 데이터 파일이 존재하지 않으면 셰익스피어 문서를 다운로드하고, 저장한다. 파일이 존재하면 파일에서 데이터를 로드한다.

```python
if not os.path.exists(full_model_dir):
    os.makedirs(full_model_dir)

# 데이터 디렉토리 생성
if not os.path.exists(data_dir):
    os.makedirs(data_dir)

print('Loading Shakespeare Data')
# 파일 다운로드 여부 확인
if not os.path.isfile(os.path.join(data_dir, data_file)):
    print('Not found, downloading Shakespeare texts from
        www.gutenberg.org')
    shakespeare_url = 'http://www.gutenberg.org/cache/epub/100/
        pg100.txt'
    # 셰익스피어 문서 받기
    response = requests.get(shakespeare_url)
    shakespeare_file = response.content
```

```
        # 이진 문자열 변환
        s_text = shakespeare_file.decode('utf-8')
        # 초반 설명 단락 제거
        s_text = s_text[7675:]
        # 개행 문자 제거
        s_text = s_text.replace('\r\n', '')
        s_text = s_text.replace('\n', '')

        # 파일 저장
        with open(os.path.join(data_dir, data_file), 'w') as out_conn:
            out_conn.write(s_text)
    else:
        # 저장된 파일이 있으면 해당 파일 로드
        with open(os.path.join(data_dir, data_file), 'r') as
                file_conn:
            s_text = file_conn.read().replace('\n', '')
```

5. 셰익스피어 문서의 기호 및 공백을 정리한다.

```
s_text = re.sub(r'[{}]'.format(punctuation), ' ', s_text)
s_text = re.sub('\s+', ' ', s_text ).strip().lower()
```

6. 사용할 셰익스피어 어휘 사전을 생성한다. 특정 빈도 이상 출현하는 단어들에 대해 (단어를 색인 값으로, 색인 값을 단어로 변환하는) 두 종류의 사전을 반환하는 함수를 만든다.

```
def build_vocab(text, min_freq):
    word_counts = collections.Counter(text.split(' '))
    # 특정 값보다 빈도가 높은 경우 빈도 값의 상한을 설정
    word_counts = {key: val for key, val in word_counts.items() if
            val > min_freq}
    # 단어 -> 색인 값 대응
```

```
    words = word_counts.keys()
    vocab_to_ix_dict = {key: (i_x+1) for i_x, key in enumerate(words)}
    # 알 수 없음에 해당하는 색인 값 0 추가
    vocab_to_ix_dict['unknown'] = 0
    # 색인 값 -> 단어 대응
    ix_to_vocab_dict = {val: key for key, val in
            vocab_to_ix_dict.items()}
    return ix_to_vocab_dict, vocab_to_ix_dict
print('Building Shakespeare Vocab')
ix2vocab, vocab2ix = build_vocab(s_text, min_word_freq)
vocab_size = len(ix2vocab) + 1
print('Vocabulary Length = {}'.format(vocab_size))
```

 문서를 처리할 때 단어 인덱스 값으로 0을 제외시켰다는 점을 주의하자. 0 값은
문장 길이를 맞추기 위해 채워 넣을 때 알 수 없는 단어를 처리할 때 등을 위해
남겨둔다.

7. 어휘 사전이 준비됐으니 셰익스피어 문서를 색인 값 배열로 변환한다.

```
s_text_words = s_text.split(' ')
s_text_ix = []
for ix, x in enumerate(s_text_words):
    try:
        s_text_ix.append(vocab2ix[x])
    except KeyError:
        s_text_ix.append(0)
s_text_ix = np.array(s_text_ix)
```

8. 이번 예제를 통해 클래스에서 모델을 생성하는 방법을 살펴본다. (동일한
가중치의) 같은 모델을 사용해 일괄적으로 학습한 후 예제 문장에 대한
답을 생성할 것이기 때문에 이 방식을 유용하게 활용할 수 있다. 내부

추출 메소드를 갖출 클래스가 아니면 이런 작업이 용이하지 않다. 이 클래스 코드를 별도의 파이썬 파일에 두고 스크립트 초반에 로드하는 것이 이상적이다.

```python
class LSTM_Model():
    def __init__(self, embedding_size, rnn_size, batch_size,
            learning_rate, training_seq_len, vocab_size,
            infer_sample=False):
        self.embedding_size = embedding_size

        self.rnn_size = rnn_size
        self.vocab_size = vocab_size
        self.infer_sample = infer_sample
        self.learning_rate = learning_rate

        if infer_sample:
            self.batch_size = 1
            self.training_seq_len = 1
        else:
            self.batch_size = batch_size
            self.training_seq_len = training_seq_len

        self.lstm_cell = tf.contrib.rnn.BasicLSTMCell(self.rnn_size)
        self.initial_state = self.lstm_cell.zero_
                state(self.batch_size, tf.float32)
        self.x_data = tf.placeholder(tf.int32, [self.batch_size,
                self.training_seq_len])
        self.y_output = tf.placeholder(tf.int32, [self.batch_
                size, self.training_seq_len])

        with tf.variable_scope('lstm_vars'):
            # 가중치 출력 값에 소프트맥스 적용
            W = tf.get_variable('W', [self.rnn_size, self.vocab_
                    size], tf.float32, tf.random_normal_initializer())
```

```python
        b = tf.get_variable('b', [self.vocab_size], tf.float32,
                tf.constant_initializer(0.0))

        # 임베딩 정의
        embedding_mat = tf.get_variable('embedding_mat',
                [self.vocab_size, self.embedding_size],
                tf.float32, tf.random_normal_initializer())
        embedding_output = tf.nn.embedding_
                lookup(embedding_mat, self.x_data)
        rnn_inputs = tf.split(axis=1, num_or_size_splits=self.
                training_seq_len, value=embedding_output)
        rnn_inputs_trimmed = [tf.squeeze(x, [1]) for x in
                rnn_inputs]

# 유추하는(텍스트 생성하는) 경우 루프 함수를 추가
# i번째 출력 값으로 i+1번째 입력 값 얻는 방법 정의
def inferred_loop(prev):
    # 은닉 계층 적용
    prev_transformed = tf.matmul(prev, W) + b
    # 출력 색인 값(경사 하강 실행하지 않음)
    prev_symbol = tf.stop_gradient(tf.argmax(prev_
            transformed, 1))
    # 임베딩 벡터 조회
    out = tf.nn.embedding_lookup(embedding_mat,
            prev_symbol)
    return out

decoder = tf.contrib.legacy_seq2seq.rnn_decoder
outputs, last_state = decoder(rnn_inputs_trimmed,
                    self.initial_state,
                    self.lstm_cell,
                    loop_function=inferred_loop if
                            infer_sample else None)
# 비유추 출력 값
output = tf.reshape(tf.concat(axis=1, values=outputs),
```

```
        [-1, self.rnn_size])
# 로지트 값 및 출력 값
self.logit_output = tf.matmul(output, W) + b
self.model_output = tf.nn.softmax(self.logit_output)
loss_fun = tf.contrib.legacy_seq2seq.sequence_loss_
        by_example
loss = loss_fun([self.logit_output], [tf.reshape(self.y_
        output, [-1])], [tf.ones([self.batch_size *
        self.training_seq_len])])
self.cost = tf.reduce_sum(loss) / (self.batch_size *
        self.training_seq_len)
self.final_state = last_state
gradients, _ = tf.clip_by_global_
        norm(tf.gradients(self.cost,
        tf.trainable_variables()), 4.5)
optimizer = tf.train.AdamOptimizer(self.learning_rate)
self.train_op = optimizer.apply_gradients(zip(gradients,
        tf.trainable_variables()))

def sample(self, sess, words=ix2vocab, vocab=vocab2ix, num=10,
        prime_text='thou art'):
    state = sess.run(self.lstm_cell.zero_state(1, tf.float32))
    word_list = prime_text.split()
    for word in word_list[:-1]:
        x = np.zeros((1, 1))
        x[0, 0] = vocab[word]
        feed_dict = {self.x_data: x, self.initial_state:state}
        [state] = sess.run([self.final_state],
                feed_dict=feed_dict)

    out_sentence = prime_text
    word = word_list[-1]
    for n in range(num):
        x = np.zeros((1, 1))
        x[0, 0] = vocab[word]
```

```
        feed_dict = {self.x_data: x, self.initial_state:state}
        [model_output, state] = sess.run([self.model_output,
                self.final_state], feed_dict=feed_dict)
        sample = np.argmax(model_output[0])
        if sample == 0:
            break
        word = words[sample]
        out_sentence = out_sentence + ' ' + word
    return(out_sentence)
```

9. 테스트 모델과 함께 LSTM 모델을 선언한다. LSTM 모델을 테스트할 때
   해당 스코프의 변수들을 재사용할 것임을 알려둔다.

```
lstm_model = LSTM_Model(embedding_size, rnn_size, batch_size,
    learning_rate, training_seq_len, vocab_size)

# 테스트를 위해 스코프를 재사용할 것임을 알려둔다.
with tf.variable_scope(tf.get_variable_scope(), reuse=True):
    test_lstm_model = LSTM_Model(embedding_size, rnn_size,
            batch_size, learning_rate, training_seq_len,
            vocab_size, infer_sample=True)
```

10. 저장 연산과 입력 문서를 동일한 크기의 일괄 처리 단위로 나누는 연산
    을 생성한다. 그다음 모델의 모든 변수를 초기화한다.

```
saver = tf.train.Saver(tf.global_variables())

# 일괄 작업 생성
num_batches = int(len(s_text_ix)/(batch_size *
        training_seq_len)) + 1
# 문서 색인 값을 동일한 일괄 처리 단위의 배열로 분리
batches = np.array_split(s_text_ix, num_batches)
```

```
# 분리된 배열의 형태를 [batch_size, training_seq_len]로 조정
batches = [np.resize(x, [batch_size, training_seq_len]) for x in
    batches]

init = tf.global_variables_initializer()
sess.run(init)
```

11. 이제 매번 데이터를 섞으면서 시대를 반복한다. 대상 값 데이터는
(numpy.roll() 함수를 이용해) 값을 하나씩 밀어낸 것만 제외하면 입력 데
이터와 동일하다.

```
train_loss = []
iteration_count = 1
for epoch in range(epochs):
    # 작업 대상 단어 색인 섞기
    random.shuffle(batches)
    # 섞인 일괄 작업에 대한 대상 값
    targets = [np.roll(x, -1, axis=1) for x in batches]
    # 한 시대 실행
    print('Starting Epoch #{} of {}.'.format(epoch+1, epochs))
    # 시대를 시작하기 전에 LSTM 초기 값 재설정
    state = sess.run(lstm_model.initial_state)
    for ix, batch in enumerate(batches):
        training_dict = {lstm_model.x_data: batch, lstm_model.y_
            output: targets[ix]}
        c, h = lstm_model.initial_state
        training_dict[c] = state.c
        training_dict[h] = state.h

        temp_loss, state, _ = sess.run([lstm_model.cost,
            lstm_model.final_state, lstm_model.train_op],
            feed_dict=training_dict)
        train_loss.append(temp_loss)
```

```
        # 10회 반복마다 상태 출력
        if iteration_count % 10 == 0:
            summary_nums = (iteration_count, epoch+1, ix+1,
                num_batches+1, temp_loss)
            print('Iteration: {}, Epoch: {}, Batch: {} out of {},
                Loss: {:.2f}'.format(*summary_nums))

        # 모델 및 어휘 사전 저장
        if iteration_count % save_every == 0:
            # 모델 저장
            model_file_name = os.path.join(full_model_dir, 'model')
            saver.save(sess, model_file_name, global_step =
                iteration_count)
            print('Model Saved To: {}'.format(model_file_name))
            # 어휘 저장
            dictionary_file = os.path.join(full_model_dir,
                'vocab.pkl')
            with open(dictionary_file, 'wb') as dict_file_conn:
                pickle.dump([vocab2ix, ix2vocab], dict_file_conn)

        if iteration_count % eval_every == 0:
            for sample in prime_texts:
                print(test_lstm_model.sample(sess, ix2vocab,
                    vocab2ix, num=10, prime_text=sample))

        iteration_count += 1
```

12. 다음과 같은 결과가 출력된다.

```
Loading Shakespeare Data
Cleaning Text
Building Shakespeare Vocab
Vocabulary Length = 8009
Starting Epoch #1 of 10.
```

```
Iteration: 10, Epoch: 1, Batch: 10 out of 182, Loss: 10.37
Iteration: 20, Epoch: 1, Batch: 20 out of 182, Loss: 9.54
...
Iteration: 1790, Epoch: 10, Batch: 161 out of 182, Loss: 5.68
Iteration: 1800, Epoch: 10, Batch: 171 out of 182, Loss: 6.05
thou art more than i am a
to be or not to the man i have
wherefore art thou art of the long
Iteration: 1810, Epoch: 10, Batch: 181 out of 182, Loss: 5.99
```

13. 마지막으로 다음은 반복 시대에 따른 학습 데이터 비용 함수 값 그래프
를 그리는 코드다.

```
plt.plot(train_loss, 'k-')
plt.title('Sequence to Sequence Loss')
plt.xlabel('Generation')
plt.ylabel('Loss')
plt.show()
```

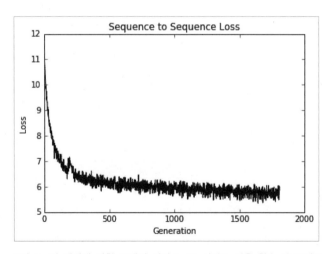

그림 4 전 세대에 걸친 모델의 시퀀스-투-시퀀스 비용 함수 값 그래프

이번 예제에서는 셰익스피어 어휘 사전을 바탕으로 다음 단어를 예측하는 LSTM 유닛을 갖춘 RNN 모델을 만들어봤다. 모델을 개선하기 위해 연속량의 크기를 늘리기, 학습률 감쇄 사용하기, 모델 학습 시대 증가 등의 작업들을 시도해볼 수 있을 것이다.

이번 예제에서는 그리디 추출을 구현했다. 그리디 추출에는 같은 구절을 반복적으로 추출하는 문제가 있을 수 있다. 예를 들면 'for the for the for the …'와 같은 형태에 빠져 버릴 수 있다. 이를 막기 위해 로지트 값이나 출력 값의 확률 분포를 바탕으로 가중 추출을 하는 등의 좀 더 임의적인 방법을 구현할 수도 있다.

▌ 다층 LSTM

신경망이나 CNN에서 깊이를 늘렸던 것처럼 RNN 망의 깊이도 늘릴 수 있다. 이번 예제에서는 3계층을 가진 심층 LSTM을 적용해 셰익스피어 단어 생성기를 개선해본다.

순환 신경망 위에 순환 신경망을 쌓아 올려 신경망의 깊이를 늘릴 수 있다. 기본적으로 대상 값 출력을 다음 신경망의 입력으로 투입하게 된다. 동작 방식을 파악하기 위해 두 층으로 이뤄진 다음 그림과 같은 신경망을 생각해보자.

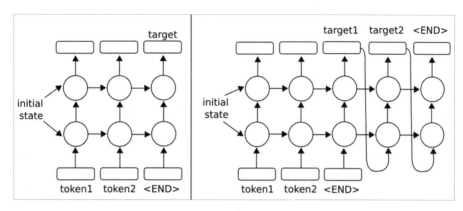

그림 5 단층 RNN을 두 층으로 확장했다. 확장 이전의 단층 신경망에 대해서는 소개 절의 그림을 참고하자.

RNN 셀 목록을 받는 텐서플로의 `MultiRNNCell()` 함수를 이용하면 다층 신경망을 쉽게 구현할 수 있다. 이 함수의 동작을 활용해 다음과 같은 파이썬 코드로 셀이 하나인 다층 신경망을 쉽게 생성할 수 있다.

```
MultiRNNCell([rnn_cell]*num_layers)
```

이번 예제에서는 앞에서 해봤던 셰익스피어 단어 예측을 다시 구현해본다. 바뀌는 부분은 두 가지다. 첫 번째는 단일 계층을 사용하는 것이 아니라, LSTM을 세 개 쌓은 모델을 사용한다는 점이다. 두 번째 변화는 예측 단위가 단어가 아니라 문자라는 것이다. 문자 단위로 예측을 하게 되면 사용하는 어휘 사전의 크기가 40개로 크게 줄어든다(영문 26자, 숫자 10개, 공백 1개, 특수 문자 3개).

예제 구현

동일한 코드를 다시 나열하지 않고 이전 절의 코드에서 바뀐 부분만 살펴본다. 전체 코드는 다음 깃허브 저장소에서 확인할 수 있다.

https://github.com/nfmcclure/tensorflow_cookbook

1. 모델이 사용할 계층 개수를 정해야 한다. 다른 모델 매개변수와 같이 스크립트 시작 부분의 매개변수로 지정한다.

```
num_layers = 3
min_word_freq = 5
rnn_size = 128
epochs = 10
```

2. 첫 번째 주요 변경은 단어가 아닌 문자 단위로 문서를 로드해 처리하고, 투입한다는 점이다. 이를 위해 전체 문서를 정리한 후 파이썬의 list() 명령어를 사용해 문자로 분리한다.

```
s_text = re.sub(r'[{}]'.format(punctuation), ' ', s_text)
s_text = re.sub('\s+', ' ', s_text ).strip().lower()
# 문자로 분리
char_list = list(s_text)
```

3. LSTM 모델이 여러 계층을 갖게 수정한다. 다음과 같이 텐서플로의 MultiRNNCell() 함수에 num_layers 변수를 지정해 다층 RNN 모델을 생성한다.

```
class LSTM_Model():
    def __init__(self, rnn_size, num_layers, batch_size,
            learning_rate, training_seq_len, vocab_size,
            infer_sample=False):
        self.rnn_size = rnn_size
        self.num_layers = num_layers
        self.vocab_size = vocab_size
        self.infer_sample = infer_sample
        self.learning_rate = learning_rate
```

```
...
    self.lstm_cell = tf.contrib.rnn.BasicLSTMCell(rnn_size)
    self.lstm_cell = tf.contrib.rnn.MultiRNNCell([self.lstm_
        cell for _ in range(self.num_layers)])
    self.initial_state = self.lstm_cell.zero_
        state(self.batch_size, tf.float32)

    self.x_data = tf.placeholder(tf.int32, [self.batch_size,
        self.training_seq_len])
    self.y_output = tf.placeholder(tf.int32, [self.batch_
        size, self.training_seq_len])
```

 텐서플로의 MultiRNNCell() 함수는 RNN 셀 목록을 받는다. 이 프로젝트에서는 동일한 계층들로 RNN을 구성하지만, 셀 목록을 통해 계층을 쌓는 모양을 원하는 대로 지정할 수 있다.

4. 나머지 부분은 본질적으로 동일하다. 학습 결과는 다음과 같이 출력된다.

```
Building Shakespeare Vocab by Characters
Vocabulary Length = 40
Starting Epoch #1 of 10
Iteration: 9430, Epoch: 10, Batch: 889 out of 950, Loss: 1.54
Iteration: 9440, Epoch: 10, Batch: 899 out of 950, Loss: 1.46
Iteration: 9450, Epoch: 10, Batch: 909 out of 950, Loss: 1.49
thou art more than the
to be or not to the serva
wherefore art thou dost thou
Iteration: 9460, Epoch: 10, Batch: 919 out of 950, Loss: 1.41
Iteration: 9470, Epoch: 10, Batch: 929 out of 950, Loss: 1.45
Iteration: 9480, Epoch: 10, Batch: 939 out of 950, Loss: 1.59
Iteration: 9490, Epoch: 10, Batch: 949 out of 950, Loss: 1.42
```

5. 다음은 테스트 문장에 대한 결과 예제다.

```
thou art more fancy with
to be or not to be for be
wherefore art thou art thou
```

6. 마지막으로 다음 코드를 이용해 학습 진행에 따른 비용 함수 값 그래프를 그릴 수 있다.

```
plt.plot(train_loss, 'k-')
plt.title('Sequence to Sequence Loss')
plt.xlabel('Generation')
plt.ylabel('Loss')
plt.show()
```

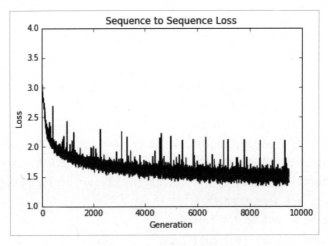

그림 6 다층 LSTM 셰익스피어 모델에 대한 학습셋의 비용 함수 값 그래프

텐서플로에서는 RNN 계층을 RNN 셀 목록만 갖고서 쉽게 다층으로 확장할 수 있다. 이번 예제에서는 이전 예제와 동일한 셰익스피어 데이터를 단어가 아닌 문자 단위로 처리했다. LSTM 계층 세 개를 가진 모델에 이 데이터를 투입해서 셰익스피어 문장을 생성해봤다. 단 10회 반복 학습만으로도 고대 영어와 비슷한 단어를 얻어낼 수 있었다.

시퀀스-투-시퀀스 모델

모든 RNN 유닛에 출력 값이 존재하기 때문에 연속적 데이터를 입력 받는 RNN이 가변 길이 연속 데이터를 예측하도록 학습시킬 수도 있다. 이 점을 활용해 이번 예제에서는 영어를 독일어로 번역하는 모델을 만들어본다.

준비

이번 예제에서는 영어를 독일어로 번역하는 언어 번역 모델을 수립해본다.

텐서플로우에는 시퀀스-투-시퀀스 학습을 위한 클래스가 있다. 영어-독일어 문장 코퍼스를 다운로드해 이 모델을 학습시키는 방법을 알아본다. http://www.manythings.org 사이트에서 다운로드할 수 있는 컴파일한 타토에바 프로젝트(http://tatoeba.org/home) 데이터 압축 파일을 사용한다. 이 데이터에는 영어-독일어 번역 문장이 탭으로 구분돼 있다. 한 행마다 다음과 같은 형태로 데이터가 들어있다.

```
hello. hallo.
```

다양한 길이의 수천 개 문장 데이터가 들어 있다.

예제 구현

이 절의 예제는 텐서플로 공식 저장소에서 제공하는 '신경망 기계 번역^{NMT, neural machine translation}' 라이브러리를 사용한다. NMT 라이브러리는 https://github/ tensorflow/nmt에서 구할 수 있다. 예제를 통해 초매개변수를 추가 및 수정해 사용하는 방법, 데이터 파일 사용하는 방법도 알아볼 수 있다. 텐서플로 공식 예제는 커맨드라인을 통한 사용법을 제시하고 있지만, 여기서는 코드를 이용한 모델 학습 방법을 제시한다.

1. 필요한 라이브러리를 로드한다.

```
import os
import re
import sys
import json
import math
import time
import string
import requests
import io
import numpy as np
import collections
import random
import pickle
import string
import matplotlib.pyplot as plt
import tensorflow as tf
from zipfile import ZipFile
from collections import Counter
```

```
from tensorflow.python.ops import lookup_ops
from tensorflow.python.framework import ops
ops.reset_default_graph()

local_repository='temp/seq2seq'
```

2. 다음 코드를 사용해 NMT 모델을 임시 저장소에 받아 저장하고 로드할
   수 있다.

```
if not os.path.exists(local_repository):
    from git import Repo
    tf_model_repository = 'https://github.com/tensorflow/nmt/'
    Repo.clone_from(tf_model_repository, local_repository)
sys.path.insert(0, 'temp/seq2seq/nmt/')

from temp.seq2seq.nmt import model as model
from temp.seq2seq.nmt.utils import vocab_utils as vocab_utils
import temp.seq2seq.nmt.model_helper as model_helper
import temp.seq2seq.nmt.utils.iterator_utils as iterator_utils
import temp.seq2seq.nmt.utils.misc_utils as utils
import temp.seq2seq.nmt.train as train
```

3. 어휘 사전 크기 매개변수, 제거할 문장 부호, 데이터 저장 위치 등을 설정
   한다.

```
vocab_size = 10000
punct = string.punctuation

data_dir='temp'
data_file = 'eng_ger.txt'
model_path = 'seq2seq_model'
full_model_dir = os.path.join(data_dir, model_path)
```

4. 텐서플로가 제공하는 초매개변수 형식을 사용해 본다. (외부 json 또는 xml 파일을 사용하는) 이 매개변수 저장 방식을 이용하면 다양한 유형의 구조에 (여러 파일에) 매개변수 설정을 반복 사용할 수 있다. 예제에서는 저장소가 제공하는 wmt16.json 파일의 매개변수를 다음과 같이 약간 수정해서 사용할 것이다.

```python
# 번역 모델을 위한 초매개변수 불러오기( 좋은 기본 값이 저장소에 포함되어 있음)
hparams = tf.contrib.training.HParams()
param_file='temp/seq2seq/nmt/standard_hparams/wmt16.json'
# ( 다양한 구조에 따라) 다음 초매개변수를 사용해 볼 수도 있음
#'temp/seq2seq/nmt/standard_hparams/iwslt15.json'
#'temp/seq2seq/nmt/standard_hparams/wmt16_gnmt_4_layer.json',
#'temp/seq2seq/nmt/standard_hparams/wmt16_gnmt_8_layer.json',

with open(param_file, "r") as f:
    params_json = json.loads(f.read())

for key, value in params_json.items():
    hparams.add_hparam(key, value)
hparams.add_hparam('num_gpus', 0)
hparams.add_hparam('num_encoder_layers', hparams.num_layers)
hparams.add_hparam('num_decoder_layers', hparams.num_layers)
hparams.add_hparam('num_encoder_residual_layers', 0)
hparams.add_hparam('num_decoder_residual_layers', 0)
hparams.add_hparam('init_op', 'uniform')
hparams.add_hparam('random_seed', None)
hparams.add_hparam('num_embeddings_partitions', 0)
hparams.add_hparam('warmup_steps', 0)
hparams.add_hparam('length_penalty_weight', 0)
hparams.add_hparam('sampling_temperature', 0.0)
hparams.add_hparam('num_translations_per_input', 1)
hparams.add_hparam('warmup_scheme', 't2t')
hparams.add_hparam('epoch_step', 0)
```

```
hparams.num_train_steps=5000

# 사전 학습된 임베딩 사용하지 않음
hparams.add_hparam('src_embed_file', '')
hparams.add_hparam('tgt_embed_file', '')
hparams.add_hparam('num_keep_ckpts', 5)
hparams.add_hparam('avg_ckpts', False)

# 집중 기능 사용하지 않음
hparams.attention = None
```

5. 이제 영어-독일어 번역 데이터를 불러온다. 저장된 데이터를 불러오거나,
   인터넷에서 다운로드해 (향후 사용을 위해 디스크에 저장하고) 불러온다.

```
print('Loading English-German Data')
# 다운로드 여부 확인 및 저장
if not os.path.isfile(os.path.join(data_dir, data_file)):
    print('Data not found, downloading Eng-Ger sentences from
            www.manythings.org')
    sentence_url = 'http://www.manythings.org/anki/deu-eng.zip'
    r = requests.get(sentence_url)
    z = ZipFile(io.BytesIO(r.content))
    file = z.read('deu.txt')
    # 데이터 정리
    eng_ger_data = file.decode()
    eng_ger_data = eng_ger_data.encode('ascii', errors='ignore')
    eng_ger_data = eng_ger_data.decode().split('\n')
    # 파일 저장
    with open(os.path.join(data_dir, data_file), 'w') as out_conn:
        for sentence in eng_ger_data:
            out_conn.write(sentence + '\n')
else:
    eng_ger_data = []
```

```
    with open(os.path.join(data_dir, data_file), 'r') as in_conn:
        for row in in_conn:
            eng_ger_data.append(row[:-1])
    print('Done!')
```

6. 문장 부호를 제거하고 번역 데이터의 영어 문장과 독일어 문장을 단어 리스트로 분리한다.

```
# 문장 부호 제거
eng_ger_data = [''.join(char for char in sent if char not in punct)
for sent in eng_ger_data]
# 탭으로 문장 구분
eng_ger_data = [x.split('\t') for x in eng_ger_data if len(x) >= 1]
[english_sentence, german_sentence] = [list(x) for x in
        zip(*eng_ger_data)]
english_sentence=[x.lower().split()for x in english_sentence]
german_sentence=[x.lower().split()for x in german_sentence]
```

7. 처리 속도가 빠른 텐서플로의 데이터 파이프라인 기능을 사용하기 위해서는 디스크에 적절한 형식으로 데이터를 저장해 두어야 한다.
번역 모델은 다음과 같은 형식을 사용한다.

○ train_prefix.source_suffix = train.en

○ test_prefix.target_suffix = test.de

접미사는 언어를 나타내고(en=영어, de=독일어), 접두사는 데이터셋의 유형(train=학습, test=테스트)을 나타낸다.

```
train_prefix = 'train'
src_suffix = 'en'  # 영어
```

440

```
tgt_suffix = 'de'  # 독일어
source_txt_file = train_prefix + '.' + src_suffix
hparams.add_hparam('src_file', source_txt_file)
target_txt_file=train_prefix+'.' + tgt_suffix
hparams.add_hparam('tgt_file', target_txt_file)
with open(source_txt_file, 'w') as f:
    for sent in english_sentence:
        f.write(' '.join(sent) + '\n')

with open(target_txt_file, 'w') as f:
    for sent in german_sentence:
        f.write(' '.join(sent) + '\n')
```

8. 테스트 용도로 번역 문장 일부(100개)를 추려둘 필요가 있다. 임의의 문장 100여 개를 선택해 적절한 파일에 기록해 둔다.

```
# 테스트 파일을 위한 일부 문장을 분할
test_prefix = 'test_sent'
hparams.add_hparam('dev_prefix', test_prefix)
hparams.add_hparam('train_prefix', train_prefix)
hparams.add_hparam('test_prefix', test_prefix)
hparams.add_hparam('src', src_suffix)
hparams.add_hparam('tgt', tgt_suffix)

num_sample=100
total_samples = len(english_sentence)
# 원본 및 대상 문장에서 대략 'num_sample' 개의 문장을 추출
ix_sample = [x for x in range(total_samples) if x % (total_samples
        // num_sample) == 0]
test_src=[' '.join(english_sentence[x]) for x in ix_sample]
test_tgt=[' '.join(german_sentence[x]) for x in ix_sample]

# 테스트 문장을 파일에 기록
with open(test_prefix + '.' + src_suffix, 'w') as f:
```

```
        for eng_test in test_src:
            f.write(eng_test + '\n')

    with open(test_prefix + '.' + tgt_suffix, 'w') as f:
        for ger_test in test_src:
            f.write(ger_test + '\n')
```

9. 영어 및 독일어 문장의 어휘들을 처리한다. 처리한 어휘 리스트를 적절한 파일에 저장한다.

```
print('Processing the vocabularies.')
# 영어 어휘 처리
all_english_words = [word for sentence in english_sentence for
        word in sentence]
all_english_counts=Counter(all_english_words)
eng_word_keys=[x[0] for x in
all_english_counts.most_common(vocab_size-3)]  # UNK, S, /S도
                                    # 들어 있기 때문에 -3을 해 줌
eng_vocab2ix = dict(zip(eng_word_keys, range(1, vocab_size)))
eng_ix2vocab={val:keyfor key, val in eng_vocab2ix.items()}
english_processed=[]
for sent in english_sentence:
    temp_sentence = []
    for word in sent:
        try:
            temp_sentence.append(eng_vocab2ix[word])
        except KeyError:
            temp_sentence.append(0)
    english_processed.append(temp_sentence)

# 독일어 어휘 처리
all_german_words = [word for sentence in german_sentence for word
        in sentence]
```

```python
all_german_counts=Counter(all_german_words)
ger_word_keys=[x[0] for x in
all_german_counts.most_common(vocab_size-3)]  # UNK, S, /S도
                                # 들어 있기 때문에 -3을 해 줌
ger_vocab2ix = dict(zip(ger_word_keys, range(1, vocab_size)))
ger_ix2vocab={val:keyfor key, val in ger_vocab2ix.items()}
german_processed=[]
for sent in german_sentence:
    temp_sentence = []
    for word in sent:
        try:
            temp_sentence.append(ger_vocab2ix[word])
        except KeyError:
            temp_sentence.append(0)
    german_processed.append(temp_sentence)

# 데이터 처리를 위한 어휘 파일 저장
source_vocab_file = 'vocab' + '.' + src_suffix
hparams.add_hparam('src_vocab_file', source_vocab_file)
eng_word_keys=['<unk>', '<s>', '</s>'] + eng_word_keys

target_vocab_file='vocab' + '.' + tgt_suffix
hparams.add_hparam('tgt_vocab_file', target_vocab_file)
ger_word_keys=['<unk>', '<s>', '</s>'] + ger_word_keys

# 중복 제거한 영어 단어 기록
with open(source_vocab_file, 'w') as f:
    for eng_word in eng_word_keys:
        f.write(eng_word + '\n')

# 중복 제거한 독일어 단어 기록
with open(target_vocab_file, 'w') as f:
    for ger_word in ger_word_keys:
        f.write(ger_word + '\n')

# 어휘 사전 크기를 초매개변수에 추가
```

```
hparams.add_hparam('src_vocab_size', vocab_size)
hparams.add_hparam('tgt_vocab_size', vocab_size)

# 출력 디렉토리 지정
out_dir = 'temp/seq2seq/nmt_out'
hparams.add_hparam('out_dir', out_dir)
if not tf.gfile.Exists(out_dir):
    tf.gfile.MakeDirs(out_dir)
```

그다음 학습, 추론, 평가 그래프를 개별적으로 생성할 것이다.

10. 먼저 학습 그래프를 생성한다. 네임드튜플을 클래스 인자로 넘겨 생성한다. 다음 코드는 nmt 저장소에서 가져온 것이다. 더 자세한 내용은 저장소의 'model_helper.py' 파일을 참조하자.

```
class TrainGraph(collections.namedtuple("TrainGraph", ("graph",
        "model", "iterator", "skip_count_placeholder"))):
    pass

defcreate_train_graph(scope=None):
    graph = tf.Graph()
    with graph.as_default():
        src_vocab_table, tgt_vocab_table = vocab_utils.create_
                vocab_tables(hparams.src_vocab_file,
                hparams.tgt_vocab_file, share_vocab=False)
        src_dataset = tf.data.TextLineDataset(hparams.src_file)
        tgt_dataset = tf.data.TextLineDataset(hparams.tgt_file)
        skip_count_placeholder = tf.placeholder(shape=(),
                dtype=tf.int64)
        iterator = iterator_utils.get_iterator(src_dataset,
                tgt_dataset, src_vocab_table, tgt_vocab_table,
                batch_size=hparams.batch_size,
                sos=hparams.sos,
                eos=hparams.eos,
```

```
            random_seed=None,
            num_buckets=hparams.num_buckets,
            src_max_len=hparams.src_max_len,
            tgt_max_len=hparams.tgt_max_len,
            skip_count=skip_count_placeholder)
    final_model = model.Model(hparams,
            iterator=iterator,
            mode=tf.contrib.learn.ModeKeys.TRAIN,
            source_vocab_table=src_vocab_table,
            target_vocab_table=tgt_vocab_table,
            scope=scope)

    return TrainGraph(graph=graph, model=final_model,
            iterator=iterator,
            skip_count_placeholder=skip_count_placeholder)

train_graph=create_train_graph()
```

11. 비슷한 방식으로 평가 그래프를 다음과 같이 생성한다.

```
class EvalGraph(collections.namedtuple("EvalGraph", ("graph",
        "model", "src_file_placeholder", "tgt_file_placeholder",
        "iterator"))):
    pass

defcreate_eval_graph(scope=None):
    graph = tf.Graph()

    with graph.as_default():
        src_vocab_table, tgt_vocab_table =
            vocab_utils.create_vocab_tables(
            hparams.src_vocab_file, hparams.tgt_vocab_file,
            hparams.share_vocab)
        src_file_placeholder = tf.placeholder(shape=(),
```

```
                    dtype=tf.string)
        tgt_file_placeholder = tf.placeholder(shape=(),
                dtype=tf.string)
        src_dataset = tf.data.TextLineDataset(src_
                file_placeholder)
        tgt_dataset = tf.data.TextLineDataset(tgt_
                file_placeholder)
        iterator = iterator_utils.get_iterator(
                src_dataset,
                tgt_dataset,
                src_vocab_table,
                tgt_vocab_table,
                hparams.batch_size,
                sos=hparams.sos,
                eos=hparams.eos,
                random_seed=hparams.random_seed,
                num_buckets=hparams.num_buckets,
                src_max_len=hparams.src_max_len_infer,
                tgt_max_len=hparams.tgt_max_len_infer)
        final_model = model.Model(hparams,
                iterator=iterator,
                mode=tf.contrib.learn.ModeKeys.EVAL,
                source_vocab_table=src_vocab_table,
                target_vocab_table=tgt_vocab_table,
                scope=scope)
    return EvalGraph(graph=graph,
            model=final_model,
            src_file_placeholder=src_file_placeholder,
            tgt_file_placeholder=tgt_file_placeholder,
            iterator=iterator)

  eval_graph=create_eval_graph()
```

12. 추론 그래프도 같은 방식으로 생성한다.

446

```python
class InferGraph(
        collections.namedtuple("InferGraph", ("graph", "model",
        "src_placeholder", "batch_size_placeholder",
        "iterator"))):
    pass

defcreate_infer_graph(scope=None):
    graph = tf.Graph()
    with graph.as_default():
        src_vocab_table, tgt_vocab_table = vocab_utils.create_
                vocab_tables(hparams.src_vocab_file,
                hparams.tgt_vocab_file,
                hparams.share_vocab)
        reverse_tgt_vocab_table = lookup_ops.index_to_
                string_table_from_file(hparams.tgt_vocab_file,
                default_value=vocab_utils.UNK)
        src_placeholder = tf.placeholder(shape=[None],
                dtype=tf.string)
        batch_size_placeholder = tf.placeholder(shape=[],
                dtype=tf.int64)
        src_dataset = tf.data.Dataset.from_tensor_
                slices(src_placeholder)
        iterator = iterator_utils.get_infer_
                iterator(src_dataset,
                src_vocab_table,
                batch_size=batch_size_placeholder,
                eos=hparams.eos,
                src_max_len=hparams.src_max_len_infer)
        final_model = model.Model(hparams,
                iterator=iterator,
                mode=tf.contrib.learn.ModeKeys.INFER,
                source_vocab_table=src_vocab_table,
                target_vocab_table=tgt_vocab_table,
                reverse_target_vocab_table=reverse_tgt_vocab_table,
```

```
            scope=scope)
    return InferGraph(graph=graph,
            model=final_model,
            src_placeholder=src_placeholder,
            batch_size_placeholder=batch_size_placeholder,
            iterator=iterator)

infer_graph=create_infer_graph()
```

13. 학습 과정에서 진행 상황을 살펴보기 위해 출력할 원본 및 번역 문장
    몇 개 리스트를 추려 둔다.

```
# 평가를 위한 표본 데이터 생성
sample_ix = [25, 125, 240, 450]
sample_src_data=[' '.join(english_sentence[x]) for x in
      sample_ix]
sample_tgt_data=[' '.join(german_sentence[x]) for x in
      sample_ix]
```

14. 학습 그래프를 로드한다.

```
config_proto = utils.get_config_proto()

train_sess=tf.Session(config=config_proto,
      graph=train_graph.graph)
eval_sess=tf.Session(config=config_proto,
      graph=eval_graph.graph)
infer_sess=tf.Session(config=config_proto,
      graph=infer_graph.graph)

# 학습 그래프 로드
with train_graph.graph.as_default():
  loaded_train_model, global_step = model_helper.create_
```

```
or_load_model(train_graph.model,
                hparams.out_dir,
                train_sess,
                "train")

summary_writer=tf.summary.FileWriter(os.path.join(hparams.out_
        dir, 'Training'), train_graph.graph)
```

16. 이제 학습을 위한 초기화를 진행할 수 있다.

- ○ 전체 학습 단계 설정
- ○ 학습 시간 초기화
- ○ 학습 그래프 초기화

```
# 학습 초기화
last_stats_step = global_step
last_eval_step=global_step
last_external_eval_step=global_step

steps_per_eval=10 * hparams.steps_per_stats
steps_per_external_eval=5 * steps_per_eval

avg_step_time=0.0
step_time, checkpoint_loss, checkpoint_predict_count = 0.0, 0.0,
        0.0
checkpoint_total_count = 0.0
speed, train_ppl = 0.0, 0.0

utils.print_out("# Start step %d, lr %g, %s" %
        (global_step, loaded_train_model.learning_rate.eval(
            session=train_sess),
            time.ctime()))
skip_count=hparams.batch_size*hparams.epoch_step
utils.print_out("# Init train iterator, skipping %d elements" %
```

```
        skip_count)
train_sess.run(train_graph.iterator.initializer,
        feed_dict={train_graph.skip_count_placeholder:
        skip_count})
```

17. 드디어 학습을 시작하자!! 이 학습은 실행에 상당한 시간(인텔 코어 i7 CPU, 16GB RAM 환경에서 12시간 정도)이 걸린다. GPU를 사용하는 환경이라면 좀 더 빠를 것이다.

```
# 학습 실행
while global_step < hparams.num_train_steps:
    start_time = time.time()
    try:
        step_result = loaded_train_model.train(train_sess)
        (_, step_loss, step_predict_count, step_summary,
                global_step, step_word_count,
        batch_size, __, ___) = step_result
        hparams.epoch_step += 1
    except tf.errors.OutOfRangeError:
        # 다음 세대 진행
        hparams.epoch_step = 0
        utils.print_out("# Finished an epoch, step %d. Perform
                external evaluation" % global_step)
        train.run_sample_decode(infer_graph,
                        infer_sess,
                        hparams.out_dir,
                        hparams,
                        summary_writer,
                        sample_src_data,
                        sample_tgt_data)
        dev_scores, test_scores, _ =
                train.run_external_eval(infer_graph,
```

```
                infer_sess,
                hparams.out_dir,
                hparams,
                summary_writer)
        train_sess.run(train_graph.iterator.initializer,
                feed_dict={train_graph.skip_count_placeholder: 0})
        continue

    summary_writer.add_summary(step_summary, global_step)

    # 통계치 저장
    step_time += (time.time() - start_time)
    checkpoint_loss += (step_loss * batch_size)
    checkpoint_predict_count += step_predict_count
    checkpoint_total_count += float(step_word_count)

    # 통계치 출력
    if global_step - last_stats_step >= hparams.steps_per_stats:
        last_stats_step = global_step
        avg_step_time = step_time / hparams.steps_per_stats
        train_ppl = utils.safe_exp(checkpoint_loss /
                checkpoint_predict_count)
        speed = checkpoint_total_count / (1000 * step_time)

        utils.print_out("  global step %d lr %g "
                "step-time %.2fs wps %.2fK ppl %.2f %s" %
                (global_step,
                loaded_train_model.learning_rate.eval(
                        session=train_sess),
                avg_step_time, speed, train_ppl,
                train._get_best_results(hparams)))

        if math.isnan(train_ppl):
            break

        # 타이머 및 비용 값 재설정
```

```python
        step_time, checkpoint_loss, checkpoint_predict_count =
            0.0, 0.0, 0.0
        checkpoint_total_count = 0.0

    if global_step - last_eval_step >= steps_per_eval:
        last_eval_step = global_step
        utils.print_out("# Save eval, global step %d" %
            global_step)
        utils.add_summary(summary_writer, global_step,
            "train_ppl", train_ppl)

        # 체크포인트 저장
        loaded_train_model.saver.save(train_sess,
            os.path.join(hparams.out_dir, "translate.ckpt"),
            global_step=global_step)

        # dev 및 테스트 데이터에 대한 평가
        train.run_sample_decode(infer_graph,
                        infer_sess,
                        out_dir,
                        hparams,
                        summary_writer,
                        sample_src_data,
                        sample_tgt_data)
        dev_ppl, test_ppl = train.run_internal_eval(eval_graph,
                            eval_sess,
                            out_dir,
                            hparams,
                            summary_writer)

    if global_step - last_external_eval_step >=
            steps_per_external_eval:
        last_external_eval_step = global_step

        # 체크포인트 저장
        loaded_train_model.saver.save(train_sess,
```

```
                    os.path.join(hparams.out_dir, "translate.ckpt"),
                    global_step=global_step)

        train.run_sample_decode(infer_graph,
                                infer_sess,
                                out_dir,
                                hparams,
                                summary_writer,
                                sample_src_data,
                                sample_tgt_data)
        dev_scores, test_scores, _ =
                train.run_external_eval(infer_graph,
                                        infer_sess,
                                        out_dir,
                                        hparams,
                                        summary_writer)
```

18. 다음과 유사한 출력 결과를 보게 될 것이다.

```
# Start step 0, lr 1, Sat Aug 25 13:36:25 2018
# Init train iterator, skipping 0 elements
2018-08-25 13:36:41.056431: I
tensorflow/core/kernels/data/shuffle_dataset_op.cc:95] Filling
up shuffle buffer (this may take a while): 126601 of 128000
2018-08-25 13:36:41.199815: I
tensorflow/core/kernels/data/shuffle_dataset_op.cc:131]
Shuffle buffer filled.
    global step 100 lr 1 step-time 10.07s wps 0.15K ppl 1691.72 bleu 0.00
    global step 200 lr 1 step-time 8.82s wps 0.18K ppl 259.81 bleu 0.00
    global step 300 lr 1 step-time 9.41s wps 0.18K ppl 187.53 bleu 0.00
    global step 400 lr 1 step-time 10.29s wps 0.18K ppl 167.93 bleu 0.00
    global step 500 lr 1 step-time 10.14s wps 0.18K ppl 127.80 bleu 0.00
    global step 600 lr 1 step-time 10.28s wps 0.18K ppl 108.02 bleu 0.00
```

```
      global step 700 lr 1 step-time 10.19s wps 0.18K ppl 90.27 bleu 0.00
      global step 800 lr 1 step-time 10.31s wps 0.18K ppl 81.36 bleu 0.00
      global step 900 lr 1 step-time 10.22s wps 0.18K ppl 66.20 bleu 0.00
      global step 1000 lr 1 step-time 10.82s wps 0.17K ppl 62.26 bleu 0.00
# Save eval, global step 1000
INFO:tensorflow:Restoring parameters from
temp/seq2seq/nmt_out/translate.ckpt-1000
2018-08-25 16:24:03.678521: I
tensorflow/core/kernels/lookup_util.cc:373] Table trying to
initialize from file vocab.de is already initialized.
2018-08-25 16:24:03.678515: I
tensorflow/core/kernels/lookup_util.cc:373] Table trying to
initialize from file vocab.de is already initialized.
2018-08-25 16:24:03.678455: I
tensorflow/core/kernels/lookup_util.cc:373] Table trying to
initialize from file vocab.en is already initialized.
    loaded infer model parameters from
temp/seq2seq/nmt_out/translate.ckpt-1000, time 0.83s
    # 0
        src: hug me
        ref: drck mich
        nmt: mir mir mir
INFO:tensorflow:Restoring parameters from
temp/seq2seq/nmt_out/translate.ckpt-1000
2018-08-25 16:24:05.032698: I
tensorflow/core/kernels/lookup_util.cc:373] Table trying to
initialize from file vocab.de is already initialized.
2018-08-25 16:24:05.032750: I
tensorflow/core/kernels/lookup_util.cc:373] Table trying to
initialize from file vocab.en is already initialized.
    loaded eval model parameters from
temp/seq2seq/nmt_out/translate.ckpt-1000, time 1.00s
    eval dev: perplexity 76.23, time 3s, Sat Aug 25 16:24:09 2018.
    eval test: perplexity 76.23, time 4s, Sat Aug 25 16:24:13 2018.
```

```
    global step 1100 lr 1 step-time 10.43s wps 0.17K ppl 53.70 bleu 0.00
    global step 1200 lr 1 step-time 10.40s wps 0.18K ppl 51.30 bleu 0.00
    global step 1300 lr 1 step-time 10.14s wps 0.18K ppl 42.87 bleu 0.00
# Finished an epoch, step 1330. Perform external evaluation
INFO:tensorflow:Restoring parameters from
temp/seq2seq/nmt_out/translate.ckpt-1000
    loaded infer model parameters from
temp/seq2seq/nmt_out/translate.ckpt-1000, time 0.98s
    # 1
        src: goodbye
        ref: auf wiedersehen
        nmt:
INFO:tensorflow:Restoring parameters from
temp/seq2seq/nmt_out/translate.ckpt-1000
    loaded infer model parameters from
temp/seq2seq/nmt_out/translate.ckpt-1000, time 0.62s
# External evaluation, global step 1000
    decoding to output temp/seq2seq/nmt_out/output_dev.
2018-08-25 17:20:56.392430: I
tensorflow/core/kernels/lookup_util.cc:373] Table trying to
initialize from file vocab.de is already initialized.
2018-08-25 17:20:56.392430: I
tensorflow/core/kernels/lookup_util.cc:373] Table trying to
initialize from file vocab.en is already initialized.
2018-08-25 17:20:56.392431: I
tensorflow/core/kernels/lookup_util.cc:373] Table trying to
initialize from file vocab.de is already initialized.
2018-08-25 17:20:57.160331: I
tensorflow/core/kernels/lookup_util.cc:373] Table trying to
initialize from file vocab.de is already initialized.
2018-08-25 17:20:57.160365: I
tensorflow/core/kernels/lookup_util.cc:373] Table trying to
initialize from file vocab.en is already initialized.
2018-08-25 17:20:57.160377: I
```

```
tensorflow/core/kernels/lookup_util.cc:373] Table trying to
initialize from file vocab.de is already initialized.
    done, num sentences 101, num translations per input 1, time 21s,
Sat Aug 25 17:21:18 2018.
    bleu dev: 0.0
    saving hparams to temp/seq2seq/nmt_out/hparams
# External evaluation, global step 1000
    decoding to output temp/seq2seq/nmt_out/output_test.
    done, num sentences 101, num translations per input 1, time 21s,
Sat Aug 25 17:21:40 2018.
    bleu test: 0.0
    saving hparams to temp/seq2seq/nmt_out/hparams
    global step 1400 lr 1 step-time 9.13s wps 0.17K ppl 29.94 bleu 0.00
...
```

예제 분석

이번 예제에서는 텐서플로의 시퀀스-투-시퀀스 모델 예제를 이용해 영어를 독일어로 번역하는 모델을 학습해봤다.

테스트 문장에 대해 완벽한 번역문을 얻지 못하는 모습을 통해 개선의 여지가 있음을 알 수 있다. 학습 횟수를 늘리거나 (더 많은 학습 데이터가 들어가게) 학습 매개변수를 조절함으로써 번역 품질을 개선할 수 있을 것이다.

부연 설명

매니씽즈 웹사이트(http://www.manythings.org/anki/)를 통해 다양한 언어의 병렬 문장 코퍼스를 구할 수 있다. 맘에 드는 다른 언어의 데이터셋으로 자유롭게 실험해보자.

▌ 샴 유사도 측정

다른 모델에 비해 RNN 모델이 갖고 있는 훌륭한 특성은 다양한 길이의 연속적 데이터를 다룰 수 있다는 점이다. 이와 더불어 모델이 가진 미지의 연속적 데이터에 대한 일반화 능력을 활용하면 입력된 연속적 데이터가 다른 데이터와 얼마나 유사한지 측정하는 방법을 만들 수 있다. 이번 예제에서는 레코드 매칭 작업에 필요한 주소 사이의 유사도를 측정하는 샴 유사도 RNN 모델을 학습해본다.

준비

이번 예제에서는 고정 길이 숫자 벡터를 출력하는 완전 연결 계층에 출력 값을 투입하는 양방향 RNN 모델을 만들어본다. 두 개의 입력 주소를 위한 양방향 RNN 모델을 생성하고, 그 출력 값을 (길이 100인) 고정 길이 숫자 벡터를 출력하는 완전 연결 계층에 투입한다. 두 출력 벡터를 −1과 1 사이의 값을 갖는 코사인 거리로 비교한다. 입력 데이터가 대상과 비슷하면 1, 다르면 −1로 표시한다. 코사인 거리로 비교 예측하는 것은 결국 출력 값의 부호만 보면 된다(값이 음수면 유사하지 않고, 양수면 유사하다). 이 신경망을 이용해 질의 주소와 코사인 거리가 가장 가까운(큰) 표준 주소를 선택하는 방식으로 레코드 매칭 작업을 할 수 있다. 다음 망 구조 그림을 보자.

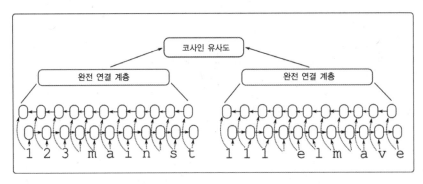

그림 8 샴 RNN 유사도 모델 구조

이 모델이 훌륭한 점 하나는 미지의 입력에 대해서도 비교 작업을 수행해 −1과 1 사이의 값을 출력할 수 있다는 점이다. 모델이 전에 본 적이 없는 주소를 투입했을 때 비슷한 주소를 찾아내는지 코드를 통해 확인해볼 것이다.

예제 구현

1. 필요한 라이브러리를 로드하고 그래프 세션을 시작한다.

```
import random
import string
import numpy as np
import matplotlib.pyplot as plt
import tensorflow as tf
sess = tf.Session()
```

2. 모델 매개변수를 다음과 같이 설정한다.

```
batch_size = 200
n_batches = 300
max_address_len = 20
margin = 0.25
num_features = 50
dropout_keep_prob = 0.8
```

3. 샴 RNN 유사도 모델 클래스를 다음과 같이 생성한다.

```
def snn(address1, address2, dropout_keep_prob,
        vocab_size, num_features, input_length):

    # 끝에 완전 연결 계층이 붙어 있는 샴 이중 RNN 정의
    def siamese_nn(input_vector, num_hidden):
```

```python
cell_unit = tf.contrib.rnn.BasicLSTMCell#tf.nn.rnn_
    cell.BasicLSTMCell

# 순방향 셀
lstm_forward_cell = cell_unit(num_hidden, forget_
    bias=1.0)
lstm_forward_cell = tf.contrib.rnn.DropoutWrapper(lstm_
    forward_cell, output_keep_prob=dropout_keep_prob)

# 역방향 셀
lstm_backward_cell = cell_unit(num_hidden, forget_bias=1.0)
lstm_backward_cell = tf.contrib.rnn.DropoutWrapper(lstm_
    backward_cell, output_keep_prob=dropout_keep_prob)

# 입력을 연속적 문자로 분리
input_embed_split = tf.split(axis=1, num_or_size_splits=
    input_length, value=input_vector)
input_embed_split = [tf.squeeze(x, axis=[1]) for x in
    input_embed_split]

# 양방향 계층 생성
try:
    outputs, _, _ = tf.contrib.rnn.static_bidirectional_
        rnn(lstm_forward_cell, lstm_backward_cell,
        input_embed_split, dtype=tf.float32)
except Exception:
    outputs = tf.contrib.rnn.static_bidirectional_
        rnn(lstm_forward_cell, lstm_backward_cell,
        input_embed_split, dtype=tf.float32)

# 출력 값 평균 내기
temporal_mean = tf.add_n(outputs) / input_length

# 완전 연결 계층
output_size = 10
A = tf.get_variable(name="A", shape=[2*num_hidden,
```

```python
                output_size], dtype=tf.float32, initializer=
                tf.random_normal_initializer(stddev=0.1))
        b = tf.get_variable(name="b", shape=[output_size],
                dtype=tf.float32, initializer=tf.random_
                normal_initializer(stddev=0.1))

        final_output = tf.matmul(temporal_mean, A) + b
        final_output = tf.nn.dropout(final_output,
                dropout_keep_prob)

        return(final_output)

    output1 = siamese_nn(address1, num_features)
    # 두 번째 문자열에 동일한 변수를 사용할 것이라 선언
    with tf.variable_scope(tf.get_variable_scope(), reuse=True):
        output2 = siamese_nn(address2, num_features)

    # 출력 값 단위 정규화
    output1 = tf.nn.l2_normalize(output1, 1)
    output2 = tf.nn.l2_normalize(output2, 1)
    # 코사인 거리 반환
    #   이 경우에는 노름의 내적과 동일
    dot_prod = tf.reduce_sum(tf.multiply(output1, output2), 1)

    return(dot_prod)
```

 입력된 두 주소에 해당하는 두 샴 신경망이 동일한 매개변수를 사용하기 위해 변수 스코프를 사용하고 있다. 정규화된 벡터의 내적으로도 코사인 거리를 구할 수 있다는 사실을 알아두자.

4. 코사인 거리의 부호만 확인하는 예측 함수를 선언한다.

```python
def get_predictions(scores):
```

```
predictions = tf.sign(scores, name="predictions")
return(predictions)
```

5. 앞에서 설명한 비용 함수를 선언한다. (SVM 모델처럼) 오차에 대해 마진을 둔다는 점을 기억하자. 진양성과 진음성에 대한 비용도 계산한다. 비용 함수 코드는 다음과 같다.

```
def loss(scores, y_target, margin):
    # 양성 비용 계산
    pos_loss_term = 0.25 * tf.square(tf.subtract(1., scores))
    pos_mult = tf.cast(y_target, tf.float32)

    # 유사한 문자열에 대한 양성 비용인지 확인
    positive_loss = tf.multiply(pos_mult, pos_loss_term)

    # 음성 비용 계산 및 유사하지 않은 문자열 확인
    neg_mult = tf.subtract(1., tf.cast(y_target, tf.float32))

    negative_loss = neg_mult*tf.square(scores)

    # 유사 비용과 비유사 비용을 결합
    loss = tf.add(positive_loss, negative_loss)

    # 여백 항 생성. 대상 값이 0이고, 점수가 여백보다 작으면 0을 반환

    # 대상 값이 0인지 (유사하지 않은 문자열) 확인
    target_zero = tf.equal(tf.cast(y_target, tf.float32), 0.)
    # 코사인 거리 결과 값이 여백보다 작은 지 확인
    less_than_margin = tf.less(scores, margin)
    # 둘 다 true인지 확인
    both_logical = tf.logical_and(target_zero, less_than_margin)
    both_logical = tf.cast(both_logical, tf.float32)
    # 둘 다 true면 (1-1)=0이 곱해진다.
    multiplicative_factor = tf.cast(1. - both_logical, tf.float32)
```

```
total_loss = tf.multiply(loss, multiplicative_factor)

# 일괄 데이터 전체 비용 평균
avg_loss = tf.reduce_mean(total_loss)
return(avg_loss)
```

6. 다음과 같이 정확도 함수를 선언한다.

```
def accuracy(scores, y_target):
    predictions = get_predictions(scores)
    y_target_int = tf.cast(y_target, tf.int32)
    predictions_int = tf.cast(tf.sign(predictions), tf.int32)
    correct_predictions = tf.equal(predictions_int, y_target_int)
    accuracy = tf.reduce_mean(tf.cast(correct_predictions,
            tf.float32))
    return(accuracy)
```

7. 주소에 오타를 만들어 유사한 주소를 만든다. 이렇게 만든 주소들(기준 주소와 오타가 들어간 주소)을 유사한 주소로 묶어 놓는다.

```
def create_typo(s):
    rand_ind = random.choice(range(len(s)))
    s_list = list(s)
    s_list[rand_ind]=random.choice(string.ascii_lowercase +
            '0123456789')
    s = ''.join(s_list)
    return(s)
```

8. 도로 이름, 도로 번호, 접미사를 임의로 조합해 데이터를 생성한다. 도로 이름과 접미사는 다음 목록에서 선택한다.

```
street_names = ['abbey', 'baker', 'canal', 'donner', 'elm',
        'fifth', 'grandvia', 'hollywood', 'interstate', 'jay',
        'kings']
street_types = ['rd', 'st', 'ln', 'pass', 'ave', 'hwy', 'cir',
        'dr', 'jct']
```

9. 테스트 질의와 질의에 대응하는 기준 주소를 다음과 같이 생성한다.

```
test_queries = ['111 abbey ln', '271 doner cicle',
        '314 king avenue', 'tensorflow is fun']
test_references = ['123 abbey ln', '217 donner cir', '314 kings
        ave', '404 hollywood st', 'tensorflow is so fun']
```

 마지막의 질의 주소와 기준 주소는 모델이 전에 접해 본 적이 없는 주소지만, 서로 가장 유사한 것으로 판단하기를 기대한다.

10. 일괄 데이터 생성 방법을 정의한다. 일괄 데이터의 절반은 유사한 주소 (기준 주소 및 오타가 들어간 주소)이고, 절반은 유사하지 않은 주소다. 주소 리스트의 절반을 취한 후 (numpy.roll() 함수를 사용해) 대상 값을 한 자리 씩 밀어내 유사하지 않은 주소 데이터를 만들 수 있다.

```
def get_batch(n):
    # 기준 주소와 오타가 들어간 유사 주소들 목록을 생성
    numbers = [random.randint(1, 9999) for i in range(n)]
    streets = [random.choice(street_names) for i in range(n)]
    street_suffs = [random.choice(street_types) for i in range(n)]
    full_streets = [str(w) + ' ' + x + ' ' + y for w,x,y in zip(numbers,
            streets, street_suffs)]
    typo_streets = [create_typo(x) for x in full_streets]
```

```
reference = [list(x) for x in zip(full_streets, typo_streets)]

# 학습용으로 유사하지 않은 주소를 만들기 위해 뒤쪽 절반을 섞기
half_ix = int(n/2)
bottom_half = reference[half_ix:]
true_address = [x[0] for x in bottom_half]
typo_address = [x[1] for x in bottom_half]
typo_address = list(np.roll(typo_address, 1))
bottom_half = [[x,y] for x,y in zip(true_address, typo_address)]
reference[half_ix:] = bottom_half

# 유사도 대상 값 구하기(유사하면 1, 유사하지 않으면 -1)
target = [1]*(n-half_ix) + [-1]*half_ix
reference = [[x,y] for x,y in zip(reference, target)]
return(reference)
```

11. 주소 어휘 사전을 정의하고, 원핫 인코딩을 이용해 주소들을 색인 값으로 변환한다.

```
vocab_chars = string.ascii_lowercase + '0123456789 '
vocab2ix_dict = {char:(ix+1) for ix, char in
      enumerate(vocab_chars)}
vocab_length = len(vocab_chars) + 1

# 원핫 인코딩 어휘 정의
def address2onehot(address,
        vocab2ix_dict = vocab2ix_dict,
        max_address_len = max_address_len):
    # 주소 문자열을 색인 값으로 변환
    address_ix = [vocab2ix_dict[x] for x in list(address)]

    # 최대 주소 길이에 맞게 잘라내거나 덧붙임
    address_ix = (address_ix + [0]*max_address_
        len)[0:max_address_len]
```

```
    return(address_ix)
```

12. 어휘 사전을 처리한 후 모델 플레이스홀더 및 임베딩 값 조회를 선언한
다. 임베딩 값 조회의 경우 단위행렬을 조회 행렬로 사용해 원핫 인코딩
형태의 임베딩 값을 조회한다.

```
address1_ph = tf.placeholder(tf.int32, [None, max_address_len],
        name="address1_ph")
address2_ph = tf.placeholder(tf.int32, [None, max_address_len],
        name="address2_ph")

y_target_ph = tf.placeholder(tf.int32, [None], name="y_
        target_ph")
dropout_keep_prob_ph = tf.placeholder(tf.float32,
        name="dropout_keep_prob")

identity_mat = tf.diag(tf.ones(shape=[vocab_length]))
address1_embed = tf.nn.embedding_lookup(identity_mat,
        address1_ph)
address2_embed = tf.nn.embedding_lookup(identity_mat,
        address2_ph)
```

13. 모델, 정확도 연산, 비용 함수, 예측 연산을 선언한다.

```
text_snn = model.snn(address1_embed, address2_embed,
        dropout_keep_prob_ph, vocab_length, num_features,
        max_address_len)

batch_accuracy = model.accuracy(text_snn, y_target_ph)
batch_loss = model.loss(text_snn, y_target_ph, margin)
predictions = model.get_predictions(text_snn)
```

14. 마지막으로 학습을 시작하기 전에 최적화 및 초기화 연산을 그래프에 추가한다.

```
optimizer = tf.train.AdamOptimizer(0.01)
train_op = optimizer.minimize(batch_loss)

init = tf.global_variables_initializer()
sess.run(init)
```

15. 이제 반복 학습을 진행하면서 비용 함수 값과 정확도를 기록해둔다.

```
train_loss_vec = []
train_acc_vec = []
for b in range(n_batches):
    # 일괄 작업 데이터 얻기
    batch_data = get_batch(batch_size)
    # 데이터 섞기
    np.random.shuffle(batch_data)
    # 주소 및 대상 값 인식
    input_addresses = [x[0] for x in batch_data]
    target_similarity = np.array([x[1] for x in batch_data])
    address1 = np.array([address2onehot(x[0]) for x in
            input_addresses])
    address2 = np.array([address2onehot(x[1]) for x in
            input_addresses])

    train_feed_dict = {address1_ph: address1,
                address2_ph: address2,
                y_target_ph: target_similarity,
                dropout_keep_prob_ph: dropout_keep_prob}

    _, train_loss, train_acc = sess.run([train_op, batch_loss,
        batch_accuracy], feed_dict=train_feed_dict)
```

```
# 학습 비용 및 정확도 저장
train_loss_vec.append(train_loss)
train_acc_vec.append(train_acc)
```

16. 학습이 끝난 후 모델이 테스트 질의 및 기준 주소를 어떻게 처리하는지
살펴보자.

```
test_queries_ix = np.array([address2onehot(x) for x in
        test_queries])
test_references_ix = np.array([address2onehot(x) for x in
        test_references])
num_refs = test_references_ix.shape[0]
best_fit_refs = []
for query in test_queries_ix:
    test_query = np.repeat(np.array([query]), num_refs, axis=0)
    test_feed_dict = {address1_ph: test_query,
            address2_ph: test_references_ix,
            y_target_ph: target_similarity,
            dropout_keep_prob_ph: 1.0}
    test_out = sess.run(text_snn, feed_dict=test_feed_dict)
    best_fit = test_references[np.argmax(test_out)]
    best_fit_refs.append(best_fit)

print('Query Addresses: {}'.format(test_queries))
print('Model Found Matches: {}'.format(best_fit_refs))
```

17. 다음과 같은 결과가 출력된다.

```
Query Addresses: ['111 abbey ln', '271 doner cicle', '314 king
avenue', 'tensorflow is fun']
Model Found Matches:['123 abbey ln', '217 donner cir', '314 kings
ave', 'tensorflow is so fun']
```

테스트 질의 및 기준 주소에 대한 결과를 통해 모델이 기준 주소들을 올바르게 식별할 수 있을 뿐 아니라, 주소가 아닌 구문도 잘 일반화하는 것을 확인할 수 있다. 학습 과정의 비용과 정확도 변화를 통해서도 모델의 성능을 짐작할 수 있다.

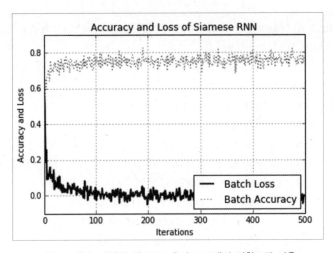

그림 9 학습 과정의 삼 RNN 유사도 모델의 정확도와 비용

이번 예제를 위한 전용 테스트셋이 존재하지 않았다. 이는 데이터 생성 방식 때문이다. 실행할 때마다 새로운 일괄 데이터를 생성하는 함수를 만들었으므로 모델은 항상 새로운 데이터를 접하게 된다. 따라서 일괄 데이터에 대한 비용과 정확도를 테스트셋의 비용과 정확도 대신 사용할 수 있다. 하지만 유한한 크기의 실제 데이터셋의 경우에는 모델 성능을 판단하기 위한 학습셋과 테스트셋이 항상 존재할 것이므로, 이번처럼 일괄 데이터에 대한 값을 대신 사용할 수는 없다.

10

텐서플로 실무 적용

10장에서 다루는 내용은 다음과 같다.

- 단위 테스트
- 다중 실행자
- 텐서플로 병렬화
- 텐서플로 실무 적용
- 텐서플로 실무 적용 사례

▌ 소개

지금까지 텐서플로로 다양한 모델을 학습하고 평가하는 방법을 알아봤다. 10장에서는 실무에 적용 가능한 코드를 만드는 방법을 살펴본다. 실무에 적용 가능한 코드는 여러 가지로 정의할 수 있지만, 이 책에서는 단위 테스트를 갖추고 있고,

학습용 코드와 평가용 코드가 분리돼 있으며, 데이터 파이프라인과 그래프 세션에 필요한 다양한 구성 요소들을 효율적으로 저장하고 불러올 수 있는 코드를 실무에 적용 가능한 코드라고 정의해본다.

 10장의 파이썬 스크립트는 커맨드라인에서 실행해야 한다. 이렇게 해야 단위 테스트가 실행되고, 장치 배정 로그가 화면에 출력된다.

▌ 단위 테스트

테스트 코드를 사용하면 프로토타입 코드를 더 빨리 만들 수 있고, 더 효과적인 디버깅이 가능하며, 더 쉽게 코드를 공유할 수 있다. 이 예제에서는 텐서플로에서 단위 테스트를 쉽게 구현하는 방법을 소개한다.

준비

텐서플로 모델을 작성할 때 단위 테스트가 있으면 프로그램 기능 확인에 도움이 된다. 프로그램을 수정할 때 변경으로 인해 의도치 않게 모델이 망가지지 않는지를 확인할 수 있다. 이 예제에서는 MNIST 데이터를 사용하는 단순 CNN 망을 생성한다. 이 모델에 대한 세 종류의 단위 테스트 구현을 통해 텐서플로의 단위 테스트 작성법을 살펴본다.

 파이썬에는 Nose라는 훌륭한 테스트 라이브러리가 있다는 것을 알아두자. 또한 텐서플로에는 테스트 함수들이 내장돼 있으며, 이 함수들을 이용해 세션의 값을 평가할 필요 없이 텐서 객체의 값을 확인할 수 있다.

예제 구현

1. 필요한 라이브러리를 로드하고, 데이터 형식을 맞춘다.

```python
import sys
import numpy as np
import tensorflow as tf

from tensorflow.python.framework import ops
ops.reset_default_graph()

# 그래프 세션 시작
sess = tf.Session()

# 데이터 로드
data_dir = 'temp'
mnist = tf.keras.datasets.mnist
(train_xdata, train_labels), (test_xdata, test_labels) = \
        mnist.load_data()
train_xdata = train_xdata / 255.0
test_xdata = test_xdata / 255.0

# 모델 매개변수 설정
batch_size = 100
learning_rate = 0.005
evaluation_size = 100
image_width = train_xdata[0].shape[0]
image_height = train_xdata[0].shape[1]
target_size = max(train_labels) + 1
num_channels = 1 # 흑백 1채널
generations = 100
eval_every = 5
conv1_features = 25
conv2_features = 50
max_pool_size1 = 2 # 첫 번째 맥스풀 계층의 NxN 구간
```

```
max_pool_size2 = 2 # 두 번째 맥스풀 계층의 NxN 구간
fully_connected_size1 = 100
dropout_prob = 0.75
```

2. 플레이스홀더 및 변수, 모델 공식을 선언한다.

```
# 모델 플레이스홀더 선언
x_input_shape = (batch_size, image_width, image_height,
        num_channels)
x_input = tf.placeholder(tf.float32, shape=x_input_shape)
y_target = tf.placeholder(tf.int32, shape=(batch_size))

eval_input_shape = (evaluation_size, image_width, image_height,
        num_channels)
eval_input = tf.placeholder(tf.float32, shape=eval_input_shape)
eval_target = tf.placeholder(tf.int32, shape=(evaluation_size))

# 드롭아웃 플레이스홀더
dropout = tf.placeholder(tf.float32, shape=())

# 모델 매개변수 선언
conv1_weight = tf.Variable(tf.truncated_normal([4, 4,
        num_channels, conv1_features], stddev=0.1,
        dtype=tf.float32))

conv1_bias = tf.Variable(tf.zeros([conv1_features],
        dtype=tf.float32))

conv2_weight = tf.Variable(tf.truncated_normal([4, 4,
        conv1_features, conv2_features], stddev=0.1,
        dtype=tf.float32))

conv2_bias = tf.Variable(tf.zeros([conv2_features],
        dtype=tf.float32))
```

```python
# 완전 연결 계층 변수
resulting_width = image_width // (max_pool_size1 *
        max_pool_size2)
resulting_height = image_height // (max_pool_size1 *
        max_pool_size2)

full1_input_size = resulting_width * resulting_height *
        conv2_features
full1_weight = tf.Variable(tf.truncated_normal([full1_
        input_size, fully_connected_size1], stddev=0.1,
        dtype=tf.float32))
full1_bias = tf.Variable(tf.truncated_normal([fully_
        connected_size1], stddev=0.1, dtype=tf.float32))
full2_weight = tf.Variable(tf.truncated_normal([fully_
        connected_size1, target_size], stddev=0.1,
        dtype=tf.float32))
full2_bias = tf.Variable(tf.truncated_normal([target_size],
        stddev=0.1, dtype=tf.float32))

# 모델 연산 초기화
def my_conv_net(input_data):

    # 첫 번째 합성곱-ReLU-맥스풀 계층
    conv1 = tf.nn.conv2d(input_data, conv1_weight, strides=[1, 1,
            1, 1], padding='SAME')

    relu1 = tf.nn.relu(tf.nn.bias_add(conv1, conv1_bias))

    max_pool1 = tf.nn.max_pool(relu1, ksize=[1, max_pool_size1,
            max_pool_size1, 1], strides=[1, max_pool_size1,
            max_pool_size1, 1], padding='SAME')

    # 두 번째 합성곱-ReLU-맥스풀 계층
    conv2 = tf.nn.conv2d(max_pool1, conv2_weight, strides=[1, 1,
            1, 1], padding='SAME')
```

```
relu2 = tf.nn.relu(tf.nn.bias_add(conv2, conv2_bias))

max_pool2 = tf.nn.max_pool(relu2, ksize=[1, max_pool_size2,
        max_pool_size2, 1], strides=[1, max_pool_size2,
        max_pool_size2, 1], padding='SAME')

# 이어지는 완전 연결 계층을 위해 출력 값을 1xN 형태로 변환
final_conv_shape = max_pool2.get_shape().as_list()
final_shape = final_conv_shape[1] * final_conv_shape[2] *
        final_conv_shape[3]

flat_output = tf.reshape(max_pool2, [final_conv_shape[0],
        final_shape])

# 첫 번째 완전 연결 계층
fully_connected1 = tf.nn.relu(tf.add(tf.matmul(flat_output,
        full1_weight), full1_bias))

# 두 번째 완전 연결 계층
final_model_output = tf.add(tf.matmul(fully_connected1,
        full2_weight), full2_bias)

# 드롭아웃 추가
final_model_output = tf.nn.dropout(final_model_output, dropout)

return(final_model_output)

model_output = my_conv_net(x_input)
test_model_output = my_conv_net(eval_input)
```

3. 비용 함수 및 예측 함수, 정확도 함수를 생성한다. 그다음 모델 변수를 초기화한다.

```
# 비용 함수 선언(소프트맥스 교차 엔트로피)
loss = tf.reduce_mean(tf.nn.sparse_softmax_cross_entropy_with_
```

```
                logits(logits=model_output, labels=y_target))

# 예측 함수 생성
prediction = tf.nn.softmax(model_output)
test_prediction = tf.nn.softmax(test_model_output)

# 정확도 함수 생성
def get_accuracy(logits, targets):
    batch_predictions = np.argmax(logits, axis=1)
    num_correct = np.sum(np.equal(batch_predictions, targets))
    return(100. * num_correct/batch_predictions.shape[0])

# 최적화 함수 생성
my_optimizer = tf.train.MomentumOptimizer(learning_rate, 0.9)
train_step = my_optimizer.minimize(loss)

# 변수 초기화
init = tf.global_variables_initializer()
sess.run(init)
```

4. 첫 번째로 tf.test.TestCase 클래스를 사용해 플레이스홀더(또는 변수)의 값을 확인하는 단위 테스트를 만든다. 이번 테스트 케이스에서는 (보존하는) 드롭아웃 확률이 0.25 이상인지를 확인해서 모델이 75% 이상 드롭아웃된 상태에서는 학습하지 않도록 한다.

```
# 텐서 값 확인
class drop_out_test(tf.test.TestCase):
    # 너무 많이 드롭아웃되지 않았는지 확인
    def dropout_greaterthan(self):
        with self.test_session():
            self.assertGreater(dropout.eval(), 0.25)
```

5. 그다음 정확도 함수가 제대로 동작하는지 확인한다. 올바른 예측 값이 있
는 확률 배열을 생성하고, 테스트 정확도가 100%로 나오는지 확인한다.

```python
# 정확도 함수 테스트
class accuracy_test(tf.test.TestCase):
    # 정확도 함수가 올바르게 동작하는지 확인
    def accuracy_exact_test(self):
        with self.test_session():
            test_preds = [[0.9, 0.1],[0.01, 0.99]]
            test_targets = [0, 1]
            test_acc = get_accuracy(test_preds, test_targets)
            self.assertEqual(test_acc.eval(), 100.)
```

6. 텐서의 형태가 예상한 형태인지도 확인할 수 있다. 모델 출력 값이
batch_size에 따라 기대하는 target_size 값인지 테스트한다.

```python
# 텐서 형태 테스트
class shape_test(tf.test.TestCase):
    # 모델 출력 값의 크기가 [batch_size, num_classes]인지 확인
    def output_shape_test(self):
        with self.test_session():
            numpy_array = np.ones([batch_size, target_size])
            self.assertShapeEqual(numpy_array, model_output)
```

7. 다음과 같이 단위 테스트 실행과 응용 프로그램 실행을 선택할 수 있도
록 만들어둔다.

```python
# 단위 테스트 실행
if __name__ == '__main__':
    cmd_args = sys.argv
    if len(cmd_args) > 1 and cmd_args[1] == 'test':
```

```
        # 단위 테스트 실행
        tf.test.main(argv=cmd_args[1:])
    else:
        # 텐서플로 응용프로그램 실행
        tf.app.run(main=None, argv=cmd_args)
```

8. 커맨드라인에서 다음과 같이 실행하면 테스트 결과가 출력된다.

```
$ python3 01_implementing_unit_tests.py test
Ran 3 tests in 0.001s

OK
```

9. 프로그램 전체 코드는 다음 깃허브 저장소에서 구할 수 있다.

https://github.com/nfmcclure/tensorflow_cookbook/

예제 분석

텐서 값 확인, 함수 출력 값 확인, 텐서 형태 확인, 세 가지 종류의 단위 테스트를 구현해봤다. 텐서플로에는 이 외에도 다양한 유형의 단위 테스트 함수가 있으며, 그 내용은 다음 사이트에서 확인할 수 있다.

https://www.tensorflow.org/api_docs/python/tf/test

단위 테스트는 코드가 기대한 데로 동작하는지 확인하는 데 도움이 되며, 공유할 수준의 코드라는 확신을 주고, 원하는 상황을 좀 더 쉽게 재현해 준다는 점을 기억하자.

▍ 다중 실행자

텐서플로와 계산 그래프의 많은 속성들이 병렬 계산에 적합하다는 것을 독자들도 명확히 느꼈을 것이다. 여러 일괄 작업 처리를 분산시킬 수 있을 뿐 아니라, 계산 그래프도 여러 프로세서에 분산할 수 있다. 이번 예제에서는 한 머신에서의 여러 프로세서 사용법을 설명한다.

준비

이번 예제에서는 같은 시스템의 여러 장치에 접근하는 방법, 여러 장치로 학습하는 방법을 살펴본다. 머신에는 CPU 외에도 계산을 처리할 수 있는 GPU가 여러 개 있을 수 있으므로, 자주 접할 수 있는 환경이다. 이런 장치들에 접근할 수 있다면 텐서플로는 자동으로 계산을 최대한 여러 장치로 분산시킨다. 하지만 텐서플로는 네임스코프 배치를 통해 특정 장치가 처리할 연산을 지정할 수 있다.

GPU 장치에 접근하려면 텐서플로 GPU 버전이 설치돼 있어야 한다. 텐서플로 GPU 버전 설치에 대해서는 다음 문서를 참고해 사용하는 시스템의 지시 사항을 따른다.

https://www.tensorflow.org/install/

텐서플로 GPU 버전은 GPU 사용을 위해 CUDA가 필요하다는 점을 알아두자.

이 예제에서는 시스템의 여러 장치에 접근하고 텐서플로가 사용하는 장치를 확인하는 명령어들을 알아본다.

1. 어느 장치가 텐서플로의 어떤 연산을 수행하고 있는지 확인하기 위해 세션 매개변수 config의 log_device_placement를 True로 설정할 수 있다. 이렇게 설정한 후 커맨드라인에서 프로그램을 실행하면 구체적인 장치 배치 상황이 출력된다.

```python
import tensorflow as tf
sess = tf.Session(config=tf.ConfigProto(log_device_
        placement=True))
a = tf.constant([1.0, 2.0, 3.0, 4.0, 5.0, 6.0], shape=[2, 3],
        name='a')
b = tf.constant([1.0, 2.0, 3.0, 4.0, 5.0, 6.0], shape=[3, 2],
        name='b')
c = tf.matmul(a, b)
print(sess.run(c))
```

2. 터미널에서 다음 명령을 실행해보자.

```
$ python3 02_using_multiple_devices.py
Device mapping: no known devices.
2017-07-27 22:59:46.068334: I
tensorflow/core/common_runtime/direct_session.cc:265] Device
mapping:
MatMul: (MatMul): /job:localhost/replica:0/task:0/cpu:0
2017-07-27 22:59:46.101559: I
tensorflow/core/common_runtime/simple_placer.cc:847] MatMul:
(MatMul)/job:localhost/replica:0/task:0/cpu:0
b: (Const): /job:localhost/replica:0/task:0/cpu:0
2017-07-27 22:59:46.101587: I
tensorflow/core/common_runtime/simple_placer.cc:847] b:
(Const)/job:localhost/replica:0/task:0/cpu:0
```

```
a: (Const): /job:localhost/replica:0/task:0/cpu:0
2017-07-27 22:59:46.101599: I
tensorflow/core/common_runtime/simple_placer.cc:847] a:
(Const)/job:localhost/replica:0/task:0/cpu:0
[[ 22.  28.]
 [ 49.  64.]]
```

3. 텐서플로의 배치 결정을 조정하고 싶을 때가 있다. 엄격한 배치 정책이 지정된 그래프 모델이 저장돼 있고 이 모델을 로드하는 머신의 장치가 저장된 그래프와 다를 때 이런 조정 작업이 필요할 수 있다. 다음과 같이 유연한 배치 설정으로 바꿀 수 있다.

```
config = tf.ConfigProto()
config.allow_soft_placement = True
sess_soft = tf.Session(config=config)
```

4. 텐서플로는 GPU 사용 시에 자동으로 상당량의 GPU 메모리를 사용한다. 보통은 의도한 결과지만, 더 조심스러운 GPU 메모리 할당 전략을 사용할 수 있다. 다음과 같은 메모리 증가 옵션을 사용하면 텐서플로가 GPU 메모리를 해제하지 않으면서 (필요할 때만) GPU 메모리 할당을 상한까지 천천히 올릴 수 있다.

```
config.gpu_options.allow_growth = True
sess_grow = tf.Session(config=config)
```

5. 텐서플로가 사용하는 GPU 메모리 한계를 백분율로 명확하게 지정하고 싶다면 config 설정의 per_process_gpu_memory_fraction 매개변수를 사용할 수 있다.

```
config.gpu_options.per_process_gpu_memory_fraction = 0.4
sess_limited = tf.Session(config=config)
```

6. GPU의 사용 가능 여부에 따라 실행이 지장 받지 않는 코드를 작성하고
   자 할 경우가 있다. 텐서플로에는 사용 여부를 확인할 수 있는 내장 함수
   가 있다. 이 기능을 활용하면 GPU를 사용할 수 있을 때 특정 연산을
   GPU에 할당하는 코드를 작성할 수 있다.

```
if tf.test.is_built_with_cuda():
```

7. 특정 연산을 GPU 등에 할당하고 싶은 경우가 있다. 다음 코드는 간단한
   연산을 수행하는데, 각 연산을 주 CPU와 두 개의 보조 GPU에 할당한다.

```
with tf.device('/cpu:0'):
    a = tf.constant([1.0, 3.0, 5.0], shape=[1, 3])
    b = tf.constant([2.0, 4.0, 6.0], shape=[3, 1])

    with tf.device('/gpu:1'):
        c = tf.matmul(a,b)
        c = tf.reshape(c, [-1])

    with tf.device('/gpu:2'):
        d = tf.matmul(b,a)
        flat_d = tf.reshape(d, [-1])

    combined = tf.multiply(c, flat_d)
print(sess.run(combined))
```

텐서플로 연산을 머신의 특정 장치에 할당하고자 할 때 텐서플로가 장치를 가리키는 방식을 알아야 한다. 텐서플로가 사용하는 장치 이름은 다음과 같다.

장치	장치 이름
주 CPU	/cpu:0
두 번째 CPU	/cpu:1
주 GPU	/gpu:0
두 번째 GPU	/gpu:1
세 번째 GPU	/gpu:2

클라우드상에서 텐서플로를 실행하기가 점점 더 쉬워지고 있다. 많은 클라우드 서비스 회사들이 주 CPU와 함께 강력한 GPU가 들어 있는 GPU 인스턴스를 제공한다. 아마존 웹서비스[AWS]의 G 인스턴스와 P2 인스턴스는 강력한 GPU가 들어 있는 훌륭한 텐서플로 처리 속도를 제공하는 인스턴스다. 무료로 선택할 수 있는 AWS 머신 이미지[AMI]는 GPU를 사용하는 텐서플로가 설치된 채로 부팅되는 인스턴스다.

▌ 텐서플로 병렬화

그래프의 각 연산을 완전히 다른 머신에서 분산 처리하는 방식으로 텐서플로 병렬화를 더 확장할 수 있다. 이번 예제에서는 이 방법을 살펴본다.

텐서플로를 출시한 몇 개월 후 구글은 분산 텐서플로^{Tensorflow Distributed}를 출시했다. 텐서플로 클러스터 설정(워커 머신 분리), 모델 학습과 평가에서 사용하는 계산 작업 공유 등을 지원하는 대규모 업그레이드였다. 워커를 위한 매개변수를 몇 가지 추가로 설정해주고 워커에 작업을 할당해주는 쉬운 절차만으로 분산 텐서플로를 사용할 수 있다.

예제 구현

1. 먼저 텐서플로를 로드하고 설정 파일과 함께 두 개의 로컬 워커(포트 번호 2222, 2223)를 정의한다.

```
import tensorflow as tf

cluster = tf.train.ClusterSpec({'local': ['localhost:2222',
    'localhost:2223']})
```

2. 두 워커를 서버에 연결하고 작업 번호를 할당한다.

```
server = tf.train.Server(cluster, job_name="local",
    task_index=0)
server = tf.train.Server(cluster, job_name="local",
    task_index=1)
```

3. 워커별로 작업이 수행된다. 첫 번째 워커는 (25×25 크기의) 두 행렬을 초기화한다. 두 번째 워커는 모든 원소를 더한다. 그다음 두 합을 더한 결과를 출력한다.

```
mat_dim = 25
matrix_list = {}

with tf.device('/job:local/task:0'):
    for i in range(0, 2):
        m_label = 'm_{}'.format(i)
        matrix_list[m_label] = tf.random_normal([mat_dim, mat_dim])

sum_outs = {}
with tf.device('/job:local/task:1'):
    for i in range(0, 2):
        A = matrix_list['m_{}'.format(i)]
        sum_outs['m_{}'.format(i)] = tf.reduce_sum(A)

    summed_out = tf.add_n(list(sum_outs.values()))

with tf.Session(server.target) as sess:
    result = sess.run(summed_out)
    print('Summed Values:{}'.format(result))
```

4. 커맨드라인에서 다음과 같이 실행한다.

```
$ python3 03_parallelizing_tensorflow.py
2017-07-28 21:02:01.271650: I
tensorflow/core/distributed_runtime/rpc/grpc_channel.cc:215]
Initialize GrpcChannelCache for job local -> {0 -> localhost:2222,
1 -> localhost:2223}
2017-07-28 21:02:01.272622: I
tensorflow/core/distributed_runtime/rpc/grpc_server_lib.cc:316
] Started server with target: grpc://localhost:2222
2017-07-28 21:02:01.286591: I
tensorflow/core/distributed_runtime/rpc/grpc_channel.cc:215]
Initialize GrpcChannelCache for job local -> {0 -> localhost:2222,
1 -> localhost:2223}
```

```
2017-07-28 21:02:01.286898: I
tensorflow/core/distributed_runtime/rpc/grpc_server_lib.cc:316
] Started server with target: grpc://localhost:2223
2017-07-28 21:02:01.368111: I
tensorflow/core/distributed_runtime/master_session.cc:999]
Start master session 69b2e6c9b1b13831 with config:
Summed Values:-19.516258239746094
```

예제 분석

분산 텐서플로 사용은 아주 쉽다. 서버에 워커 IP와 이름을 등록하기만 하면
된다. 그다음 연산을 워커에 직접 지정하거나 자동 할당하면 된다.

▌ 텐서플로 실무 적용

실무 환경에 머신 러닝 스크립트를 적용하고자 한다면 최선의 결과를 얻기 위해
몇 가지 사항들을 고려할 필요가 있다. 여기서는 모범 사례를 위한 몇 가지 사항
들을 살펴본다.

준비

이번 예제에서는 텐서플로 실무 적용에 대한 다양한 팁을 정리하고 요약한다.
어휘 사전을 비롯한 그래프, 변수, 모델 등을 저장하고 로드하는 가장 좋은 방법
을 알아본다. 텐서플로의 커맨드라인 인자 해석기 사용법과 텐서플로의 로그
수준 조정 방법도 알아본다.

1. 텐서플로 프로그램을 실행할 때 다른 그래프 세션이 메모리상에 존재하지 않는 것을 확인할 필요가 있을 수 있다. 프로그램을 디버깅하는 동안에는 그래프 세션을 정리했는지 확인해야 할 수도 있다. 다음 코드를 사용하면 그래프 세션을 정리할 수 있다.

```
from tensorflow.python.framework import ops
ops.reset_default_graph()
```

2. 문서(또는 모든 데이터 파이프라인)를 다룰 때는 나중에 평가 데이터를 같은 방식으로 처리할 수 있게 데이터 처리 과정을 확인해둘 필요가 있다. 문서를 다루는 경우라면 어휘 사전을 저장하고 로드할 수 있어야 한다. 다음은 JSON 라이브러리를 사용해 어휘 사전을 저장하는 예를 보여준다.

```
word_list = ['to', 'be', 'or', 'not', 'to', 'be']
vocab_list = list(set(word_list))
vocab2ix_dict = dict(zip(vocab_list, range(len(vocab_list))))
ix2vocab_dict = {val:key for key,val in vocab2ix_dict.items()}

# 어휘 사전 저장
import json
with open('vocab2ix_dict.json', 'w') as file_conn:
    json.dump(vocab2ix_dict, file_conn)

# 어휘 사전 로드
with open('vocab2ix_dict.json', 'r') as file_conn:
    vocab2ix_dict = json.load(file_conn)
```

이 예에서는 JSON 형식으로 어휘 사전을 저장했다. 텍스트 파일, CSV, 이진 형식으로 저장해도 된다. 어휘 사전의 크기가 크다면 이진 파일로 저장하는 것이 나을 수 있다. pickle 라이브러리를 사용하면 pkl 형식의 이진 파일을 만들 수 있다. pickle 파일은 라이브러리 버전 및 파이썬 버전이 달라지는 경우 호환이 잘 안 되는 경우가 있다는 점을 주의하자.

3. 모델 그래프와 변수를 저장하기 위해 Saver( ) 연산을 생성해 그래프에 추가한다. 모델을 학습하는 동안 주기적으로 저장하는 것을 권장한다. 다음은 주기적으로 모델을 저장하는 코드의 예다.

```
# 모델을 정의한 다음 저장 연산을 추가
saver = tf.train.Saver()
# 학습하는 동안 주기적으로 모델을 학습 횟수와 함께 저장
for i in range(generations):
    ...
    if i%save_every == 0:
        saver.save(sess, 'my_model', global_step=step)

# 특정 변수만 저장할 수도 있다.
saver = tf.train.Saver({"my_var": my_variable})
```

 Saver( ) 연산에는 다른 매개변수를 지정할 수도 있다. 앞에서 보다시피 특정 원소를 저장하기 위해 변수나 텐서의 목록을 지정할 수 있다. 또한 checkpoint_every_n_hours 매개변수를 사용하면 학습 횟수가 아니라 일정한 시간을 기준으로 저장을 할 수도 있다. 저장 연산은 기본적으로 (공간을 고려해) 최근 5개 모델만을 저장한다. (기본 값이 5인) max_to_keep 옵션으로 변경할 수 있다.

4. 모델을 저장하기 전에 모델의 중요한 연산에 이름을 붙여두자. 이름이 없으면 텐서플로에서는 특정 플레이스홀더, 연산, 변수 등을 쉽게 불러올 수 없다. 대부분의 텐서플로 연산과 함수에는 name 인자를 지정할 수 있다.

```
conv_weights = tf.Variable(tf.random_normal(), name='conv_weights')
loss = tf.reduce_mean(... , name='loss')
```

5. 텐서플로의 **tf.apps_flags** 라이브러리를 사용하면 커맨드라인 인자를 쉽게 해석할 수 있다. 이 함수를 이용해 다음과 같이 문자열, 소수, 정수, 이진 커맨드라인 인자를 정의할 수 있다. 이렇게 플래그를 정의하고, **tf.app_run()** 함수만 실행하면 이 함수가 플래그를 처리하고 **main()** 함수를 실행한다.

```
tf.flags.DEFINE_string("worker_locations", "", "List of worker
    addresses.")
tf.flags.DEFINE_float('learning_rate', 0.01, 'Initial learning
    rate.')
tf.flags.DEFINE_integer('generations', 1000, 'Number of training
    generations.')
tf.flags.DEFINE_boolean('run_unit_tests', False, 'If true, run
    tests.')
FLAGS = tf.flags.FLAGS

# 앱이 실행할 main 함수를 정의해야 한다.
def main(_):
    worker_ips = FLAGS.worker_locations.split(",")
    learning_rate = FLAGS.learning_rate
    generations = FLAGS.generations
    run_unit_tests = FLAGS.run_unit_tests

# 텐서플로 앱 실행
if __name__ == "__main__":

    # 다음 코드는 main() 함수를 찾아 인자를 전달하고 실행한다.
    tf.app.run()
    # 다음과 같이 함수와 인자를 명시적으로 지정할 수도 있다.
    tf.app.run(main=my_main_function(), argv=my_arguments)
```

6. 텐서플로에는 매개변수로 로그 수준을 지정할 수 있는 자체 로그 함수가
있다. 지정할 수 있는 로그 수준은 DEBUG, INFO, WARN, ERROR, FATAL이다.
기본 값은 WARN이다.

```
tf.logging.set_verbosity(tf.logging.WARN)
# 기본 값은 WARN이지만, 더 자세한 정보를 보기 위해 INFO나 DEBUG로
# 설정할 수 있다.
tf.logging.set_verbosity(tf.logging.DEBUG)
```

예제 분석

이번에는 텐서플로를 실무 적용하는 데 도움이 되는 팁들을 소개했다. 앱 플래그,
모델 저장, 로드 등의 개념을 통해 코드를 일관적으로 작성하고, 다른 코드에 이런
개념이 등장했을 때 잘 이해할 수 있기를 바란다. 실무에 적용하기 좋은 코드를
작성하는 다양한 방법이 있지만, 다음 예제에서 완전한 사례를 하나 살펴본다.

▌ 텐서플로 실무 적용 사례

머신 러닝 모델을 실무에 적용하는 모범적인 방법은 학습 프로그램과 평가 프로
그램을 분리하는 것이다. 이 예제에서는 평가 스크립트를 확장해서 단위 테스트,
모델 저장 및 로드, 평가 기능을 추가한다.

준비

이 예제에서는 앞의 기준을 사용한 평가 스크립트 구현 방법을 살펴본다. 실제
코드는 학습 스크립트와 평가 스크립트로 구성돼 있지만, 이 예제에서는 평가

스크립트만 살펴본다. 온라인 깃허브 저장소에서 두 스크립트를 모두 확인할
수 있다.

https://github.com/nfmcclure/tensorflow_cookbook/

이번 절에서는 9장의 스팸 문자 메시지 여부를 예측하는 첫 번째 RNN 예제를
구현한다. RNN 모델을 학습하고 모델도 어휘 사전과 같이 저장한다고 가정한다.

예제 구현

1. 필요한 라이브러리를 로드하고 텐서플로 애플리케이션 플래그를 선언
   한다.

```
import os
import re
import numpy as np
import tensorflow as tf
from tensorflow.python.framework import ops
ops.reset_default_graph()

tf.flags.DEFINE_string("storage_folder", "temp", "Where to store
    model and data.")
tf.flags.DEFINE_bool('model_file', False, 'Model file
    location.')
tf.flags.DEFINE_bool('run_unit_tests', False, 'If true, run
    tests.')
FLAGS = tf.flags.FLAGS
```

2. 문서 정리 함수를 선언한다. 학습 스크립트에서 사용하는 정리 함수와
   동일하다.

```
def clean_text(text_string):
    text_string = re.sub(r'([^\s\w]|_|[0-9])+', '', text_string)
    text_string = " ".join(text_string.split())
    text_string = text_string.lower()
    return(text_string)
```

3. 어휘 사전 처리 함수를 로드한다.

```
def load_vocab():
    vocab_path = os.path.join(FLAGS.storage_folder, "vocab")
    vocab_processor = tf.contrib.learn.preprocessing.
        VocabularyProcessor.restore(vocab_path)
    return(vocab_processor)
```

4. 문서 정리 방법과 어휘 사전 처리기가 준비됐으므로, 이를 조합해 주어진 문서에 대한 데이터 처리 파이프라인을 생성한다.

```
def process_data(input_data, vocab_processor):
    input_data = clean_text(input_data)
    input_data = input_data.split()
    processed_input = np.array(list(vocab_processor.
        transform(input_data)))
    return(processed_input)
```

5. 평가 데이터를 마련할 방법이 필요하다. 이를 위해 화면을 통해 사용자에게 데이터 입력을 요구한다. 받은 데이터를 처리하고 그 결과를 반환한다.

```
def get_input_data():
    input_text = input("Please enter a text message to evaluate: ")
```

```
vocab_processor = load_vocab()
return(process_data(input_text, vocab_processor))
```

 이 예제에서는 사용자가 평가 데이터를 직접 입력해 생성하고 있다. 파일이나 API 요청을 통해 데이터를 받는 많은 애플리케이션처럼 이 데이터 입력 함수를 적절히 수정할 수 있다.

6. 단위 테스트를 이용해서 문서 정리 함수가 올바르게 동작하는지 확인한다.

```
class clean_test(tf.test.TestCase):
    # 정리 함수가 올바르게 동작하는지 확인
    def clean_string_test(self):
        with self.test_session():
            test_input = '--TensorFlow\'s so Great! Don\t you think
                so?        '
            test_expected = 'tensorflows so great don you think so'
            test_out = clean_text(test_input)
            self.assertEqual(test_expected, test_out)
```

7. 모델과 데이터가 준비됐으므로 main 함수를 실행한다. main 함수를 데이터를 받고 그래프를 설정하고 변수를 로드한 후 정리한 데이터를 투입하고 결과를 출력한다.

```
def main(args):
    # 플래그 처리
    storage_folder = FLAGS.storage_folder

    # 사용자 입력받기
```

```python
    x_data = get_input_data()

    # 모델 로드
    graph = tf.Graph()
    with graph.as_default():
        sess = tf.Session()
        with sess.as_default():
            # 저장된 메타그래프를 로드하고 변수를 복원
            saver = tf.train.import_meta_graph("{}.meta".
                format(os.path.join(storage_folder,
                "model.ckpt")))
            saver.restore(sess, os.path.join(storage_folder,
                "model.ckpt"))

            # 그래프 플레이스홀더를 이름으로 찾기
            x_data_ph = graph.get_operation_by_name("x_data_
                ph").outputs[0]
            dropout_keep_prob = graph.get_operation_by_
                name("dropout_keep_prob").outputs[0]
            probability_outputs = graph.get_operation_by_
                name("probability_outputs").outputs[0]

            # 예측
            eval_feed_dict = {x_data_ph: x_data, dropout_keep_prob:
                1.0}
            probability_prediction = sess.run(tf.reduce_
                mean(probability_outputs, 0), eval_feed_dict)

            # 결과 출력 (또는 파일이나 DB에 저장)
            print('Probability of Spam:
                {:.4}'.format(probability_prediction[1]))
```

8. 다음과 같이 main() 함수 또는 단위 테스트를 실행할 수 있다.

```
if __name__ == "__main__":
    if FLAGS.run_unit_tests:
        # 단위 테스트 실행
        tf.test.main()
    else:
        # 평가 실행
        tf.app.run()
```

예제 분석

모델을 평가하기 위해 텐서플로의 앱 플래그로 커맨드라인 인자를 해석하고 모델과 어휘 사전 처리기를 로드한 후 모델을 이용해 데이터를 처리해 예측을 수행할 수 있다.

커맨드라인에서 이 스크립트를 실행한다는 점을 기억하고, 이 스크립트를 실행하기 전에 모델과 어휘 사전을 생성하는 학습 스크립트가 먼저 실행됐는지 확인하자.

11장에서 다루는 내용은 다음과 같다.

- 텐서보드를 이용한 그래프 시각화
- 유전 알고리즘
- K 평균을 이용한 군집화
- 상미분방정식^{ODE} 풀이

11장의 모든 코드는 다음 온라인 사이트에서 구할 수 있다.

https://github.com/nfmcclure/tensorflow_cookbook

▌ 소개

이 책을 통해 텐서플로로 다양한 모델을 구현할 수 있다는 것을 살펴봤지만, 텐서플로로 할 수 있는 일은 이 외에도 많으며, 11장에서는 그중 몇 가지를 알아본다. 먼저 모델의 수치 값, 그래프, 이미지 등을 학습 도중에도 시각화해보여주는 도구로 텐서플로에 포함된 텐서보드의 다양한 사용법을 알아본다. 나머지 예제에서는 단계적 갱신을 제공하는 텐서플로의 group() 함수 사용법을 알아본다. 이 함수를 이용해 유전 알고리즘, K-평균 군집화뿐 아니라, 상미분방정식 풀이를 구현할 수 있다.

▌ 텐서보드를 이용한 그래프 시각화

머신 러닝 알고리즘을 모니터링하고 문제를 해결하는 일은 버거운 작업이 될 수 있다. 특히 결과를 얻기 위해 긴 시간 학습이 완료되기를 기다려야 하는 상황이라면 더욱 힘들 수 있다. 이런 문제를 해결하기 위해 텐서플로에는 텐서보드라는 계산 그래프 시각화 도구가 있다. 텐서보드를 이용해 학습이 진행되는 동안에도 중요한 값(비용, 정확도, 학습 시간 등)을 시각화하고 그래프로 표현할 수 있다.

준비

텐서보드의 다양한 사용법을 살펴보기 위해 3장의 '텐서플로의 선형 회귀' 예제를 다시 구현한다. 오차가 있는 선형 데이터를 생성하고 텐서플로의 비용 함수와 역전파를 이용해 데이터에 맞는 직선을 찾아낸다. 수치 값들과 값들에 대한 히스토그램을 모니터링하는 방법을 알아보고 텐서보드에서 이미지를 생성하는 방법을 알아본다.

1. 먼저 스크립트에 필요한 라이브러리를 로드한다.

```
import os
import io
import time
import numpy as np
import matplotlib.pyplot as plt
import tensorflow as tf
```

2. 세션을 초기화하고 Tensorboard 폴더에 텐서보드 요약 정보를 기록하는 기록 객체를 생성한다.

```
sess = tf.Session()

# 시각화 객체 생성
summary_writer = tf.summary.FileWriter('tensorboard',
    sess.graph)
```

3. 기록 객체가 텐서보드 로그를 기록할 Tensorboard 폴더가 존재하는지 확인해둔다.

```
if not os.path.exists('tensorboard'):
    os.makedirs('tensorboard')
```

4. 모델 매개변수를 설정하고 모델을 위한 선형 데이터를 생성한다. 실제 기울기가 2인 것을 알고 있으므로, 시간에 따라 기울기가 실제 값에 가까워지는 모습을 시각화할 것이다.

```
batch_size = 50
generations = 100

# 입력 데이터 생성
x_data = np.arange(1000)/10.
true_slope = 2.
y_data = x_data * true_slope + np.random.normal(loc=0.0,
        scale=25, size=1000)
```

5. 데이터셋을 학습셋과 테스트셋으로 분할한다.

```
train_ix = np.random.choice(len(x_data),
        size=int(len(x_data)*0.9), replace=False)
test_ix = np.setdiff1d(np.arange(1000), train_ix)
x_data_train, y_data_train = x_data[train_ix], y_data[train_ix]
x_data_test, y_data_test = x_data[test_ix], y_data[test_ix]
```

6. 플레이스홀더, 변수, 모델 연산, 비용 함수, 최적화 함수를 생성한다.

```
x_graph_input = tf.placeholder(tf.float32, [None])
y_graph_input = tf.placeholder(tf.float32, [None])

m = tf.Variable(tf.random_normal([1], dtype=tf.float32),
        name='Slope')

output = tf.multiply(m, x_graph_input,
        name='Batch_Multiplication')

residuals = output - y_graph_input
l1_loss = tf.reduce_mean(tf.abs(residuals), name="L1_Loss")

my_optim = tf.train.GradientDescentOptimizer(0.01)
train_step = my_optim.minimize(l1_loss)
```

7. 스칼라 값을 정리해 보여주는 텐서보드 연산을 선언한다. 요약하는 스칼라 값은 모델의 기울기 추정 값이다.

```
with tf.name_scope('Slope_Estimate'):
    tf.summary.scalar('Slope_Estimate', tf.squeeze(m))
```

8. 텐서의 여러 값을 입력받아 그래프와 히스토그램으로 정리해 출력하는 요약 히스토그램 정보를 텐서보드에 추가할 수 있다.

```
with tf.name_scope('Loss_and_Residuals'):
    tf.summary.histogram('Histogram_Errors', tf.squeeze(l1_loss))
    tf.summary.histogram('Histogram_Residuals',
        tf.squeeze(residuals))
```

9. 요약 작업을 생성하고 이 결과들을 모아서 정리하는 병합 작업을 생성하고, 그다음 모델 변수를 초기화한다.

```
summary_op = tf.summary.merge_all()

init = tf.global_variables_initializer()
sess.run(init)
```

10. 이제 선형 모델 학습을 시작하고, 학습을 반복할 때마다 요약 정보를 기록한다.

```
for i in range(generations):
    batch_indices = np.random.choice(len(x_data_train),
        size=batch_size)
    x_batch = x_data_train[batch_indices]
    y_batch = y_data_train[batch_indices]
```

```
_, train_loss, summary = sess.run([train_step, l1_loss,
        summary_op], feed_dict={x_graph_input: x_batch,
        y_graph_input: y_batch})

test_loss, test_resids = sess.run([l1_loss, residuals],
        feed_dict={x_graph_input: x_data_test, y_graph_input:
        y_data_test})

if (i+1)%10==0:
    print('Generation {} of {}. Train Loss: {:.3}, Test Loss:
            {:.3}.'.format(i+1, generations, train_loss,
            test_loss))

log_writer = tf.summary.FileWriter('tensorboard')
log_writer.add_summary(summary, i)
```

11. 데이터 지점들에 대해 구한 선형 회귀 그래프를 텐서보드에 표시하기 위해서는 protobuff 형식으로 그래프 이미지를 생성해야 한다. 이를 위해 먼저 protobuff 그래프를 출력하는 함수를 만든다.

```
def gen_linear_plot(slope):
    linear_prediction = x_data * slope
    plt.plot(x_data, y_data, 'b.', label='data')
    plt.plot(x_data, linear_prediction, 'r-', linewidth=3,
            label='predicted line')
    plt.legend(loc='upper left')
    buf = io.BytesIO()
    plt.savefig(buf, format='png')
    buf.seek(0)
    return(buf)
```

12. 이제 protobuff 이미지를 생성해 텐서보드에 추가할 수 있다.

```
slope = sess.run(m)
plot_buf = gen_linear_plot(slope[0])
# PNG 버퍼를 TF 이미지로 변환
image = tf.image.decode_png(plot_buf.getvalue(), channels=4)
# 작업 개수 차원 추가
image = tf.expand_dims(image, 0)
# 요약 이미지 추가
image_summary_op = tf.summary.image("Linear Plot", image)
image_summary = sess.run(image_summary_op)
log_writer.add_summary(image_summary, i)
log_writer.close()
```

 텐서보드에 요약 이미지를 너무 많이 만들지 않게 주의해야 한다. 10,000회 반복 학습을 진행하면서 매번 요약 이미지를 생성한다면 데이터를 요약한 이미지 10,000개가 만들어진다. 이로 인해 디스크 사용량이 매우 빨리 늘어날 수 있다.

부연 설명

이 스크립트는 커맨드라인에서 실행해야 한다.

```
$ python3 01_using_tensorboard.py
Running a slowed down linear regression. Run the command: $tensorboard
--logdir="tensorboard"    Then navigate to http://127.0.0.0:6006
Generation 10 of 100. Train Loss: 21.6, Test Loss: 20.1.
Generation 20 of 100. Train Loss: 21.6, Test Loss: 19.4.
Generation 30 of 100. Train Loss: 18.3, Test Loss: 19.4.
Generation 40 of 100. Train Loss: 20.8, Test Loss: 20.4.
Generation 50 of 100. Train Loss: 20.2, Test Loss: 20.0.
Generation 60 of 100. Train Loss: 22.3, Test Loss: 19.6.
Generation 70 of 100. Train Loss: 19.7, Test Loss: 19.7.
```

```
Generation 80 of 100. Train Loss: 21.8, Test Loss: 19.9.
Generation 90 of 100. Train Loss: 22.7, Test Loss: 20.4.
Generation 100 of 100. Train Loss: 21.5, Test Loss: 20.1.
```

텐서보드를 시작하기 위해 실행 결과에 나온 명령을 실행한다.

```
$ tensorboard --logdir="tensorboard"
Starting TensorBoard b'54' at http://localhost:6006
(Press CTRL+C to quit)
```

다음은 텐서보드 화면의 예다.

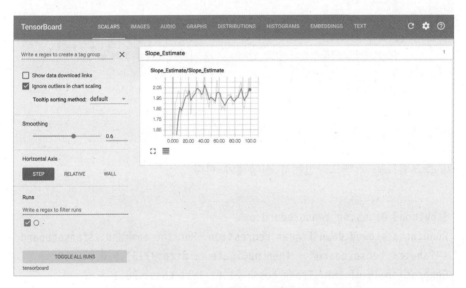

그림 1 스칼라 값인 기울기 추정치에 대한 텐서보드 시각화

위 그림을 통해 100회 반복 학습이 진행되는 동안 스칼라 요약 값인 기울기 추정 치 변화를 확인할 수 있다. 실제로 이 값이 2에 근접해가는 모습을 볼 수 있다.

그림 2 모델의 오차와 잔존 값을 히스토그램으로 시각화

위 그림은 여러 개의 선 그래프를 통해 요약 히스토그램을 확인하는 방법을 보여준다.

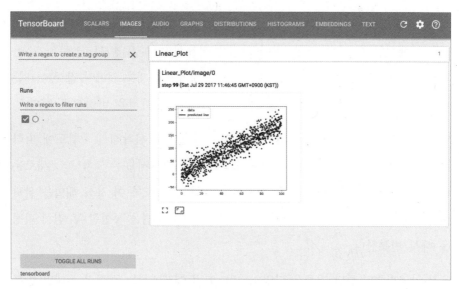

그림 3 텐서보드에 삽입된 그림

이 그림은 데이터 지점과 최적화 결과를 protobuff 형식으로 텐서보드에 추가한 요약 이미지다.

▌ 유전 알고리즘

계산 그래프로 표현할 수 있는 모든 반복 알고리즘의 갱신 작업에 텐서플로를 사용할 수 있다. 이런 반복 알고리즘 중 하나로, 최적화를 진행하는 유전 알고리즘이 있다.

준비

이번 예제에서는 간단한 유전 알고리즘 구현 방법을 살펴본다. 유전 알고리즘은 (이산적 또는 연속적, 매끄러운 또는 매끄럽지 않은) 모든 매개변수 공간에 사용할 수 있는 최적화 방법이다. 유전 알고리즘의 기본 발상은 임의로 초기화한 해법 집합을 생성한 후 선택, 조합, 변이 과정을 적용해 (더 나은 결과를 낳을 잠재력을 가진) 새로운 자식 해법을 만드는 것이다. 각 해법이 문제를 얼마나 잘 풀어내는 지 확인하는 방식으로 '적합도'를 계산할 수 있다는 가정을 바탕으로 한다.

일반적인 유전 알고리즘은 임의로 초기화한 군집으로 시작해서 적합도에 따라 순위를 매긴 후 상위 개체를 선택해 임의로 재조합해서(또는 교차시켜) 새로운 해법을 생성한다. 미지의 새로운 개선이 발생할 수 있도록 이 자식 해법을 살짝 변이시킨 후 모 군집에 다시 추가한다. 부모와 자식 해법을 통합한 후 전체 과정을 다시 반복한다.

유전 알고리즘의 중단 기준은 다양하지만, 이번 예제에서는 정해진 세대만 반복하기로 한다. 이번에 풀려는 문제는 실측 함수 $f(x) = \sin\left(\frac{2\pi x}{50}\right)$에 가까운 (50개의 실수) 개체들을 생성하는 것이다. (더 클수록 좋은 값이 되게) 개체와 함수 사이의 평균 제곱 오차 값의 부호를 바꾼 값을 적합도로 사용한다.

1. 스크립트에 필요한 라이브러리를 로드하며 시작한다.

```
import os
import numpy as np
import matplotlib.pyplot as plt
import tensorflow as tf
```

2. 유전 알고리즘의 매개변수를 설정한다. 각각의 길이가 50인 100개의 개체를 둔다. 선택 확률은 20%다(상위 20개 개체를 보존한다). 변이율은 초기값으로 많이 사용하는 속성 개수의 역수를 사용한다. 즉, 평균적으로 자식 해법의 속성 하나가 변이될 것으로 기대할 수 있다. 유전 알고리즘을 200회 반복 실행하기로 한다.

```
pop_size = 100
features = 50
selection = 0.2
mutation = 1./features
generations = 200
num_parents = int(pop_size*selection)
num_children = pop_size - num_parents
```

3. 그래프 세션을 초기화하고 적합도를 빠르게 계산하기 위해 실측 함수를 생성한다.

11장 텐서플로 추가 학습 | 505

```
sess = tf.Session()

truth = np.sin(2*np.pi*(np.arange(features, dtype=np.float32))/
    features)
```

4. 정규 분포를 따르는 임의의 값을 가진 텐서플로 변수로 군집을 초기화한다.

```
population = tf.Variable(np.random.randn(pop_size, features),
    dtype=tf.float32)
```

5. 유전 알고리즘을 위한 플레이스홀더를 생성한다. 실측값을 위한 플레이스홀더와 세대마다 바뀌는 데이터를 위한 플레이스홀더를 만든다. 변경할 부모와 변경할 변이 확률 및 값 사이에 교차 작업을 처리할 공간이 필요하기 때문에 이를 위한 플레이스홀더도 모델에 추가한다.

```
truth_ph = tf.placeholder(tf.float32, [1, features])
crossover_mat_ph = tf.placeholder(tf.float32, [num_children,
    features])
mutation_val_ph = tf.placeholder(tf.float32, [num_children,
    features])
```

6. 군집 적합도(음의 평균 제곱 오차)를 계산하고 적합도가 높은 개체를 골라낸다.

```
fitness = -tf.reduce_mean(tf.square(tf.subtract(population,
    truth_ph)), 1)
top_vals, top_ind = tf.nn.top_k(fitness, k=pop_size)
```

7. 결과를 확인하고 그림으로 나타낼 수 있게 군집의 최적 개체도 추출해
   둔다.

```
best_val = tf.reduce_min(top_vals)
best_ind = tf.arg_min(top_vals, 0)
best_individual = tf.gather(population, best_ind)
```

8. 부모 군집을 정렬하고 적합도 상위 개체를 다음 세대의 부모로 선별한다.

```
population_sorted = tf.gather(population, top_ind)
parents = tf.slice(population_sorted, [0, 0], [num_parents,
    features])
```

9. 두 부모 행렬을 만들고 임의로 섞어 자식을 생성한다. 부모 행렬에 1과
   0으로 구성된 교차 행렬을 곱하고 더해서 플레이스홀더를 채울 세대를
   생성한다.

```
# 섞어서 취합하기 위한 부모 색인 추출
rand_parent1_ix = np.random.choice(num_parents, num_children)
rand_parent2_ix = np.random.choice(num_parents, num_children)
# 뒤섞은 색인으로 부모를 pop_size만큼 모은다.
rand_parent1 = tf.gather(parents, rand_parent1_ix)
rand_parent2 = tf.gather(parents, rand_parent2_ix)
rand_parent1_sel = tf.multiply(rand_parent1, crossover_mat_ph)
rand_parent2_sel = tf.multiply(rand_parent2, tf.subtract(1.,
    crossover_mat_ph))
children_after_sel = tf.add(rand_parent1_sel, rand_parent2_sel)
```

10. 마지막은 자식을 돌연변이 시키는 단계로, 자식 행렬의 각 항에 정규 분
    포를 따르는 임의의 값을 속성 개수 분의 1의 비율로 더하는 방식을 사용

한다. 이렇게 얻은 행렬을 부모 군집에 다시 추가한다.

```
mutated_children = tf.add(children_after_sel, mutation_val_ph)

new_population = tf.concat(axis=0, values=[parents,
    mutated_children])
```

11. 모델의 최종 단계는 텐서플로의 group( ) 연산을 사용해 이전 군집 변수
에 새 군집을 대입하는 것이다.

```
step = tf.group(population.assign(new_population))
```

12. 이제 모델 변수를 초기화한다.

```
init = tf.global_variables_initializer()
sess.run(init)
```

13. 마지막으로 세대 진행 루프를 실행해 임의 교차, 행렬 변이를 일으키고
군집을 갱신한다.

```
for i in range(generations):
    # 교차 행렬 생성
    crossover_mat = np.ones(shape=[num_children, features])
    crossover_point = np.random.choice(np.arange(1, features-1,
        step=1), num_children)
    for pop_ix in range(num_children):
        crossover_mat[pop_ix,0:crossover_point[pop_ix]]=0.
    # 변이 행렬 생성
    mutation_prob_mat = np.random.uniform(size=[num_children,
        features])
```

```
mutation_values = np.random.normal(size=[num_children,
        features])
mutation_values[mutation_prob_mat >= mutation] = 0

# 유전 알고리즘 진행
feed_dict = {truth_ph: truth.reshape([1, features]),
        crossover_mat_ph: crossover_mat,
        mutation_val_ph: mutation_values}
step.run(feed_dict, session=sess)
best_individual_val = sess.run(best_individual,
        feed_dict=feed_dict)

if i % 5 == 0:
    best_fit = sess.run(best_val, feed_dict = feed_dict)
    print('Generation: {}, Best Fitness (lowest MSE):
        {:.2}'.format(i, -best_fit))
```

14. 다음과 같은 결과가 출력된다.

```
Generation: 0, Best Fitness (lowest MSE): 1.5
Generation: 5, Best Fitness (lowest MSE): 0.83
Generation: 10, Best Fitness (lowest MSE): 0.55
Generation: 185, Best Fitness (lowest MSE): 0.085
Generation: 190, Best Fitness (lowest MSE): 0.15
Generation: 195, Best Fitness (lowest MSE): 0.083
```

예제 분석

이번 예제에서는 텐서플로를 이용해 간단한 유전 알고리즘을 실행하는 방법을 알아봤다. 알고리즘 동작을 확인하기 위해 최적 개체의 해법과 실측 함수 그래프를 그려 비교할 수 있다.

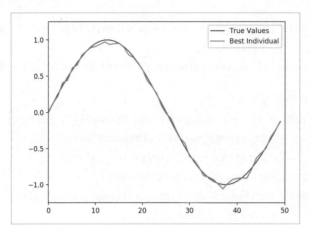

그림 4 200세대를 진행한 이후의 최적 개체와 실측 함수 그래프. 최적 개체가 실측 함수에 아주 가까워진 것을 볼 수 있다.

부연 설명

유전 알고리즘에는 다양한 변형이 있다. (최저 MSE와 곡선의 부드러운 정도와 같은) 두 가지 다른 적합도 기준을 사용하는 두 가지 부모 군체를 둘 수도 있다. 변이 값이 1보다 크지 않거나 -1보다 작지 않게 제한할 수도 있다. 해결하려는 최적화 문제에 따라 다양한 변화를 줄 수 있다. 억지로 만든 이번 문제에서는 적합도를 쉽게 계산할 수 있었지만, 유전 알고리즘을 적용하는 대부분의 경우에는 적합도 계산이 상당히 어렵다. 예를 들어 합성곱 신경망 구조를 유전 알고리즘으로 최적화하려고 한다면 매개변수 배열이 개체가 될 것이다. 이 매개변수들은 합성곱 계층의 필터 크기, 구간 이동 단위 등을 나타내게 된다. 이런 개체의 적합도는 일정량의 데이터셋에 대한 분류 정확도가 될 것이다. 100개의 개체로 구성된 군체라면 한 세대마다 100가지의 CNN 모델을 평가해야 하는 상황이 된다. 이는 매우 계산량이 많은 작업이 된다.

유전 알고리즘을 사용해 문제를 해결하려고 하기 전에 개체 적합도 계산에 얼마나 많은 시간이 걸리는지를 확인해야 한다. 이 작업에 시간이 많이 소모된다면 아마도 유전 알고리즘은 해당 문제에 적합한 도구가 아닐 것이다.

▌ K-평균 군집화

k-평균 같은 반복 군집화 알고리즘 구현에도 텐서플로를 사용할 수 있다. 이 예제에서는 붓꽃 데이터셋에 대해 k-평균을 사용하는 사례를 살펴본다.

준비

이 책에서 살펴본 거의 모든 머신 러닝 모델은 지도 학습 모델이다. 텐서플로는 이런 유형의 문제를 해결하는 데 이상적이다. 하지만 필요하다면 비지도 학습 모델도 구현할 수 있다. 이번 예제에서는 해당 사례로 k-평균 군집화를 구현해 본다.

군집화 구현 대상 데이터셋은 붓꽃 데이터셋이다. 이 데이터셋이 좋은 한 가지 이유는 세 가지 다른 대상(세 가지 종류의 붓꽃)이 있다는 것을 이미 알고 있기 때문이다. 따라서 세 가지 다른 군집을 찾을 수 있다는 사실을 알 수 있다.

붓꽃 데이터셋을 세 그룹으로 군집화하고 군집의 정확도를 실제 값과 비교해 본다.

예제 구현

1. 필요한 라이브러리를 로드한다. 시각화를 위해 4차원 데이터를 2차원으로 변경할 필요가 있기 때문에 sklearn의 PCA 도구들도 로드한다.

```
import numpy as np
```

```
import matplotlib.pyplot as plt
import tensorflow as tf
from sklearn import datasets
from scipy.spatial import cKDTree
from sklearn.decomposition import PCA
from sklearn.preprocessing import scale
```

2. 그래프 세션을 시작하고 붓꽃 데이터셋을 로드한다.

```
sess = tf.Session()

iris = datasets.load_iris()

num_pts = len(iris.data)
num_feats = len(iris.data[0])
```

3. 그룹 개수, 세대 수를 설정하고, 그래프에 필요한 변수를 생성한다.

```
k=3
generations = 25

data_points = tf.Variable(iris.data)
cluster_labels = tf.Variable(tf.zeros([num_pts],
        dtype=tf.int64))
```

4. 다음으로 각 그룹의 중심점을 나타내는 변수가 필요하다. 붓꽃 데이터셋
에서 임의로 세 지점을 선택해 k-평균 알고리즘의 초기 중심점으로 사용
한다.

```
rand_starts = np.array([iris.data[np.random.
        choice(len(iris.data))] for _ in range(k)])
```

```
centroids = tf.Variable(rand_starts)
```

5. 각 데이터 지점과 중심점 사이의 거리를 계산해야 한다. 중심점과 데이터 지점들을 행렬로 확장해 이 계산을 처리한다. 확장한 후 두 행렬 사이의 유클리드 거리를 계산하면 된다.

```
centroid_matrix = tf.reshape(tf.tile(centroids, [num_pts, 1]),
        [num_pts, k, num_feats])
point_matrix = tf.reshape(tf.tile(data_points, [1, k]),
        [num_pts, k, num_feats])
distances = tf.reduce_sum(tf.square(point_matrix -
        centroid_matrix), axis=2)
```

6. 각 데이터 지점에서 가장 가까운 (거리 값이 가장 작은) 데이터가 속한 중심점으로 할당한다.

```
centroid_group = tf.argmin(distances, 1)
```

7. 새로운 중심점을 구하기 위해 그룹별로 평균을 계산한다.

```
def data_group_avg(group_ids, data):
    # 그룹별 합산
    sum_total = tf.unsorted_segment_sum(data, group_ids, 3)
    # 그룹에 속한 데이터 개수
    num_total = tf.unsorted_segment_sum(tf.ones_like(data),
            group_ids, 3)
    # 평균 계산
    avg_by_group = sum_total/num_total
    return(avg_by_group)
```

```
means = data_group_avg(centroid_group, data_points)

update = tf.group(centroids.assign(means),
cluster_labels.assign(centroid_group))
```

8. 모델 변수를 초기화한다.

```
init = tf.global_variables_initializer()

sess.run(init)
```

9. 이 과정을 여러 번 반복하면서 그룹의 중심점을 갱신한다.

```
for i in range(generations):
    print('Calculating gen {}, out of {}.'.format(i, generations))
    _, centroid_group_count = sess.run([update, centroid_group])
    group_count = []
    for ix in range(k):
        group_count.append(np.sum(centroid_group_count==ix))
    print('Group counts: {}'.format(group_count))
```

10. 다음과 같은 결과가 출력된다.

```
Calculating gen 0, out of 25.
Group counts: [50, 28, 72]
Calculating gen 1, out of 25.
Group counts: [50, 35, 65]
Calculating gen 23, out of 25.
Group counts: [50, 38, 62]
Calculating gen 24, out of 25.
Group counts: [50, 38, 62]
```

11. 군집화 결과를 확인하려면 계산한 군집을 이용해 예측을 해본다. 동일한 붓꽃 품종의 데이터 지점이 얼마나 많이 같은 그룹에 속해 있는지 확인해본다.

```
[centers, assignments] = sess.run([centroids, cluster_labels])

def most_common(my_list):
    return(max(set(my_list), key=my_list.count))

label0 = most_common(list(assignments[0:50]))
label1 = most_common(list(assignments[50:100]))
label2 = most_common(list(assignments[100:150]))

group0_count = np.sum(assignments[0:50]==label0)
group1_count = np.sum(assignments[50:100]==label1)
group2_count = np.sum(assignments[100:150]==label2)

accuracy = (group0_count + group1_count + group2_count)/150.

print('Accuracy: {:.2}'.format(accuracy))
```

12. 다음과 같은 결과가 출력된다.

```
Accuracy: 0.89
```

13. 이 군집화 결과가 정말로 붓꽃 품종을 구분하고 있는지 시각적으로 확인하려면 PCA를 이용해 4차원 데이터를 2차원으로 변환한 후 데이터 지점과 각 그룹을 그림으로 표시해보자. PCA 분해 이후 x, y 모눈에 대한 예측 결과를 그래프로 표시한다.

```
pca_model = PCA(n_components=2)
reduced_data = pca_model.fit_transform(iris.data)
```

```
# 중심점 변환
reduced_centers = pca_model.transform(centers)

# 그래프 모눈 간격
h = .02

# 영역별로 색깔을 할당하고 결정 경계를 그린다.
x_min, x_max = reduced_data[:, 0].min() - 1, reduced_data[:,
    0].max() + 1
y_min, y_max = reduced_data[:, 1].min() - 1, reduced_data[:,
    1].max() + 1
xx, yy = np.meshgrid(np.arange(x_min, x_max, h), np.arange(y_min,
    y_max, h))

# 각 모눈 위치에 대한 k평균 분류 값 구하기
xx_pt = list(xx.ravel())
yy_pt = list(yy.ravel())
xy_pts = np.array([[x,y] for x,y in zip(xx_pt, yy_pt)])
mytree = cKDTree(reduced_centers)
dist, indexes = mytree.query(xy_pts)

# 결과를 색 그래프로 표시
indexes = indexes.reshape(xx.shape)
```

14. 다음 matplotlib 코드를 이용해서 찾아낸 정보들을 모아 그래프로 표시한다. 이 그래프 코드 대부분은 sklearn 라이브러리 웹사이트 데모에 공개된 코드를 차용한 것이다(http://scikit-learn.org/stable/auto_examples/cluster/plot_kmeans_digits.html).

```
plt.figure(1)
plt.clf()
plt.imshow(indexes, interpolation='nearest',
    extent=(xx.min(), xx.max(), yy.min(), yy.max()),
```

```
        cmap=plt.cm.Paired,
        aspect='auto', origin='lower')

# 붓꽃 데이터가 실제 속한 그룹을 표시
symbols = ['o', '^', 'D']
label_name = ['Setosa', 'Versicolour', 'Virginica']
for i in range(3):
  temp_group = reduced_data[(i*50):(50)*(i+1)]
  plt.plot(temp_group[:, 0], temp_group[:, 1], symbols[i],
        markersize=10, label=label_name[i])
# 중심점들을 흰색 X로 표시
plt.scatter(reduced_centers[:, 0], reduced_centers[:, 1],
        marker='x', s=169, linewidths=3,
        color='w', zorder=10)
plt.title('K-means clustering on Iris Dataset\n'
        'Centroids are marked with white cross')
plt.xlim(x_min, x_max)
plt.ylim(y_min, y_max)
plt.legend(loc='lower right')
plt.show()
```

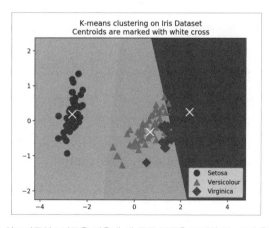

그림 5 비지도 분류 알고리즘인 k평균을 이용해 세 종류 붓꽃을 군집화하는 모습을 볼 수 있다. k평균의 세 그룹이 세 개의 그림자 영역으로 표시돼 있고, 세 종류의 점(원, 삼각형, 다이아몬드)은 데이터가 속한 실제 붓꽃 종을 표시한다.

이 예제에서는 텐서플로를 이용해 붓꽃 데이터셋을 세 그룹으로 군집화했다. 그런 다음에 데이터 지점의 실제 분류와 동일한 그룹에 포함된 비율을 계산해보고(89%), 그 결과로 얻어진 k-평균 그룹을 그래프로 표현해 봤다. k-평균은 부분적으로 선형인(선형 구분자에 가까운) 분류 알고리즘이기 때문에 versicolour 종과 virginica 종 사이의 비선형 경계를 학습하기는 어렵다. 그러나 k-평균 알고리즘은 데이터에 정답이 표시돼 있지 않아도 실행할 수 있다는 장점을 갖고 있다.

▌상미분방정식(ODE) 풀이

다양한 알고리즘 구현과 처리에 텐서플로를 사용할 수 있다. 텐서플로의 유연함을 보여 주는 좋은 예로 상미분방정식ODE, ordinary differential equation 풀이 구현이 있다. 상미분방정식을 수치적으로 푸는 과정은 계산 그래프로 쉽게 표현할 수 있는 반복적 과정이다. 이 예제에서는 로트카-볼테라Lotka-Volterra 포식자-피식자 방정식을 풀어본다.

이번 예제에서는 상미분방정식을 푸는 방법을 살펴본다. 앞의 두 예제처럼 반복적으로 값을 갱신하는 방식으로 상미분방정식을 풀 수 있다.

이번에 살펴볼 상미분 방정식은 유명한 로트카-볼테라 포식자-피식자 방정식이다. 이 식은 주어진 매개변수에 따라 포식자 수와 피식자 수가 어떤 방식으로 늘어나고 줄어드는지를 보여준다.

로트카-볼테라 방정식은 1920년에 논문('참고 사항' 절의 첫 항목)이 발표됐다. 비숫한 매개변수 값을 사용해 포식자, 피식자 수에 진동이 발생할 수 있다는 것을 확인해본다. 다음은 이 방정식을 이산 수학적으로 표현한 것이다.

$$f(x) = \sin\left(\frac{2\pi x}{50}\right)$$

$$X_{t+1} = X_t + (aX_t + bX_tY_t)\Delta t$$
$$Y_{t+1} = X_t + (cY_t + dX_tY_t)\Delta t$$

여기서 X는 피식자고, Y는 포식자 수가 된다. 어느 쪽이 피식자고, 어느 쪽이 포식자인지는 사실 a, b, c, d 값에 따라 결정된다. $a>0$, $b<0$이면 피식자가 되고, $c<0$, $d>0$면 포식자가 된다. 텐서플로를 이용해 이 이산 방정식의 풀이를 구현해 본다.

예제 구현

1. 라이브러리를 로드하고 그래프 세션을 시작한다.

```
import matplotlib.pyplot as plt
import tensorflow as tf
sess = tf.Session()
```

2. 그래프의 상수와 변수를 선언한다.

```
x_initial = tf.constant(1.0)
y_initial = tf.constant(1.0)
X_t1 = tf.Variable(x_initial)
Y_t1 = tf.Variable(y_initial)

t_delta = tf.placeholder(tf.float32, shape=())
```

```
a = tf.placeholder(tf.float32, shape=())
b = tf.placeholder(tf.float32, shape=())
c = tf.placeholder(tf.float32, shape=())
d = tf.placeholder(tf.float32, shape=())
```

3. 앞에서 유도한 이산 방정식을 구현하고, 이 식에 따라 X, Y 모집단을 갱신한다.

```
X_t2 = X_t1 + (a * X_t1 + b * X_t1 * Y_t1) * t_delta
Y_t2 = Y_t1 + (c * Y_t1 + d * X_t1 * Y_t1) * t_delta

step = tf.group(
    X_t1.assign(X_t2),
    Y_t1.assign(Y_t2))
```

4. 그래프를 초기화하고, 지정한 매개변수로 이산 상미분방정식을 계산해서 주기적 행동을 보이는지 확인한다.

```
init = tf.global_variables_initializer()
sess.run(init)

# 상미분방정식 계산
prey_values = []
predator_values = []
for i in range(1000):
    # (주기적 행동을 보이는 것으로 알려진 상수를 이용해) 계산 과정 재현
    step.run({a: (2./3.), b: (-4./3.), c: -1.0, d: 1.0, t_delta:
            0.01}, session=sess)
    # 결과 저장
    temp_prey, temp_pred = sess.run([X_t1, Y_t1])
    prey_values.append(temp_prey)
    predator_values.append(temp_pred)
```

5. 포식자 값과 피식자 값을 다음과 같이 그래프로 표시할 수 있다.

```
plt.plot(prey_values)
plt.plot(predator_values)
plt.legend(['Prey', 'Predator'], loc='upper right')
plt.show()
```

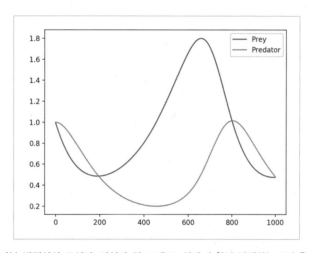

그림 6 상미분 방정식의 포식자–피식자 값 그래프. 실제 순환이 발생하는 모습을 볼 수 있다.

예제 분석

텐서플로를 이용해 이산 상미분방정식을 점증적인 방식으로 풀어봤다. 특정 매개변수에 대해 포식자–피식자 값이 실제 순환하는 모습을 확인할 수 있었다. 이는 너무 많은 포식자가 있으면 피식자가 죽어 줄어들고, 그리고 나면 포식자의

먹잇감이 줄어 포식자도 죽어 줄어드는 과정이 반복되는 실제 생물학적 결과와
일치하는 모습이다.

참고 사항

Lotka, A. J., Analytical note on certain rhythmic relations in organic systems.
Proc. Nat. Acad. 6 (1920)(https://www.ncbi.nlm.nih.gov/pmc/articles/
PMC1084562/).

| 찾아보기 |

ㅋ

ㅌ

ㅍ

에이콘출판의 기틀을 마련하신 故 정완재 선생님(1935-2004)

TensorFlow Machine Learning Cookbook

다양한 텐서플로 예제를 실행해 보면서 빠르게 익히는 머신 러닝

발 행 | 2017년 8월 31일

지은이 | 닉 맥클루어
옮긴이 | 황 정 동

펴낸이 | 권 성 준
편집장 | 황 영 주
편 집 | 조 유 나
디자인 | 박 주 란

에이콘출판주식회사
서울특별시 양천구 국회대로 287 (목동)
전화 02-2653-7600, 팩스 02-2653-0433
www.acornpub.co.kr / editor@acornpub.co.kr

한국어판 © 에이콘출판주식회사, 2017, Printed in Korea.
ISBN 979-11-6175-045-3
ISBN 978-89-6077-210-6 (세트)
http://www.acornpub.co.kr/book/tensor-machine-learning-cook

이 도서의 국립중앙도서관 출판시도서목록(CIP)은 서지정보유통지원시스템 홈페이지(http://seoji.nl.go.kr)와
국가자료공동목록시스템(http://www.nl.go.kr/kolisnet)에서 이용하실 수 있습니다.(CIP제어번호: CIP2017021693)

책값은 뒤표지에 있습니다.